KB160467

2000년 여성국제법정

전쟁의 아시아를
여성과 식민주의의 시각에서
불러내다

일본군 '위안부' 연구회 총서 03

2000년 여성국제법정

전쟁의 아시아를
여성과 식민주의의 시각에서
불러내다

양현아 · 김수아 편
일본군 '위안부' 연구회 기획

경인문화사

2000년 여성국제법정

전쟁의 아시아를
여성과 식민주의의 시각에서
불러내다

뜻깊은 '2000년 일본군 성노예 전범 여성국제법정(이하 2000년 여성국제법정)'의 20주기를 2020년에 맞이하였다. 2000년 여성국제법정은 2000년 12월 8일부터 12일까지 일본 도쿄에서 아시아 10여 개국의 참가한 가운데 개최되었고 2001년 12월 3일과 4일에 네덜란드 헤이그에서 최종판결이 내려진 시민법정이다.[1] 2020년 12월 4일과 5일에는 이를 기념하고 그 의미를 계승하기 위해 20주년 행사를 서울에서 개최하였다. 첫 날의 기념행사에서는 2000년 여성국제법정 녹화물의 새 편집영상, 법정의 판사단 등 관계자들의 인터뷰, 피해생존자 증언과 그것이 가지는 현재적 의미, 그리고 돌아가신 피해생존자들을 추모하는 영상물들을 상영하였다.[2] 이어서 원불교, 기독교, 천주교, 샤머니즘의 다종교적인 추모행사를 치렀다. 피해자들의 대다수가 고인이 된 2020년 현재 고인

---

1 본 법정의 판결문, 헌장, 공동기소장 등 주요 자료는 다음의 책에 번역·수록되어 있다: 한국정신대문제대책협의회(이하 정대협), 『일본군 성노예전범 여성국제법정 판결문: 히로히토 유죄』, 정대협, 2007.

2 영상물들은 '일본군위안부 연구회 유튜브 https://www.youtube.com/watch?v=rJZg94UYCT8 혹은 우측 QR코드를 통해 열 수 있다.

들을 기억하고 위로하는 해원(解冤)의 시간은 매우 중요한 의미를 가진다고 보았다. 둘째 날인 12월 5일에는 2000년 여성국제법정에 관한 학술대회를 개최하여 법정의 역사적 맥락, 성과와 과제, 그리고 유산과 미래 등에 관해 논의하는 시간을 가졌다.

본 서는 이 학술대회에서 발표된 글들을 다듬어서 묶은 것이다. 제1부에서는 법정 당시의 맥락에 대한 기억과 자료에 바탕해서 법정을 탄생시켰던 시민사회와 개개인의 노력을 한국위원회 활동, 일본에서의 활동, 국제연대의 맥락에서 각각 살펴보고 있다. 이에 관해서 양미강 위원장, 시바 요코 공동대표, 정진성 교수께서 글을 기고하였다. 제2부에서는 법정의 의의와 한계를 짚고 있는데, '법적 책임', 식민주의라는 시각, 그리고 남북공동기소의 의의를 중심으로 논의하는 김창록 교수, 양현아 교수, 김부자 교수의 글이 실려 있다. 제3부에는 2000년 여성국제법정의 유산과 미래를 주제로 하여 신혜수 위원, 이나영 교수, 양징자 공동대표의 글이 실려있다. 신혜수 위원의 글은 2000년 여성국제법정 이전과 이후의 젠더 정의(gender justice)를 찾기 위한 여정과 해외 여성국제법정 그리고 유엔활동을 살펴보고 있으며, 이나영 교수는 2000년 여성국제법정 이후 한국사회의 도전과 과제를 중심으로 집필하였고, 양징자 공동대표는 일본을 중심으로 하여 법정 이후 위안부 운동의 변화와 과제를 논의하고 있다. 이상의 논문들에 관한 토론문으로 타니 바로우(Tani Barlow) 교수, 홍윤신 연구원, 남기정 교수, 김선화 판사, 임재성 변호사께서 발표문에 버금가는 풍부한 글을 보내주었다.

이 책의 의미를 이해하기 위해서는 2000년 여성국제법정의 의미를 살펴보는 것이 좋을 것 같다. 첫째로, 2000년 여성국제법정은 국가의 경계를 넘어서 아시아의 여성 활동가와 연구자 등이 연대하여 만들어 낸 시민법정(citizen's tribunal)이다. 시민법정이 이전에 없었던 것은 아니지만 2000년 여성국제법정은 여러 면에서 전대미문하다. 첫째, 본 법정은 1992년부터 시작한 아시아연대회의에 기초하여 1998년 제5차 아시아연대회의에서 고(故) 마쓰이 야요리가 정식으로 제안하고,[3] 여기에 윤정옥 한국정신대문제대책협의회의 공동대표가 합의하면서 시작되었다. 이렇게 본 법정은 아시아연대회의, 한국의 정대협 등 아시아의 여성시민단체들의 연대, 증언대회, 법정투쟁 등등 많은 활동이 있었기에 가능한 일이었다. 본 법정을 실현하기 위해 힘쓴 한국과 일본, 아시아, 그리고 세계 방방곳곳의 여성시민단체들과 개인들의 노력에 관해서는 본서의 주로 제1부에서 자세히 다루고 있다. 이렇게 볼 때, 본 법정은 여성의 힘으로, 여성에 관한, 그리고 여성의 인권과 존엄성 회복을 목표했던 기념비적인 "여성시민법정"이라고 기록되어야 할 것이다.

둘째, 법정은 피해생존자의 증언을 증거로 채택하고, 이에 바탕해서 판결의 논리를 구성하였을 뿐만 아니라 실제 법정에 60여 명의 피해자들이 직접 참석하고 단상에 올라 "발언하였다." 이름 없던 고령의 피해여성들이 히로히토 일왕을 위시하여 일본국의 최고 지도자들을 불러내서 유죄 선고를 이끌어냈던 "아래로부터의 법정"이었다. 사실, 앞서 언급했던 국내와 국제적인 여성 단체들의 활동도 1991년 한국의 김학순 피해자의 증언이나 1970년대 오키나와의 배봉기의 증언이 있었기에 가능한 일이었다. 이들의 피해 증언에 뒤따라서 많은 피해자들이 기다렸다는 듯이 한국과 아시아에서 줄지어서 등장하였다. 피해자들이 한국과 세계를 누비면서 외쳤던 증언은 진상규명뿐 아니라 말로 표현할 수 없는 감흥을 이끌어내는 깊은 힘을 가진 것이었다. 다른 한편, 2000년 여성국제법정을 계기로 피해자는 단지 피해자에만 머무는 것이 아니

---

3 마쓰이 야요리(松井やより) 선생은 바우넷재팬(VAWW-NET JAPAN)을 대표하고 2000년 여성국제법정을 위해 헌신하였고 이후 투병하다 2004년에 사망하였다. 이 자리를 빌려 고인의 명복을 빈다.

라 고통 속에서 살아남은 생존자라는 시각의 전환이 있었고 법정 이후 2010년대에는 김복동, 이용소 선생 등의 경우처럼 피해생존자가 인권운동가로 거듭나는 도약을 보여주었다. 마치 애벌레에서 나비로 날아가는 탈바꿈과 같은 현상이 일어난 것이다. 이 점에서 2000년 여성국제법정은 "피해자 중심의 법정"이라고도 특징지을 수 있다. 이 책에서 양미강 위원장과 이나영 교수의 글 등이 이 측면을 자세히 다루고 있다.

셋째, 법정은 아시아인들에게 자행되었던 성폭력 범죄에 대해서 침묵했던 극동국제군사법정을 발전적으로 계승했던 "아시아의 법정"이었다. 국제검사인 페트리샤 셀러즈(Patriacia Sellers)는 법정의 개회에서 "본 법정은 도쿄법정을 계승한다"고 선언한 바 있다. 1946년 4월부터 1948년 8월까지 도쿄에서 열렸던 극동국제군사법정의 남성중심성과 연합군 중심성을 넘어서서 본 법정은 아시아라는 초국적 공간을 상상하면서 정의를 실현하고자 했다. 2000년 여성국제법정이 개최되었던 도쿄의 구단회단에는 남한과 북한과 중국, 대만, 필리핀, 말레이시아, 인도네시아, 네덜란드, 동티모르, 일본, 그리고 태평양 군도를 포함한 광범위한 지역에서 50~60여 년 전에 일어났던 범죄행위를 현재로 불러들이면서 엄청난 "시공간"이 형성되었다. 2000년 여성국제법정의 원고(原告)는 "검사단 및 아시아 태평양 지역의 사람들"이고 국제 검사들이 기소했던 피고는 천황 히로히토(裕仁, 1901-1989)와 안도 리키치(安藤利吉, 1884-1946), 하타 슌로쿠(畑俊六, 1879-1962), 이타가키 세이시로오(板垣征四郎, 1885-1948), 코바야시 세이조(小林躋造, 1877-1962), 마쯔이 이와네(松井石根, 1878-1948), 우메즈 요시지로(梅津美治郎, 1882-1949), 테라우치 히사이치(寺内寿一, 1879-1946), 토조 히데키(東条英機, 1884-1948), 야마시타 토모유키(山下奉文, 1885-1946) 그리고 일본 정부였다. 이와 같이 본 법정은 아시아와 태평양이라는 광활한 지역에서 전쟁과 점령 상황, 그리고 식민주의 상황에서 자행되었던 인권유린에 관하여 진실을 밝히고 정의를 구현하고자 했다. 이 책의 주로 제2부에 실린 글들과 홍윤신 연구원의 글, 남기정 교수의 글 등 곳곳에서 법정과 "아시아성"의 문제가 다루어지고 있다.

넷째, 본 법정은 서로 경계를 만들고 살아 온 남과 북의 한반도가 하나로 결합되었던 "남북코리아의 법정"이라는 점의 의의는 아무리 강조해도 지나침이 없다. 정진성 교수와 양미강 위원장의 글 등에서 남북한이 공동기소를 하게 되는 과정, 공동기소장을 집필하던 아슬아슬한 과정과 극적인 타결 등을 다루고 있고, 김부자 교수의 글은 본격적으로 남측과 북측간의 논의과정과 재일(在日)의 역할에 대해서 조명하고 있다. 특히 남과 북이 일본군 성노예제를 바라보는 관점의 차이에도 불구하고 하나의 기소팀을 성공적으로 만들어 낸 것은 본 여성국제법정의 큰 성과이자 여성이 주도하는 통일운동의 실마리를 보여주는 것이 아닐까 한다.

다섯째, 2000년 여성국제법정은 당시까지 인류가 발전시킨 전시 성폭력에 관한 여성주의 법논리를 최대한 적용하여 젠더 정의(gender justice)를 구현하고자 했던 법정이다. 비록 강제력을 가진 법정은 아니었지라도 판사단과 검사단, 법률고문단을 최고의 전문성과 인권의식을 가진 분들로 구성하여 그 엄격성을 높이고자 하였다. 신혜수 위원, 정진성 교수의 글에서 전문적 법률가들로의 법정 구성의 의의에 대해 짚고 있고 그것이 1990년대 유엔을 비롯한 국제사회에서 양심적인 지식인들의 적극적인 활동에 바탕하고 있음을 밝히고 있다. 2000년 여성국제법정의 판사단에는 구유고국제형사법정의 재판장을 지낸 맥도널드 판사(Gabrielle Kirk McDonald), 아르헨티나의 판사이자 국제여성법률가협회 회장인 카르멘 아기베이(Carmen Maria Argibay), 저명한 여성주의 국제법 학자인 크리스틴 친킨(Christine Chinkin), 그리고 케냐의 인권변호사이자 케냐 대학 교수인 윌리 무퉁가(Willy Mutunga)가 판사로 선임되었다. 국제검사단에는 구유고국제형사법정과 르완다국제형사법정에서 젠더에 관한 법률자문이었던 패트리샤 셀러즈(Patricia Sellers)와 호주의 법학 교수이자 ICJ 보고서의 집필자였던 우스티나 돌고폴(Ustina Dolgopol) 교수가 선임되었다. 법률고문단에는 론다 코펠론 교수(Ronda Copelon)와 유엔 인권위원회의 배상문제 특별보고관을 지낸 테오 반 보벤 교수(Thoe van Boven)가 참여했다. 또한, 2000년 여성국제법정에는 방대한 증거 문서, 증언, 의견서, 기소장, 판결, 비디오 기록 등 일본군 성노예제에 관한 여러 나라의 자료들이 총집결되었다. 혹은 여성국제법정이 이러한 자료들을 생산하게 하는 장이었다고 할 수 있다. 이상과 같은 증거와 자료에 입각하고 여성주의 시각에 서서 국제인권법, 국제형사법 그리고 국제인도법에 기초하여 2001년 12월 최종판결을 내리게 되었다. 이 책의 부록에 해당 판결문과 권고문이 실려있다.

그럼에도, 2000년 여성국제법정이 남북한의 상황, 특히 식민주의 강점으로 인해서 당했던 조선인의 피해에 대한 분석이 다소 부족했다는 평가가 있다. 한국의 참가자들간에는 식민지 피지배 하에서 자행된 광범위하고 체계적인 불법행위에 대한 조명과 법리의 구성이 미진했다는 아쉬움이 남아있다. 아마도 이런 한계는 2000년 여성국제법정의 법률가들 내부에 있다기보다는 강대국과 남성을 중심으로 구축되었던 국제법의 틀거리에서 빚어진 것이 아닌가 사료된다. 이런 인식 위에서 20주년 기념학술행사에서는 식민주의와 식민지성을 조명하는 것을 주요 목표로 삼게 되었다. 이 책에서 이 문제의식은 정진성 교수, 김창록 교수, 양현아 교수, 남기정 교수, 김선화 판사의 글 등에 널리 퍼져있다.

여섯째, 2000년 여성국제법정은 법정이자 다양한 문화 행사가 결합된 문화적 장이기도 하였다. 양미강 위원장의 글에 따르면, 법정을 준비하고 홍보하기 위한 수단으로서 연극, 영상, 영화, 음악, 춤 등을 문화제 형식으로 국내의 여러 지역에서 행사를 벌였다. 법정 자체도 개막식과 폐회식에 이르기까지 춤과 헌화, 콘서트, 영화제와 전시회를 결합하는 방식을 취하였다. 참고로 2000년 법정에서 사용했던 로고는 네 가지 상징- 희망을 상징하는 태양, 여성을 상징하는 꽃, 피해자를 상징하는 촛불, 정의를 상징하는 눈을 사용하였다. 한편, 2020년 20주년을 맞이하여 20주년 기념 로고도 제작하였다. 이 로고는 2000년 여성국제법정의 로고의 의미를 계승하면서도 20년의 경과 속에서 새로운 의미를 부여하고자 했다. 그것은 나비기금 등에서 보이는 피해자 및 피해자 운동을 상징하는 나비, 정의를 상징하는 눈, 진실을 상징하는 촛불, 그리고 피해 회복을 나타내는 연꽃이 그것이다. 2000년 여성국제법정과 20주년 기념 로고는 아래와 같다. 이와같이 2000년 여성국제법정은 딱딱한 법정을 넘어서서 거대한 문화의 장이었다.

<그림 1> 2000년 여성국제법정 기념로고

<그림 2> 2000년 여성국제법정 20주년 기념로고

일곱째, 문화적 측면에서 시사하는 것처럼 2000년 법정은 젊은이들에게 이 문제를 알리고 확산하고자 하는 목표를 가지고 있었다. 또한, 언론을 통해서 세계 각지의 시민들에게 일본군 '위안부' 문제를 알리고 청년을 포함하여 세계시민들을 향한 교육의 장이라고 평가한다. 도

쿄 구단회관에는 하루 평균 천 명씩 참석하였고 유럽과 미국의 언론사들, 한국의 KBS 등의 취재 열기로 연일 뜨거웠다. 이 책의 제3부에 실린 이나영 교수, 양징자 대표, 신혜수 의원의 글이 2000년 법정 이후의 영향을 사회운동, 미래세대, 시민법정의 측면 등으로 다루고 있다. 임재성 변호사의 글은 본 법정의 영향을 받아서 2018년 서울에서 개최되었던 베트남 시민평화법정에 대해 살펴보고 있다.

이상과 같이 2000년 여성국제법정은 산 자와 죽은 자, 법과 역사, 증언이 만나면서 아시아의 전쟁과 식민주의에 대한 새로운 공공기억을 형성했던 장(場)이었다. 민초(民草) 여성들이 일본 국왕을 소환하였고, 망자가 된 피해자들을 법률가들이 대변하였던 초유의 광장이자 서사극의 시공간이었다. 이 책은 이렇게 큰 의미를 가지고 있는 2000년 여성국제법정을 널리 알리고 그 유산을 계승하고자 기획되었다.

다른 한편, 2000년 여성국제법정이 내렸던 유죄선고와 권고가 얼마나 이행되었는지가 과제로 남아있다. 법정은 일본정부에게 "국제법 위반 사실을 전면적으로 인정할 것, 완전하고 성실한 사죄를 할 것, 손해배상을 할 것, 조사를 실시하고 자료를 공개할 것, 기념관·도서관·박물관을 설립할 것, 교과서에 기술하고 교육할 것, 책임자를 처벌할 것 등의 구제조치를 취하지 않으면 안 된다"는 등의 권고를 하였다. 하지만 이러한 권고와는 거리가 먼, 2015년 한일 외교장관에 의한 '위안부' 문제에 관한 미디어 발표가 있었고 2021년 현재까지 진실 부정의 시도가 끊임없이 이루어지고 있다. 앞서 본대로 2000년 법정이 매우 광범위한 의미를 가졌고 피해자들에게 정의를 체험할 기회를 주었지만 일본정부가 자행했던 범죄에 대해 인정하고 교정할 계기가 되는데까지 이르지는 못한 것 같다. 이에 2000년 법정의 유산을 오늘날의 '위안부' 문제 과제들에 적용하여서 그 연결점을 찾고 유산을 통합시키는 지혜가 필요하다.

　마지막으로 본 학술회의를 포함하여 20주년 기념행사를 가능하게 하였던 아시아연구소의 정근식 동북아시아센터장님과 아시아 연구소의 관계자들의 지원에 감사드린다. 또한, 법정 20주년 기념행사의 실행위원회, 운영위원회, 발표자, 사회자 등 다방면으로 참여한 일본군 '위안부' 연구회 회원들에게도 감사드린다. 이와 같은 연대가 없었다면 이 행사와 이 책은 가능하지 않았을 것이다. 이제 이 책을 통해서 2000년 여성국제법정이 여전히 "계속 중"이라는 것을 천명하면서, 미래를 향하여 긴 팔을 내밀어 본다. 수많은 손과 마음이 붙잡아 주실 것이라고 믿는다.

2021. 6. 12.
저자들을 대표하여 양현아

차 례

제1부

2000년 여성국제법정의 역사적 맥락

시대적 화두를 담은 2000년 여성국제법정: 한국위원회의 활동을 중심으로

양미강 동아시아평화를 위한 역사NGO포럼 상임대표

2000년 12월 7일, 일본 도쿄에서 열린 '2000년 일본군 성노예 전범 여성국제법정(이하 2000년 여성국제법정)'은 폭력과 전쟁으로 얼룩진 20세기를 마감하고, 새로운 21세기를 향한 희망의 서막이었다. 2000년 여성국제법정은 지금까지 국가가 해결하지 못했던 새로운 질서를 부여하고자 시민들이 연 민간법정, 인권법정, 여성법정이었다. 이 글은 2000년 여성국제법정 20주년을 맞이한 2020년 12월, 2000년 여성국제법정이 만들고자 했던 시대적 과제가 무엇이었는지 다시 돌아보며, 향후 일본 군 성노예 운동의 진전을 위한 계기로 삼는 데 그 목적이 있다.

여기서 다룰 시기는 1990년 11월 한국정신대문제대책협의회(이하 정대협) 창립 이후 첫 아시아연대회의부터 2000년 12월 2000년여성국제법정까지이다. 크게 세 가지로 살펴보는데, 1) 2000년 여성국제법정의 역사적 맥락을 아시아연대회의에서 찾아보려고 한다. 아시아연대회의 연장선에서 2000년 여성국제법정이 개최되었기에 아시아연대회의의 의제들을 책임자 처벌의 관점에서 파악하고자 한다. 2) 정대협이 주도적으로 참여한 2000년 여성국제법정 한국위원회 활동을 국내, 국외, 남북연대, 국제실행위원회 활동을 중심으로 살펴볼 것이다. 3) 2000년 여

성국제법정의 성과와 한계를 살펴보면서 향후 과제를 모색할 것이다.

지금 이 시점에서 2000년 여성국제법정을 돌아보는 일은 20년 전의 역사적 사건을 단지 기록하는 데 있지 않다. 그동안 한국에서 2000년 여성국제법정이 제대로 소개되지 않았기 때문에, 2000년 여성국제법정 당시 한국의 활동을 제대로 기록하는 일도 필요하다. 그러나 기록과 함께 기억하고, 재현하고, 재창조하는 일이 필요하다. 특히 2020년 상반기 한국사회를 달구었던 정대협/정의기억연대(이하 정의연) 논란 속에서, 조금이라도 진전된 문제 해결을 위해서 시대적 화두를 안고 고민해야 하는 일이 우리에게 있기 때문이다. 우리는 지난 20년 동안의 반성과 성찰 속에서 보다 풍부한 상상력과 돌파력으로 선배들이 만들어놓은 터전을 더 잘 일구어내리라고 믿는다.

Ⅰ. 2000년 여성국제법정의 역사적 맥락 :
아시아연대회의의 책임자 처벌 논의를 중심으로

1. 아시아연대회의 논의 과정

1991년 8월 김학순 피해자의 증언은 세상을 깜짝 놀라게 했다. 피해자의 등장은 일본 정부나 한국 정부, 언론들이 더는 침묵하지 못하게 만든 강력한 동인이었고, 아시아 각 나라의 피해자들이 역사의 수면 위로 올라와 긴 침묵을 깨는 계기가 되었다. 1990년 11월 창립된 정대협은 한국 이외의 아시아 각 나라에 눈을 돌려 아시아의 피해자와 지원단체들을 적극적으로 찾기 시작했다. 정대협은 매매춘 반대운동, 원폭반대운동 등을 통해 아시아 네트워크를 구축하고 있는 한국교회여성연합회를 통해 아시아 각국의 단체에 편지를 쓰고, 피해자와 지원단체를 소개

받아 1992년 8월 역사적인 첫 아시아연대회의를 개최했다. 그후 거의 매년 아시아연대회의를 개최하면서 아시아 각국의 상황과 정보를 교류하고 결의문을 채택하며 연대활동을 지속해왔다. 2000년 여성국제법정역시 아시아연대회의에서 제안되었으며, 아시아연대회의에 참여한 각국 피해자들과 단체들이 참여했다.

1차 아시아연대회의는 1992년 8월 9일부터 11일까지 서울에서 열렸다. 한국과 일본, 재일동포, 필리핀, 대만, 태국의 보고가 이어졌고 주로 피해자 증언과 각국의 상황이 보고되었다.[1] 이때의 발표를 통해 당시 시민단체들이 일본군 성노예 문제의 성격을 어떻게 파악하는지 알수 있다. 한국 발표는 피해자 실태 조사(윤정옥), 천황제와 군국주의, 여성(정진성), 위안부 문제 해결 운동(윤미향)이었다. 일본군 성노예 문제는 과거의 일이 아니라 현재의 문제로 분명하게 인식되었고, 아시아의 가부장제라는 군국주의하에서 전개된 식민지 정책의 과정에서 만들어진 성폭력 문제라는 인식도 있었다. 이 시기 한국 피해자 자조 모임이 만들어졌다. 1992년 5월 라이온스클럽 여성분과위원회 지원으로 정대협이 마련한 피해자 경로잔치에서 피해자들은 무궁화자매회를 조직하였고, 정기적인 모임을 통해 당사자들이 적극적으로 문제 해결에 나서기로 결의했다. 첫 연대회의 결의문에는 일본 정부를 향한 요구, 즉 강제연행사실 인정, 진상 조사, 공개 사죄, 생존자와 가족에게 국제법에 따라 배상 실시, 교과서 기록을 요구하고 있다.[2] 1차 아시아연대회의는 책임자 처벌 문제를 제기하지 않았다.

2차 아시아연대회의는 다음 해인 1993년 10월 일본 사이타마현에서 한국과 북한, 인도네시아 중국, 대만, 필리핀, 일본 7개국이 참여한

---

1 1차 아시아연대회의에 재일동포 조직과 태국의 참여했으나 이후 참여하지 않았다.
2 한국정신대문제대책협의회, 「아시아연대회의 1차회의 보고서」(1992), 30.

가운데 열렸다. 2차 회의에서 당시 정대협 총무였던 이미경은 책임자 처벌 문제를 제기했다.[3] 그는 책임자 처벌이 복수심에 의한 것이 아니라 보편적 정의를 이루기 위한 원칙이라는 점을 강조했다. 책임자 없는 진상 규명이 있을 수 없고, 제대로 된 배상이 가능하지 않다는 점, 자칫하면 경제적 보상 문제로 치환될 수 있다는 점에서 책임자 처벌 논의가 필요하다고 제기했다. 이같은 한국의 책임자 처벌 문제제기는 1992년 12월 당시 유엔 배상 문제 특별보고관 반 보벤 초청 세미나를 통해 확인된 것과 일맥상통하다. 반 보벤은 중대인권 침해의 범죄자를 처벌하지 않은 것은 "희생자와 가족에게 적절한 배상에 실패하는 것과 명확한 관계"에 있다고 발표했고, 박원순 역시 "일본의 전쟁 책임은 끝났는가" 발표문에서 반인도적 범죄에 관한 국제법적 근거를 통해 범죄의 기소 가능성 연구와 함께 국내에서 처벌 가능한 법을 제정하는 것이 필요하다고 발표했다.[4] 책임자 처벌과 진상 조사는 동전의 양면과도 같다는 문제 인식이다.

당시 회고를 들어보면, 2차 아시아연대회의에서 한국의 책임자 처벌 문제 제기에 일본 단체들이 매우 부담스러워했던 것으로 파악된다. 현실적으로 책임자를 처벌하는 것이 불가능하고, 이 문제를 본격적으로 제기할 경우 지금까지 증인으로 나타난 일본군인들이 더 이상 증언자로 나서기 어렵다는 현실론이 등장했다. 당시 일본의 상황을 가장 잘 드러내는 것은 시미즈 스미코 의원(당시 일본사회당 참의원)의 발언이다. 그는 한국의 문제 제기는 동감하나, 책임자 처벌 문제는 장기적인 문제이고 현재 당면한 과제는 일본군 성노예 피해자의 생활지원 문제라고 했

---

3   한국정신대문제대책협의회, 「아시아연대회의 5차회의 보고서」(1998), 51; 한국정신대문제대책협의회, 『정대협 20년사』(2014), 86-87.
4   한국정신대문제대책협의회, 「강제종군위안부 문제와 일본의 법적 책임」(1992), 31-33; 「정신대 자료집4」(1993), 68.

다. 피해자의 생활 문제는 열악하고 절박했기 때문에 한국도 생활지원금 마련을 위해 노력하는 상황이었다. 일본의 시민운동은 책임자 처벌을 이야기하는 순간 일본 내 운동의 확장이 어렵다고 판단한 것으로 보인다. 한일 간의 쟁점으로 부각한 책임자 처벌 문제가 더 진전되지 않은 것은 일본의 분위기가 무르익지 못했기 때문이다. 스즈키 유우코는 "책임자 처벌 문제 제기에 대해서 일본의 운동이 주저하면서 빠르게 대응하지 못한 이유는 일본인들의 전쟁 책임 인식의 존재 양식을 묻는 일과 연관되며, 히로히토 천황의 전쟁 책임이 면책된 사실과 천황의 책임이 역사적 사실을 부정할 수 없다는 사실 인정에 있다"라고 평가했다.[5]

책임자 처벌 논의는 그후 5년이 지난 1998년 5차 아시아연대회의에서 본격화했다. 3차 아시아연대회의(1995, 서울)와 4차 아시아연대회의(1996, 마닐라)는 해방 50주년을 맞이하여 일본의 사민당 정권이 일본군 성노예 문제 해결 방안으로 제시한 여성을 위한 아시아평화국민기금(이하 아시아국민기금) 반대 논의가 중심이었다. 아시아국민기금은 일본 정부가 재단을 만들어 아시아 피해자들을 위한 위로금을 일본 국민 모금으로 전달하고, 재단 사무국의 운영비는 일본 정부가 담당하는 형식이었다. 아시아 피해국은 아시아국민기금이 법적 책임에 기반하지 않은 위로금 형태라고 보고 강력히 반대했고, 1995년부터 1997년까지 특별법 제정을 통한 배상 논의에 집중하였다. 아시아국민기금 수령 여부를 둘러싼 피해자들 간의 이견, 지원단체들 간의 이견은 운동단체들의 분열로 이어졌다.

5 「아시아연대회의 5차회의 보고서」(1998), 앞의 책, 49-58.

2. 책임자 처벌을 둘러싼 한일의 입장

5차 아시아연대회의는 매우 주목할 만하다. 이 대회에서 2000년 여성국제법정이 제안되고 아시아 참가국들이 함께하기로 결의를 모았다. 지은희는 향후 10대 과제의 하나로 책임자 처벌 운동 강화를 꼽았다.[6] 일본군 성노예 문제의 전쟁범죄를 분명히 하려면 책임자 처벌이 필요하고, 진상 규명을 통해 천황이 책임자라는 점을 분명하게 밝혀야 한다는 것이다. 마쓰이 야요리는 한 단계 진전된 제안을 내놓았다. '위안부에게 명예와 정의를! 글로벌 캠페인 2000'을 제안하면서 일본군 성노예 문제에서 가장 불충분했던 가해자 처벌 없이는 명예와 정의 회복은 불가능하기 때문에, 폭력의 20세기가 끝나가는 이때 피해자의 유지를 바로 세워야 한다고 강조했다. 여성의 힘으로 여성에 대한 전쟁범죄 국제법정을 세계인권의 날 전후로 2000년 12월 10일에 개최할 것을 제안했다.[7]

책임자 처벌 논의는 그동안 한일 간의 쟁점이었다. 1993년 2차 아시아연대회의에서 처음 제기된 이후 한국은 원칙을 강조한다는 점에서 책임자 처벌을 강조해왔고, 일본은 일본 시민운동의 지형상 현실적으로 어렵다고 판단해왔다. 한국은 일본 내 운동이 비록 소수화되더라도 문제 해결의 원칙으로 책임자 처벌이 필요하다는 것을 강조한 반면, 일본은 일본 내 운동이 고립화될 수 있다는 점이 큰 문제로 대두되었다. 원칙과 현실의 괴리가 그대로 드러났다. 그러나 1997년 전시 중 성폭력

---

6 위 보고서, 31-33; 10대 과제는 쿠마라스와미 권고안 이행 촉구, 일본 전범 입국 금지 조치 촉구, ILO 위반 확인, 책임자 처벌 운동 강화, 특별법 제정 운동, 국민기금 실패를 자인하고 특별법 제정 운동, 아시아 피해국 간의 연대 강화, 전쟁과 여성 사료관 건립, 국제적 인권기구 설립 등이다.

7 위 보고서, 59-64; 마쓰이 야요리는 캠페인의 목적을 기록화 운동, 전 세계적으로 편지를 모아 피해자에게 전하는 운동, 위안부 테마로 예술 이벤트의 장으로 설정했다.

문제를 대응하는 시민단체 바우넷 재팬이 창립하면서 일본 내 입장이 보다 적극적으로 바뀌었다. 바우넷 재팬은 철저한 여성주의 인식에 기반한 단체로, 마쓰이 야요리가 대표로 활동했다. 바우넷 재팬 창립대회에서 일본군 성노예 문제에 관한 진상 규명 활동의 하나로 책임자 명단을 수집해야 하며, 그들의 책임을 묻는 방식인 책임자 처벌 없이 이 운동이 완성될 수 없다는 내부 공감대를 형성하여 2000년 여성국제법정을 제안한 것이다. 이렇게 1998년 한일 간 의견이 일치되면서 2000년 여성국제법정의 서막이 열리게 되었다.

II. 2000년 여성국제법정의 서막

1. 아시아 피해생존자들에게 명예와 정의를!

2000년 12월 7일 도쿄 야스쿠니 신사 바로 옆에 위치한 구단회관 대회의장에 이른 아침부터 1천여 명이 넘은 다양한 피부색을 가진 각국 참가자들이 모여들었다. 한국 대표단 200여 명 중 피해 생존자 이용수, 황금주, 문필기 등 21명도 한복을 곱게 갖춰 입고 개막식에 참여했다.[8] 개막식에 참여한 피해생존자는 남과 북, 중국과 대만, 필리핀, 인도네시아, 동티모르 등에서 64명이 참여했다.

피해생존자들은 해방 이후 침묵을 깨고 역사의 전면에 등장하였고, 전 세계를 순회하면서 증언 집회를 열었다. 피해생존자의 증언은 일본군 성노예 문제 해결의 책임을 부정하고 있는 일본 정부를 향한 가장

---

8   강일출, 김복선, 김분선, 김상희, 김은례, 김화선, 문필기, 박옥련, 신현순, 심달연, 안법순, 양점순, 윤순만, 이용녀, 이용수, 정서운, 최화선, 최갑순, 한도순, 황금주 21명의 생존자가 참여했는데 이용수, 강일출 두 명만이 살아계신다.

강력한 무기였다. 미국으로, 독일로, 일본으로, 스위스로, 네덜란드로 다니면서 때로는 남북 피해생존자들이 함께, 때로는 아시아 각국의 피해자들이 함께, 때로는 전시 중 성폭력 피해자들과 함께해왔다. 피해생존자들의 증언 활동은 당사자들에게는 괴로운 과거의 기억을 들춰내는 일이었으나 다른 한편으로는 그들을 지지하는 수많은 사람들을 만나 새로운 역사를 만드는 일이기도 했다. 피해생존자의 증언은 작은 공간을 비추는 촛불이 되기도 하고, 때로는 활활 타오르는 횃불이 되어 전세계 여성들의 마음을 움직여 가는 곳마다 지원단체들이 만들어졌다.

드디어 아시아 피해생존자들은 가해자의 책임을 묻는 2000년 여성국제법정에서 증언을 하게 되었다. 4박 5일 동안 남과 북, 중국과 필리핀, 대만과 말레이시아, 네덜란드와 인도네시아, 동티모르 기소가 이어졌고, 35명의 피해생존자들이 증언했다. 건강이 허락하지 않을 경우는 영상비디오로 대신했고, 대부분은 직접 나와서 증언했다. 중국 기소 당시 량리화 피해생존자는 증언을 하다가 당시 고통이 되살아났는지 벌떡 일어나 소리를 치더니 쓰러졌다. 장내는 술렁거리고 앰뷸런스가 출동해 생존자를 싣고 나가는 상황이 생겼다.[9] 피해자들의 고통받은 상처가 현재까지 이어지고 있다는 것을 몸으로 느끼는 순간이었다.

12월 12일 판결은 약식 판결로 대신했다. 판사단은 법정기간 내 판결 준비기간이 짧다고 제안해서, 1년 후 2001년 12월 6일 네덜란드 헤이그에서 최종판결이 내려졌다. 가브리엘 맥도널드 판사 등 4명의 판사단이 250페이지에 걸친 판결문을 읽어내려갔다. 판사단은 이번 판결에서 인도에 반한 죄에 해당하는 강간과 성노예에 관한 죄를 적용하였다. 제2차 세계대전 당시 많은 아시아의 여성들이 일본군의 성노예로 끌려

---

9   심영희(2001), "2000년국제여성법정 참관기", 「2000년여성국제법정 보고서」, 224-
    230.

갔고, 강간을 당한 것은 의심의 여지없이 증명되었다면서, 히로히토 일본 천황을 비롯해 기소된 8인 전부에게 유죄를 인정했다. 히로히토 유죄 판결, 얼마나 기다렸던 순간인가! 피해생존자들은 손을 번쩍 들고 환호하면서 얼싸안았다. 판사단은 최종판결에 참석한 각국의 피해생존자들의 이름을 한 명씩 부르면서 앞으로 나오게 하고 판결문을 안겨주었다. 가슴벅찬 순간이었다. 비록 법적으로 책임자의 책임을 물을 수는 없지만, 국제적으로 신뢰받는 판사단들이 내린 책임자 처벌 판결은 피해자들의 가슴에 서린 한이 조금이라도 녹는 시간이었다.

2000년 여성국제법정에 참석한 피해생존자들은 아시아 지역의 다른 피해자들과 피해자들만의 공감대로 교류하면서 서로 진한 연대감을 가지게 되었다. 이뿐 아니라 세계 각지에서 참여한 지지그룹들로부터 진심어린 환대를 받으면서 기나긴 어둠의 터널을 뚫고 진정한 형제자매애를 느끼게 되었다. 그후 20년이 지난 오늘, 이제 한국 피해자 240명 중 현재 16명이 생존해있다. 이분들의 나이는 90대가 넘었다. 피해자들 스스로 인권운동가로 자리매김할 정도로 피해자 당사자의 운동이 발전하였다. 평화와 인권 활동으로 귀감이 된 고 김복동 피해자와 90이 넘어서도 일하기 딱 좋은 나이라며 일본군 성노예 문제 해결에 앞장서고 있는 이용수 피해생존자는 여성인권운동가로 불러달라고 요청한다. 이제 더는 피해자로 남아있지 않고, 일본군 성노예 문제 해결을 위해 발로 뛰는 여성인권운동가로 스스로 정체성을 찾았다. 이렇게 피해자들은 한 발자국씩 앞을 향해 나가고 있다.

2. 태양과 꽃, 촛불과 눈

(1) 2000년 여성국제법정 로고

2000년 여성국제법정 로고는 2000년 여성국제법정의 목적을 잘 표현하고 있다.[10] 로고는 총 4조각 으로, 각각 따로 있지만 하나로 합을 이루는 방식이다. 희망을 상징하는 태양, 여성을 상징하는 꽃, 피해자를 상징하는 촛불, 정 의를 상징하는 눈이 서로 연결 되어 있다. 새로운 21세기를 꿈 꾸며 희망을 염원하는 태양의 이미지는 아시아 피해자들과 지 원단체들의 염원을 반영했다. 아

시아 여성들이 힘을 합해 지난 10여 년간 각국에서 온갖 어려움을 극 복하고 여성 인권을 위해 노력해온 결과를 꽃으로 형상화했다. 꽃은 그 저 아름답기만 하지 않고 들꽃처럼 강인한 생명체를 의미한다. 촛불 이 미지는 해방 50년이 되도록 성노예 피해 사실을 제대로 알리지 못하고 침묵했던 피해자들은 증언을 통해 당당하게 피해자라고 외치며 어두운 역사를 비추는 형상을 의미한다. 피해자 증언이라는 촛불이 없었다면 성노예 피해의 역사는 드러나지 않았다. 2000년 여성국제법정은 국가 가 방치하고, 외면하고, 지연시켰던 역사의 부정의를 정의로 전환시키 려는 세계시민의 부릅뜬 눈으로 이미지화되었다. 이 눈은 불의에 대해 눈감지 않겠다는 다짐이고 결의이기도 하다.

　2000년 여성국제법정 로고는 20년이 지난 지금, 생각할수록 적절한 의미를 담은 상징이라 생각한다. 모두 한마음이 되어 전쟁과 폭력으로 얼룩진 20세기를 마무리하고 새로운 21세기를 열어야 한다는 세계시

10　로고는 한국과 일본, 필리핀에서 각각 제작했으나, 국제실행위원회는 상해회의(2000. 3)에서 필리핀에서 만든 로고를 최종 채택하였다.

민의 간절한 염원을 녹여냈기 때문이다. 2000년 여성국제법정을 함께 만들었던 아시아 9개 나라의 피해생존자들과 지원단체들은 새벽 미명을 뚫고 나오는 찬란한 태양을 바라보며 누구나 할 것 없이 하나가 되어 2000년 여성국제법정을 아시아 모두의 시민운동으로 만들었다.

(2) 2000년 여성국제법정의 목적

2000년은 정대협이 활동한 지 10년이 되는 해였다. 그동안 아시아 여성들이 요구해온 일본군 성노예 문제 해결은 이렇다 할 진전이 보이지 않았다. 아시아 여성들은 어두운 고통의 고리를 끊어내기 위한 결단이 필요했다. 일본군 성노예 문제 해결에서 가장 미흡했던 책임자 처벌은 더 이상 구호가 아니라, 일본군 성노예 문제의 총체적인 진실을 규명하려면 반드시 필요한 일이었다.

2000년 여성국제법정의 목적은 처음부터 명확했다. 첫째, 피해생존자들의 법적 해결이라는 요구는 정당하며 이 요청에 부응할 의무가 우리 모두에게 있다는 점, 둘째, 정확한 진상 규명을 통한 책임자 명단이 밝혀지고, 그에 따른 처벌을 역사적으로 남겨야 한다는 점, 셋째, 이미 유고와 르완다에서 전범재판이 진행되는 상황에서, 일본군 성노예 문제가 국제법적으로 이미 시효가 지났더라도 도쿄 전범재판에서 다루지 않은 책임자 처벌을 민간법정을 통해서라도 필요하다는 점, 넷째, 책임자 처벌은 보복이 아니라 보편적 정의가 살아있음을 전 세계에 알린다는 점이다. 엄밀한 의미에서 2000년 여성국제법정은 법정이라는 형식을 빌린 세계시민을 향한 피해자들의 외침이고, 아시아 여성들의 운동이고 퍼포먼스요, 세계 언론을 향한 강력한 메시지였다.

2000년 여성국제법정의 권위는 어디에서 오는가? 2000년 12월 11일 약식판결에서 2000년 여성국제법정의 권위는 국가에 의한 법적 강제력에서 오지 않고, 일본군 성노예 문제 해결을 원하는 세계시민의 요구에 의해서 권위가 부여된다고 말했다.[11] 2000년 여성국제법정은 시대적 한계 때문에 민간법정이었지만, 실제 법정과 같은 효과를 가지기 위해서 세 가지 요건이 필요했다. ① 세계적으로 어느 누구도 그 권위에 도전할 수 없도록 피해국은 증거를 통한 사실 규명을 입증해야 하고, ② 그에 따른 가해자들의 형사책임을 묻는 형사재판의 형식으로 구성하고, ③ 이를 판단하는 판사단은 국제적으로 권위를 인정받는 국제법학자와 연구자들이 되어야 한다는 공감대가 형성되었다. 일본 정부에 경종을 울리기 위해서 2000년 여성국제법정의 내용과 형식 모두 실제 법정에 맞게 만들어가야 했다. 이런 결의를 바탕으로 아시아 피해자들과 지원단체, 전문가들은 자신들이 가진 모든 에너지를 끌어모아 2000년 여성국제법정을 준비했다. 결코 만만치 않은 과정이었다.

3. 씨줄 날줄 네트워크: 한국위원회 활동

(1) 한국위원회 구성

정대협은 1998년 4월 아시아연대회의 이후 세 차례 실행위원회를 통해 2000년 여성국제법정 준비위원으로 윤정옥, 김윤옥, 지은희, 신혜수, 강정숙, 이미경, 양미강을 선임했다. 준비위원들은 6개월 동안 준비를 거쳐 그해 12월 7일 한국위원회를 발족했다. 한국위원회는 그후 만 2년동안 활동하면서 2000년 여성국제법정과 관련한 국내외 논의사항을 점검하고 결정하는 최고의결기구의 역할을 담당했다. 한국위원회는 운영위원회와 5개 위원회(법률위원회, 진상 규명위원회, 기획홍보위원회, 재정위원회, 대외협력위원회), 한국사무국(정대협 사무국)으로 조직체계를 구성하고, 50여명의 위원을 위촉했다.

---

11 한국정신대문제대책협의회, 「2000년여성국제법정 보고서」(2001), 120.

한국위원회는 주로 법률가와 연구자들, 시민단체로 구성되었는데 이 시기 대폭적으로 외부 전문가들이 참여했다. 2000년 여성국제법정이 법정 형식인 만큼 국제법학자들, 변호사 등 법률 전문가의 지원은 필수 요건이었다. 또한 피해자 증언을 중심으로 사실 규명을 해야 하기에 이 전부터 증언 활동을 해온 정신대연구소 연구자들을 포함하여 젊은 연구자들도 대거 포함했다. 또한 지역 단체 이외에도 지역별로 새롭게 연대체를 조직하고, 미국과 독일, 일본의 동포 조직들의 참여도 활발했다. 한국위원회는 그동안 정대협 창립부터 함께해온 여성단체 중심의 회원 단체에서 나아가 다양한 영역의 전문가들을 영입하고, 국내외적으로 단체들의 네트워크가 강화되는 계기를 마련했다. 또한 아시아 단체들과의 연대 활동을 통해 그동안의 아시아연대회의를 계승해나갔다. 주목할 점은 전국적으로 대학생들이 결합하여 미래세대들이 참여할 공간을 넓혔다는 점이다.

한국위원회는 거의 매월 모여서 2000년 여성국제법정의 목적과 내용, 그리고 형식을 어떻게 만들어갈지 토론했다. 법률위원회 간사 조시현은 2000년 여성국제법정의 참고 사례로 베트남전쟁 민간법정인 러셀 법정을 제시했다. 러셀 법정은 1966년 영국의 철학자 버트런드 러셀이 베트남전쟁에서 일어난 전쟁범죄를 고발할 목적으로 주최한 최초의 민간법정으로, 장 폴 사르트르를 비롯한 레일로 바소, 켄 코트, 랄프 쇠만, 홀리오 코르타사르 등 당대 지성이 함께 참여해서 베트남에 개입한 미국의 외교 정책과 군사 개입을 조사하고 평가했다. 러셀 법정은 베트남전쟁의 잔혹성을 고발하고자 만든 민간법정이고 인권법정인 만큼, 2000년 여성국제법정이 참고하기에 좋은 모델이었다.

50명 전체가 모이는 한국위원회는 각 위원장 중심으로 운영위원회를 개최하여 긴급한 안건들을 처리했다. 당시만 하더라도 한국사무국은 정대협 사무국이 맡아서 진행했고 실무총괄 책임자인 필자와 20대 후반의 젊은 스탭 3명(고미령, 진현정, 정은정)이 전부였다. 국제적으로, 국내적으로 진행되는 모든 행사를 지원하기에 턱없이 부족한 인력이었다. 정대협 자체가 재원이 없었기 때문에, 최소한도 안되는 인원으로 한국위원회를 지원했고, 실무팀에서 담당하기 어려운 일들은 각 위원회 위원장들이 직접 스탭이 되어 몸으로 뛰었다. 2000년 여성국제법정 6개월 전부터는 정대협 사무국에 밤새 불이 켜져 있었고 수많은 자원봉사자와 위원들이 참여했다. 위원장 윤정옥, 부위원장인 김윤옥·정진성, 기획홍보위원장 지은희, 대외협력위원장 신혜수, 재정위원장 김혜원, 법률위원회 조시현, 진상 규명위원장 강정숙·양현아·여순주 증언팀장 등 이들의 헌신적 노력이 없었다면 불가능한 일이었다.

(2) 재정 마련을 위한 동분서주

기획홍보위원회는 2000년 여성국제법정의 전반적 기획과 홍보를 맡았고, 2000년 여성국제법정 총서 시리즈를 기획했다. 대외협력위원회는 국제실행위원회와 소통하면서 미디어를 담당했고 국내기자단, 국외기자단과의 간담회를 주관했다. 특히 재정위원회는 재원 마련을 위해 노심초사했다. 2000년 여성국제법정은 총 50만 달러 정도 소요되는 대규모 행사였다. 이를 위해 일본과 한국이 상당부분의 재원을 도맡아야 했다. 일본 사무국인 바우넷 재팬은 도쿄에서 행사가 진행되는 관계로 많은 모금을 해야만 했고, 한국 역시 10만 달러의 분담금을 마련하려고 각고의 노력을 했다. 시간이 다가오면서 버튼 제작, 달력 판매 외에도 북한산 송화가루를 판매하다가 판매 부진으로 많은 재고를 떠안기도 했다. 후원의 밤, 전국적 캠페인을 통한 모금 활동, 해외 순회 모금 공연, 독일 전역 모금 강연을 진행하는 동시에, 국내기업이나 공기업, 재단 등을 만나면서 협조를 요청했다. 그러나 12월 행사를 앞둔 10월까지도 분담금을 마련하지 못했다. 이러다간 2000년 여성국제법정을 못 여는 게 아닌가 하는 생각에 발을 동동 굴렸다. 11월이 다 되어서야 한국여성재단과 마사회, 여성부가 지원을 약속하여 그나마 숨통이 트였다. 준비하는 동안 재원 없이 진행하다 보니, 대부분 운영위원들이 국제실행위원회에 참석하는 것도 최소화하고, 그나마 자비로도 참가하는 경우도 많았다. 2000년 여성국제법정 공식 통역이나 영상과 사진촬영, 문화제 등 참여하는 전문가들도 기꺼이 자원봉사로 참여했다.[12] 모든 것을 예산에 넣는다면 어마어마한 재원이 들었을 것이다. 지금도 자원봉사로 참여한 분들에게 감사한 마음이다.

(3) 가해와 피해의 고리: 국제법과 피해자 증언

법률위원회는 2000년 여성국제법정의 형식과 구성을 맡았다. 민간 법정일수록 문제가 될 쟁점들을 꼼꼼하게 챙겨야 했다. 당시 해결해야 할 법률적 문제는 죽은 자에 대한 처벌과 변호인 제도였다. 여러 번의 토론을 거쳐 히로히토 일본천황이 일본군 성노예 제도의 최고통수권자인 만큼 아무리 죽은 자라 하더라도 분명하게 책임을 물어야 한다는 점을 다시 확인했다. 아시아법정이라는 성격에 맞게 유럽에서 선호하는 배심제보다는 변호인 제도가 바람직하다는 판단이었으나, 인권법정인 2000년 여성국제법정에서 가해국을 변호하는 변호인을 두어야 하는가에 대해 논의가 있었다. 변호인제는 국제실행위원회에서 몇차례 논의한 끝에, 법정의 형식도 중요하므로 아미쿠스 쿠리에(Amicus Curae) 법정의 친구들이라는 형식으로 정보와 전문성을 제공하는 것으로 최종 정리되

---

12 본 행사를 위해 촬영은 안해룡·한원상, 사진은 박영숙, 문화제 활동은 김선국·김숙진·강혜숙과 춤패·홍순관·방은진·정갑수, 박보밴드·김태식·임영신 등 다수, 동시통역은 차진이·이진영·이소영·김현숙(영어), 송지은·안현희(일어), 번역은 그레이스 사라·박연정·강희영·김준하 외 다수 수많은 전문 자원봉사자의 수고에 감사드린다.

었다.

법률위원회는 남북 공동 기소를 준비하면서 증거에 따른 사실 규명 문제, 피해자 증언에 대한 가해자 확정 문제, 그리고 개개인의 형사책임을 묻는 법리 구성을 도맡았다. 진상 규명위원회는 이를 뒷받침하여 일본군 성노예제도의 역사적 사실과 피해자 증언을 중심으로 피해 사실을 입증하는 것과 짝을 이루어 피해자의 이동 경로에 따른 일본군 배치를 파악하고 책임자를 확정하는 일을 담당했다. 이것은 생각보다 쉽지 않은 일이었다. 진상 규명위원회는 계속해서 피해 조사를 진행하고 증언을 받으면서, 식민지 시대의 피해 사실 이외에도 현재까지 이어지는 트라우마를 파악하는 일도 겸했다. 증언 작업은 당시 대학원생들을 중심으로 진행하였고 이후 증언집으로 출판하였다.[13] 그것은 성노예 피해가 과거에 끝난 것이 아니라, 오늘날에도 이어지는 현재진행형이라는 점을 강조하는 것이기도 했고, 현재 피해생존자들의 외상후스트레스를 의학적으로 판단하는 중요한 계기가 되었다.

(4) 미래 세대의 학생법정과 아시아청년선언

앞서 말한 러셀 법정이 청년들의 참여를 강조했다는 점에 착안해서, 2000년 여성국제법정 역시 미래 세대를 위한 학생법정을 열기로 결정했다. 그동안 수요시위 등 연대 활동을 해온 전국여대생대표자협의회(전국대학총여학생회, 이하 전여대협)와 서울 지역의 서울여대, 홍익대, 이화여대, 그리고 정대협 대학생 자원봉사자 그룹이 참여하여 학생법정준비위원회(위원장 정은정)을 조직했다. 준비위원회는 1998년 10월부터 정기적으로 모여 공부하면서 시나리오 작성을 시작하였고 전국대학 총여학생회

---

13 정신대연구소 연구자 중심의 증언(강정숙, 고혜정, 여순주 등)과 함께 새로운 젊은 그룹(양현아, 박정애, 최기자 등)이 중심이 된 증언채록 작업도 함께 진행되었다.

는 2000년 여성국제법정을 전국적으로 홍보하는 캠페인과 학생법정을 진행하는 역할을 맡았다. 학생법정은 2000년 여성국제법정의 사전행사 성격인 만큼 만반의 준비를 했다. 내용상 오류가 없는지 전문가 자문을 받으면서 모의법정을 넘어 충실한 내용으로 진행했다.

학생법정은 원래 전국 5개 대학에서 개최할 예정이었으나, 대학에서 호응이 높아 이화여대, 조선대, 부산대, 창원대, 동아대, 경희대, 해양대, 원광대, 서원대, 한신대, 전주대, 서울대 전국 11개 대학에서 학생법정과 문화제를 개최하는 성과를 거두었다. 또한 일본의 신현석 목사의 주선으로 일본 오비린대학교 학생들이 수요시위 참여를 계기로 학생법정을 공동으로 열기도 했다. 학생법정 준비위원회는 학생법정과 함께 주도적으로 릴레이 수요시위를 진행했다. 지역단체들과 연대하거나 독자적으로 총여학생 단위에서 지역문화제와 겸하여 진행했다. 서울, 제주, 창원, 부산, 광주, 전주, 수원, 대전 등 총 10개 지역에서 릴레이 수요시위가 열렸다. 전남대와 조선대, 부산대는 2000년 여성국제법정에 학생참가자 15명을 파견하여 일본군성노예 운동이 세계적으로 어떻게 발전하는지 직접 체험하게 하였다. 학생법정을 계기로 여학생회뿐 아니라 학생회 차원에서 관심을 가지게 되었으며, 대학생들은 모의법정 시나리오 작성에 직접 참여하면서 그동안 추상적으로 인식하던 이 문제를 다각적으로 접근하면서 문제 해결 운동에 참여했다.[14]

학생법정에 참여했거나 현장에 직접 참여한 청년참가자들은 법정 기간 중 다양한 청년프로그램을 기획하고 함께 연대했다. 12월 9일 와세다대학에서 '청년의 힘으로 할머니를 당당하게' 한일 청년포럼을 개최했다. 이때 한일 청년 60명이 참여하여 한국과 일본, 재일에서 발표하고, 미국의 소송과 일본의 소송 상황을 공유하고 아시아 청년선언을 채

---

14 정은정(당시 학생법정 준비위원장) 인터뷰(2020. 11. 15).

택하였다. 이 선언은 다음 날 진행되는 아시아 문화의 밤 사전행사로 낭독되기도 했다.[15]

(5) 지역과 지역, 글로컬 연대

그동안 수요시위는 일본군 성노예 문제 해결 운동의 상징성이 있었다. 따라서 참여하는 사람이 제한될 수밖에 없었다. 2000년 여성국제법정은 다양한 예술장르를 통해 시민들에게 더 가까이 가기 위한 문화적 방법을 개발하고, 지난 10년간의 성과를 모아 각 분야별로 활동한 연극, 영상, 영화, 춤 등을 통해 누구나 참여할 수 있는 공간으로 만들었다. 정대협을 중심으로 서울 지역은 서명과 선전전, 음악회, 영화제 등을 청소년, 시민 등 다양한 계층을 대상으로 진행해왔고, 각 지역에서도 문화제 형식으로 시민들과 함께 2000년 여성국제법정을 홍보하는 데 주력했다.

대구와 마산은 1997년 피해자를 지원하는 단체가 조직되어 활동하고 있었기 때문에 좀 더 긴밀하게 연대할 수 있었다. 마산과 창원 지역을 중심으로 활동하는 경남정신대문제 대책을 위한 시민모임(이하 경남정대연)은 인권문화제 '못다핀 꽃'을 기획하고 지역의 시민단체들과 함께 2000년 여성국제법정 홍보를 대대적으로 진행했다. 대구의 정신대할머니와 함께하는 시민모임(이하 대구시민모임) 역시 '여성인권, 평화, 통일 한마당'을 개최하고 할머니 그림전시회와 집회를 통해 2000년 여성국제법정을 대대적으로 홍보했다. 전주의 기독살림여성회는 꾸준하게 전북 지역의 피해자 지원 활동을 하면서 '정신대 할머니와 함께하는 평화 한마당'을 개최하여 피해자 증언과 2000년 여성국제법정 설명회, 영화상영회를 통해 지역민들에게 홍보했다.

이외의 지역에서는 2000년 여성국제법정을 위한 새로운 조직이 만

---

15 「2000년여성국제법정 보고서」(2001), 앞 보고서, 64-65.

들어졌다. 지역별 상황과 역량에 따라 개별 단위가 주체가 되기도 하고, 연대체가 만들어져 각 지역 준비를 하기도 했다. 인천 지역은 천주교 인천교구 노인교실연합회가 주관하여 할머니 그림전시회와 서명운동, 영화상영 등 문화제를 주관하였고, 진주 지역은 진주민속예술보존회가 지역의 특성에 맞게 '의암별제'라는 제목으로 문화제를 진행해서 논개를 조명하면서 일본군 성노예 문제와 연결시켰다. 제주 지역은 2000년 여성국제법정 제주조직위원회가 제주대학교 학생회와 제주여민회, 제주범도민회 등이 중심이 되어 매주 거리캠페인을 통해 2000년 여성국제법정을 알려나갔다.

총 6개 지역, 11회에 걸쳐 3000여 명이 참여한 각 지역문화제는 시민들이 참여할 수 있는 공간을 제공하고 2000년 여성국제법정의 의미를 알리는 데 중요한 역할을 하였다. 2000년 여성국제법정을 계기로 정대협과 지역단체들간의 긴밀한 연대 활동이 이루어졌으며, 각 지역별로 2000년 여성국제법정 참가단을 모집하고 대표단을 파견하는 등 적극적으로 참여했다. 이들 단체들은 2000년 여성국제법정 공식행사와 별도로 한일시민단체 간담회, 일본 내 입법 활동을 위한 시민단체 간담회 등을 개최해 각국의 상황을 공유하고 입법 활동을 열심히 할 것을 다짐하는 결의를 모으기도 했다. 또한 본 법정 점심시간을 이용해서 행사장인 구단회관 앞마당에서 일본 시민을 대상으로 선전전을 진행하고, 법정 마지막날 참가자들과 함께 연대시위를 조직했다.[16]

(6) 국외 글로벌 네트워크

국외 캠페인은 일본군 성노예문제에 대한 관심이 높은 미국과 독일, 일본을 중심으로 이루어졌다. 국외 캠페인은 2000년 여성국제법정을

---

16 「2000년 여성국제법정 보고서」(2001), 앞 보고서, 24-30 참조.

홍보하는 이외에, 모금 활동을 전개하는 방식으로 진행했다. 독일은 이미 1990년대부터 재독한인여성모임 중심으로 활발하게 일본군 성노예 문제를 세계에 알리는 일에 주력해왔다. 정대협 관계자 및 남북한 피해자들을 초청하여 국제행사를 개최하고, 일본군 성노예 관련 독일어 소책자 발간, 다양한 국제단체와 연대로 활발한 활동을 이어가고 있었다. 2000년 여성국제법정은 재독한인여성모임이 더욱 분발하여 활동하는 계기가 되었다. 회원이 적극적으로 참여하여 2000년 여성국제법정 관련 세미나 개최, 지지 서명 등 각종 캠페인과 함께, 영화제를 개최하고, 정대협 김윤옥 대표를 초청하여 2주에 걸쳐 독일 전역을 순회하면서 강연과 모금을 진행했다. 또한 일본여성회와 베를린여성네트워크가 함께 2000년 여성국제법정 참가자와 지지를 바라는 편지를 독일 외무부장관, 가족부장관, 법무부장관에서 보내, 그에 대한 응답으로 2000년 여성국제법정 참관인을 보내겠다는 서한을 받기도 했다.[17] 재독한인여성모임은 대표단 4명을 파견하였고, 2000년 여성국제법정 보고대회를 개최하는 등 이후에도 적극적인 활동을 이어갔다.

미국은 LA와 워싱턴D.C.를 중심으로 활동해왔다. 정대협 결성 이후 유엔을 중심으로 한 미국에서 국제 활동을 적극적으로 전개해왔기 때문에, 일본군 성노예 문제 해결을 위한 관심도 높았다. 미국 워싱턴정신대문제대책위원회(이하 워싱턴 정대위)는 1992년에 결성되어 미주 전역 순회강연과 전시회, 대학을 중심으로 한 각종 활동, 국제심포지엄을 개최하고, 미 국회에서 결의안을 통과하는 등 이동우 회장을 중심으로 활발하게 활동해왔다.[18] 서부인 LA에서도 같은 해인 1992년 정신대문제대책기구가 발족하여 유엔에 탄원서를 접수하는 활동과 세미나를 개최하

---

17 『정대협 20년사』(2014), 앞의 책, 340-357.
18 위의 책(2014), 290-300.

였다. 그후 1999년부터 캘리포니아 법정에 징용피해자 소송이 가능하게 되자 일본군 성노예 문제를 미국사회에 제기하는 소송이 시작되었다. 한국을 비롯한 4개국 15인의 원고단을 구성하고 홀로코스트 소송을 이끈 인권변호사 배리 피셔, 활동가 정연진 등이 참여하여 2000년 9월 워싱턴D.C. 연방법원에 일본 정부를 상대로 역사적인 소송을 제기하였다. 3개월 후 열린 2000년 여성국제법정에 일본군 성노예소송단이 참여하여 남·북한과 일본 연구자와 전문가들에게 미국 소송의 의미를 알리고 긴밀한 연대를 형성하는 기회가 되었다. 이러한 노력은 2007년 미 하원결의안 통과로 이어질 수 있었다.[19]

미국 내 단체들의 활동과 더불어 1995년부터 피해자들을 위한 모금 공연을 해왔던 가수 홍순관의 2000년 여성국제법정 모금 공연이 미국 LA와 샌프란시스코를 중심으로 진행되었고 LA 한인여선교회연합회, 동부영락교회가 적극적으로 협력하였다.[20] 이외에도 LA 한인연장자센터, 유타주 뉴욕한인교회, 미네소타주 한미 오늘과내일센터 등 지역별 단체와 교회들도 협력하여 영화를 상영하고 모금 공연을 개최하기도 했다.

일본 캠페인은 재일동포 단체를 중심으로 이루어졌다. 재일동포 단체들은 1차 아시아연대회의에 참여하면서 적극적인 활동을 이어갔고, 도쿄를 기반으로 활동하는 단체와 전문가들은 일본실행위원회에 참여하여 남북 연대 활동을 지원했다.[21] 반면 오사카 중심의 간사이 지역의 재일동포 단체들은 독자적으로 활동했다. 특히 재일한국민주여성회는 1995년 3차 아시아연대회의 참여를 계기로 피해자 증언집회와 학습

---

19 정연진(당시 미국 소송단) 인터뷰(2020. 11. 15).
20 일본 히메지교회와 와세다대학을 중심으로 한 홍순관 모금공연이 2000년 11월 진행되었다.
21 재일조선인 연구자 김영, 김부자, 송연옥 등이 남북 공동 기소에 적극 협력하였다.

회를 이어갔다. 2000년 여성국제법정 개최를 위해 간사이 지역의 일본 단체들과 연계하여 강연회와 집회를 개최하면서 법정의 의미와 목적을 알리는 데 주력했다. 바자회를 통한 자금으로 법정 참가자 교통비를 지원하기도 했다.[22]

4. 남북이 하나 되어: 역사적인 남북 공동 기소

한국위원회는 2000년 여성국제법정의 성격을 인권법정으로 규정하고, 한국과 아시아에 맞는 법정의 형식을 고민하는 동시에, 역사적인 법정이 될 2000년 여성국제법정에 남북 공동 기소와 남북 공동검사단을 구성할 것을 북에 제안했다. 남과 북이 직접 소통할 창구가 없었기 때문에 부득이하게 일본이 맡아서 양쪽을 오가는 역할을 담당했다. 한국은 정대협이, 북한은 종태위(종군위안부 및 태평양전쟁피해자보상대책위원회)가 사무국 역할을 했는데, 북한은 국제실행위원회에 적극적으로 참여했다. 3년 동안 남과 북의 연구자들이 머리를 맞대고 가해국 일본 정부와 일본군을 기소하기 위해 남북공동검사단을 구성했다. 한국은 박원순·조시현·강정숙·양현아·하종문·김창록, 북한은 홍선옥·황호남·정남용이 참여했다.

일본군 성노예제도의 최대 피해국인 남과 북은 2000년 여성국제법정의 첫 번째 기소를 맡았다. 피해자 증언도 남북을 고려해서 북은 박영심 피해생존자, 남은 김복동 피해생존자가 나섰다. 남북검사단은 박영심 피해생존자가 고향 평남에서 난징과 싱가폴을 거쳐 버마로 끌려갔던 곳을 추적해나갔다. 박영심 피해생존자 임신 사진은 성노예 피해를 가장 상징적으로 표현했다. 남은 김복동 피해생존자 등이 증인으로

---

22   앞의 책(2014), 281-284.

나서면서 일본군의 경로와 피해자들의 경로를 맞추면서 국제법에 의한 법적 책임을 추궁했다. 이외에도 하상숙, 송신도, 문필기, 안법순 피해생존자들이 증언자로 나섰다. 남북 공동 기소는 강제연행 과정, 위안소 내에서의 범죄, 해방 후 범죄 등의 순서로 진행되면서 마지막에 법률 적용에 대한 논고로 마무리되었다. 남북 공동검사단은 전쟁범죄와 인도에 반한 죄목을 들어 히로히토 천황과 도조 히데키 등 8인을 기소하였다.

남북검사단은 공동기소를 위해 2000년 여성국제법정 개막 3일 전 도쿄에서 만났다. 그동안 준비해왔던 기소 내용을 맞춰보고 의견을 교환하기 시작했는데, 남과 북이 기본적으로 접근방향이 달라 서로 난감해 하면서 이견이 좁혀지지 않아 과연 공동 기소가 가능할까 하는 우려도 있었다. 북은 북일 수교를 앞둔 상황에서 일본의 국가적 책임을 강조한 반면, 한국은 피해자 증거에 근거한 기소 형식을 강조했다.[23] 그러나 남북은 어려움을 극복하고, 주어진 기소 시간 3시간에 맞춰 발표내용을 역할 분담했다.

남북 공동 기소는 역사적인 일이었다. 남북이 하나가 된 가장 강력한 연대였다. 그동안 일본군 성노예 문제를 비롯해 강제동원 문제, 일본 교과서 문제, 독도 문제에 관한 한 남북은 적극적으로 협력해왔고 상호 방문을 하기도 했다. 1993년 남측의 여성들이 북을 방문한 '아시아의 평화와 여성의 역할 토론회'를 계승하여 여성 중심의 통일운동이 이루어진 셈이다. 남북 공동 기소는 민중의 힘으로, 50여 년 동안 지연되었던 정의를 남북이 함께 앞당기는 기회가 되었다. 그 이후 남북관계가 악화되면서 민간 차원의 활동도 함께 위축되어 예전과 같은 연대가 이루어지기 어려운 것이 안타깝다.

---

23 「2000년 여성국제법정 보고서」(2001), 위 보고서, 198: 평가좌담회 참조.

5. 아시아를 넘어 세계로: 국제실행위원회

국제실행위원회는 한국위원회가 창립된 다음 해인 1999년 2월 서울에서 창립대회를 열었다. 그동안 한국위원회는 2000년 여성국제법정의 성격과 조직에 대해 지속해서 논의를 해왔다. 국제실행위원회 창립을 통해 본격적인 국제 조직을 갖추고 2000년 여성국제법정을 시작하였다. 한국과 일본, 필리핀 세 명의 공동대표를 선출하고, 가해국을 대표한 일본의 마쓰이 야요리, 피해국을 대표한 윤정옥, 국제자문위원회를 대표한 필리핀의 인다이 사호르가 각기 역할 분담을 했다. 창립대회 이후 2000년 여성국제법정 최종 판결이 있었던 2001년 헤이그 대회까지 총 8차에 걸쳐 서울, 도쿄, 상하이, 마닐라, 타이베이, 뉴욕 등을 순회하면서 국제실행위원회를 개최했다.

(1) 세계적으로 인정받는 판사단과 국제검사단 선정

국제실행위원회는 2000년 여성국제법정에 참여할 국제적인 권위와 명성이 있는 판사단과 국제검사단, 전문가 증인, 법률자문단 등을 구성하는 일을 가장 중시했다. 실제 법정과 같은 효과를 인정받으려면 이미 국제 전범재판에서 활동한 경험이 있는 판사단과 검사단을 선정해야 했다. 총 4명의 판사단 중 가브레일 맥도날드는 전 유고 전범재판의 재판장이었고, 카르멘 아비가이는 국제여성법률가협회장, 윌리 무퉁가는 케냐 인권위원회 위원장을 역임했고, 크리스틴 친킨은 런던대 법대 교수였다. 국제검사단은 전 유고 전범재판소 검사를 했던 패트리샤 셀러즈와 호주 플린더대 교수인 우스티나 돌고폴로 아시아 피해국 8개국의 각국 검사단의 기소를 종합하는 역할을 담당했다. 이외에도 법률자문단인 반 보벤은 한국에 여러 번 초청한 전문가로 유엔에서 배상특별보고관을 지내기도 했고, 론다 코플란은 유엔에서 활동하는 여성인권 분야에서 저명한 사람이었다. 이렇게 국제적으로 저명한 판사단과 검사단, 법률자문단이 구성될 수 있었던 것은 유엔인권위원회 활동을 통한 국제전문가그룹과의 네트워킹이 탄탄했기에 가능한 일이었다.

(2) 2000년 여성국제법정의 일정

2000년 여성국제법정의 일정은 국제실행위원회 5차 타이베이 회의와 6차 도쿄회의에서 상세하게 확정되었다. 히로히토 천황, 일본군대체제, 위안소 등 7개 분야의 전문가 증인을 확정하고, 각국의 기소 과정에서 기소장 낭독과 피해자 증언, 증거 제시의 구성 요건을 갖추도록 하였다. 또한 피해자의 건강관리를 위한 의사 배치, 자료 정리를 위한 속기사 배치, 증인 보호를 위한 프로그램, 법정 서기국 구성 등 법정을 위한 상세한 업무분담표도 작성하였다. 12월 7일 개막식부터 12월 12일 폐막식에 이르기까지 공식 일정을 확정하고 각국의 기소 일정과 함께 매일 저녁 특별프로그램을 배치하였다. 12월 4일부터 6일까지 각국 검사단과 증인의 리허설, 7일 개막식과 8일 남과 북 공동 기소, 중국 기소, 환영만찬, 9일 대만·필리핀·인도네시아 기소, 영화제, 10일 동티모르·네덜란드·일본 기소와 세계인권의 날 문화제, 11일 국제공청회, 피해자와의 만남, 12일 판결과 폐막식, 연대시위로 구성되었다.

2000년 여성국제법정은 각국의 기소와 판결이라는 법정 형식 이외에, 개막식과 폐회식에 이르기까지 문화가 결합되는 방식을 취했다. 한국에서 주관한 개막식은 피해자 진혼을 위한 살풀이춤과 돌아가신 피해자들을 위한 헌화 순서를 넣어 장엄하지만 엄숙한 분위기를 연출했다. 'SAY YES 콘서트 아시아 문화의 밤'은 아시아 각 나라가 준비한 전통문화와 노래 공연 등 다양한 장르로 구성하여 피해생존자와 참가자들의 흥겨움을 자아냈다. 이외에도 영화제와 전시회 등도 함께 어우러져 일본군 성노예 문제를 예술적으로 잘 표현한 작품들이 선보였다.

(3) 언론

2000년 여성국제법정은 세계를 향한 메시지를 전달하는 성격이 강했기 때문에 이를 전달하는 언론의 역할이 무엇보다 중요했다. 한국은 미디어팀을 맡아서 국내외 신문 방송을 담당하고 피해자 인터뷰를 연결하는 역할을 했다. 2000년 여성국제법정 당시 세계 각국에서 취재하러 온 언론사와 기자들은 100여 개가 넘었고 취재 경쟁도 상당하였다. 한국 언론은 인터넷신문 오마이뉴스와 한겨레신문이 상주하면서 기사를 송고했고, 국내 각 주요 방송사들도 2000년 여성국제법정을 다루어 총 30여 건의 인터뷰와 기사가 있었다. 국제 미디어를 대상으로 한 기자회견은 검사단 기자회견, 생존자 기자회견, 남북 공동 기자회견, 최종 판결 기자회견으로 이어졌고, 워싱턴 포스트, BBC를 비롯한 외신들이 취재하였다. 반면 일본 언론은 NHK를 비롯해서 다수의 언론이 경쟁적으로 취재했지만, 정작 일본 언론에 보도된 것은 별로 없었다. NHK는 2000년 여성국제법정 피해자 증언을 왜곡한 다큐멘터리를 방송하여, 바우넷 재팬은 NHK를 상대로 소송을 제기했다. 바우넷 재팬은 설명의무 위반과 기대권 침해를 이유로 손해배상 소송을 제기해 2심에서 이겼으나 대법원에서 패소했다. 당시 관방부장관이던 아베와 경제산업성 장관 나카가와 쇼이치가 방송 전 NHK 간부를 만난 후, 2000년 여성국제법정 증언 등 일본 우익이 꺼리는 부분을 방송에서 삭제했다는 것이 소송 이유였다.[24]

(4) 국제공청회

국제실행위원회는 국제사회에서 부각되고 있는 무력 갈등 속 여성폭력 문제와 일본군 성노예 문제를 동시대 과제로 접근하고자 했다. 공청

---

24 http://www.ildaro.com/sub_read.html?uid=5578&section=sc4

회 전체 주관은 '정의를 위한 여성 코커스'가 했는데, 아시아, 아프리카, 아메리카 등 각 대륙의 15개 국가가 참여했다. 베트남, 동티모르, 오키나와, 방글라데시, 아프카니스탄, 과테말라, 콜롬비아 등이 발표했는데 주로 피해자의 생생한 증언으로 구성되었다. 문제는 국제공청회를 어느 시간대에 배치하는가였다. 2000년 여성국제법정 폐막 후에 할지 아니면 본 법정 기간 중 개최할지 고심 끝에 5차 타이베이 회의(2000. 9)에는 나라별 기소가 끝난 다음 날인 12월 11일로 날짜를 정했다. 국제공청회 일정 문제는 본 법정 기간 중에 진행할 경우 일본군 성노예 문제의 집중성이 떨어진다는 의견과 국제사회가 주목하는 전시 성폭력 문제와 일본군 성노예 문제의 연결성이 잘 드러난다는 의견도 있었다.

III. 2000년과 2020년, 우리는?

1. 2000년 여성국제법정의 성과

2001년에 발간된 2000년 여성국제법정 보고서에 필자는 한국위원회 실무책임자 자격으로 다음과 같이 성과를 기록했다. 첫째, 아시아 피해국간의 네트워크가 확장되고 강고해졌다. 아시아연대회의를 통해 공동대응한 나라 이외에도 인도네시아, 말레이시아, 동티모르, 네덜란드는 2000년 여성국제법정을 통해 각국의 운동이 보다 확고히 자리 잡은 경우였다. 둘째, 세계여성운동과의 네트워크 강화도 큰 성과였다. 그동안 아시아 피해국 중심 네트워크에서 전시 여성폭력까지 확대시켜 세계여성운동과의 네트워크를 긴밀하게 만들었다는 점이다. 셋째, 2000년 여성국제법정을 통해 일본군 성노예 제도의 피해 실상을 전체적으로 파악했다는 점이다. 나라별로 진상규명 운동의 차이가 많았으나 각국별 기소하는 과정에서 준비한 진상규명으로 어떤 경로로, 어느 부대의 책임자가 어떻게 여성들에게 피해를 입혔는지 파악하여 가해자를 기소할 수 있었다. 넷째, 여성통일운동의 모델을 제시했다는 점이다. 남북연대를 통한 남북 공동 기소는 여러 가지 어려움에도 불구하고 남북의 공동 인식에 기반한 공동 기소를 가능하게 했다. 다섯째, 운동이 다양화·전문화되었다는 점이다. 운동가와 법률, 역사 등 각 영역의 전문가들이 결합했고, 서울 중심에서 벗어나 지역과 함께하는 연대 활동이 가능했다.

20년 전 평가 이외에도 미래 세대인 대학생 중심의 학생법정과 아시아청년선언도 주목할 일이다. 또한 개별적이고 산발적으로 이루어진 연극 영화 전시 등 문화적 활동이 2000년 여성국제법정을 통해 모아지는 계기가 되었고, 이는 시민들이 쉽게 참여하는 계기를 마련했다. 2000년 여성국제법정은 운동 차원과 진상규명 차원에서 씨줄과 날줄로 잘 연결된 운동이었다. 국내적으로는 지역과 연계하였고, 국제적으로는 세계의 다양한 나라들과 연계된 촘촘한 네트워크를 만들어냈다. 법정의 형식과 내용을 통해 아시아 각국의 노력으로 일본군 성노예제의 피해를 전반적으로 규명해냈고, 그에 따른 책임자 명단을 발표하기에 이르렀다. 그런 점에서 2000년 여성국제법정은 아시아 여성들에 의해 만들어진 우리 모두의 운동이었다.

2. 2000년 여성국제법정의 한계

그러나 한계도 있었다. 우선 2000년 여성국제법정에서 축적된 각국 자료가 충분하게 활용되지 못했다. 각국에서 만들어낸 피해자 증언을 비롯한 각종 자료들이 연구자들에 의해 발표되거나 운동적으로 아시아의 진상 규명을 위해 활용되지 못했다는 점은 두고두고 아쉬운 일이다.

또한 한국에서 2000년 여성국제법정 후속 프로그램이 이어지지 않아 2000년 여성국제법정이 역사적 이벤트로 끝나버렸다는 점이다. 한국위원회가 해소되면서 2000년 여성국제법정 이후 성과를 바탕으로 세계를 상대로 한 공론화 전략을 함께 만들어내지 못했다. 그나마 20주년을 맞이하여 2000년 여성국제법정을 재조명하는 시도가 한일 양국에서 있는 것은 바람직하다.

2000년의 시대적 화두는 폭력적인 20세기를 마감하기 위해 책임자 처벌이라는 강력한 의제였다. 책임자 처벌은 보복과 처벌이 아닌 보편적 정의를 이루기 위한 일본 정부를 향한 세계시민의 경종이었다. 아시아 여성들이 용기 있게 개척해낸 민간법정 2000년 여성국제법정은 세계를 상대로 한 법정운동이었고, 이것은 국제법이나 국가에 의해 간과되었던 지연된 정의를 회복하는 역사정의 운동이었다. 그렇다면 2020년의 시대적 화두는 무엇인가? 피해생존자들의 자연적 수명이 얼마 남지 않은 상황에서 무엇을 시대적 화두로 삼고 이전보다 진전된 해결 방안을 만들어낼 것인지 스스로에게 묻고 있다. 온전히 피해생존자들을 위한 시간과 운동이 필요한 시점이다. 너무 조급하게 운동적 논리를 내세우기 보다 머리를 맞대고 전후좌우 공감대를 형성하면서 할 일을 고민해야 할 시간이다.

|참고문헌|

양미강, "그녀를 기억하라: 일본군 '위안부' 문제의 과거와 현재, 그리고 미래", 『신학사상』, 2001년 봄호.

양미강, "2000년 여성국제법정의 준비과정", 「2000년 여성국제법정 보고서」, 2001.

한국정신대문제대책협의회, 「제1차 아시아연대회의 보고서」, 1992.

한국정신대문제대책협의회, 「제2차 아시아연대회의 보고서」, 1993.

한국정신대문제대책협의회, 「제3차 아시아연대회의 보고서」, 1995.

한국정신대문제대책협의회, 「제4차 아시아연대회의 보고서」, 1997.

한국정신대문제대책협의회, 「제5차 아시아연대회의 보고서」, 1998.

한국정신대문제대책협의회, 『정대협 20년사』, 2014.

한국정신대문제대책협의회, 「2000년여성국제법정 보고서」, 2001.

1990년대의 일본군 '위안부' 문제 해결 운동의 경과

시바 요코[柴洋子] 일본군 '위안부' 문제 해결 전국행동 공동대표

강혜정 번역가

Ⅰ. 들어가며

일본군 '위안부'는 1970년대부터 이미 김일면[金一勉]의 『군대위안부』, 작가 센다 가코[千田夏光]의 『종군위안부』 등 서적을 통해 알려진 바 있지만, 일본사회 전반에서 일본군 '위안부' 문제를 널리 인식하는 데는 이르지 못했다. 일본에서 일본군 '위안부' 문제의 분명한 인식은 1990년 12월 한국의 이화여자대학교 윤정옥 교수가 일본을 방문해 '매매춘 문제에 대처하는 모임' 주최로 '종군위안부' 문제를 강연한 때가 출발이었다고 볼 수 있다.

Ⅱ. '매매춘문제에 대처하는 모임'이 담당한 역할

'매매춘문제에 대처하는 모임'(이하, '대처하는 모임')이 주최한 집회에서 윤정옥이 일본인들을 대상으로 '위안부' 문제를 이야기하기 이전부터 '대처하는 모임'이 쌓아온 오랜 발자취가 있었다. '대처하는 모임'[1]은

1874년부터 폐창[公娼廢止]운동을 펼쳐온 '일본부인 교풍회'[2]에서 오래 활동한 다카하시 기쿠에[高橋喜久江]가 사무국장을 맡아 결성했다. 1980년대에 다카하시 기쿠에와 윤정옥이 만나면서 일본군 '위안부' 관련 운동이 움트기 시작했다고 해도 과언이 아닐 것이다.

일본이 고도성장기에 접어들자 성매수 관광여행에 나서는 일본인 남성이 늘어났다. 기업들이 성매수 관광을 준비하고 관광여행사들도 섹스투어로 수익을 올렸다. 1960년대 후반부터 일본인 남성은 대만으로 몰려갔다. 일본인 남성들의 추악한 성매수 관광에 질린 대만 칭화[精華]여행사 린슈커[林秀格] 사장이 일본 여행업계 잡지에「부끄러움[恥]」이라는 의견광고를 내고 일본 여행업계가 성매수 여행을 알선하고 있음을 고발했다. 도쿄에서 개최된 국제관광회의에 참석해 이 상황을 알리려한 린슈커는 발언이 금지되었다고 한다.[3]

1972년 일본이 중화인민공화국과 국교를 회복한 동시에 대만과 국교가 단절되자, 남자들의 성매수 관광 목적지는 한국으로 향했다. 1973년 한국교회여성연합회가 일본인 남성들의 섹스투어에 반대하는 성명

---

1 『일본기독교부인 교풍회 백년사[日本キリスト教婦人矯風會百年史]』에 따르면, '일본부인 교풍회'는 전미 금주운동이 발단이 되어 1874년에 출범한 '미국기독교부인 교풍회'가 '세계기독교부인 교풍회'로 확산되는 가운데, 1886년 12월 '도쿄부인 교풍회'가 출범하고 이것이 1893년 '일본부인 교풍회'로 명칭을 바꾸면서 전국 조직이 되었다.

2 「매매춘에 대처하는 모임 뉴스[賣買春問題ととりくむ會ニュース]」(1976년 5월 제1판)에 따르면, 1956년 5월 24일 '매춘[賣春]방지법'이 공포되었다. 그러나 "잠재매춘, 국제 인신매매까지 발생하고 터키탕에서 매춘이 공공연해진 현 상황에서 이를 추방하기 위해서는 보다 넓고 강력한 조직운동이 필요하다. 이에 법인을 해체한 '매춘대책국민협회'와 '오키나와 매춘문제에 대처하는 모임'이 합병하고 22개 부인단체가 참가하여, 1973(쇼와[昭和]48)년 1월 22일 참의원 의원회관에서 '매춘문제에 대처하는 모임'의 결성대회를 개최함으로써 첫발을 내디뎠다."(「매춘문제에 대처하는 모임의 성립」대표위원 야마타카 시게리[山高しげり]).

3 『일본기독교부인교풍회 백년사』, 812.

서를 발표하였고, 이에 응답하기 위해 일본기독교협의회(NCC) 부인위원회와 '대처하는 모임'이 성명서 발표를 준비했다. 1973년 11월, 다카하시 기쿠에와 NCC의 야마구치 아키코[山口明子]가 한국으로 건너가 앞서 성명을 발표한 한국교회여성연합회 여성들을 만났다. 또한 두 사람은 호텔에서 많은 일본인 남성들의 상황을 목격하였다. 호텔 로비에서 일본인 남성 관광객을 기다리는 한국인 여성들, 한국인 여성을 동반하고 호텔로 들어오는 일본인 남성, 다음 날 이른 아침 호텔 뒷문을 줄줄이 나서는 여성들, 정면 입구에 일본인 관광객을 기다리는 관광버스가 도착해서 대기하고 있는 상황 등 일본인 관광단과 한국 여성의 행동을 증명하는 여러 장면을 목격하고 귀국했다.[4]

1973년 12월 19일, 한국 이화여대 학생들이 김포공항에서 일본인 관광객들을 향해 기생관광 반대 항의행동을 펼쳤고, 12월 25일에는 일본에서도 '기생관광에 반대하는 여자들의 모임'이 하네다공항에서 기생관광 반대 유인물을 배포하는 등 한국 여자대학생의 운동에 응답했다. '대처하는 모임'은 일본여행업협회(JATA)에 대한 항의운동과 대형여행사 조사를 진행했고, 정부 운수성 관광부에 대한 항의 활동 시에는 관광노련도 동참해 분위기가 고조되었다. 성명서를 배포하는 등 성매수 관광 반대운동을 펼쳤다. 일본 여성들도 '아시아의 여자들의 모임'을 중심으로 '성매수 관광 반대'를 내건 집회와 시위 등을 통해 일본사회에 알렸다.

1988년 한국에서 서울올림픽이 예정되어 있었다. 한국교회여성연합회는 올림픽을 빙자해 여성을 성매수하는 남성들이 몰려올 것을 우려하여 4월 제주도에서 〈여성과 관광문화 국제심포지엄〉을 주최했다. 다카하시 기쿠에도 이 자리에 참석해 '위안부' 문제에 관한 윤정옥의 조사

---

4 「매매춘문제에 대처하는 모임 뉴스」(1973. 2. 20, No.5 "한국을 본 그대로")

발표를 들었다. 1970년대부터 '매춘방지법' 제정운동과 일본인 남성의 기생관광 반대운동을 전개해온 다카하시 기쿠에와 '위안부' 문제를 조사연구해온 윤정옥의 만남이 이뤄진 것이다. 같은 해 윤정옥이 일본에 방문했고, 다카하시 기쿠에가 '가니타 부인의 마을'[5]에 동행하는 등 두 사람의 교류가 심화되었다.

III. 1990년대의 일본군 '위안부' 운동의 시작

1990년대의 일본군 '위안부' 문제 해결 운동을 크게 다음 세 가지로 나누어 살펴보고자 한다. ①일본 정부를 상대로 한 사죄와 배상 청구소송 싸움, ②'여성을 위한 아시아평화 국민기금'과의 싸움, ③2000년 여성국제전범법정으로 향하는 활동.

1. 윤정옥의 강연을 계기로

1990년 12월 1일, '매매춘 문제에 대처하는 모임'[6] 주최로 〈인권과 전쟁을 생각하는 모임—조선인 강제연행·종군위안부〉가 개최되었다. 이 자리에서 윤정옥이 '일본 사람들에게 호소함—종군위안부 문제를

---

5   가니타 부인의 마을[かにた婦人の村]은 지바[千葉]현 다테야마[館山]시에 있는 부인 보호 장기입소 시설이다. 성폭력, 성착취로 상처입은 여성들이 공동생활을 한다. 이곳에서 생활하던 시로타 스즈코[城田すゞ子]는 자신이 일본인 '위안부'였다고 밝힌 유일한 인물이다. 시로타 스즈코의 강력한 희망으로, 시설장 후카쓰 후미오[深津文雄] 목사가 '위안부' 피해자들의 진혼비 '아아 종군위안부[噫 從軍慰安婦]'를 건립했다.
6   '매춘문제에 대처하는 모임'은 1986년 '매매춘문제에 대처하는 모임'으로 명칭을 변경하고, 2016년 '성착취 문제에 대처하는 모임[性搾取問題ととりくむ會]'으로 다시 개칭했다. 2018년 5월, 회원들의 고령화와 회비 감소 등의 이유로 45년의 활동에 종지부를 찍고 해산했다.

둘러싸고'라는 제목으로 강연했다. 자신이 조사하고 연구해온 '위안부' 문제, 즉 피해자의 비참했던 과거, 아직도 그 과거와 무관하지 않은 현실, 그리고 일본 정부의 태도에 대해서 담담한 어조로 이야기했다.[7] 윤정옥의 이야기를 들은 사람들은 깊은 감동을 받았다. 그리고 자신의 할아버지, 아버지, 형제 등이 전쟁 동안 무슨 일을 했던가 새삼 되묻게 되었다. 돌이킬 수 없는 현실에 휩싸였다는 느낌에 사로잡힌 이는 비단 나만이 아니었을 것이다. 이 집회에서 우쓰미 아이코(게이센[惠泉]여학원대학 조교수, 당시)도 발언자의 한 사람으로 '조선인 강제연행' 문제에 대해 강연했으나 이 글에서는 언급을 생략한다(상세 내용은 「매매춘 문제에 대처하는 모임 뉴스」 1991년 1월 16일자 참조). 윤정옥의 이야기에 감명을 받은 한 사람이자 여성사 연구가인 스즈키 유코[鈴木裕子]는 윤정옥의 발언 내용을 다음과 같이 기록하였다.

> "역사적 사실이 원인이 되어 결과가 나오고, 그 결과가 다시 원인이 되는 식으로 인과관계가 빙빙 도는 것이 아닐까요? '종군위안부'라는 역사적 문제가 역사적 심판을 받지 않고 어둠 속에 묻힌 지 45년이나 시간이 흘러온 탓에, 그리고 일본의 전쟁범죄자가 엄혹한 심판을 받지 않은 탓에, 게다가 일본 제국주의와 침략주의가 경제침략의 형태가 된 탓에, 일본 남성들은 전쟁 중에 '대동아 공영권'이라 불렀던 아시아 국가들로 성매수 관광을 떠나는 것이 아닐까요?"[8] "일본 여성인 여러분은 조선에 고통을 준 측인 일본인이라는 의미에서 가해자이지만, 여성이라는 입장에서는 피해자입니다." "'종군위안부'가 아니었던 일본인 여성은 '황군'인 천황의 '적자[赤子]'를 낳아야 하는

---

7 「매매춘문제에 대처하는 모임 뉴스」(1991. 1. 16, No.91)
8 『평화를 희구하며[平和を希求して]』 윤정옥 저, 스즈키 유코[鈴木裕子] 편·해설, 93.

'적자 생산기'로 치부되었습니다." "양국의 우리는 역사에 새로운 장을 열기 위해 필요한 경험을 가지고 있습니다. 이 경험은 국가를 넘어 가부장제가 어떻게 될 수 있는지를 일깨워줍니다."[9]

윤정옥의 이야기를 듣고 가만히 있을 수 없었던 여성들은 이야기를 더 듣고자 윤정옥과 함께하는 자리를 몇 차례 더 가졌다. 이때를 계기로 '위안부' 문제를 생각하는 다양한 그룹이 꾸려지게 되었다. 양징자(일본군 '위안부' 문제 해결 전국행동 공동대표)에 따르면, '자이니치[在日]' 여성들이 윤정옥의 이야기를 듣는 모임을 가졌고, 그것이 '종군위안부문제 우리 여성 네트워크(이하, 우리여성네트)'로 이어졌다고 한다.

나도 마찬가지로 윤정옥의 이야기를 듣고 움직이기 시작한 '그룹·성과 천황제를 생각한다'라는 작은 모임을 발판 삼아 '위안부' 문제를 고민하게 되었다. 학교 역사교과서는 고대부터 가르치기 시작한다. 그 때문에 근현대사 부분은 늘 시간이 부족하다는 이유로 손대지 않고 넘어가기 일쑤였다. 하지만 윤정옥의 이야기에 귀 기울임으로써 그때까지 손대지 않고 지나쳐온 일본의 근현대 역사를 새삼 직시하게 되었다. 그것은 자기 자신을 다시 들여다보게 만드는 일이기도 했고, 동시에 일본과 한국 시민의 연대의 끈을 모색하는 시작으로 자리 잡았다.

1991년 8월 14일 김학순이 한국정신대문제대책협의회(이하 정대협) 사무실에서 자신은 '위안부'를 강요당했다며 분노와 눈물의 기자회견을 열고 일본 정부에 사죄와 배상을 요구했다. 일본은 충격에 휩싸였다. 먼 과거의 일이라 생각했던 '종군위안부'가 김학순이라는 여성으로서 돌연 눈 앞에 나타난 것이다. 책 속의 한 장에 담겨 있었을 뿐인 일, 책장만 덮으면 눈앞에서 사라져야 하는 일이었을 과거 사실이 불쑥 모습을

---

9 위의 책, 96.

드러냈을 때의 충격을 잊을 수 없다.

　김학순의 커밍아웃은 현대의 미투[#Me Too] 운동처럼 한국은 물론 중국, 필리핀, 대만, 말레이시아, 인도네시아, 동티모르 등 아시아 각국의 피해자들의 잇따른 커밍아웃으로 이어졌다. 필리핀의 마리아 로사 헨슨[Maria Rosa Henson]은 1992년 6월 30일 라디오에서 "부끄러워하지 마세요. 성노예였던 것은 당신 책임이 아닙니다. 책임은 일본군에 있습니다. 당신 자신의 권리를 위해서 일어나 싸워주세요…"라는 호소를 들었다. "온몸에 충격을 느꼈고 피가 하얘지는 느낌이었어요. 그 말을 잊을 수가 없습니다." 마리아 로사 헨슨은 눈물이 앞을 가리고 심장이 너무도 두근거려 바닥에 몸을 누여야 했다고 말할 정도로 충격을 받았다. 3개월쯤 지난 9월 3일 라디오에서 비슷한 호소를 듣고 흐느끼는 마리아로부터 사연을 들은 그의 딸이 라디오 방송국으로 연락했다.[10] 이루 상상할 수 없는 갈등을 겪은 끝에 마리아 로사 헨슨은 필리핀에서 최초로 침묵을 깨는 여성이 되었다. 네덜란드인 여성 얀 러프 오헤른도 김학순의 뉴스를 접하고 커밍아웃 했음을 스스로 밝힌 바 있다.[11]

　김학순이 자신을 드러내고 4개월 후인 1991년 12월에 일본을 방문하여[12] 처음으로 증언 집회가 개최되었다. 우리여성네트가 주최했다. 도쿄에 소재한 한국YMCA의 행사장은 입추의 여지도 없이 사람들로 넘쳐났다. 듣자 하니 수용 인원의 두 배에 달하는 사람들이 왔다고 한다. 입장하지 못하여 발길을 돌린 사람도 많았지만, 나는 다행히 김학순의 이야기를 들을 수 있었다. 굳은 표정이면서 위엄이 있던 김학순의 모

10　『어느 일본군의 '위안부'의 회상[ある日本軍の「慰安婦」の回想]』, 마리아 로사. L. 헨슨 저, 후지메 유키[藤目ゆき] 역, 168-170.
11　『네덜란드인 '위안부' 얀의 이야기[オランダ人『慰安婦』ジャンの物語]』, 와타나베 히로미[渡辺洋美] 역, 161.
12　김학순은 12월 6일, '태평양전쟁 희생자 유족회'가 제소하는 소송 원고의 한 사람으로 방일했다.

습을 지금도 잊을 수 없다. 이처럼 윤정옥의 강연에 깊이 감동하고 김학순의 커밍아웃으로 충격을 받고서 일본군 '위안부' 문제 해결운동이 일본에서 시작되었다.

2. 1990년대 초부터 일본 정부 상대로 사죄와 배상 요구 소송 잇따라

1990년대에는 일본 정부에 사죄와 배상을 요구하는 소송이 잇따라 제기되었다. 그 수는 10건에 달하며, 한국, 중국(1차, 2차), 산시[山西]성, 하이난[海南]섬, 네덜란드, 필리핀, 자이니치[在日], 대만의 소송 9건이 도쿄지방재판소, 관부[關釜]재판이 야마구치[山口]현에서 시작되었다

(1) 아시아태평양전쟁 한국인 희생자 보상 청구소송[13]

김학순 등 '위안부' 피해자 3명을 포함해 '태평양전쟁 희생자 유족회'가 중심이 되어 제소했다. 흰 한복을 입은 긴장한 표정의 김학순 등 '위안부' 피해 여성을 포함해, 35명의 원고가 도쿄지방재판소로 들어서는 모습을 많은 언론이 보도했다(92년에 원고 6명 추가됨). 1심에서는 사실인정이 이루어졌으나 기각되었다. 2심에서는 '추업[醜業]조약' 위반 등 국제법을 위반했다 하여 일본 정부의 안전 배려 의무 위반을 인정하였다. 그러나 "현행 헌법하에서는 정당성, 합리성"을 인정하기 어렵다며 부정하고, 기각했다.

---

13 아시아태평양전쟁 한국인희생자 보상 청구소송. 도쿄지방재판소에 1991. 12. 6 제소, 도쿄지방재판소 2001. 3. 26 기각, 도쿄고등재판소 2003. 7. 22 기각, 최고재판소 2004. 11. 29 상고기각, 판결. 최고재판소 2004. 11. 29 기각. 일본 지원단체: 일본의 전후 책임을 확실히 하는 모임[日本の戰後責任をハッキリさせる會].

(2) 부산 종군 '위안부'·근로정신대 공식 사죄 등 청구소송[14]

박두리 등 3명의 '위안부'와 여자근로정신대 피해자 7명이 원고였다. 다른 '위안부' 재판들이 도쿄에 집중되었는데, 이 재판은 도쿄에서 멀리 떨어진 일본 주고쿠[中國] 지방에 위치한 야마구치[山口]지방재판소 시모노세키[下關] 지부에서 진행되었다. 우리는 관부[關釜]재판이라 불렀다.[15] 피고가 된 국가는 정부기관이 소재한 곳에서 다른 전후보상재판도 진행하고 있으니, 국가로서 도쿄에서 통일적으로 소송을 하고 싶다며 도쿄지방재판소로 이관을 요구 신청했다. 그러나 변호단은 "도쿄지방재판소라는 곳은 엘리트 재판관들이 모여 있고 출세가도에 오른 사람들이 점하고 있다. 여기서 정부를 상대로 재판을 하면 애초부터 이길수가 없다.""작은 도시 지방재판소, 더 좋은 것은 지방재판소의 지부처럼 작은 곳에는 엘리트코스를 타지 않으면서 양심적이기도 한 재판관을 만날 가능성이 있다. 그 작은 가능성에 걸고 싶다"라고 생각했다. 그리고 "시모노세키는 원고들이 끌려와 각지의 군수공장으로 보내진 장소이고 또한 위안소로 보내진 범행장소라는 점, 원고들이 나이든 육체로 도쿄까지 왕복하기에는 부담이 큰 점 등을 고려해 아무쪼록 시모노세키에서 재판을 진행해주기 바란다"라는 상신서[上申書]를 제출했다. 재판관은 시모노세키에서 재판 진행을 결단하고, 정부 측 이관 신청을 각하했다.[16] '위안부' 피해자 원고 3명은 일부 승소했으나, 근로정신대

---

14 부산 종군'위안부'·근로정신대 공식사죄 등 청구소송. 1992. 12. 25 야마구치[山口]
    지방재판소 시모노세키[下關]지부에 제소. 야마구치지방재판소 시모노세키지부 판
    결 1998. 4. 27 일부 승소, 히로시마[廣島]고등재판소 2001. 3. 29 전면 패소, 최고
    재판소 2003. 3. 25 상고 기각, 불수리 결정. 일본 지원단체: 전후 책임을 묻다·관부
    재판을 지원하는 모임[戰後責任を問う·關釜裁判を支援する會].
15 『관부재판이 지향한 것 한국 할머니들에게 다가가서[關釜裁判がめざしたもの 韓國
    のおばあさんたちに寄り添って]』, 하나후사 도시오[花房俊雄], 하나후사 에미코[花
    房惠美子] 저, 13.
16 위의 책. 21-22.

원고 7명은 기각되었다.

(3) 필리핀 '종군위안부' 국가보상 청구소송[17]

마리아 로사 루나 헨손 등 46명이 원고다. 필리핀은 일본군이 점령 당시에 마을주민들 안에 게릴라가 섞여 있다는 의심을 이유 삼아 온갖 포악한 짓을 저질렀다. 대부분 미성년자였던 소녀들이 일본군 주둔지나 인접한 집에서 성폭력을 당했고 가족들은 학살되었다. 그럼에도 사실인 정조차 하지 않은 형편없는 패소 판결이 나왔다. 원고 중에는 이대로는 마을로 돌아갈 수 없다며 눈물 흘리는 이도 있었다. 증인은 국제인도법 학자 프리츠 칼스호벤[Fritz Kalshoven] 한 사람이었다.

(4) 재일한국인 전 '종군위안부' 사죄·보상 청구소송[18]

원고는 재일한국인 송신도 한 사람이다. 중국에서의 '위안부' 체험과 일본으로 돌아오기까지의 경과 모두가 참혹했지만, 이후 일본 미야기[宮城] 현에서도 송신도는 차별과 편견 속에서 살아야 했다. 송신도의 예리하고 강렬하면서 독특한 개성은 집회 참가자들을 매료했다. 재판 보고 집회에서는 몇 번이나 "전쟁은 안 돼, 전쟁만은 절대로 하면 안 돼"라고 강조했다. 중국대륙에서 입은 피해 사실은 인정되었지만 국가무답책[國家無答責][19]과 제척기간을 이유로 청구는 거부되었다.

---

17 필리핀 '종군위안부' 국가보상 청구소송. 도쿄지방재판소 1998. 10. 9 기각, 도쿄고등재판소 2000. 12. 6 기각, 최고재판소 2003. 12. 25 상고 기각, 불수리 결정. 일본 지원단체: 필리핀인 전'종군위안부'를 지원하는 모임[フィリピン人元「從軍慰安婦」を支援する會].

18 재일한국인 전 '종군위안부' 사죄·보상청구소송. 도쿄지방재판소에 1993. 4. 5 제소, 도쿄지방재판소 1999. 10. 1 기각, 도쿄고등재판소 2000. 11. 30 기각, 최고재판소 2003. 3. 28 상고기각·불수리 결정. 일본 지원단체: 자이니치의 위안부재판을 지원하는 모임[在日の慰安婦裁判を支える會].

19 역자 주: 국가가 권력을 행사해 개인이 손해를 입었다 하더라도 1947년 일본의 국

(5) 네덜란드인 전 포로·민간 억류자 손해배상 청구사건[20]

원고는 '위안부' 피해자 1명(얀 러프 오헤른은 원고가 아님)과 포로 억류자 7명이다. 인도네시아에서 네덜란드인 10만여 명이 일본군에 억류되었을 때 젊은 여성은 '위안부'가 되어야 했다. '위안부' 이외의 소년들도 성인이 된 후까지 트라우마로 고통받았다. 인도법 위반으로 배상을 청구했으나, 국제법은 개인청구권의 기초가 되지 않는다며 기각되었다.

(6) 중국인 '위안부' 손해배상 청구소송 (제1차)[21]

원고는 4명이다. 1심 판결에서 사실 인정도 없이 기각되었는데, 2심에서는 사실 인정이 이루어졌다. 그러나 국가무답책과 제척기간을 이유로 기각되었다.

(7) 중국인 '위안부' 손해배상 청구소송 (제2차)[22]

원고는 2명이다. 1심에서 상세한 사실을 인정하고 PTSD[외상 후 스트레스 장애] 피해도 인정하였으나, 청구는 기각되었다. 2심에서는 1심의 사실 인정과 PTSD를 발병하게 한 피해 사실은 유지되었지만, 일화조약으로 이미 해결되었다며 청구를 기각했다. 최고재판소에서는 중일 공동성

가배상법 시행 이전 행위라면 국가에는 배상 책임이 없다고 한 원칙.

20 네덜란드인 전 포로·민간 억류자 손해배상청구사건. 1994. 1. 25 도쿄지방재판소에 제소, 1998. 11. 30 기각, 도쿄고등재판소 2001. 10. 11 기각, 최고재판소 2004. 3. 30 상고 기각, 불수리 결정.

21 중국인 '위안부' 손해배상 청구소송(제1차). 도쿄지방재판소에 1995. 8. 7 제소, 도쿄지방재판소 2001. 5. 30 기각, 도쿄고등재판소 2004. 12. 15 기각, 최고재판소 2007. 4. 27 상고 기각, 불수리 결정.

22 중국인 '위안부' 손해배상 청구소송(제2차). 도쿄지방재판소 1996. 2. 23 제소, 도쿄지방재판소 2002. 3. 29 기각, 도쿄고등재판소 2005. 3. 18 기각, 최고재판소 2007. 4. 27 상고 기각 판결. 일본 지원단체: 중국인 '위안부' 재판을 지원하는 모임[中國人「慰安婦」裁判を支援する會]. ※1차와 2차의 변호인단, 지원단체는 동일하다.

명에 보완하는 내용의 문구가 들어갔다며 상고를 기각했다.

(8) 산시[山西]성 성폭력 피해자 손해배상 청구소송[23]

원고는 10명이다. 1심은 기각, 2심에서는 피해 사실을 전면적으로 인정하면서 "현저하게 상궤를 벗어난 비열한 만행"이라고 단죄했다. 입법적, 행정적 해결이 바람직하다는 취지로 이례적인 '부언'이 있었다.

(9) 대만 전 '위안부' 손해배상 청구소송[24]

원고는 9명이다(한족 5명, 원주민 4명). 필리핀 소송과 마찬가지로 사실 확인도 없었다. 공식 사죄 청구에 관한 청구는 각하, 그 외는 기각했다. 2심은 국가무답책과 제척기간을 이유로 기각했다.

(10) 하이난[海南]섬 전시성폭력 피해 손해배상 청구소송[25]

원고는 8명이다. 하이난섬의 소수민족 여성들이 일본군 주둔지에 납치 감금되어 피해를 당했다. 1심, 2심 모두 사실 인정은 하였으나 중일

---

23 산시[三西]성 성폭력피해자 손해배상 청구소송. 도쿄지방재판소에 1998. 10. 30 제소, 도쿄지방재판소 2003. 4. 24 기각, 도쿄고등재판소 2005. 3. 31 기각, 최고재판소 2005. 11. 18 상고 기각, 불수리 결정. 지원단체: 산시성에서의 일본군 성폭력 실태를 밝히고 다냥[大娘]들과 함께 걷는 모임[山西省における日本軍性暴力の實態を明らかにし,大娘たちとともに歩む會](약칭: 산시성·밝히는 모임[山西省·明らかにする會]).

24 대만 전 '위안부' 손해배상·사죄 청구사건. 도쿄지방재판소에 1999. 7. 14 제소, 도쿄 지방재판소 2002. 10. 15 기각, 도쿄고등재판소 2004. 2. 9 기각, 최고재판소 2005. 2. 25 기각, 불수리 결정. 지원 단체: 대만의 전'위안부' 재판을 지원하는 모임[台湾の元「慰安婦」裁判を支援する會].

25 하이난[海南]섬 전시 성폭력피해 손해배상 청구소송. 도쿄지방재판소에 2001. 7. 16 제소, 도쿄지방재판소 2006. 8. 30 기각, 도쿄고등재판소 2009. 3. 26 기각, 최고재판소 2010. 3. 2 상고 기각, 불수리 결정. 지원단체: 중국 하이난섬 전시성폭력 피해자에 대한 사죄와 배상을 요구하는 네트워크[中國海南島戰時性暴力被害者への謝罪と賠償を求めるネットワーク] (약칭: 하이난 네트).

공동성명으로 배상청구가 포기되었다며 기각했다.

이상 10건의 재판은 이미 모두 최고재판소에서 패소가 확정됐다. 패소가 확정된 재판에서 사실 인정조차 받지 못한 건은 필리핀과 대만이다. 변호사는 이를 피도 눈물도 없는 판결이라 표현했다. 용기를 내서 진술했음에도 무엇 하나 받아들여지지 않은 사실을 원고들은 납득하지 못했고 슬퍼하며 하염없이 눈물을 흘렸다. 다른 재판도 결과적으로 패소했지만, 판결 내용에서는 적어도 사실을 인정하거나 PTSD[외상 후 스트레스 장애]를 인정하기도 했다. 중국인 산시성 성폭력 손해배상 재판에서는 "입법적, 행정적 해결을 도모하는 것은 충분히 가능"하다는 '부언'이 붙는 등 전체적으로 판결 내용은 조금씩 발전되어갔다.

각국 피해자가 제기한 재판에 대하여 지원 단체가 각각 결성되었고, 지원 단체들은 사람들에게 재판의 방청을 제안하고, 유인물 배포, 재판 보고 집회, 학습회, 방일한 원고들의 숙박 및 동행 등을 준비하느라 분주했다. 지원 단체들끼리 연대도 이루어져 서로의 재판 방청에 협력했다. 지원 단체들은 1996년부터 '입법부작위' 등을 지적하였다. 원고에게 승소를 안겨준 관부재판 판결의 정신을 살리고자 '시모노세키 판결을 살리는 모임'[26]을 결성하여, 변호단과 함께 정보를 공유하면서 입법해결의 길을 모색하는[27] 학습회와 집회 등을 진행했다.

각 지원 단체들은 소송의 원고인 '위안부' 생존자와 깊이 교류하면서 인간적 신뢰관계도 자연스레 맺어갔다. '자이니치의 위안부 재판을 지

---

26 1998년 6월, 소송 지원단체가 모여 결성했다. 참여단체는 중국인 '위안부' 재판을 지원하는 모임, 산시성·밝히는 모임, 대만의 전 '위안부' 재판을 지원하는 모임, 자이니치의 위안부재판을 지원하는 모임, 필리핀인 전 '종군위안부'를 지원하는 모임.

27 「외국인 전후보상 법안(시안)」전후보상문제를 생각하는 모임·전후보상 입법을 준비하는 변호사 모임.

원하는 모임'은 유일한 원고였던 송신도가 세상을 떠난 후 해산했으나, 이후에도 뜻있는 사람들이 송신도의 사진전을 개최하는 등 그를 기억하고 기록하는 운동을 이어가고 있다. 나머지 단체들도 재판 종료 후 지금까지 모임을 존속시키면서 어떤 형태로든 교류를 지속하고 있다. 원고들이 모두 타계한 '산시성·밝히는 모임'은 유족들과 계속 교류하고 있다. '대만인 전 위안부 재판을 지원하는 모임'은 현재 '대만의 일본군 성폭력 피해자 아마[阿嬤; 할머니]들을 기억하고 미래로 이어가는 모임'으로 개칭해 대만 측과 관계를 유지하고 있다. 필리핀의 롤라[Lola: 할머니]들도 고령으로 집회 등에 참가할 수 있는 사람이 적어졌지만 일본의 3개 지원 단체는 정보를 공유하고 있다.

'위안부' 피해 여성들이 일본 정부를 상대로 공식 사죄와 손해배상 청구소송을 진행하는 동안 한편에서 연구자들은 자료를 발견하고 여러 단체들이 '위안부' 피해자의 이야기를 듣는 집회와 사진전 등을 마련했다.

3. 자료 발견, 정부의 동향, 기타

재판이 진행되던 1992년은 '위안부' 문제 관련 운동의 다양한 움직임이 중층적, 다원적으로 펼쳐진 시기였다.

(1) 자료의 발견

요시미 요시아키[吉見義明] 주오[中央]대학 교수(당시)가 군의 관여를 뒷받침하는 자료[28]를 방위청 방위연구도서관에서 발견하여 1992년 1월 11일자 아사히[朝日]신문에 크게 보도되었다. 그 직후인 1월 16일에 일본 미야자와 기이치[宮澤喜一] 총리는 한국을 방문하면서 사과와 반성의

---

28 「군 위안소 종업부 등 모집에 관한 건[軍慰安所從業婦等募集ニ關する件]」(1938. 3. 4)

뜻을 표명했다. 한국에서는 1990년 11월에 결성된 정대협과 '위안부' 피해 여성들이 미야자와 총리 방한을 앞두고 1월 8일 일본대사관 앞에서 항의 행동을 개시했다. 이것이 매주 수요일마다 진행하는 수요시위의 시작이었고, 수요시위는 현재 1480차를 넘기도록 계속되고 있다(2021년 2월 26일 현재).

할머니들과 정대협의 활동은 눈부셨고, 이에 피해자가 커밍아웃 한 다른 나라들도 연대활동을 펼쳤다. 일본은 가해국이지만 연대관계 안에서 함께 보조를 맞추며 '위안부' 문제 해결을 위해 활동했다. 일본에서는 '종군위안부' 문제행동네트워크(후에 일본군 '위안부'문제행동네트워크로 개칭)를 결성하였다.

1992년 8월부터 제1차 아시아연대회의가 서울에서 개최되었고, 일본에서도 네트워크 구성원으로서 많은 사람이 참여했다.(아시아연대회의와는 별도로 1991년 5월 서울에서 정대협 주최로 시화전이 열려 윤정옥이 강연하고, 일본측 스즈키 유코도 강연했다.) 제1차 아시아연대회의에는 김학순과 강덕경 등 할머니 11명도 참가했다. 우리가 할머니들과 직접 만난 첫 자리였다. 그 후 아시아연대회의는 일본과 필리핀 등에서도 개최되었고, 그때마다 일본군 '위안부'문제행동네트워크로서 일본의 여러 그룹과 단체가 참가했다.

(2) 일본의 전후 보상을 되묻는 국제 공청회를 도쿄에서 개최[29]

인상적인 공청회였다. 이 국제 공청회는 '위안부'문제만을 다루지는 않았다. 조선인 징용공으로 노동하다가 피폭된 사람, 네덜란드의 일본군 포로수용소에 수용된 사람, 홍콩에서 군표 문제에 관한 증언도 있었다. 6개국의 '위안부' 피해 여성들이 처음으로 한자리에 모인 인상적인

---

29 1992년 12월 9일, 간다팡세[神田パンセ]에 800명이 참가해 개최되었다. 주최: 전후 보상 국제공청회 실행위원회, 후원: 일본변호사연합회.

공청회였다(대한민국, 조선민주주의인민공화국, 필리핀, 대만, 네덜란드, 중국). 개회사를 통해 아라이 신이치[荒井信一] 교수가 공청회 개최 취지를 다음과 같이 밝혔다. "오늘은 공청회라는 명칭을 사용하고 있습니다만, 이 모임의 직접적인 취지는 아시아태평양전쟁에서 일본군, 혹은 일본 정부의 행위로 인해 중대한 인권 침해를 당하고 전쟁 피해자가 되신 분들, 그리고 아직도 그 피해에 대한 보상을 받지 못하고 계신 분들, 그 분들의 직접적인 살아있는 목소리를 반 보벤 선생님을 비롯한 유엔과 NGO 관계자분들께 들려드리고 싶습니다."[30]

'위안부' 피해 여성들의 증언은 듣는 이들의 가슴을 파고들었다. 김학순도 참가했고, 북한의 김영실[金英實]도 참석했다. 김영실이 눈물을 훔치며 발언하고 있을 때 한국 할머니들이 단상으로 다가가 이야기를 들었다. 울먹이며 말을 잇는 김영실의 모습에 못 견디겠다는 듯 김학순 등 한국 할머니들이 달려가 김영실을 끌어안았다. 중국의 완아이화[万愛花]는 증언 중에 실신해 구급차로 실려 나갔다.

네덜란드인 얀 러프 오혜른은 딸을 동행하고 참가했다. 그는 "아시아의 '위안부'는 유럽 여성의 지원을 필요로 한다는 것을 알 수 있었습니다. 이 일은 네덜란드인 소녀들에게도 일어난 일입니다. 전시 강간은 전쟁범죄로 인정되어야 합니다. 유럽 여성이 이름을 밝히면 일본은 분명히 시선을 주게 될 것입니다"라고 자신의 저서에 썼다.[31] 그는 유럽 여성이 커밍아웃 하는 의미를 그렇게 인식하고 있었다. 회의장은 빽빽하게 만원을 이뤘고 참가자 중에는 눈물을 닦는 모습이 많이 보였다.

---

30 『세계가 묻는 일본의 전후 처리[世界に問われる日本の戰後處理] ① '종군위안부' 등 국제공청회의 기록』, 국제공청회 실행위원회 편, 도호슈판[東方出版], 12쪽.

31 네덜란드인 '위안부' 얀의 이야기[オランダ人『慰安婦』ジャンの物語]』 얀 러프 오혜른 저, 와타나베 히로미[渡辺洋美]역. 모쿠세이샤[木犀社], 162.

(3) 일본 정부의 움직임

이즈음은 국회의원(사회당, 공산당)들이 '종군위안부' 문제에 관한 국회 질의를 하고 정부를 향해 조사하도록 요구하는 일이 여러 차례 있었다. 최초로 '위안부' 문제에 대해 국회에서 질의한 이는 모토오카 쇼지[本岡昭次] 참의원 의원이었다. 1990년 6월 6일, 모토오카 의원(사회당)이 참의원 예산위원회에서 강제연행 문제의 일환으로 '위안부' 문제를 거론했다. 종군위안부의 사실을 조사하라는 모토오카 의원에게 정부 노동성 직업안정국장 시미즈 쓰타오[淸水傳雄]는 "종군위안부라는 것은 민간업자와 군이 데리고 다닌 것으로 보이므로 조사할 수 없다"라고 답변했다.[32] 이에 같은 해 10월 17일 한국교회여성연합회와 한국여성단체연합 37개 단체는 가이후 도시키[海部俊樹] 총리에게 보내는 공개 항의 서한을 발표했다.

서한에서는 일본 정부에 대해 다음 6개 항목을 요구했다. ①조선 여성들을 종군위안부로 강제연행한 사실을 인정할 것, ②그 일에 대해 공식 사죄할 것, ③만행의 모든 것을 스스로 밝힐 것, ④희생된 사람들을 위해 위령비를 건립할 것, ⑤생존자나 유족들에게 보상할 것, ⑥잘못을 다시 되풀이하지 않기 위해 역사교육 안에서 이 사실을 계속 이야기할 것, 그리고 11월 말까지 답변을 기대한다고 맺었다.

일본 정부의 답변은 없었고, 한국 측에서는 그 후 여러 차례 일본 정부에 독촉하는 내용을 보냈다. 그 후, 시미즈 스미코[淸水澄子] 의원, 도이 다카코[土井たか子] 의원, 이토 히데코[伊東秀子] 의원, 모토오카 쇼지 의원이 국회에서 재질의 하였다. 1991년 8월 27일에 이토 히데코 중의원 의원(사회당)이 중의원 예산위원회에서 개인청구권, 배상청구는 소멸하지 않은 것으로 받아들여도 좋으냐고 질문했다. 이에 야나이 순지[柳

---

32 이 발언을 접한 김학순은 분노를 느끼고 자신이 '위안부' 피해자임을 밝혔다.

井俊二] 외무성 조약국장이 "개인이 이러한 청구를 제기하는 것까지도 외교권 포기가 막는 것은 아니다"라고 답변했다. 1992년 3월 9일, 이토 히데코 의원은 한국 여성들이 일본 정부에 호소하는 것은 개인으로서 위자료 청구다. 이러한 일신전속권[一身專屬權]을 국가가 본인의 승낙도 없이 멋대로 포기할 수 있는지 여부와 외무성의 견해를 질문했다. 야나이 외무성 조약국장은 청구권은 소멸되지 않았다. 그러나 양국간 조약으로 완전하고도 최종적으로 해결됐다고 답변했다.

양국간 조약으로 완전하고도 최종적인 해결을 보았지만 개인의 청구권은 소멸되지 않았다고 말한 일본 정부의 이 답변은 대단히 중요한 발언이었다. 한편, 입법해결을 요구하는 시민운동도 활발해지면서, 국회에는 '항구평화를 위한 진상 규명법 성립을 목표로 하는 의원연맹'이 자민당, 공명당, 민주당, 사키가케, 사회민주당 등의 동참 아래 초당파적으로 출범했다(1998. 9. 30). 국회도서관에 '항구평화조사국'을 설치하여 국가나 군이 관여한 전시자료를 수집하고 조사한다는 목적을 지니고 있었다. 법안을 정리하여 중의원에 제출했지만, 최종적으로 법안은 폐기되었다.[33]

(4) 가토 담화와 고노 담화

1992년 7월, 가토 고이치[加藤紘一] 내각관방장관 담화[34] 형태로 정부의 제1차 '위안부' 조사결과가 발표되었다. "위안소 설치, 위안부 모집을 하는 자의 단속, 위안시설의 축조·증강, 위안소 경영·감독, 위안

---

33 2000년 4월에는 모토오카 쇼지 의원이 중심이 되어 '전시 성적강제 피해자 문제 해결의 촉진에 관한 법률안[戰時性的強制被害者問題解決の促進に關する法律案]'도 제출되었다.

34 가토 내각관방장관 담화. 외무성 HP https://www.mofa.go.jp/mofaj/area/taisen/kato.html

소·위안부의 위생관리, 위안소 관계자에게 신분증명서 발급 등에 대하여 정부의 관여가 있었음이 인정됐다"라고 정부의 관여를 인정하였고, 이에 대한 사과와 반성을 표명했다.

1993년 8월 4일 고노 담화[35]로 제2차 '위안부' 조사결과가 발표되었다. "위안소는 당시의 군 당국의 요청에 의해 설치[設營]되었으며, 위안소의 설치, 관리 및 위안부의 이송에 대해서는 구 일본군이 직접 혹은 간접적으로 이에 관여하였다. 위안부의 모집에 대해서는 군의 요청을 받은 업자가 주로 이를 맡았으나, 그 경우에도 감언·강압에 의하는 등, 본인들의 의사에 반하여 모집된 사례가 많이 있으며, 더욱이 관헌 등이 직접 이에 가담한 일도 있었다는 것이 밝혀졌다. 또한, 위안소에서의 생활은 강제적 상황 아래 고통스러운 것이었다"라고 함으로써 구 일본군이 "직접 혹은 간접적으로 이에 관여"했다고 군의 관여를 인정하였고, "감언, 강압에 의하는 등 본인들의 의사에 반하여 모집된 사례"도 있음을 인정했다. 그리고 "위안소에서의 생활은 강제적 상황 아래 고통스러운 것"이어서, "당시의 군의 관여하에서 다수 여성의 명예와 존엄에 깊은 상처를 준 문제"이므로, "이른바 종군위안부로서 수많은 고통을 경험하고 몸과 마음에 치유하기 어려운 상처를 입은 모든 분께 마음으로부터 사과와 반성의 뜻을 밝힌다. 그리고 앞으로 우리는 이러한 역사의 진실을 회피하지 않고 오히려 이를 역사의 교훈으로 직시하고자 한다. 우리는 역사연구, 역사교육을 통해 이러한 문제를 오래도록 기억하고, 같은 과오를 결코 되풀이하지 않겠다는 굳은 결의를 다시금 표명한다"라고 했지만, 가토 담화에 있었던 "정부의 관여"라는 말은 사라지고 없었다.

---

35 위안부관계 조사결과 발표에 관한 고노 내각관방장관 담화. 외무성 HP https://www.mofa.go.jp/mofaj/press/danwa/07/dmu_0815.html

사실, 고노 담화가 발표되었을 당시, 우리는 일본의 국가 책임을 명확히 표명하지 않은 점이 불만이었다. 이 담화 내용은 '위안부' 문제 해결 운동에서 보면 최저기준에 지나지 않으니 해결을 위해서는 이 기준을 넘어서야 한다고 생각했다. 그러나 그로부터 28년이 지난 지금 고노 담화를 지켜내야 하는 상태가 됐다는 것이 현실이다. 정부, 학자와 연구자, 언론 등이 우경화하고 역사 수정의 파도가 밀려왔기 때문이다. 현재는 마치 고노 담화의 존재 때문에 '위안부' 문제가 일어나기라도 하는 것처럼 말하며 고노 담화를 없애려 하거나, 하다 못해 무력화라도 시키려는 힘이 커졌다. 현재 일본은 역사수정주의자들의 힘이 강력하게 만연하고 있고 역사상의 일본군 '위안부' 사실을 부정하고 싶은 층이 두터워졌다는 의미일 것이다.

(5) 만연하는 역사수정주의

1993년 고노 담화 발표 이후 '국민기금' 수령 여부로 문제가 복잡해지는 가운데, 1995년 '자유주의사관 연구회'가 창립되었다. 1996년 모든 중학교 역사교과서에 '위안부' 기술이 등장하는 것이 알려지면서 우익 측 위기감이 더욱 높아져 활동이 활발해졌다. 1996년 말에는 '새로운 역사 교과서를 만드는 모임'이 발족했다. 또한 젊은 독자층의 지지를 받는 만화가 고바야시 요시노리[小林よしのり]가 『신 고마니즘 선언』[36]에서 '위안부'를 매춘부라 칭하고 일본인 '위안부'가 공개 증언하지 않는 것을 칭찬하는 등 '위안부' 피해 여성에게 2차 강간을 가하는 만화를 그

---

36 역자 주-만화 제목에 있는 '고마니즘'은 '고만[傲慢;오만]'과 '이즘[-ism;주의]'을 더해 '오만주의'의 의미로 사용한 고바야시의 조어이다. 당시 역사수정주의 세력은 일본의 침략전쟁과 식민지배 책임을 성찰적으로 비판하는 역사관을 '자학사관'이라 칭하며 공격했다. 고바야시가 끌어온 '오만' 단어에는 이른바 '자학'을 거부한다는 의도가 담겼고, 그의 '고마니즘 선언' 시리즈 만화는 주간지 연재를 통해 대중의 주목을 끌었다.

렸다. 이 만화는 젊은이들에게 커다란 영향을 끼쳤다고 할 수 있다.[37]

한편 정치의 세계도 마찬가지였다. 1997년 아베 신조[安倍晋三] 등을 중심으로 한 '일본의 앞날[前途]'과 역사교육을 생각하는 젊은[若手] 의원 모임'이 결성되었다. 중학교 역사교과서에 '위안부'가 기술되었다는 것에 대한 위기감을 감추지 않았다. 이어 1997년 5월 '일본을 지키는 국민회의'와 '일본을 지키는 모임'이 합병하여 '일본회의'가 탄생하고, 동시에 '일본회의 국회의원 간담회'가 출범했다.[38] 그 결과 아베 신조 정권부터 현재의 스가 요시히데 정권에 이르기까지 '일본회의' 구성원이 내각의 요직을 차지하고 있다.

우리는 위기감을 안고 〈여자들의 긴급집회 '고만[=오만]'사관 대논파, 역사는 지울 수 없다, 여자들은 침묵하지 않는다〉를 개최하여 "'위안부' 문제를 교과서에서 삭제하지 말라!"라고 호소했다.

"침략전쟁과 식민지 지배, 위안소제도도 정당화시키는 '고만파'의 역사인식은 일본에서 한 걸음만 밖으로 나가도 국제적으로 전혀 통용될 수 없는데도, 일본이 저지른 전쟁범죄 행위, 특히 성폭력을 감추려는 목소리가 한층 목소리를 드높이고 있는 움직임에 위기감을 안고 이 집회를 열었다." "일본군이 '위안부'라는 이름의 성노예로 만든 수만 명의 여성들이 체험한 역사적 사실을 제대로 알아야 한다는 출발점을 중시하면서, '고만파'의 폭론에 하나하나 반론하고자 한다"라는 것이 집회의 취지였다.[39]

---

37 야마구치 도모미[山口智美], 「관민일체의 '역사전'의 행방」, 『바다를 건너는 '위안부' 문제—우파의 '역사전'을 묻다』(「官民一体の「歴史戦」のゆくえ」『海を渡る「慰安婦」問題—右派の「歴史戦」を問う」), 102.

38 야마구치 도모미, 위의 글, 103 참조.

39 1997년 3월 20일. 주최: 3·20 여자들의 긴급집회 실행위원회, 장소: 도쿄 위민즈센터.

(6) 전후 50년 국회결의[40]

전후 50년을 기해 '역사를 교훈 삼아 평화에 대한 결의[決意]를 새롭게 다지는 결의[決議]' 안이 채택되었다. 연립정권으로서 사회당 출신을 총리로 세운 무라야마 정권이었기에 그동안 사회당이 주장했던 대로 아시아에 대한 침략행위 사실과 식민지 지배에 대한 반성과 사죄를 담고, 부전[不戰]을 맹세하는 내용으로 만들려 했지만, 우파 세력의 영향을 받는 자민당의 반대로 이러한 핵심 표현이 빠진 결의가 되었다.

4. '여성을 위한 아시아평화 국민기금' 문제

1994년 6월 29일, 사회당 위원장인 무라야마 도미이치[村山富市]가 총리로 지명되었다. 자민당-사회당-사키가케 3당의 연립정권이 탄생한 것이다. 일본군 '위안부' 문제로 활동해온 이들은 기뻐했다. 왜냐하면 무라야마 도미이치는 총리로 지명되기 불과 2주쯤 전에 〈지금이야말로 전후보상 실현을! 6·6 궐기대회〉에서 사회당 위원장으로서 단상에 올라가, 회장을 가득 매운 참가자들을 향해 국회결의 특별위원회를 설치해 전후 50년 보상을 실현해야 한다고 발언한 바 있기 때문이다. 이로써 '위안부' 문제는 해결의 길로 접어들 것이라 생각되었다. 그러나 우리는 곧이어 실망을 맛보게 되었다.

고노 담화의 발표를 통해 '위안부' 문제에 대해 마음으로부터 깊은 반성과 사과의 뜻을 밝히고, 기대를 모으던 무라야마 도미이치가 총리가 되었음에도, 1995년 7월 막상 뚜껑을 열어보니 가동하기 시작한 것은 '여성을 위한 아시아평화 국민기금'(이하 '국민기금')이었기 때문이다. "널리 사죄의 의지를 보여"준다고 한 "'국민기금' 구상"이 발표되자 문

---

40 1995년 6월 중의원에서 채택되었다.

제점이 드러났다. 민간으로부터 모금하여 그것을 피해 여성들에게 '쓰구나이킨'[償い金; 위로금][41]이라는 이름으로 전달한다고 했다. 재판 지원을 통해 피해자들이 항상 '국가의 사죄와 배상'을 요구하는 목소리를 접해왔으므로, 우리는 '국민기금'은 피해자들이 바라는 해결이 아님을 주장하고 반대와 항의 행동을 펼쳤다.

'국민기금'은 국가가 짊어져야 할 책임에서 벗어나려는 것에 지나지 않으며, "국민 전체가 사죄의 의지를 표현하는 전국민적 '쓰구나이'[償い; 속죄, 보상]"이라는 그들의 말은 아시아태평양전쟁이 패전으로 끝났을 때 국가의 책임을 국민에게 전가하듯 사용된 '1억 총 참회'[一億總懺悔]라는 말을 연상시켰다. 책임자가 누구였는지를 모호하게 만든다. 국가의 진지한 사죄와 배상이 이루어진 후라면, 국민들이 사죄의 마음을 표현하려고 위해 모금한다는 것도 이해할 수 있겠다. 하지만 진상 규명도 없이 국가 책임을 모호하게 남긴 채 '쓰구나이킨'[償い金; 위로금]'으로서

---

41 역자 주: '국민기금'이 '위안부' 피해자들에게 지급하려 한 금전의 명칭 '쓰구나이킨[償い金]'을 어떻게 번역하는가는 민감한 논점이었다. 일본어 '償い[쓰구나이,tsugunai]'는 사전적으로 보상, 배상, 속죄 등의 의미를 지니므로, 여기에 '킨[金; 돈]'을 붙인 말 '쓰구나이킨[償い金]'도 문맥에 따른 번역어 선택이 가능한 단어다. 그런데 '국민기금' 구상단계와 초기단계에는 지급금이 '見舞金[미마이킨; 위로금]이라 알려졌고, '국민기금'측에서도 줄곧 "보상을 대신하는 조치"라 하였기 때문에 한국에서는 시민운동이나 언론을 중심으로 '위로금'이라는 번역이 주로 채택되었다. 또한 '국민기금'이 당시 '도의적 책임' 인정과 '법적 책임' 배제 입장을 취하는 무라야마 정권의 구상이란 점에 대한 고려도 작용해, 법적 책임 수행의 의미로 읽힐 여지가 있는 번역어는 선택에서 제외되는 것이 자연스러운 흐름이기도 했다. 이에 대해 '국민기금'의 핵심인사들은 훗날 출판과 언론 활동을 통해 한국어 번역으로 인해 기금의 의미가 경감되었다는 불만을 제기하기도 했다. 이 같은 번역어 문제는 일본 정부가 사용하는 표현 'お詫び[오와비]'를 한국어 '사과'로 번역하는 것에 대해서도 제기된 바 있다. 현재 한일 외교상으로는 '사죄'로 번역하기로 양해가 이뤄졌다고 알려졌다. 다만 일본어에는 한국어의 '사죄'와 완전히 동일한 '謝罪[샤자이]'가 별도로 존재하고, 이 단어가 일본 정부의 역사 문제 관련 표명에서는 사용이 배제된다는 점을 고려할 때, 일본어의 'お詫び[오와비]'와 '謝罪[샤자이]'의 차이가 드러나는 번역어가 적절하다고 판단해 이 글에서는 '사과'로 번역하였다.

국민들로부터 모금한 돈을 피해자들에게 전달하겠다는 방식은 도저히 받아들일 수가 없었다.

생존자들도 국민기금의 본질을 꿰뚫어 보았다. 무엇보다도 일본 정부의 사죄와 배상을 요구하며 소송을 제기해온 생존자들은 "우리는 구걸하는 게 아니다" "책임져야 할 대상은 일본 정부이지 일본 국민이 아니다" 등등 분노하였고, 수령 거부 자세가 강해졌다.

'국민기금' 출범 당시 정치인 출신 인사와 엘리트 학자, 유명인 등이 발기인과 이사로 활동했다. 도쿄대학 교수 오누마 야스아키[大沼保昭]는 "'보상[償い]'은 정부 몫인데 국민에게 모금하는 것은 문제를 호도한다는 비판이 있지만, 전쟁과 식민지 지배는 정부만이 한 일이 아니라 언론과 지식인을 포함해 국민도 관여했으니, 그 책임은 일개 내각에 맡겨야 할 것이 아니라 국민 한 사람 한 사람이 잘못에 대한 자각을 가지고 속죄[償う]해야 한다", "국가보상이 재판에서 이길 전망은 적고 시간도 너무 걸린다. 무라야마 내각 이후의 정권이 진지하게 해결에 임할 가능성은 낮다. 정부 보상을 요구하는 전 '위안부'의 목소리는 무겁지만, 피해자는 다양하며 하루라도 일찍 돈을 원하는 사람도 있다. 보상요구 운동에서는 강한 요구가 표면에 드러나기 십상이지만, 약한 목소리, 인간의 생각은 변할 수 있다는 사실에 대한 배려도 필요하다"[42]라고 말했다.

'국민기금'이 한국에 초래한 심각한 분단에 비춰보면, "하루라도 일찍 돈을 원하는 사람도 있다", "인간의 생각은 변할 수 있다는 사실"이라는 오누마 야스아키의 말에는 잔혹한 울림이 담겨 있어 가슴이 아파온다.

한국에서 '국민기금'은 60명의 피해자에게 사업을 실시하는데 그치

---

42 오누마 야스아키[大沼保昭] 『'위안부'문제란 무엇이었는가[「慰安婦」問題とは何だったのか]』, 주코신쇼[中公新書], 19.

고, 한국 정부에 등록한 피해자의 과반으로 3분의 2 가까운 이들이 '국민기금'을 받아들이지 않고 끝났다. 그리고 '국민기금'은 2007년에 해산했다. 이렇게 해서 '국민기금'은 '위안부' 문제를 꼬이게는 만들었을 지언정 해결하지는 못했다. 실패한 것이다. "필리핀은 성공했다. 왜냐하면 지원 단체가 적극적으로 협력했기 때문이다"라고 말한다. 한국에서 제대로 안 된 것이 지원 단체인 정대협 때문이라고 말하듯 하는 것은 납득할 수 없다. 그래도 "가해국과 피해국이 역사의 과거를 극복하고 미래를 향해 나아가기 위해 화해하려면 가해국 측의 역사인식과 사죄가 먼저 필요함은 말할 것도 없습니다. 사죄가 기본적으로 이루어지면, 이를 살려 나가기 위해서는 특히 심각한 피해를 입은 개인에게 특별한 사죄를 표명하고 그것을 뒷받침할 속죄의 조치를 추진하는 성실하고 지속적인 노력이 필요합니다"라는 말에는 동감한다.[43]

(1) 지원 단체 사이에도 균열이

필리핀에서는 넬리아 산초가 대표를 지낸 '위안부'와 지원자의 단체 '릴라 필리피나[Lila Philipina]'가 '국민기금'의 금전을 수령하겠다고 표명했기 때문에 수령을 거부하는 롤라[Lola]들과 분열이 일어났다. '말라야 롤라스[Malaya Lolas]'라는 새 단체가 설립되었고 "릴라 필리피나는 공식적으로 기금 반대를 표명해 왔음에도 불구하고, 임원들이 피해자들에게 '국민기금'의 수령을 권하는 행동을 취하고 있다. 이는 일본 정부로부터 성의 있는 사죄와 보상을 요구한다는 단체 방침에 반한다"라며 릴라 필리피나를 비판했다.[44] 처음으로 마리아 로사 헨슨 등 3명이 돈을 받았

---

43 와다 하루키[和田春樹], 『위안부문제 해결을 위해-아시아여성기금의 경험에서[慰安婦問題の解決のために アジア女性基金の経験から]』, 헤이본샤신쇼[平凡社新書], 168.

44 「마이니치신문[毎日新聞]」, 1996. 8. 9.

고 이는 '국민기금' 측의 돌파구가 됐다. 필리핀에서는 최종적으로 211
명이 수령했다.

한국에서는 정부와 지원 단체인 정대협 모두 '국민기금' 거부 자세를
분명히 했고, 대만에서도 정부와 지원 단체인 '부녀구원 사회복리 사업
기금회(이하 부원회)가 '국민기금' 반대 입장을 분명히 하고 있었다. 그럼
에도 97년 5월 '국민기금'은 대만 3대 신문에 대대적으로 신문광고를
냈다.

부원회는 '국민기금'의 거듭되는 요청에도 불구하고 대만 내의 '국민
기금' 창구를 맡아주지 않았기 때문에, '국민기금'은 대형 변호사사무
소를 창구로 삼았다. 적극적으로 창구 역할을 한 라이하오민[賴浩敏] 변
호사는 수년 전에 종군위안부 문제에 대해 알게 되었으며, 대만에도 군
대[兵隊]에는 성적 서비스를 받는 '군중낙원[軍中樂園]'이라는 곳이 있어,
분명 소위 이상의 계급에게 성적 서비스를 하는 여성이 있었다는 체험
을 바탕으로 "대만에도 위안부가 된 여성이 있었음을 알고 매우 가엽다
는 생각이 들어 국민기금과 대만 '위안부'들을 잇는 다리가 되고 싶다고
생각했다"라고 한다. 또한 "애국심이나 정치 문제와는 나눠서 생각해
야" 하는데, "대만 당국과 부원회는 이를 이해하려 하지 않"은 채 "정치
문제로 삼아 정치적 주장을 밀어붙이려 하고 있기 때문에 기금의 본질
이 왜곡 당했습니다. 왜곡하고 비틀어버렸지요"라고 말했다.[45]

대만에서는 수령한 사람과 그렇지 않은 사람 사이에 심각한 균열이
일지는 않았다. 부원회 실무자에게 누가 받았는지 물은 적이 있는데 그
는 모른다고 했다. 우리 일본 지원자들도 물론 알려고 하지는 않았다.
하지만 생존자는 우리와 만나 잡담을 나누다가 '국민기금' 돈을 받았음

---

45 오누마 야스아키[大沼保昭]·시모무라 미치코[下村滿子]·와다 하루키[和田春樹]
    편, 『'위안부'문제와 아시아여성기금[「慰安婦」問題とアジア女性基金]』, 도신도[東
    信堂], 60.

을 암시하기도 했다. 총리의 편지가 "훌륭한 상자에 들어 있었"고, "당신들은 (돈 받은 것을) 알면 화 낼 거죠?"라고도 말했다. 우리는 '국민기금'의 돈을 받는 것에 반대 입장이기는 해도 피해를 입은 여성들이 받고 싶다고 생각하고 스스로 수령을 결단한다면 그것을 막지는 않을 것이며 그럴 수도 없다는 생각이었다. 그런데도 그가 "당신들은 화낼 거죠?"라고 말하니, '국민기금 측 사람이 대체 무슨 말을 하면서 돈을 건넸길래'라는 의문을 품지 않을 수 없었다. 그리고 그 답을 시모무라 미치고[下村滿子]의 성난 목소리라 할 「대만 '위안부'의 현황과 아시아여성기금」[46] 안에서 찾을 수 있었다.

"원주민 한 사람이 일본에 와서 '국민기금을 받고 싶다'라고 했지만, 부원회는 당사자를 불러내거나 집에 찾아가서 받지 말라고 압력을 가했다. '국민기금'으로부터 돈을 받으면 정부가 지급 중인 생활지원금을 중단한다고 말하고 있다. 형편이 궁한 할머니들에게 부원회가 '일본에서 배상을 받아줄 테니 기금 돈을 받지 말'고 말하고 있다. 부원회의 압력은 점점 더 세져서 대만 당국을 압박해 [피해자에게] 지원금을 지급하게 했다. 반일 의원을 움직여 정부에 압력을 가했다. 그리고 민간 경매로 돈을 모아 [피해자에게] 전달하면서 '국민기금'에서 돈을 받지 않겠다는 서약서를 쓰게 했다 … 등등. 마지막으로, '기금 돈을 받고 싶다'는 그녀들의 개인 의사를 무시하고 위안부 사람들을 간판으로 삼아, 혹은 위안부를 인질로 잡아, 위안부 사람들의 이름 아래에서, 그들 자신의 항일운동을 전개하는 것에 불과한 것처럼 보입니다. 할머니들이 죽든 살든, 어려워하든 병들든 상관없다는 식입니다. 그게 나는 용서할 수 없는 일로 생각됩니다. 이것이 현재 이 문제를 둘러싼 대만의 문제입니다"라고 맺고 있다.

---

46   오누마 야스아키·시모무라 미치코·와다 하루키 편, 위의 책, 124-128쪽.

시모무라는 생활형편이 어려운 할머니들에게 조금이라도 도움이 되려고 모처럼 '국민기금' 돈을 '쓰구나이킨[償い金: 위로금]'으로 전달하려고 하는데, 대만 부원회가 방해하는 것으로 밖에 보지 못하고 있다. "할머니들이 죽든 살든, 어려워하든 병들든 상관없다는 식"이라 말하기까지 한다. 시모무라의 이런 말은 부원회 측에서 보면 다르게 표현될 수 있는 내용들이다. 그러나 따지고 보면, 이는 '국민기금'이 대만에 억지로 들어가지 않았다면 일어나지 않았을 문제가 아닐까 생각할 수 있다.

일본의 지원 단체들 사이에도 '국민기금'을 받기로 한 '릴라 필리피나'의 행동에 당혹감이 퍼지고 고통스러운 선택에 직면했다. 고민을 거듭한 끝에 '국민기금'을 받지 않겠다는 '말라야 롤라스'를 지원하기로 한 단체, 똑같이 고민하면서 '릴라 필리피나'를 지원하기로 한 단체로 나뉘었다. '릴라 필리피나'를 지원하기로 한 단체도 '국민기금'을 지지했던 것은 아니다. 다만 눈앞에 있는 롤라들과 쌓아온 시간이 그런 선택을 하게 만들었을 것이다. '릴라 필리피나'를 지원하기로 한 단체나 '말라야 롤라스'를 지원하기로 한 단체 모두 일본 국내에서는 서로의 입장을 이해했지만, 일단 필리핀으로 얼굴을 향할 때에는 고민이 따라붙었다.

한국에서도 '국민기금'을 받을지 안 받을지로 큰 문제가 있었던 것은 우리 가슴 속에도 아픈 기억으로 남아있다.

일본에서도 지원단체 간에 국민기금을 둘러싸고 균열이 일었던 것은 사실이다. 1996년 제4차 일본군 '위안부' 문제 해결을 위한 아시아연대회의가 마닐라에서 〈왜 '국민기금'은 해결이 될 수 없는가〉를 주제로 개최되었다. 무리도 아니겠으나, 사회당 출신인 무라야마 총리와 연계된 여성단체의 구성원들은 국민기금을 옹호했다. 국민에게 모금을 제안한 사람들의 선의, 적은 액수라도 모금에 응한 사람들의 선의를 의심하지는 않는다. 그러나 유감스럽게도 '국민기금'은 일본 정부로서 져야 할 책임을 다하는 방식이 아니었다. 생존자들이 가장 바란 일본 국가로서의 사죄와 배상이 아니라, 어디까지나 그것을 대신하는 조치로서 출발했다.

처음부터 '보상을 대신하는 조치'를 주창하고 '민간단체의 자금을 통해 위안부를 지원한다'라고 한 것은 몇 번을 들어도 납득이 가지 않았다. '국민기금'을 적극적으로 추진한 사람들이 '위안부' 문제를 어떻게든 해결하고 싶은 바람에서 행동한 심정은 이해하기로 하자. 일본의 국내 정치상황을 고려한 나머지, 사회당에서 총리가 나온 지금 이 기회를 살리고 싶다, 지금밖에 못한다, 이때밖에 기회가 없다는 것도 모를 바는 아니다. 완고한 일본의 관료체제 안에서 고생했을 것이라고도 상상한다. 하지만 그래도, 피해자들의 간절한 목소리를 들었어야 했다. 너무도 일본 국내 사정에 사로잡혀 정치적으로 해결하려 했던 점이 피해자로 하여금 '국민기금'을 거부하게 했다. 최종적으로는 "피해자가 고령이 됐으니"라는 이유를 들어 돈을 건네는 것이 목적화되지 않았나 하는 생각마저 들었다. 김학순 등이 원고로 참여한 '아시아태평양전쟁 한국인 희생자 보상청구' 소송을 지원했던 '일본의 전후 보상을 확실히 하는 모임'은 처음에는 '국민기금'에 찬성하지 않았지만 얼마 안가서 적극적으로 '국민기금'을 지지하면서 구성원이 기금사무국 실무자로 들어갔다.

(2) 1994년 2월 7일 도쿄지방검찰청에 정대협이 고소·고발장을 제출 —불수리

고소·고발장을 제출하기 전해인 1993년 12월 7일, 도쿄지방검찰청에 고소·고발장을 제출하고 싶다며 정대협이 일본에 설명하러 왔다. 한국에서 방문한 이미경, 박원순 변호사, 윤정옥 등과 일본 측 운동단체 약 50명이 회의를 가졌다. 이 자리에서 한국 측이 책임자 처벌 문제를 제시했지만 일본 측은 마음 내켜 하지 않았다.

고소·고발장 제출에 일본 측 운동단체가 적극적이지 않았던 이유는 책임자 처벌을 요구하는 운동을 그동안 펼쳐오지 않았기 때문이라 할 수 있다. 일본 정부가 사죄와 배상을 해야 한다는 운동은 전개해왔다. 그러나 책임자를 처벌한다는 발상은 없었다. 이는 천황제 문제와 곧바로 연결되는 사안이었기 때문이다. 우리 개개인에게 천황은 숭상해야 할 존재가 아니며 일상적으로는 오히려 잊고 지낸다. 잊고 있되 건드리면 안 되는 존재로 내면화돼 있다고도 할 수 있다.

오랫동안 성매매 문제나 '위안부' 문제로 활동해온 다카하시 기쿠에는 고소·고발장 제출에는 소극적이었다. "독일에 비해 전범을 추궁해오지 않은 것을 부끄럽게 생각한다. 다만 여론조사에서는 위안부 문제를 이해하는 이들이 51%였다. 70% 이상에 달하지 않으면 단계를 추진할 수 없다. 시민운동의 논의에서는 첨예한 주장을 하는 세력이 이기고 이윽고 분열과 축소가 일어나기 십상이다. 나는 그러한 방법은 취하지 않는다"라고 발언했다. '대처하는 모임'은 "풀뿌리 단체와 보수적 기반의 단체도 가입해 지금까지 함께 싸워왔다. 앞으로도 배려가 필요하다"라면서, '대처하는 모임' 차원에서는 운동의 분열 가능성도 고려해 쉽게 찬성하지 못하는 사정도 있었음을 밝혔다.[47] 한편에서 즉각 찬성 목소리를 낸 시인 이시카와 이쓰코[石川逸子]나 그룹들도 존재했음을 덧붙여두고 싶다.

이때 일본 측 태도를 보고 시기상조라고 판단한 한국 측은 고소·고발장 제출을 단념하고 귀국했다. 그러나 "보상을 대신하는 조치"라 말하는 일본 정부의 움직임에 대응하기 위해 유엔 인권위원회에도 문제제기 할 것을 시야에 두고서, 이번에는 일본 측 협력을 얻지 못하더라도 제출한다는 결의 아래 일본을 방문했다.

---

47 「매매춘문제에 대처하는 모임 뉴스」 No108-1, 1994. 1. 19.

1994년 2월 7일 도쿄검찰청에 고소장을 내기로 했다. 한국 측 변호사 1명, 일본 측 입회인으로 변호사 6명, 그 외 지원자를 포함한 총 35명이 검찰청 안으로 들어갔다.[48] 피해자는 강덕경을 포함해 6명(27명의 피해자를 대표)이었다. 이에 대응한 검찰청 직원은 고소장을 받으려고도 하지 않고 불수리로 처리했다. 추운 가운데 할머니들을 세워 둔 채였다. 그 후 할머니들은 검찰청 입구에서 항의행동을 벌였다. 밤에도 모여든 지원자들과 함께 항의 시위를 했다. 이때 강덕경은 자신이 폐암이라는 것을 알고 있었다. 시위 등 항의행동에 적극적으로 참가하던 강덕경의 모습이 눈에 선하다.

(3) 〈국제중재재판소를 성공시키기 위한 집회〉[49]

무라야마 담화 발표가 있고 보상을 대신하는 조치가 고려되고 있는 상황에 대응하고자 한국의 생존자 10명이 네덜란드 헤이그에 소재한 '국제 상설 중재재판소'[PCA; Permanent Court of Arbitration]에 제소를 준비하면서, 한국 생존자 7명을 포함한 정대협 구성원들이 일본을 방문하고 〈국제중재재판소를 성공시키기 위한 집회〉를 개최했다. 지은희는 '왜 우리는 PCA로 갈 수밖에 없는가'라는 제목으로 강연했다. 일본 정부의 범죄 행위와 책임을 국제법에 의거해 확인하고 피해자에게 정당한 배상을 받을 권리가 있음을 국제법에 기초해 분명히 밝히겠다고 주장했다. 그리고 '국제중재재판을 성공시키고 개인보상을 실현하는 연락회'를 발족했다. 1994년 11월 22일, 한국 측의 위임을 받은 일본 측 변호사단을 통해 '중재합의서'가 내각 외정 심의실에 제출되었다.[50] PCA 한

---

48 「전후보상 뉴스」 제11호, 1994. 2. 21.
49 1994년 9월 15일 간다팡세에서 개최하고 약 200명이 참가했다.
50 한국 변호단 37명, 일본 변호단 68명이 이름을 올렸다.

일 변호단 심포지엄을 서울에서 개최(1994년 11월 28일)하는 등 한일이 함께 준비하였다. 그러나 일본 정부는 이에 응하지 않겠다고 구두로 회신해 왔다. 이로써 국제중재재판소로 가는 길은 막히게 되었다.

(4) 국제법률가협회(ICJ) 국제세미나[51]

〈전시 노예제 ─ 일본군 '위안부'·강제노동을 둘러싸고〉라는 제목으로 심포지엄이 열렸다.

아다마 디엥[Adama Dieng] (ICJ 사무총장)은 기조 보고를 통해, 전후 50년이나 지났음에도 여전히 '위안부' 문제 관련 피해자들은 구제되지 않았다면서, 일본 정부의 책임, 피해자의 완전한 명예 회복, 손해배상이 필요하다고 설파하고, 민간기금은 '정부'가 아니라고 지적하였다. 다른 발언자들도 민간기금으로 밀어붙이려는 일본 정부의 대응을 비판했다.

테오 반 보벤[Theo van Boven] (네덜란드, 린바크대학 교수, 유엔 네덜란드 정부 대표 등), 우스티나 돌고폴[Ustinia Dolgopol] (남호주 플린더스대학 교수) 등이 출석한 가운데, '중대 인권침해 피해자의 배상 등에 관한 권리'와 'ICJ '위안부' 문제 보고서에 관하여', '전시 노예제와 인권침해 침범자의 연구의 현황 보고' 등 풍부한 발표 내용으로 진행되었다.

(5) 〈'여성을 위한 아시아평화 국민기금' 반대! 국제회의〉[52]

집회에는 한국, 대만, 필리핀, 미국이 참가국으로 함께했고, 생존자는 한국 4명, 대만 2명, 필리핀 4명이 참석하였다. 실행위원회 측에서 기조

---

51 1995년 7월 2-4일, 도쿄 유엔대학에서 개최되었다. 3일 동안 연일 300명을 넘는 인원이 참가했다. ICJ국제세미나 도쿄위원회가 주최했다. 참고로, 국제법률가위원회(ICJ; International Commission of Jurists)는 1952년 설립되었고, 국제적십자사, 국제엠네스티와 함께 세계 3대 NGO의 하나로 꼽힌다. 본부는 제네바에 있다.
52 1995년 12월 3-4일. 주최: 부쉬라 '국민기금' 실행위원회, 장소: 와세다[早稻田]대학.

보고로 "왜 국민기금에 반대하는가'를 발표하고, 한국, 대만, 필리핀의 지원자와 생존자들이 '국민기금'을 반대하는 발언과 증언을 하면서 심포지엄을 진행했다. 구체적 행동으로서 ① 베이징회의 결의를 실현하기 위해, ② ILO 제소에 대해서, ③ 국제중재재판소를 목표로, ④ '위안부' 보장법률에 관해, 각각 발언이 이루어졌다.

(6) 〈국민기금을 중지하라! 12.15집회 — 시민과 국회의원의 손으로 국가보상 실현을〉

집회 실행위원회를 조직해 주최했다. 각국 지원단체 보고를 한국, 대만, 필리핀, 그리고 자이니치 지원단체로부터 들었다. 피해자는 정서운(한국), 리춘[李淳, 대만], 토마사 살리노그(Tomasa Salinog, 필리핀)가 발언했다. 기조보고에서는 '국민기금'의 기만성을 지적했다. 피해자에게 거부당해 실패했음에도 불구하고 아직도 수단을 가리지 않고 돈을 건네려 한다는 상황, '국민기금'이 지금도 피해자와 피해당사국에 균열을 가져오고 있는 점을 지적하고, '위안부' 문제가 끝나지 않았음을 호소하였다.[53]

(7) '국민기금' 회의장으로 몰려가다

우리는 '국민기금'이 도심 호텔에서 회의를 하고 있다는 소식을 접하면, 각자 퇴근 후 연일 그곳으로 몰려갔다. 밤늦은 시간이 되면 귀가할 전철이 끊길 것을 걱정하면서 '국민기금' 이사들이 있는 방 앞에서 연좌행동을 벌였다. '국민기금' 반대 유인물을 들고 방 안으로 들어가 항의문을 낭독하기도 했다.

한국 피해자의 증언도 듣고 "국민기금은 우리를 두 번 죽이는 것이다" "반대한다"는 호소를 들으면서도, '국민기금' 측은 이를 들으려 하

---

53 「'국민기금'을 중지하라! 12·15집회」 책자에서.

지 않았다. 한국은 물론 대만과 필리핀도 '국민기금' 측에 면담을 신청
했으나 거부당했다. 피해 당사자의 목소리를 무시하고 추진하는 '국민
기금'이란 대체 무엇인지 생각하지 않을 수 없었다.

'국민기금'의 '선의'의 사람들은 일본의 정계 내부만을 바라보고, 거
기서 밖에 해결의 길을 찾지 않았던 것이 아닐까? 와다 하루키[和田春樹]
는 '쓰구나이킨[償い金]'[54]이라는 말이 한국어나 중국어로 번역되면서
가벼운 의미가 되어버렸고, 속죄를 의미하는 말로 쓰면 좋았을지 모른
다고 개탄한다.[55] 영어가 통하는 네덜란드나 필리핀에서는 말의 의미
가 올곧게 받아들여졌기 때문에 '국민기금'을 수용해주었다고도 했다.
말의 번역이 달랐다면 할머니들이 기쁘게 받아들였을 것이라는 생각을
어떻게 할 수 있는지 모르겠다. 국민기금의 지급금 문제는 단순한 언어
의 문제가 아닌데 말이다.

5. 여성국제전범법정으로 가는 길

1998년 4월 16일, 제5차 일본군 '위안부' 문제 해결을 위한 아시아연
대회의가 서울에서 열렸다. 그 자리에서 마쓰이 야요리[松井やより]가 정
식으로 제안하여 2000년 여성국제전범법정을 위해 네트워크를 구성하
기로 결정했다. 여성국제전범법정으로 향하는 모든 여정에서 마쓰이 야
요리(전 아사히신문 기자)가 중심에 서 있었음을 특별히 기록해두고 싶다.

---

54 역자 주: 역자 주 41번을 참조.
55 와다 하루키[和田春樹], 『위안부문제 해결을 위해-아시아여성기금의 경험으로부터
    [慰安婦問題の解決のために アジア女性基金の経験から]』, 헤이본샤신쇼[平凡社新
    書], 126-127.

(1) 여성의 인권 아시아 법정[56]

아시아여성인권협의회[57](AWHRC; Asian Women's Human Rights Council)의 제안에 따라, 여성 인신매매와 '위안부' 문제를 심판한다는 목적으로 이 법정이 개최됐다. 타이와 필리핀 등 아시아 여성들이 인신매매 조직에 의해 일본으로 송출되어[58] 성 산업 저변에 놓이는 문제, 인신매매, 기지 주변 성매매, '위안부' 문제 등으로 활동하는 그룹들이 연대했다. 1995년 베이징 여성회의를 앞두고 아시아 여성의 입장에서 제안 내용을 정리하고자 하는 자리였다.

참고로, 1995년 9월, 아시아에서 처음으로 개최된 베이징 세계여성회의에는 일본에서도 많은 여성이 참가했다. 일본 여성들이 마련한 '위안부' 관련 워크숍도 여럿 진행되었고 1,000명 규모의 NGO 회의장은 만원 상태였다. 일본의 운동에 관한 보고도 이루어졌다. 행사장 내에서는 정대협의 '국민기금' 반대 시위도 전개되어 참가자 다수가 참가했다.

---

56 1994년 3월 9-14일에 도쿄에서 개최했다. 아시아여성인권협의회(AWHRC), '여성의 인권'위원회가 공동으로 주최했다. 전체 일정은-10일: 현지 시찰, 11일: 오리엔테이션, 현지 시찰 보고 등. 12일: 여성인권국제공청회, 13일: 일본의 날-로 진행되었다. 공청회에서 아시아 11개국의 16명이 증언했다.

57 '아시아여성인권협의회(AWHRC)'는 80년대 말에 아시아 여성의 인권을 지키기 위한 네트워크로 결성되었다. 1995년의 베이징 세계여성회의를 앞두고 6개의 주제로 아시아 법정 개최를 계획했다. 1993년 파키스탄에서 여성에 대한 폭력, 1994년 도쿄에서 인신매매, 한국에서 군사화와 환경, 인도에서 개발과 여성, 말레이시아에서 주교와 여성에 대한 폭력, 필리핀에서 선주민 여성을 주제로 다뤘다.

58 80년대 필리핀과 타이 등으로부터 인신매매 당한 여성들이 일본에서 성산업에 잡혔다. 그들은 열악하고 가혹한 비인간적 상황에 놓였고, 쇠약해진 끝에 사망하거나, 일본남성에게 살해당하거나, 사고와 중상을 입거나, 자살하는 사건 등이 잇따랐다. 3월 10일은 이러한 여성들과 일본군 '위안부'제도 희생자를 추도했다. (「페민」 1994년 3월 25일자에서)

(2) 〈여자들의 긴급집회 '고만[=오만] 사관 대논파' 역사는 지울 수 없다, 여자들은 침묵하지 않는다〉[59]

생존자들이 일본군 성노예 체험을 말하기 시작한 지 6년, 그 사이 일본 여성들은 일본 정부에 '보상과 사죄'를 요구하며 운동해왔다. 그 성과로 교과서에 '위안부' 서술이 이루어지게 되었다. 그러자 이를 겨냥한 역사수정주의자들이 '강제연행은 없다' '교과서에서 위안부 기술을 삭제하라'며 움직이기 시작했다. 이러한 동향에 위기감을 느낀 여성들은 긴급집회를 제안했고 '여자들의 긴급성명'에는 단시일 안에 2,000명 가까운 사람들이 서명으로 동참했다.

(3) 제1회 동아시아 여성포럼[60] -95 베이징 세계여성회의를 위해-

몽골, 대만, 마카오, 한국, 일본 등 8개국에서 100명이 참가했다. 동아시아 여성들의 목소리를 1995년 베이징 세계여성회의에 전하기 위한 심포지엄이 개최되었다. 제2회(1996년 8월 22-24일, 한국 서울)는 베이징 회의로부터 1년 후에 개최하여, 앞서 베이징에서 제기된 행동강령 계획이 동아시아에서 어떻게 실현되고 있는지 검토하였다. 제3회는 1998년 8월 23-26일에 울란바토르에서 개최되고, 이후 대만, 방콕 등으로 이어졌다.

---

59 1997년 3월 20일에 '3·20 여자들의 긴급집회 실행위원회'의 주최로, 도쿄 위민즈 플라자에서 개최했다. 내용은 집회 팜플렛을 참조함.

60 1994년 10월 20-22일, 장소는 가나가와 여성센터, 실행 운영위원장은 마쓰이 야요리이다.

(4) '전쟁과 여성에 대한 폭력' 국제회의[61]

마쓰이 야요리는 필리핀 인권운동가 인다이 사홀[Indai Sajor]로부터 〈'전쟁과 여성에 대한 폭력' 국제회의〉를 일본에서 개최해달라는 제안을 받고, "이 회의가 성폭력 피해를 입은 세계 각지 여성들의 상처를 치유하고 더 이상의 폭력을 막기 위한 여성들의 글로벌 네트워크를 구축하는 계기가 되기 바란다"라고 했다. 회의는 20개국 40여 명의 해외 대표들이 참가한 가운데 4일간 도쿄에서 개최되었다. 회의장인 젠덴쓰[全電通]홀은 600명 이상의 참가자로 만석이었다. 마쓰이 야요리가 이 회의의 의미를 밝혔다. 즉 냉전 후 세계 각지에서 내전과 분쟁이 일어났는데, 그 아래에서 여성에게 가해진 폭력의 실정을 파악하고 사례를 모아 법적 대책을 세워서, 이를 쿠마라스와미 보고에 반영시키려 한다는 것이 그 내용이었다. 패널토론에서는 일본군 성노예제와 집단 강간, 남아시아 방글라데시의 여성에 대한 성폭력 현황, 미군기지 문제, 여성에 대한 연대 등을 논의했다.[62]

〈'전쟁과 여성에 대한 폭력' 국제회의〉 이후, 바우넷(VAWW-NET; Violence Against Women In War Network)이 출범했다. 국경을 넘은 여성들의 네트워크가 만들어져 연대 행동이 시작되었다. 이 실행위원회를 중심으로 일본에서는 '전쟁과 여성에 대한 폭력' 일본네트워크(VAWW-NET재팬)가 1998년에 결성되고, 이후 여성국제전범법정 준비에 힘을 쏟게 되었다.

---

61 전쟁과 여성에 대한 폭력 국제회의. 10월 31일-11월 2일, 장소: 도쿄 위민즈플라자. 공개심포지엄: 11월 3일, 오차노미즈[御茶ノ水] 소재 덴쓰[電通]회관. 주최: '전쟁과 여성에 대한 폭력' 국제회의 실행위원회(일본), 여성의 인권 아시아센터(필리핀).
62 「매매춘문제에 대처하는 모임 뉴스」1997. 11. 21, No.129.

(5) 게이 맥두걸 강연회 〈전시 성폭력을 어떻게 끝낼 것인가—
국제법으로 본 일본군 성노예〉

1998년 유엔 인권위원회 차별 방지 및 소수자보호위원회에 "무력 분쟁 하의 조직적 강간 성노예제 및 노예제 유사관행에 관한 최종 보고서"를 제출한 게이 맥두걸 보고관을 초빙해 강연회를 개최했다. "'위안부' 문제라는 50년 전에 일어난 일이 현재의 분쟁 아래에서 여성들에게 일어나고 있는 일들과 밀접하게 연결"되어 있다는 점, "'국민기금'으로 일본의 법적 책임을 지지 못한다"라는 점을 지적했다. 또한 일본 정부는 세계에 좋은 사례를 제시할 수 있는 기회를 오히려 얻게 되었으며, 진실과 정의를 통해 화해와 치유는 생겨나고, 과거에 대한 치유가 이뤄지는 곳이어야 미래에 대한 희망이 있다고 맺었다.[63] 그후 게이 맥두걸은 한국에서 2000년 여성국제전범법정에 대비하는 국제심포지엄(6월 4-5일)에 참석했다. 그 자리에는 일본의 마쓰이 야요리를 비롯한 14명, 대만 1명, 필리핀 2명 외에 미국에서도 참가하였다.

IV. 맺으며

여성국제전범법정을 2000년 12월에 개최하기로 결정하고 바우넷 재팬이 결성된 후 파도가 몰아치듯 분주한 날들이었다. 2000년에 들어서도 여성국제전범법정이 열리는 12월까지 남북 코리아 공동 기소장 작성을 위해 조선민주주의인민공화국 방문(9월), 상하이 회의(3월), 타이베이 회의(11월)를 이어가며 쉴 새도 없이 활동한 대표 마쓰이 야요리는

---

63 VAWW-NET재팬 「전시성폭력을 어떻게 끝낼 것인가 — 국제법에서 본 일본군성노예제」.

내내 줄달음치다가, 법정을 마치고 2년 후에 암으로 천국의 부름을 받았다. "이 여성국제전범법정에 목숨을 걸다시피 했다"라는 자신의 말처럼, 정말 그랬을 것이다.

초대 사무국장을 맡은 다카시마 다쓰에[高島たつ江]도 병상에서 한 번 퇴원하고나서 여성국제전범법정에 참가해 필요한 일들을 소화하고는 '천황 유죄' 판결 선고를 받고 기뻐하는 각국 피해자들의 모습까지 지켜본 뒤, 얼마 지나지 않아 백혈병이 재발해 세상을 떠났다.[64] 마쓰이 야요리가 떠나고 불과 한 달 뒤의 일이다.

90년대에는 일본군 '위안부' 문제를 해결하고자 일본 내 뜻있는 사람들은 열정적으로 행동을 전개했다. 집회도 정력적으로 개최하였고 사람들이 관심을 보이며 참여해주었다.

여성국제전범법정에는 수많은 여성이 참여해 각기 자신의 역할을 담당했다. 누구나가 카오스 상태에 놓여 있었다. 우리 재판 지원 활동을 전개했던 사람들의 경우, 여성국제전범법정 당일은 일본을 방문한 피해자들이 조금이라도 편안하게 지낼 수 있도록 고심하였다. 따라서 회의장 좌석에 앉아 일부시종을 지켜보거나 듣고 있지는 못했다. 후일 보도된 내용을 보며 당일 상황을 알 수 있을 정도였다. 무대 뒤 역할에 전념한 셈이지만, 그래도 2000년의 끝자락에서 찬란한 역사의 한 장에 극히 일부라도 참가할 수 있었다는 것은 기억에 남을 것이다.

한편 현재의 일본을 보면, '위안부' 문제에 대한 열기는 사라지고 역사수정주의자의 목소리가 상당히 커졌다. 제2차 아베 정권 시기부터 이러한 경향이 확대됐다. 지금은 언론 안에도 '위안부' 문제가 무엇인지 모르는 사람이 많은 것이 아닐까 생각될 정도로 '위안부' 문제에 대한 언론인들의 관심은 희박하다. 안이하게 정부에 동조하는 논지를 펼치는

---

64 다카시마 다쓰에[高嶋たつ江] 유고·추도집, 『그 날이 오면』.

현실조차 존재한다. '위안부' 문제는 이미 해결되었다는 일본 정부의 자세에 호응하며, "언제까지 할 셈이냐"라는 목소리도 있다.

국민기금 때에도 어려운 장벽에 부딪혔지만, 2015년 12월 28일의 '한일 합의'가 더 큰 어려움을 가져왔다고 느낀다. 왜냐하면 '위안부' 문제에 이해심을 보이던 사람들 가운데도 '위안부' 문제가 해결됐다고 생각하는 사람이 상당히 있기 때문이다.

하지만 90년대 초 윤정옥에게서 받은 강렬한 인상과 감동, 김학순에게서 받은 충격을 잊지 않는 사람들은 당시 일본을 방문했던 할머니들과 자신의 연배가 이제는 가까워졌음에도 불구하고 '위안부' 문제를 마주하고 있다. 솔직히 말하면, 이렇게 오랫동안 해결되지 않을 것이라고 생각하지 않았다. 증언하는 사람도 많았고, 증거문서도 있었기 때문이다.

이제 한층 고령화한 '위안부' 생존자들은 잇따라 세상을 등지고 있다. 생존자들이 아무도 없는 상황에서 '위안부' 문제 해결 운동을 해나가게 된다는 것을 우리는 각오해야 한다. 생존자가 없을지라도 이 운동이 끝나지는 않는다. 일본 정부가 사실을 인정하고, 기록하고, 사죄의 자세를 보일 때까지 끝날 수가 없다.

생존자들과 만날 수 있었던 우리는 행복했던 게 확실하다. 그렇기에 지금부터는 생존자와 직접 만날 수 없는 다음 세대에 우리가 들은 생존자의 목소리를 전해 나가야 하지 않을까 생각한다. 일본 정부가 세계 각지의 평화의 비 소녀상 건립을 방해할 정도로 아직 요원한 일본군 '위안부' 문제 해결은 여전히 우리의 과제일 수밖에 없다.

2000년 일본군 성노예 전범 여성국제법정을 이끈 국제연대와 국제법적 판단

정진성 서울대학교 명예교수

I. 서론

'2000년 일본군 성노예 전범 여성국제법정(Women's International War Crimes Tribunal for the Trial of Japan's Military Sexual Slavery in 2000. 이하 '2000년 법정')'이 열린 지 20년이 되었다. 이 법정은 도쿄에서 2000년 12월 7일 저녁 개막식을 시작으로 8~10일 사흘간의 본 법정 및 11일 국제공청회, 12일의 판결로 폐막되었으며, 법정기간 중 내린 예비판결 이후 면밀한 검토에 근거하여 2001년 12월 헤이그에서 발표된 최종 판결로 마무리되었다. 이 법정은 유엔 등의 국가간 기구와 상관없이 민간단체들에 의해 구성된 민간법정(people's tribunal)으로서, 일본 정부와, 다른 한편 일본군 위안부 범죄에 개입한 개인들에 대해 책임을 묻는 내용으로 구성되었다. 법정에서는 한국과 일본을 포함한 10개국(남한과 북한, 중국, 일본, 필리핀, 인도네시아, 대만, 말레이시아, 동티모르, 네덜란드)의 검사단이 각기 기소했다. 그리고 재판이 끝난 후 '최근 전쟁과 갈등하의 여성에 대한 범죄에 관한 공청회'(이하 '공청회')를 열어 코소보, 콜롬비아 등 현재 무력갈등이 일어나고 있는 지역의 NGO들이 참가하여 여성인권침해 문제를 고발했다.

이 법정은 아직 해결되지 못한 일본군 성노예제의 범죄성에 대하여 보다 체계적인 국제법적 판단을 시도한 장이었고, 다른 한편 영상으로 참여한 사람을 포함하여 75명의 피해자가 증언했고, 1,000명이 들어갈 수 있는 구단회관[1]에 세계 각국 시민이 참석하여 지금까지 벌여온 초국적 운동을 종합한 장이기도 했다. 그 결성 배경과 준비 과정은 이 문제 해결을 위해 전개해온 운동과 문제제기의 상황을 요약하는 것이었고, 법정이 남긴 결실과 한계는 앞으로의 운동에 방향을 제시했다.

이 글에서는 2000년 법정 결성 배경의 국제적 측면을 고찰할 것이다. 물론 2000년 법정의 가장 중요한 기반은 이전 10여 년간의 한국 여성운동과 한국정신대문제대책협의회(이하 정대협)운동이었다. 그 운동 과정에서 아시아 피해국 단체들을 중심으로 다각적인 국제연대가 이루어졌고, 유엔의 인권기구와 세계노동기구 등 국제사회에 일본군 성노예제를 중대한 여성인권침해 문제로서 제기한 것이 중요한 계기가 되었다. 제2차 세계대전 이후 유엔을 중심으로 발전되어온 국제인권규범에 따라 이 문제는 매우 견고한 국제법적 해석을 축적하게 되었으나, 한편 법적 처벌 등의 해결은 이루어지지 못했다. 법적 논의의 발전과 해결의 좌절은 2000년 법정 설립의 핵심적 요인이 되었다. 그밖에 배경이 된 요인으로서, 1960년대 이후 전 세계적으로 공식적인 국가 간 기구들에 의해 처벌되지 못한 전쟁범죄에 대한 민간법정운동을 들 수 있다. 특히 1990년대 초 유럽에서 일어난 전쟁과 인종청소라고 일컬어진 전시 성폭력문제가 세계사회의 큰 주목을 모았고, 이후 국제형사재판소 (International Criminal Court) 설립으로 이어진 과정에서 국제사회에 제기된 일본군 성노예제 문제는 중요한 길목을 만들었던 것이다. 남북관계가 평화롭고 안정적이 되어 일본군 성노예제 해결에 남북이 협력하게 된

---

1 2000년 법정이 열린 도쿄의 건물.

〈그림 1〉 2000년 법정을 만든 요인

배경과 남북 연결에 큰 도움을 준 재일동포를 포함한 전 세계의 해외동포들의 적극적 활동도 매우 중요했다.

이 글에서는 또한 2000년 법정의 구체적인 구조와 방향을 만든 법정 준비과정에서의 운동단체 간의 논의를 간략히 정리한 후, 법정에서 하나의 국가로서 통일을 이룬 남북한 공동 기소에 별도의 관심을 기울였다. 글을 맺으면서 2000년 법정의 초국적성(transnationality)이 일본군성노예제의 역사성에 대한 경시를 내포할 우려를 표했다. 특히 공청회를 통해 나타내고자 했던 이 문제의 현재성이 일본군 성노예제가 갖는 역사적 특수성, 즉 제국주의와 식민성에 대한 깊은 고찰을 건너뛸 위험성이 있다는 점을 제기했다.

이제 일본군 성노예제 운동은 30년의 역사를 기록하고 있으며, 2000년 법정의 중대한 유산을 점검하고 있다. 생존 피해자의 수가 점차 감소하여 소위 "포스트 피해자 운동"을 준비해야 할 시점이 된 것이다.

2000년 법정을 만든 한국과 아시아의 단체들이 힘을 모아 아시아 지역에서 아직도 끊이지 않는 무력분쟁의 성폭력 피해자들을 위한 운동을 준비하는 것이 2000년 법정을 계승하는 올바른 방향이라는 점을 이글은 결론으로 제기하고자 한다. 그리고 그것은 일본군 성노예제의 본질인 식민주의와 제국주의를 극복하고, 아시아에 평화와 여성인권을 발전시키는 노력이 될 것이라는 점을 강조하고자 한다.

II. 한국의 여성운동 / 정대협운동의 발전과 아시아 피해국가 단체들과의 연대

일본군 성노예제 문제는 1980년대 발전하기 시작한 한국의 여성운동에 의해 "사회적으로 발견"되었다. 1980년대 말 "민주화" 이후 성폭력문제를 중심으로 폭발된 여성운동이 1970년대 이미 시작된 일본인 매춘관광 반대운동과 만나면서 일본군 성노예제 문제를 집중적으로 다루기 시작했다. 1990년 정대협이 설립된 후 본격적으로 진행된 일본군 성노예제 문제 해결 운동은 국내적으로 정부와 시민들의 인식을 환기시키는 가운데, 그 역사적 진실이 문서와 생존자의 증언으로 밝혀졌다. 일본정부는 1,2차 조사보고서를 내고 진상 규명과 사죄를 시도했으나, 진실에 다다르지 못했다. 일본군과 정부는 그들이 위안부 동원과 위안소 설립 및 운영을 정책적으로 기획했고 실행에 적극적으로 개입했다는 사실을 인정하지 않았으며, 따라서 일본군 성노예제가 중대한 국제법 위반이라는 점을 인정하지 않았다. 당연한 결과로서 피해자에 대한 정부의 사죄는 부분적이었고 진실하지도 공식적이지도 않았다. 다만 이 역사적 사실을 부분적으로 수록하는 검정 역사교과서들이 다소 생기기 시작했으나, 이것도 몇년 후 다시 사라졌다.

정대협의 운동은 처음부터 일본 시민과 재일동포, 그리고 북한의 단체들과의 협력 하에 이루어졌으며, 곧이어 필리핀, 대만, 중국 등 아시아의 여러 피해국 단체들과 연대가 이루어졌다. 이러한 아시아 시민들의 연대는 유엔과 세계시민들의 지지를 이끌어낸 동력이 되었으며, 2000년 법정의 구체적 기반이 된 것이다.[2]

III. 국제법적 해석의 축적과 해결의 좌절

정대협은 일본군 성노예제 문제의 해결을 위하여 국제사회에 호소할 것을 결의했다. 1992년 인권소위원회에 정대협과 생존자가 참여한 것을 기점으로 인권위원회, 현대형노예제실무회의, 자유권조약위원회, 국제노동기구(International Labor Organization, ILO), 비엔나세계대회, 세계여성대회, 중재재판소 등에 문제를 제기했다. 국제법률가협회(International Commission of Jurists, ICJ)를 비롯한 주요 국제NGO가 조사와 운동에 참여했다. 일본군 성노예제에 관하여 많은 보고서가 출판되었으며, 이것은 구 유고지역 및 아프리카, 중남미, 아시아 등 분쟁 지역에서 일어나는 여성인권 침해 문제와 더불어 세계사회의 주목을 끌었다. 아시아 피해국의 요구를 무시했던 일본정부는 이러한 국제사회의 일본군 성노예제에 관한 분석과 권고에 큰 충격을 받았고 이것을 "제2의 패전"이라고 일컫기도 했다.[3]

그러나 1990년대 말에 이르러 여러 유엔기구와 NGO가 일본 정부에 내린 권고들이 실행되기는커녕, 오히려 1990년대 초의 정부조사 결

---

2 정대협 운동과 아시아 피해국 단체들의 연대에 관해서는 수많은 연구가 있다. 정진성, 『일본군성노예제』, 서울대학교출판문화원, 2016, 제5장 참조할 것.
3 정진성, 앞의 책, 제9장을 참고할 것.

과와 사죄가 역행·부인되고 역사교과서 수록도 없어지기 시작했다. 정대협과 아시아 시민단체들은 무엇인가 다른 방안을 모색해야 한다는데 인식을 같이 하게 되었다. 1998년 제5차 아시아연대회의에서 시민의 힘으로 법정을 만들자는 결정은 이렇게 이루어진 것이다.

2000년 법정은 이와같이 운동의 발전과 다른 한편 해결의 좌절이라는 모순 속에서 이루어진 것이다. 즉, 국내 운동이 발전하고 일본 및 아시아 피해국 단체들과 연대하며 국제사회에 문제제기를 하는 동안, 일본군 성노예제 진실이 밝혀지고 생존자들에 대한 사회적 지지가 강화되었으며, 여러 국제법적 판단과 권고가 내려졌으나, 일본 정부의 입장은 변화하지 않았다. 그 균열에서 시민법정이 설립된 것이다. 여러 국제기구에서의 논의를 보자.

1. 유엔 인권기구

1992년부터 유엔에서 인권을 다루는 거의 모든 기구와 회의에서 정대협은 일본군 성노예제 문제를 제기했다. 특히 현대형노예제실무회의–인권소위원회–인권위원회로 이어진 유엔 헌장기구의 주요 인권메카니즘이 중요했다.

a) 인권소위원회: 1992년 인권소위원회에서 정대협은 '현대형노예제'와 '중대한 인권침해의 피해자에 대한 배상'이라는 두 의제에서 각기 구두발언을 했으며, 기자회견과 NGO설명회를 열고 국제사회에 호소했다. 인권소위원회(이하 인권소위)는 "현대형노예제에 관한 결의"(E/CN.4/Sub.2/1992/L.3)를 통과시켰다. 그 내용은 "전쟁 중 매춘을 강요 당한 여성들의 실태에 관한 인권소위원회와 실무회의에서 입수한 정보를 배상문제 담당 특별보고관에게 제출할 것을 사무총장에게 요청한다"라는 것이었다. 배상문제 특별보고관(테오 반 보벤, Theo van Boven)은 다음해 보고서

에 일본군 성노예제에 관한 정보를 입수하여 반영하겠다고 발언했다.

　1993년 인권소위는 린다 샤베츠(Linda Chavez) 위원을 "전시 조직적 강간, 성노예제 및 그와 유사한 관행"(Systematic rape, sexual slavery and slavery-like practices during armed conflicts) 특별보고관으로 임명하는 결의를 채택했다.(E/CN4/Sub.2/1993/L.12/Rev.1). 1996년에 이 결의는 인권위원회를 통과했다. 린다 샤베츠가 1차 보고서를 제출한 후 임기만료되어, 보고관은 게이 맥두걸(Gay McDougall)로 바뀌었다. 맥두걸 보고관이 1998년에 제출한 보고서(E/CN.4/Sub.2/1998/13)는 성노예제 문제에 획기를 이룬 성과였다. 그는 군위안소를 '강간수용소'라고 명명하고, 여기서 여성들이 강제동원(의사에 반하여 붙잡혀 옴)되어 엄청난 규모로 강간, 강제매춘, 성폭력을 당한 노예였다는 것을 명백히 입증한다고 기술하고 있다. 또한 일본 정부의 배상책임뿐 아니라 개인의 형사책임까지 물었으며, 국민기금이 공식적인 법적 배상은 결코 아니므로 다른 적절한 메카니즘을 만들어야 한다고 주장했다.[4]

　b) 인권위원회: 정대협은 인권위원회의 여성폭력 문제 특별보고관 라디카 쿠마라스와미(Radhika Coomaraswamy)에게 일본군 성노예제에 대해 조사해줄 것을 요청했고, 그는 1996년 "전쟁 중 군대성노예제(military sexual slavery in wartime)에 관한 조선민주주의인민공화국, 대한민국, 일본 조사보고서"를 제출했다.(E/CN.4/1996/53/Add.1) 이 보고서에서 그는 일본 정부에 (1) 위안소의 설치가 국제법 위반임을 인정하고 이에 대한 법적인 책임을 질 것, (2) 배상 문제 특별보고관이 제시한 원칙에 따라 피해

4　이후 인권소위원회는 2000년부터 인권최고대표회의실에게 유엔 인권기구에서 "전시 조직적 강간, 성노예제 및 그와 유사한 관행"에 대해 유엔 기구들이 어떻게 대처하고 있는지 매년 보고서를 제출하도록 하는 결의를 통과시켜서, 인권소위원회가 인권이사회자문위원회로 개편되는 2007년까지 매년 보고서를 받았다. (2001년 보고서는 E/CN.4/Sub.2/2001/29).

자 개개인에게 배상할 것, (3) 모든 문서와 자료를 공개할 것, (4) 피해자 개개인에게 문서로 공개적으로 사죄할 것, (5) 역사적 진실이 반영되도록 교육 과정을 개편해 의식을 높일 것, (6) 가능한 한 범죄자를 찾아내어 처벌할 것 등을 요구했다. 또한 국제사회에는 (1) 비정부단체는 유엔에서 이 문제를 계속 제기할 것과 국제사법재판소 또는 국제상설중재재판소(PCA)에 의견을 구하는 노력을 할 것, (2) 북한 정부와 한국 정부는 일본의 책임 및 배상 등 법적 문제에 관하여 국제사법재판소에 문의하는 것을 고려할 것, (3) 일본 정부는 피해자가 고령인 점을 감안하여 될 수 있는 대로 빠른 시일 내에 이 문제를 해결할 것 등을 권고했다(한국정신대문제대책협의회 20년사 편찬위원회, 2014: 102-103).[5]

c) 조약기구: 1993년 시민적.정치적 권리위원회가 일본 정부를 심의할 때 정대협과 민변은 함께 일본군 성노예제에 관한 NGO보고서를 작성하여 제출했다.[6] 시민적·정치적 권리위원회가 같은 해에 제출한 최종권고(CCPR/C/79/Add.28)에는 이 문제를 반영하지 않았고 이후 1998년 일본 국가보고서 심의 시에도 전혀 다루지 않았다. 정대협은 2000대 들어 여러 조약 위원회에 전방위적으로 NGO보고서를 제출하기 이전까지 더 이상 자료를 보내지 않았다.[7]

d) 특별회의: 1993년 유엔은 비엔나에서 세계인권대회를 개최했다. 정대협은 이 회의 중 세계의 여성단체들이 설립한 여성인권국제법정에

5 인권위원회가 2007년 인권이사회(Human Rights Council)로 개편된 후, 보편적정례검토와 여러 특별보고관들이 일본군 성노예제를 다루었다.
6 Minbyun and Jungdaehyup. 1993. "Human Rights and Japanese War Responsibility: Counter Report to the Human Rights Committee on the Japanese Government's Third Periodic Report Submitte under Article 40 of the International Covenant on Civil and Political Rights"
7 2000년대 들어 인종차별철폐위원회, 여성차별철폐위원, 시민적·정치적 권리위원회, 경제·사회·문화적 권리위원회, 고문방지위원회 등의 조약기구들은 일본 정부 심의 시 일본군 성노예제 문제를 해결하라는 강력한 권고를 내고 있다.

참여하여 일본군 성노예제의 실상을 발표했다. 김복동 할머니가 증언했으며 북한에서도 참여했다. 2000년 법정 마지막 날의 공청회와 유사하게, 전 세계에서 무력갈등과 관련된 여성인권 침해의 사례들이 제기되었다. 1995년 베이징 세계여성대회에서도 일본군성노예제가 중요하게 논의되었는데, 여기서 군위안소를 rape camp라고 지칭했다.

2. 국제노동기구(ILO)

유엔의 전문기구인 ILO의 기본조약 중에서도 노동 분야를 넘어 기본적인 인권 보장에 광범위한 영향을 미쳐 온 가장 중요한 조약 중의 하나가 29호 강제노동조약(ILO Convention 29)이다. 노예제 폐지(노예조약은 1926년에 채택되었다)로부터 촉발된 강제노동 문제에 대한 국제적 논의에 영향을 받아 ILO는 1930년에 이 조약을 채택했다(1932년부터 유효). 일본은 강제노동조약을 1932년 11월 21일 조약 제10호로 비준했으며, 효력이 발생한 것은 1933년 11월 21일부터이다. 강제노동 조약은 일단 효력이 발생하면 그때로부터 10년간 조약의 폐기를 금지하고 있으며, 10년이 지난 다음에는 ILO의 사무총장에게 폐기 통고를 하되 그 효력은 통고한 때로부터 1년 후에 생겨나게 된다(동 조약 제30조 1항). 따라서 일본이 1932년 이 조약을 비준함으로써 1944년 11월 21일까지는 어떠한 경우에도 그 효력을 배제할 수 없다(박원순, 1995: 30-31).

ILO 총회의 기준적용전문가위원회는 매년 세계 각국의 ILO 조약 위반 사항을 검토하는 보고서를 낸다. 1996년 정대협은 한국노총을 통해 기준적용전문가위원회에 일본군 성노예제에 관한 자료를 보내고 강제노동조약 위반 사항을 검토해줄 것을 요청했다.[8] 1997년 3월 전문가

8 1992년 일본에서부터 시작된 준비기간과 1995년 정대협-한국노총이 ILO이사회에

위원회는 강제노동조약의 구체적인 조항에 따라 일본군 위안부 문제에 대해 상세한 법적 해석을 내렸다. 즉 제1조 2항, 제14·15조에 따라 배상이 이루어져야 함을 확인했으며, 제2조 2항의 a와 d에서 규정하고 있는 강제노동 금지의 예외상황이 일본군 위안부 문제의 경우에 해당되지 않음을 명확히 밝혔다. 또한 제25조에 근거하여 이 강제노동의 불법적 시행은 형사범죄(penal offence)로 처벌되어야 하며, 일본의 형법(penal code, 1907. 4. 24, Act No. 45) 제176·177조(section)로서도 처벌 가능함을 명기했다. 또 하나 중요한 점은 일본 정부가 이미 사죄했으며, 국민기금으로 배상을 대신했다고 한 일본 정부 및 렝고(일본노조연합)의 주장에 대하여, 전문가위원회가 피해자의 기대에 부응하는 조치를 시행할 것을 촉구한 것이다. 이것은 피해자가 국민기금을 원하지 않는 경우 중단하고, 피해자가 원하는 형태의 다른 조치를 취해야 함을 의미하는 것이다. 1999년 보고서는 더욱 강력한 권고를 내렸다. 첫째, 일본 정부와 렝고가 보상을 대신한다고 주장한 국민기금이 피해자 다수의 기대에 부응하는 것이 아니라는 점을 명백히 했고, 둘째, 피해자들이 고령이므로 일본 정부가 시급히(expeditiously, urgent) 적절한 조치를 취할 것을 요구했다(request). 셋째, 강제노동(징용) 문제를 다루었는데, 이 문제도 강제노동조약 위반이며, 일본 정부가 적절한 조치를 취하고 그것을 보고할 것을 요구했다.[9]

공식 제소한 후 취하하고 다음해 전문가위원회에 검토를 요청하게 된 과정에 대해서는 정진성, 앞의 책, 제7장을 참조할 것.

9 이후 기준적용전문가위원회는 격년으로 유사한 판단을 내리고 있다. ILO총회의 한 부분인 기준적용위원회에서는 매년 전문가위원회의 보고서에서 논의된 안건 중 매우 중요하다고 판단하는 20~30개의 주요안건을 채택하여 집중적인 논의를 하는 "정치적" 과정이 있는데, 일본군성노예제는 이 안건에 올라가는 데는 실패하고 있다. 노동자그룹회의의 내용과 결정을 미리 조율하는 관행이 있는데 여기서 일본 정부의 영향을 차단하지 못한 때문이다. 이에 관해서는 필자가 ILO회의에서 만난 여러 국가의 노조 관련자들의 증언이 있다. ILO, *Report of the Commission of Experts on the*

3. 국제NGO

초기 일본군 성노예제 문제제기 과정에서 국제사면위원회나 휴먼라이트워치 등 중요 국제NGO는 적극적으로 참여하지 않는 가운데, ICJ의 조사보고서는 법적 판단의 기초를 놓은 매우 중요한 것이 되었다. ICJ는 두 명의 변호사를 파견하여 한국, 북한, 필리핀, 일본을 방문·조사하게 한 후, 단행본 수준의 보고서를 출판했다. 특히 중요한 내용은 1965년 한일협약이 일본군성노예제 문제를 해결할 수 없었다고 판단했다는 것이다. 그 이유는 첫째, 1965년 당시 이 문제는 양국에서 모두 공식적으로 "존재하지 않은" 문제였고, 둘째, 어떠한 국가 간 협정에도 불구하고 개인의 문제는 제기할 수 있으며, 셋째는 한일협약은 기본적으로 경제에 관한 협약으로 인권 문제는 포함하지 않았다는 것이다.[10]

4. 기타

일본 지방법원에서 여러 건의 일본군 위안부 피해소송이 진행 중인데, 대부분은 패소하거나 계류 중이다. 그중 1996년 시모노세키 재판의 판결은 일본군 위안부 문제 범죄 자체에 대한 판단은 아니지만, 일본 정부가 1993년 책임을 인정한 후 적절한 입법 조치를 실시하지 않은 죄로서 피해자 원고 1인당 30만 엔을 지불하라는 판결을 내려, 이 문제에 대한 최초 및 유일한 긍정적 해석을 한 것이다. 그러나 이것도 고등법원과 최고법원에서 패소하고 말았다. 1997년부터 시작된 미국 법원에서

Application of Conventions and Recommendations, 1999.

10　International Commission of Jurist, *Comfort Women: The Unfinished Ordeal*, 1994.

의 제소는 현재 일본 기업의 책임을 추궁하는 방식으로 진행되었다.[11]

이 밖에도 1994년 국제상설중재재판소에 제소하려는 시도와, 같은 해 일본 검찰에 고발장을 접수한 것은 일본 정부의 동의를 얻는 데 실패하여 무산되고 말았다.

IV. 세계적 차원의 연대 확대와 전시 여성폭력에 대한 세계사회의 인식 제고

1. 국제NGO 간의 네트워크

법정이 세계의 여론을 움직이기 위해서는 러셀 베트남 전범법정처럼 국제사회가 인정하는 양심적이고 실력 있는 인물들을 포진시켜야 하며, 원활하게 일을 진행시킬 수 있고 뜻을 같이하는 국제 연대가 형성되어 있어야 했다. 일본과 아시아 피해국들이 2000년 법정을 설립할 엄두를 낼 수 있게 한 기반은 지난 10년간 이룬 국제 연대에 대한 자신감이었다.

1980년대 말 한국의 윤정옥 교수와 교회여성연합회가 일본 군성노예제 문제 해결을 위해 손을 맞잡은 때부터 곧바로 일본의 여성단체들과 협력하기 시작했으며, 이후 일본의 여성 및 시민단체, 재일동포들과의 연대를 확대시켜 왔다. 1992년 8월 서울에서 국제 활동 경험이 많은 필리핀 여성단체를 비롯하여 대만, 홍콩, 태국의 여성들이 참가하여 제 1회 아시아연대회의를 개최한 후 중국, 북한, 인도네시아 단체들이 가

---

11 한우성, "미국에서 진행 중인 일본군위안부 및 징용소송에 대한 보고서" 『당대비평』 겨울, 제13호, 2000.

세하여 아시아연대회의를 지속시켰고, 여러 국제 활동의 장에서 연대하였다.

일본군 위안부 운동은 아시아뿐 아니라 인권을 위해 일하는 세계의 개인 및 단체와의 네트워크도 형성해 왔다. 정대협은 1992년 유엔 활동을 시작하면서, 저명한 국제법학자이면서 유엔 배상 문제 특별보고관인 반 보벤 교수, 미국의 인권변호사이면서 인권소위원회 부위원인 맥두걸 등 유엔과 직간접으로 관련하는 인물들과 네트워크를 만들어왔으며, 여기에 일본과 필리핀 등의 활동가들이 만들어온 인맥을 더해 국제적인 네트워크를 광범위하게 형성하고 있었다. 이 밖에 1992년 세계교회협의회(World Council of Churches), 1997년부터는 세계개혁교회연합(World Alliance of Reformed Church, WARC), 그리고 1999-2000년은 아태여성, 법, 발전포럼(Asia Pacific Forum on Women, Law and Development, APWLD) 등 초기 정대협이 유엔 인권기구에서 발언할 때 이름을 사용하도록 한 협의지위를 가진 국제NGO들의 도움도 빼놓을 수 없다. 2000년 법정에서 많은 인물을 동원할 수 있던 것은 이러한 기반이 있었기 때문이다.

또한 앞서 언급한 대로 유엔 등의 국제적 장에서 한국을 비롯한 아시아 여성들은 일본군 위안부 문제를 무력갈등 시의 여성에 대한 폭력 문제로 정의하면서, 현재 세계 곳곳에서 일어나고 있는 여러 문제를 위한 운동과 연결해 왔다. 이러한 가운데 세계의 인권 및 여성단체들의 광범위한 지지를 획득했다. 1996년 유엔 인권위원회에서 쿠마라스와미의 보고서를 지지하여, 세계의 여성단체들이 '전시 군성노예에 관한 쿠마라스와미 보고서를 지지하는 국제연대(International Alliance Supporting Radhika Coomaraswamy's Report on Military Sexual Slavery in War Times)'를 결성하기도 했다. 1993년 비엔나 유엔 세계인권대회의 NGO 포럼으로 열렸던 '여성인권국제법정'에 일본군 위안부 문제를 발표하며 세계 수십 개국의 여성단체들과 연대한 것이나 '베이징 세계여성대회'에서 일본군

위안부 문제를 위한 포럼을 열어 다른 여성단체들과 연대한 것등 세계의 여성단체들과 광범위하게 연대를 이룬 것은 2000년 법정의 또 다른 중요한 기반이었다. 특히 2000년 법정 중에 열린 공청회는 일본군 위안부 문제의 현재성을 부각시킨 것으로서, 이러한 세계 여성단체들과의 연대에 의해 가능한 것이었다.

2. 전시 여성폭력의 중요성 인식

20세기가 저물면서 세계 곳곳에서 전쟁과 내란이 일어났고, 그곳에는 어김없이 여성에 대한 폭력이 행해졌다. 구 유고 지역에서의 인종청소와 코소보, 동티모르, 르완다 등지의 무력갈등 중 여성인권침해가 그 대표적 경우이다. 1992년부터 유엔에 제기되기 시작한 일본군 위안부 문제는 이러한 여러 전시 여성 문제의 역사적 뿌리로 여겨지면서 그 중요성이 국제사회에서 인식되었던 것이다. 일본 정부의 강력한 로비로 인해 일본군 위안부 문제가 실질적인 해결의 방안을 찾지 못하는 사이에, 1998년에는 정부만이 제소할 수 있는 국제사법재판소와는 달리 정부가 아닌 개인 차원에서 국가의 범죄를 제소할 수 있는 '국제형사재판소(International Criminal Court, ICC)'를 위한 로마 규정(Rome Statute)이 채택되어 2002년부터 ICC가 기능하게 되었다. 과거의 문제는 다루지 않는다는 원칙 때문에 일본군 위안부 문제는 이 법정에 제기될 수 없지만, 전시 여성폭력 문제는 이제 국제사회에서 효과적으로 다루어질 수 있게 되었다. 이러한 국제법정에 세계의 이목이 집중된 가운데, 그것이 설립되는 과정에 중요한 주춧돌이 된 일본군 위안부 문제가 정작 이 법정들에서 다루어지지 못하는 상황은, 이 문제 해결을 위해 어떠한 형태로든 새로운 법정을 만들고자 하는 분위기를 성숙시켰다. 러셀 베트남 전범법정이 여기서 모델로서 떠오르게 된 것이다.

3. 국제 민간법정과 여성법정 설립의 국제적 발전

제2차 세계대전 후 여전히 세계의 곳곳에서 일어나는 분쟁과 그에 개입하는 강대국의 범죄가 처벌되지 않는 가운데, 1960년대부터 민간 차원에서 법정을 만들어 국제법적 판단을 내리는 시도가 다수 이루어지기 시작했다. 이것은 가히 국제사회운동이라고 할만큼 세계 여러 곳에서 여러 인권침해 문제를 다루며 현재까지 80여 개가 넘는 법정이 열렸다. 부정의한 전쟁을 일으킨 국가뿐만 아니라 인권침해에 개입한 초국적기업의 책임도 다루었다. 그중 가장 널리 알려진 법정이 1967년의 러셀 법정이다.[12] 러셀 법정을 이어받아 상설 민중법정이 1979년 창립되어 2019년까지 계속 개최되었다. 스리랑카, 캄보디아, 인도네시아 등 아시아의 여성 문제에 대한 법정도 열렸다.[13]

그러나 정치적인 지식인 엘리트에 의존한 민중법정은 그 민주적인 경향에도 불구하고 젠더화된 권력구조를 재생산하고 여성의 관심사를 적절히 대변하지 못한다는 인식에서 여성법정이 별도로 출발하였다. 1975년 멕시코에서 개최된 세계여성회의에 대응하여 1976년 벨기에 브뤼셀에서 열린 '여성범죄 국제법정'으로부터 시작된 여성법정운동은 1990년대 들어 더욱 활발히 진행되었다. 1992년에 열린 인신매매와

---

12 2005년에 이스탄불에서 열린 이라크국제전범법정도 이러한 맥락에서 이루어진 것이다. Dolgopol, Ustinia (Tina), "The Women's International War Crimes Tribunal - civil society's reframing of the search for justice" Presented at the *Women's International War Crimes Tribunal 20th Anniversary Online Symposium*, Organized by Executive Committee of Women's International War Crimes Tribunal 20th Anniversary. December 12th 2020.

13 Permanent People's Tribunal 홈페이지. http://permanentpeoplestribunal.org/?lang=en. 신혜수, "국제법정들과 유엔 활동: 젠더정의의 확립을 위하여" 일본 군위안부연구회 주관심포지엄, 『2000년 여성국제법정의 공공 기억과 확산』, 2020, 228쪽에서 재인용.

전쟁범죄에 관한 '도쿄여성인권아시아법정'에는 김복동, 송신도 할머니도 참석했다. 1993년 비엔나에서 열린 유엔 세계인권대회 중에 여성단체들이 개최한 여성국제법정도 이러한 맥락에서 이루어진 것이다.[14] 2000년 법정은 이러한 국제여성법정운동의 발전 과정 속에서 탄생한 것이다.

V. 법정 구성을 구체화한 주요 쟁점들

기본적으로 2000년 법정은 여러 나라의 단체들과 개인이 협력하여 이룬 국제 활동이다. 1998년 4월 아시아연대회의에서 법정 개최를 합의한 후 한국과 일본은 상호 방문하며 의견을 교환했으며, 1999년 2월 17일에 일본, 필리핀, 대만의 NGO가 서울을 방문하여 처음으로 국제 준비 모임의 틀을 잡았다. 서울, 도쿄, 상하이, 마닐라, 대만 등지에서 수차례의 회의를 갖고 각국 검사단을 조직하고 국제검사단회의를 열었다. 이 회의들에서 제기되었던 주요 쟁점을 다음의 몇 가지로 정리할 수 있다.[15]

1. 법정의 성격

2000년 법정은 국제사법재판소, 구 유고법정 등 국가간 기구에 의

---

14 여성법정운동에 관하여 보다 자세한 내용은 Asia Pacific Forum on Women, Law and Development, Speak and Be Heard: APWLD Guide to Women's Tribunals. 2016 Section 1: Origins of Women's Tribunal, pp.13-16 (신혜수 앞의 논문 228-230쪽에서 재인용)을 참고할 것.
15 이 부분에 관해서는 정진성, 앞의 책, 269-274쪽을 참고할 것.

해 만들어진 공식적 법정은 아니고, 시민에 의해 만들어진 법정(people's tribunal)이다.[16] 그러나 활동가들이 2000년 법정 준비 과정에서 명확히 한 바와 같이, 이것은 단순한 모의법정이 아니라 모든 지점에서 기존의 국제인권법에 기초하여 일본군 성노예제에 관한 종합적이고 정확한 법적 재판 결과를 만든다는 데 목적을 두었다.

이를 위해 무엇보다 기본적인 문제는 어느 정도의 형식성(공정성과 신뢰성)을 갖출 것인가의 문제였다. 기존의 법에 의거하는 다소 엄격한 형식성에 기초한다면 법정의 권위는 올릴 수 있지만, 현재의 국제법의 한계를 넘어서지 못하는 축소된 법정의 모습에 머물고 말 것이며, 반대로 우리가 하고 싶은 양심의 메시지를 전달하는 더 열린 법정을 만들면 국제법의 새로운 방향을 제시할 수 있겠지만, 법정으로서의 권위가 폄하될 위험이 있다는 것이었다. 양 입장을 잘 조정하여 될 수 있는 한 법정의 형식성을 지키면서도 의미를 위축시키지 않도록 개방성도 살린다는 엉거주춤한 자세로 출발한 법정의 준비는 차츰 형식성 쪽으로 기울어졌다.

세계의 대표적인 양심적 지식인으로 구성되었던 러셀 베트남 전범법정과는 달리, 판사와 수석검사를 전원 법률 전문가로 정했다. 준비위원회에서 결정한 5명의 판사는 모두 최고의 국제법 전문가였으며, 조금의 편파성도 배제하기 위해서 일본과 피해국 출신을 피했다. 판사 대표 가브리엘 맥도널드(Gabrielle Kirk McDonald)는 구 유고 국제형사재판소의 수석판사를 역임했던 현직 판사이며, 그 밖에 아르헨티나의 형사법 판사이며 국제여성법률가협회 회장인 카르멘 아기베이(Carmen Maria Argibay), 저명한 여성국제법학자인 런던대학 교수 크리스틴 친킨(Cristine Chinkin)과 케냐의 인권변호사이자 케냐대학 교수인 윌리 무퉁가(Willy Mutunga)가

---

16 2000년 법정의 법적 측면에 관해서는 한국정신대문제대책협의회 2000년일본군성노예전범여성국제법정 법률위원회 편, 『일본군 위안부 문제에 대한 법적 해결의 전망』, 풀빛, 2001을 참조.

판사로 법정에 참가했다.[17] 맥도널드 판사 대표는 법정이 열리기 전날 준비 모임에서 이 법정이 단순한 모의법정이 아니라 진지한 실제의 재판과 같이 이루어질 것이라는 점을 누누이 강조했다. 이러한 법률가 중심의 구성과 형식성의 강조가 법정을 뜻하지 않은 쪽으로 몰아가지 않을까 마지막까지 노심초사한 사람들도 적지 않았으나, 법정은 판사들의 엄격한 자료 검토와 논의 후 히로히토를 포함한 주요 전범들의 유죄와 일본 국가범죄를 확인했다.

2. 국가책임과 개인책임, 히로히토 일왕의 기소 문제

다음으로 이 법정에서 국가책임만을 다룰 것인가, 개인 전범에 대한 형사재판도 포함할 것인가에 대한 논의가 있었으며, 개인 기소를 한다면 어떤 범위까지 할 것인가, 그리고 구체적인 형량까지를 선고할 것인가 아니면 유무죄(有無罪)의 판단으로 그칠 것인가 등의 문제가 지속적으로 논의되었다. 결국 국가와 개인 기소를 모두 할 것이며, 개인 판결은 유무죄로 한다고 결정했다. 그리고 이 문제의 성격을 드러내기 위해 일반 법정에서는 하지 않는 죽은 사람에 대한 기소도 한다는 방침을 결정했다.

가장 예민했던 문제는 히로히토 일왕의 기소 문제였다. 법정 준비에 처음부터 적극적으로 가담했던 사람들 중에서도 일본 국민의 전반적인 정서를 생각하여 일왕 기소를 꺼리는 사람이 있었다. 그러나 이 문제의 최고책임자인 일왕을 피해 가는 것은 법정의 의미를 심각하게 축소시킨다고 하는 한국 측의 강한 주장이 결국 국제적인 동의를 얻어 냈다.

---

17 다른 한 명의 판사인 바그와티(P. N. Bhagwati. 전 인도 대법원 판사, ILO 전문가위원회 위원)는 병으로 참석하지 않았다.

3. 법정의 구조

판사와 검사가 중심이 되고 법률자문과 전문가 증인을 둔다는 점에는 대체로 일찍부터 합의를 보았으나, 몇 가지 점에서 의견이 교차되기도 했다. 처음에는 배심원을 두자는 데 합의한 바 있으나 혼란을 우려하여 없앴으며, 처음 논의에서는 떠오르지 않았던 수석 검사 제도가 여러 피해국이 각기 다른 기소장을 준비하기로 하면서 이를 종합할 필요성에 따라 부상하였다. 일본 정부를 피고로 세우기로 합의하고 일본 정부에 출석을 요청했으나, 실제 법정에 출석하지 않았다. 검사단은 국가별로 구성하고, 각국 검사단이 각기 한 시간 반씩의 기소 시간을 갖는 것으로 결정했으며, 피해국들 간의 기소 순서가 국제실행위원회와 검사단 회의에서 결정되었다. 남북한, 중국, 일본, 필리핀 등 10개국이 각기 검사단을 구성했는데, 특기할 만한 것은 남북한이 세 시간을 사용하여 공동 기소를 한 것이었다. 이 법정의 판사 중 한 명이자 페미니스트 국제법학자인 크리스틴 친킨은 "정부 차원에서 생각할 수 없었던 남북 공동의 목적을 달성하였으며 표현한 것이었다"라고 감격해 했다.[18]

마지막까지 이견이 대립한 것은 변호인단을 세울 것인가의 문제였다. 1999년 2월 서울에서 모인 첫 국제실행위원회에서부터 한국과 일본 사이에 이견이 나타났다. 일본 측은 법정의 권위를 살리기 위해 변호사를 둘 것을 제안한 반면, 한국 측은 일본 정부의 입장을 대변할 변호사를 세우는 것은 위험하다고 생각했다. 이 논쟁은 막바지에 한국이 양보하여 일본의 의견을 존중하기로 결정했으나, 이번에는 일본 측에서 변호사를 구하지 못하여 결국 변호사 없는 법정이 되었다. 일본 정부가

---

18 Chinkin, 장복희 역, "2000년일본군성노예전범여성국제법정의 법률적 고찰" 한국정신대문제대책협의회 2000년일본군성노예전범여성국제법정 법률위원회 편, 『일본군 위안부 문제에 대한 법적 해결의 전망』, 풀빛, 2001, 295.

참석을 거부한 채 일본 준비팀은 일본 군인 두 명을 가해자로서 증언하도록 했으며, 일본 정부의 입장을 대변하는 법정참고인(Amicus Curiae)을 세웠다.

이 밖에 지적할 점은 수차례에 걸쳐 열린 국제실행위원회에 참석했던 대부분 사람들의 충분한 이해 없이 필리핀의 법률가가 서기로 결정되어 법정의 진행을 맡은 것이다. 이 점에 대해 법정 진행 중 일본과 한국의 NGO로부터 비판이 제기되었다.

4. 법정의 장소와 공식 언어

2000년 법정의 장소로서 서울과 도쿄가 주요 후보로 논의되었다. 한국이 피해자가 가장 많은 나라이고 앞으로 이 운동의 확산이 어느 곳보다도 필요한 지역이라는 점, 일본군 위안부 문제의 식민지성을 부각시킬 필요성이 크다는 점 등이 서울에서 법정이 열려야 한다는 주장의 근거였다. 반면, 2000년 법정이 제2차 세계대전 후 도쿄에서 열린 극동국제군사재판의 부족함을 보완하는 것이라는 점, 일본 정부에 자극을 줄 계기가 필요하다는 점 등이 도쿄를 개최지로 하자는 주장의 논거였다.

한편, 법정의 공식 언어가 초기에 별다른 고려 없이 영어로 결정되었는데, 이에 대해 한국 위원을 중심으로 강력한 문제제기가 이루어졌다. 가해국이 일본이고, 피해국이 모두 아시아 나라인데 영어를 공식 언어로 채택하는 것은 아시아 여성의 힘으로 여는 법정의 의미를 반감시킨다는 설득력 있는 문제제기였다. 결국 법정의 공식 언어는 영어·일본어·한국어·중국어로 하고, 동시통역을 하기로 결정했다.

5. 공청회

공청회는 이 문제의 현재성을 부각시키고 세계의 여성단체들과 연대하기 위해 법정의 기획 초기단계부터 논의되었다. 그 담당을 누가 할 것인가를 둘러싸고 논의가 분분하다가 결국 국제형사재판소에 대비하기 위해 1997년에 설립된 국제여성단체인 '젠더 정의를 위한 여성연대(Women's Caucus for Gender Justice)'에서 사무를 맡아 하는 것으로 결정되었다. 국제적으로 매우 강력한 활동력을 보여준 이 단체는 베트남, 아프가니스탄 등 세계의 15개국[19]으로부터 다양한 형태의 전쟁과 여성인권침해 문제를 발표하도록 하는 데 성공했으며, 일본군 위안부 문제가 결코 과거의 문제가 아니라 지금도 세계의 곳곳에서 벌어지고 있는 여성인권 유린의 문제이며, 그 불처벌(impunity)의 악순환을 끊기 위해 2000년 법정이 열렸다는 인식을 사람들에게 심어주었다. 그러나 앞서도 지적한 대로, 전시 여성 문제라는 개념만으로 설명될 수 없는 한국의 역사적 특수성과 일본군의 특수성이 이 공청회로 인하여 더욱 수면 아래로 가라앉은 듯한 아쉬움은 지우기 어렵다.

6. 최종판결

10개국 검사단이 제출한 방대한 규모의 자료 및 증언에 대한 더욱 상세한 법률적 분석은 시간을 필요로 하므로, 법정이 끝난 직후에 이루어진 예비판결과 별도로 그 몇 달 후에 최종판결을 내리기로 결정했다. 법률고문단[20]이 분석을 하는 동안 국제실행위원회에서는 최종판결의

---

19 Chiapas, Columbia, Guatemala, Algeria, Sierra Leone, UN Peacekeeping Somalia, Kosovo, the United States, Palestine, Afghanistan, Burma, Burundi, Vietnam, East Timor, Okinawa.

장소와 성격 및 자금원을 놓고 논의를 지속했다. 논의의 양 축은 규모를 크게 하여 전 세계에 다시 한 번 충격을 주는 이벤트로 하자는 것과 법정의 주요 인물들을 중심으로 2000년 법정을 마무리 짓는 의미를 부여하는 계기로 하자는 것이었다. 장소는 국제사회 및 언론의 주목을 쉽게 받을 수 있는 뉴욕과 평화의 이미지를 강조할 수 있는 헤이그가 논의되다가 헤이그로 최종 결정되었다. 규모는 2000년 법정과 비교할 수 없지만, 판사단, 수석검사 및 각국 기소단과 피해자의 골격을 최소한으로라도 갖춘 형태를 만들기로 했다. 당초 2001년 3월로 계획했던 최종판결은 2001년 12월에 열렸다. 1년 전의 법정과 같은 형식으로 3~4일에 기소가, 6일에 최종판결이 선언되었다. 최종판결은 1년 전 법정에서 내려진 예비판결과 크게 다르지 않았다.[21]

참고로, 이 최종판결에서 검토된 각국 검사단이 제출한 자료들과 법정판결의 원본을 어느 곳에 보관할 것인가의 문제를 놓고 논의를 진행했는데, 결국 가장 피해자가 많은 한국의 정대협이 원본을 보관하고, 사본을 일본과 그밖의 아시아 단체들이 보관하기로 결정했다.

VI. 남북 평화 분위기와 남-북-재일동포의 협력

2000년 법정의 준비 과정에서 얻은 가장 중요한 결실의 하나가 남-북-재일동포의 협력이었다. 1998년 10월 베이징에서 남북일 3자 회합을 가지면서 법정에 함께 참가할 것을 결의했는데, 그해 말 도쿄에서 열린 국제조사회의에는 북한이 참가하지 않았고, 1970년대부터 강제연행

---

20 대표는 뉴욕 시립대학 교수인 론다 코플론(Rhonda Copelon).
21 심영희, "최종판결 및 국제회의 보고" 한국정신대문제대책협의회 편, 『2000년 일본군 성노예전범 여성국제법정 보고서』, 2001.

문제에 대한 연구와 운동을 해온 조총련계의 강제연행진상조사단을 통해 북한과 연락을 취할 것을 결정했다. 남북이 평화 분위기에서 교류를 하게 된 것도 2000년 법정에서 중요한 역할을 한 것이다. 북한은 유엔의 여러 회의에 참석해 발언했고, 일본 등 해외에서 열리는 회의에 참석했을 뿐 아니라 한국에서 열리는 회의에 참석하기도 했다.

　그러나 팩스 전송조차 까다로운 남북한 관계는 여전하여, 2000년 법정을 위해서 남북한의 만남이 이루어진 것은 2000년 3월(3. 30-4. 1) 상하이 국제실행위원회 및 검사단회의에서였다. 남북은 2000년 법정에서 남북을 하나의 나라로서 부각시키자고 의기투합했다. 남북을 'North and South of Korea'라고 표기하자고 북측이 제의했고, 한국이 이를 흔쾌히 받아들였던 것이다. 이번에는 한국 측이 남북 공동으로 기소장을 작성할 것을 제안했고, 그것은 7월 말 마닐라에서 열린 국제실행위원회와 검사단회의에서 실현되었다. 남북 공동 기소장, 공동검사단을 만들기로 합의한 것이다. 그 후 남북 간의 의견 교환은 일본을 통해 이루어질 수밖에 없었으므로 효과적으로 진행되지 못했으나, 9월 대만 회의에서 본격적인 공동 기소장 준비 모임이 이루어졌다. 먼저 남북은 식민지 지배를 강조하고, 이 시기를 강점기로 명명하자는 논의를 했으며, 기소장은 상호 연락하여 공동으로 작성하되, 법정에서 발표는 남측이 개인책임을, 북측이 국가책임을 맡는 데 합의했다. 기소장뿐 아니라 법정 시나리오 작성에 대해서도 논의했다. 한편 1998년 말부터 일본에서 한국의 피해자를 연구하는 재일동포팀과 협력할 것을 결정하고, 이후 서로 연구성과를 교류했다.

　상호 연락의 어려움 때문에 기소장도 채 마무리되지 못한 상태에서 법정이 열리기 이틀 전인 2000년 12월 6일 도쿄의 한 교회에서 남북 검사단과 실행위원이 만나게 되었다. 그로부터 만 이틀 후 우여곡절 끝에 공동기소의 구성이 완료되었다. 전체 사회는 남측, 머리말은 북측,

연행 부분은 남측 중심, 위안소 범죄는 북측 중심, 후유증은 남북이 번 갈아, 발표하고 국가책임은 북측에서 정리하고 남측이 개인 기소로서 법정을 마무리하는 방식에 합의했고, 이에 따라 법정에서 세 시간의 공 동기소를 성공적으로 치렀다.

　법정에 설 때까지의 이틀은 그야말로 숨 막히는 순간들이었다. 검사 단 간에 기소장에 관한 논의가 다소 있은 후, 양측이 준비해 온 법정 발 표 자료를 서로 점검했다. 일단 서로 감을 잡은 후 헤어진 남북팀이 다 시 만난 것은 그날 밤 9시가 되어서였다. 재일동포팀도 합류했다. 다시 발표 내용을 서로 맞춰 보면서 양측은 사실상 공동으로 세 시간의 기소 를 진행하는 것은 불가능하다고 판단했다. 일본제국주의의 침략으로 위 안부 제도의 모든 것을 설명하려는 북측의 단순성과 피해 고발의 공격 성이 국제사회에 대한 설득력을 떨어뜨린다고 판단한 남측의 입장을 북측은 오히려 의아해했다. 처음의 문제제기 부분과 마지막 법 적용 부 분만을 같이하고, 중간 강제연행 부분과 위안소에서의 생활 및 귀국 후 후유증 부분은 각기 시간을 나누어 따로 진행하자는 의견을 남측에서 개진했다. 참담하고 막막한 분위기가 맴돌았다. 그렇게 원했던 공동 기 소가 무산되는 순간이었다. 남북 모두 잠시 쉬면서 다시 생각하기로 했 다. 그리고 서로 조금씩 양보하고 역할을 분담하면서 다시 맞추어 보자 고 의견을 모았다. 큰 칠판에 기소 내용의 세밀한 부분까지 목차를 정하 고 남북이 담당할 부분을 정했다. 리허설이 열리는 날 아침에 만나기로 하고 헤어진 시간이 자정을 넘었다. 남측도 북측도 잠조차 제대로 자지 못하고 수정 작업에 매달렸다. 리허설 아침 정확히 약속한 시간에 만난 남북팀은 긴장한 가운데 리허설을 시작했다. 한 부분 한 부분을 맞추어 가면서 긴장이 풀리기 시작했고, 전체 리허설을 위해 법정이 열리는 구 단회관으로 가야 할 시간이 되면서야 웃음이 번졌다.[22]

VII. 2000년 법정의 의미: 탈식민주의를 향하여

크리스틴 친킨은 민간법정이란 "법은 정부에 속하는 것이 아니라 시민사회의 도구라는 것에 대한 이해에서 출발하며 … 이것이 형벌을 집행하거나 보상을 명할 수는 없지만 법적인 판결의 가치와 도덕적인 강제성에 의한 권고는 할 수 있다"라고 주장했다. 2000년 법정은 러셀 베트남 전범법정 등 이전 민간법정의 이러한 의미에 더해, 앞서 언급한 대로 여성의 힘으로 피해국 단체들에 의해 준비되었다는 점에서 특기할 만하다. 그리고 국가책임에 더해 개인의 형사책임을 묻고 있는 점, 역사적 기록을 광범위하게 수집한 점, 법적 판단에 젠더의 관점을 반영한 점 및 이 범죄행위가 일어난 1940년대 당시의 법에 근거하여 법적 판단을 내린 점 등에 있어서 매우 중요한 법률적 의미를 지닌다.[23] 국제유고전범재판소의 재판 과정에서 2000년 법정의 판결은 국제법정의 중요한 판례로서 영향을 미쳤다.[24]

그러나 이 법정은 개인의 법적 책임을 인도에 반한 범죄로만 기소했다는 한계를 보였다. 남북한 기소팀은 일본의 한국지배를 무력에 의한 불법적인 강제점령이라고 판단하고 일본군 위안부 문제를 전쟁범죄로 기소했으나,[25] 2000년 법정의 판사들은 위안부 강제동원 행위를 전쟁범죄로는 기소하지 않은 것이다. 한국과 대만은 일본군 위안부 범죄가 일어난 당시 일본의 전쟁 상대국이 아니라 식민지였다는 점 때문에 일

22 정진성, 앞의 책, 275-278.
23 Chinkin, 장복희 역, 앞의 논문, 301-304.
24 요코다 유이치, "민사재판에서 본 2000년 일본군성노예전범여성국제법정" 한국정신대문제대책 협의회 2000년일본군성노예전범여성국제법정 법률위원회 편, 2001. 『일본군 위안부 문제에 대한 법적 해결의 전망』, 풀빛, 2001.
25 그럼으로 해서 위의 논란을 일축하고, 식민지배의 범죄에 대한 국제법이 전무한 현재의 국제법의 맹점도 뛰어넘고자 했다. 이 점에 대해서는 장완익, 2001을 참조.

본의 행위를 전쟁범죄로 기소할 경우 논란의 여지가 있다는 점 때문이었다. 이것은 식민지배에 대한 국제법적 공백을 뛰어넘는 시도를 포기한 것이다.

결국 이 법정은 일본군 성노예제가 갖는 제국주의/식민지배의 문제를 깊이 있게 다루지 못했다는 한계를 지적하지 않을 수 없다. 법정을 준비하는 과정에서 식민지 문제가 보완되어야 한다는 점이 수차례 논의되었지만, 국제연대의 한계로 인해 논의를 진전시키지 못했다. 일본 여성 및 시민단체와의 강한 연대가 식민지성을 깊이 있게 논의하는 것을 제한한 측면도 있으며, 다른 아시아 피해국들이 한국과는 다른 입장에 있었으므로 제국주의 문제에 더 이상 같이 나아갈 수 없었던 것도 주요한 요인이었다. 일본군 성노예제의 식민성에 대한 탐구는 과제로 남겨졌다.

식민주의에 대한 탐구는 과거로 회귀하는 것이 아니라 탈식민주의라는 미래로 연결된다. 현재 아프리카, 중남미 및 아시아에서 벌어지고 있는 무력갈등 시의 여성폭력 문제는 사실상 제국주의/식민주의의 유산이다. 미국과 유럽이 아프리카, 중남미에서 일어나고 있는 무력갈등 속 여성폭력 문제를 다각적으로 연구하고 구제 및 지원을 하고 있는 것은 그들의 제국주의 청산 노력의 일환이라고 생각된다. 그런데 아시아에서도 끊임없이 일어나고 있는 전시하 여성폭력 문제에 대해서는 집중적인 노력을 기울이는 곳이 거의 없다. 한 외교관은 이것을 "missing lnk"라고 표현했다. 필자가 만난 아시아 분쟁 지역의 활동가, 연구자들은 한국이 이 역할을 해줄 것을 기대한다고 말했다. 한국이 아니면 어느 곳에서 이 일을 할 수 있겠는가라고 강하게 호소하는 사람도 있다. 아시아의 여성인권과 평화에 대한 기여는 일본군 성노예제 해결을 위한 30년의 운동 및 2000년 법정의 유산과, 거기서 남겨진 탈식민의 과제를 풀 수 있는 하나의 길이 될 수 있다. 정부와 시민사회의 지혜가 모여야 한다.

|참고문헌|

박원순, "종군위안부문제와 강제노동조약"(한국노총세미나 발표논문), 1995.

신혜수, "국제법정들과 유엔활동: 젠더정의의 확립을 위하여"일본군위안부연구회 주관 심포지엄, 『2000년 여성국제법정의 공공기억과 확산』, 2001.

심영희, "최종판결 및 국제회의 보고"한국정신대문제대책협의회 편, 『2000년일본군성노예전범 여성국제법정 보고서』, 2001.

요코다 유이치, "민사재판에서 본 2000년 일본군성노예전범여성국제법정"한국정신대문제대책 협의회 2000년일본군성노예전범여성국제법정 법률위원회 편, 2001. 『일본군위안부문제에 대한 법적 해결의 전망』, 풀빛, 2001.

장완익, "2000년 일본군성노예전범여성국제법정에서 남북공동 기소장이 갖는 의의"한국정신대 문제대책협의회 2000년일본군성노예전범여성국제법정 법률위원회 편, 『일본군위안부문제에 대한 법적 해결의 전망』, 풀빛, 2001.

정진성, 『일본군성노예제』, 서울대출판문화원, 2016.

한국정신대문제대책협의회 20년사 편찬위원회, 『한국정신대문제대책협의회 20년사』, 한울아카데미, 2014.

한국정신대문제대책협의회 2000년일본군성노예전범여성국제법정 법률위원회 편, 『일본군위안부문제에 대한 법적 해결의 전망』, 풀빛, 2001.

한우성, "미국에서 진행 중인 일본군위안부 및 징용소송에 대한 보고서"『당대비평』겨울, 제13호, 2000.

Chinkin, 장복희 역, "2000년일본군성노예전범여성국제법정의 법률적 고찰"한국정신 대문제 대책협의회 2000년일본군성노예전범여성국제법정 법률위원회 편, 『일본군위안부문제에 대한 법적 해결의 전망』, 풀빛, 2001.

Dolgopol, Ustinia (Tina), "The Women's International War Crimes Tribunal-civil society's reframing of the search for justice" Presented at the *Women's International War Crimes Tribunal 20th Anniversary Online Symposium*, Organized by Executive

Committee of Women's International War Crimes Tribunal 20th Anniversary. December 12th 2020.

International Commission of Jurist, *Comfort Women: The Unfinished Ordeal*. 1994.

ILO, *Report of the Commission of Experts on the Application of Conventions and Recommendations*. 1999.

Minbyun and Jungdaehyup, 1993. "Human Rights and Japanese War Responsibility: Counter Report to the Human Rights Committee on the Japanese Government's Third Periodic Report Submitte under Article 40 of the International Covenant on Civil and Political Rights"

제2부

2000년 여성국제법정의 성과와 과제

2000년 여성국제법정의 맥락*: 일본군 '위안부' 문제와 '법적 책임'

김창록 경북대학교 법학전문대학원 교수

Ⅰ. 머리말

2000년 12월 일본의 도쿄(東京)에서 개최되고, 2001년 12월 네덜란드의 헤이그에서 최종 판결이 선고된 '일본군 성노예 전범 여성국제법정(The Women's International War Crimes Tribunal for the Trial of Japan's Military Sexual Slavery; 日本軍性奴隷制を裁く女性國際戰犯法廷)'(이하 '2000년 법정')은 1980년대 말 이래 30여 년에 걸친 일본군 '위안부' 문제 해결 노력의 역사에서 하나의 중대한 도달점인 동시에 새로운 출발점이기도 한 획기적인 사건이었다.

'2000년 법정'은 다면성을 가지는 실체이다. 그 다면성은 한국과 일본과 전 세계의 여성운동·인권운동의 역사적 위상, 무력 분쟁에 수반되는 성폭력에 대한 국제사회의 대응, 베트남전쟁에 대한 미국의 책임을 물은 '러셀 법정(Russell Tribunal)'에서 시작하여 이후 지속적으로 이어지

---

* 이 글은 『법과사회』 제66호(2021. 2.)에 게재한 논문을 일부 수정·보완하여 전재한 것이다.

고 있는 민중법정의 계보, 국제법/법학의 탈구축 등을 포함하며, 이들에 대한 개별적이고 구체적인 연구는 '2000년 법정'으로부터 20년이 지난 지금도 이어지고 있다.

　이 글에서는 법의 역사를 공부하는 한국 연구자의 입장에서, 위의 모든 측면과 연계되어 있기도 한 '법적 책임'에 초점을 맞추면서 '2000년 법정'의 맥락을 짚어보기로 한다.

II. '2000년 법정'에 이르기까지

1. '법적 책임'의 제기

　일본군 '위안부' 문제는 1988년 4월, 산하에 정신대연구회를 두고 그 문제를 연구해오던 한국교회여성연합의 주최로 '여성과 관광문화'에 관해 개최된 국제세미나에서, 1980년 이후 일본군 '위안부' 문제를 조사해온 윤정옥의 강연을 통해 처음으로 공식적으로 제기되었고, 이후 한국의 여성단체들은 일본 정부에 사죄와 배상을 요구하고 나섰다.[1] 노태우 대통령의 방일을 앞둔 1990년 5월 18일에는 한국여성단체연합·한국교회여성연합회·서울지역 여학생대표자협의회 등 26개 여성단체와 여성학계가 「노대통령 방일 및 정신대 문제에 관한 여성계의 입장」이라는 제목의 공동성명을 발표하여 '정신대' 문제에 대한 한일 "양국 정부의 책임 있는 진상 규명 노력과 이에 상응하는 정치적이고 실질적인 보상"을 촉구했고, 1990년 5월 25일자 『여성신문』에 게재된 이화여

1　'2000년 법정'을 비롯한 일본군 '위안부' 문제에 관한 전반적인 설명은, 한국정신대문제대책협의회 20년사 편찬위원회 엮음, 『한국정신대문제대책협의회 20년사』, 한울, 2014; 정진성, 『개정판 일본군성노예제』, 서울대학교출판문화원, 2016 참조.

자대학교 대학원 여성학과 학생들의 특별기고문에서는 "정신대 문제의 해결"을 위해 "정신대와 관련된 모든 만행에 대한 일본 정부의 공식적 인정과 사과, 생존자에 대한 물적 보상과 위령비 건립 등을 통한 인권복원 등"이 요구되기도 했다.[2]

　일본군 '위안부' 문제에 관한 '법적 책임'이 구체적인 항목의 형태로 제시된 것은, 1990년 10월 17일 정신대연구위원회가 중심이 되어 한국여성단체연합을 비롯한 37개 여성단체의 공동명의로 발표한 일본 정부에 대한 공개서한이 최초였던 것으로 보인다.

> 1. 조선인 여성들을 종군위안부로서 강제연행한 사실을 인정할 것
> 2. 그것에 대해 공식적으로 사죄할 것
> 3. 만행의 전모를 스스로 밝힐 것
> 4. 희생자들을 위해 위령비를 세울 것
> 5. 생존자와 유족들에게 보상할 것
> 6. 이러한 잘못을 되풀이하지 않기 위해 역사교육을 통해 이 사실을
>   가르칠 것.[3]

　이 공개서한의 직접적인 계기는, 1990년 6월 6일의 일본 참의원 예산위원회에서 사회당 소속 모토오카 쇼오지(本岡昭次) 의원의 질의에 대해, 일본 정부가 "민간 업자가 그런 사람들을 군과 함께 데리고 다녔다"[4]

2　"감춰진 역사 20만 종군 위안부 진상 규명·보상책 마련돼야", 『여성신문』 1990. 5. 25. 이 기사에 관해서는 "'위안부' 문제 알린 '정대협'은 어떤 단체?… 그 시작은 1990년 5월이었다", 『여성신문』 2020. 5. 21.(http://www.womennews.co.kr/news/articleView.html?idxno=199215)에서 정보를 얻었다. 이하 이 글에서 인용하는 인터넷 사이트는 모두 2021년 1월 30일에 검색한 결과이다.
3　현재까지 필자가 살펴본 자료에서는 이 6개항이 누구에 의해 어떤 과정을 거쳐 도출되었는지를 확인할 수 없다. 현 단계에서 남겨진 과제이다.

라며 일본군 '위안부' 문제의 존재 자체를 부인한 것이었다.[5]

위의 6개 항목의 요구는, 1990년 11월 16일에 위 37개 여성단체와 개인들에 의해 발족된 한국정신대문제대책협의회(이하 '정대협')에 의해 계승되어[6] 그 활동의 지침이 되었다. 다만 위의 공개서한에서는 "종군위안부"라는 용어가 사용되었을 뿐만 아니라 '법적 책임'이 특별히 강조되어 있지도 않으며, 무엇보다 '책임자 처벌'은 포함되어 있지 않았다.

우선 '종군위안부'는 당시 일본에서 널리 쓰이던 용어이지만 '종군'과 '위안' 모두 자발성을 내포한다는 점에서 실체를 반영하지 못하는 용어였다. 또한 당시 한국 사회에서 널리 쓰였고 정대협의 명칭에도 포함되어 있는 '정신대'는 일본의 「여자정신근로령」에 따라 일본의 군수공장 등에 동원되어 강제노동을 강요당한 '근로정신대'와 혼동될 위험이 있는 용어였다. 1992년 8월에 서울에서 개최된 제1차 아시아연대회의에서 "'강제동원'된 사실을 강조하기 위해 '강제종군위안부'를 사용하기로 결의"하기도 했지만, '강제'와 '종군'은 서로 충돌하는 의미를 가진다는 점에서 이 또한 적절한 용어가 아니었다. 피해의 실체에 가장 부합하는 용어는 '성노예'(sexual slave)였고 그 용어도 제안되었지만, "피해생존자들은 성노예가 차별과 냉대, 아픔을 상기시키기 때문에 받아들이기 힘들어했다." 그래서 일본군의 문서에서 발견되어 역사적인 의미도 있었고 대중도 알기 쉬운 '일본군 위안부'라는 용어를 사용하되, '위안

4　日本參議院, 『第百十八會國會參議院豫算委員會會議錄第一九號』, 1990. 6. 6, 6면. 노동성 직업안정국장 시미즈 쯔타오(清水傳雄)의 답변.

5　한국정신대문제대책협의회 20년사 편찬위원회 엮음, 앞의 책(각주 1), 46-47면.

6　한국정신대문제대책협의회, 『정신대문제 자료집 I』, 1991의 「머릿말」에 박순금, 이효재, 윤정옥 공동대표의 명의로 실린 "우리의 요구"에도 위 6개항이 거의 그대로 실려 있다. 1990년 공개서한과의 차이는 1항에 "일본 정부는"이라는 주어가 추가되어 있는 것, 2항의 "사죄"가 "사과"로 되어 있는 것, 3항의 "스스로"가 빠져 있는 것, 4항의 "위해"가 "위하여"로 되어 있는 것 정도이다.

부'는 실체를 반영하는 것이 아니라는 점을 드러내기 위해 반따옴표를 붙이는 것으로 했다.[7] 다만 정대협은 영어명칭을 "Korean Council for the Women Drafted for Military Sexual Slavery by Japan"으로 표기했고, '2000년 법정'에서도 '성노예제'라는 용어를 사용했으며, 2018년 7월 11일에 설립된 정대협의 후신 단체의 명칭도 '일본군성노예제문제 해결을 위한 정의기억연대(이하 '정의연')'여서 '성노예'라는 용어가 점점 많이 쓰이는 추세인 것으로 보인다.

2. '책임자 처벌'의 제기

한편, 위의 6개 항목의 요구에도 불구하고, 이후 일본 정부의 소극적인 대응이 이어지는 가운데, 정대협을 중심으로 '책임자 처벌'이 강하게 제기되게 되었다.

1992년에 들어서 1월 11일에, 일본 츄오(中央) 대학의 요시미 요시아키(吉見義明) 교수가 방위청 방위연구소 도서관에서 6점의 증거자료를 발견하여 『아사히(朝日)신문』에 공개함으로써,[8] 일본의 국가책임이 명확하게 되었다. 이 신문 발표 다음 날인 1월 12일에 가토 고이치(加藤紘一) 관방장관이 일본군의 관여를 인정했고, 다시 다음 날인 1월 13일에는 "발견된 자료와 관계자의 증언, 미군 등의 자료를 보면, 종군위안부의 모집이나 위안소의 경영 등에 구 일본군이 어떤 형태로든 관여했다는 사실은 부정할 수 없다"라며 사죄했다.[9] 그리고 1월 16일에 방한 한

---

7   한국정신대문제대책협의회 20년사 편찬위원회 엮음, 앞의 책(각주 1), 23, 44-45, 85.

8   "慰安所への軍關与示す資料 防衛廳図書館に旧日本軍の通達·日誌", 『朝日新聞』 1992. 1. 11.

9   "政府が正式謝罪 宮澤首相訪韓時に表明 慰安婦問題", 『朝日新聞』1992. 1. 14.

미야자와 키이치(宮澤喜一) 총리는, 1월 17일에 한국의 국회에서 "우리나라가 가해자였고 귀국이 그 피해자였던" "역사의 한 시기에" "조선반도의 여러분이 우리나라의 행위에 의해 견디기 어려운 고통과 슬픔을 체험하신 데 대해 여기에서 다시금 마음으로부터의 반성과 사죄를 표명합니다. 최근 이른바 종군위안부 문제가 다루어지고 있습니다만, 저는 이런 일은 참으로 마음 아픈 일이며, 진심으로 죄송하게 생각하고 있습니다"라며 사죄했다.[10] 7월 6일에 이르러 일본 정부는, 한국 정부의 요구에 따라 그 전해의 12월부터 조사한 내용을 발표[11]하면서, "정부의 관여가 있었다"라고 인정하고, "정부로서는…다시금 충심으로 사죄와 반성의 마음을 표하고자 한다"라는 내용을 담은 「가토 내각관방장관 발표」[12]도 함께 발표했다. 하지만, 예를 들어 11월 4일의 중의원 본회의에서 미야자와 총리가 "각 방면의 의견을 들으면서 성의를 가지고 검토하고 있다"[13]라고 답변한 데서도 확인할 수 있는 것처럼, 이후에도 책임 이행을 위한 적극적인 조치는 취해지지 않았다. 정대협의 '책임자 처벌' 요구는 바로 그러한 부작위에 대한 대응으로서 제기된 것이었다.

흔히 정대협이 '책임자 처벌'을 본격적으로 제기한 것은 1993년 무렵이라고 일컬어지고 있으며, 박원순은 그 하나의 예로 1993년 2월에 발간된 영문 팸플릿 "Korean Council for the Military Sexual Slavery by Japan, International Activities against Military Sexual Slavery"

---

10 "宮澤內閣總理大臣の大韓民國訪問における政策演說", 外務省 『外交靑書』(平成4年版), 1992, 383-388. (https://www.mofa.go.jp/mofaj/gaiko/bluebook/1992/h04-shiryou-2.htm#b2).

11 內閣官房內閣外政審議室, "朝鮮半島出身のいわゆる從軍慰安婦問題について", 1992.7.6. (https://wam-peace.org/ianfu-koubunsho/file/file_1.pdf); (https://wam-peace.org/ianfu-koubunsho/file/file_2.pdf).

12 "加藤內閣官房長官發表", 1992. 7. 6. (http://www.mofa.go.jp/mofaj/area/taisen/kato.html).

13 日本衆議院, 『第百二十五會國會衆議院會議錄第二号』, 1992. 11. 4, 8.

Vol. 1, No.1에 형사처벌 요구가 포함되어 있는 것을 든다.[14]

하지만 정대협의 기록에 따르면, 보다 정확하게는, 정대협에서 공식적으로 "책임자 처벌하라"라는 요구가 수용된 것은 1992년 12월 29일의 결산 대표자 회의에서였다.[15] 1990년에 제시된 6개 항목과는 달리 '책임자 처벌'이 다소 늦게 제기된 이유는, "이제 와서 전범 처벌은 말이 안된다, 다 죽었을 텐데 누구를 처벌할 수 있는가, 미래지향적 자세로 용서해야 한다부터 시작해서 처벌할 수 있는 법적 근거에 대한 물음까지 거의 전범 처벌이라는 것은 전혀 이루어질 수 없는 것으로 생각되어 왔다"[16]라고 하는 당시의 분위기에서 찾을 수 있을 것이다.

그럼에도 불구하고 정대협이 1992년 12월의 시점부터 '책임자의 처벌'을 본격적으로 제기한 직접적인 계기는, 1992년 12월 12일에 정대협이 개최한 '반 보벤(Theo van Boben) 교수 초청 세미나(『국제인권협약과 강제종군위안부 문제』)'였던 것으로 보인다. 그 세미나에서 박원순은 일본은 물론이고 한국을 포함한 아시아 국가들에 의해 "전쟁범죄와 인간[인도]에 대한 범죄의 처벌을 포함하는 더 철저한 조치가 취해져야 한다"라고 주장했다.[17] 그리고 반 보벤도 중대한 인권침해의 희생자에 대한 "배상은 적절하고 공정해야" 한다는 원칙과 함께 배상의 유형으로 금전적 배상과 비금전적 배상을 제시했으며, 다시 후자에 포함되는 중요한 요소로

---

14 박원순, "일본군'위안부' 문제 해결의 전망", 한국정신대문제대책협의회, 『일본군'위안부' 문제의 진상』, 역사비평사, 1997, 437.

15 한국정신대문제대책협의회, "고소, 고발장 경과보고 일본군'위안부' 문제 책임자 처벌의 요구 높아져", 『정신대문제대책활동소식』 5호, 1994. 4. 11, 2. 이 자료 및 위 결산 대표자 회의 개최 일자의 확인에 백시진 정의연 활동가와 윤지현 전쟁과 여성 인권 박물관 팀장의 도움을 받았다. 이 자리를 빌려 특별히 감사드린다.

16 한국정신대문제대책협의회, 위의 글, 3.

17 박원순, "일본의 전쟁 책임은 끝났는가? - 일본의 전쟁범죄와 반인간적 범죄의 기소 가능성에 관한 연구", 한국정신대문제대책협의회, 『반 보벤 교수 초청 세미나 자료 ; 국제인권협약과 강제종군위안부 문제』, 1992, 39.

서 "진실을 충분히 공적으로 규명하고 사실들을 확증할 것, 범해진 침해에 대한 책임을 공적으로 인정할 것, 희생자와 그들의 친척, 목격자들을 보호할 것, 기념물을 건립하고 희생자들에게 경의를 표할 것, 희생자들의 사후 복지를 위한 기관을 설립하고 희생자들을 돕기 위한 인원을 양성할 것" 등과 함께 "책임자로 판명된 사람들을 재판에 넘길 것"을 제시했다. 또한 시효에 관해 "중대한 인권침해의 배상에 관련된 요구는 원칙적으로 출소제한법에 구애되어서는 안 된다"라는 주장도 밝혔다.[18] 반 보벤은 유엔 인권소위원회가 1989년에 '중대 인권침해의 피해에 관한 배상의 기본원칙과 가이드라인' 작성을 위한 연구를 위임한 특별보고관으로서, 「초기보고서」와 「제1차 중간보고서」에 이어 1992년 7월 29일자로 「제2차 중간보고서」[19]를 제출했는데, 위의 발표문은 그 「제2차 중간보고서」의 내용을 요약한 것이었다.

위와 같이, '책임자 처벌'은 피해자와 시민들의 거듭되는 요구에도 불구하고 책임의 이행을 거부하는 일본 정부에 대해 추가적인 압박을 가해야 할 입장에 있었던 정대협의 필요성과 '중대 인권침해의 피해에 관한 배상의 기본원칙과 가이드라인' 마련을 위한 유엔의 연구가 맞물리면서 전면에 부각되었고, 그 결과 '책임자 처벌'을 포함하는 정대협의 7개 항목의 요구가 완성되었다.[20] 그리고 정대협에 의해 추가된 '책임자 처벌'은 1993년 10월 22일의 「제2차 아시아연대회의 결의문」[21]에

---

18 디오 반 보벤, "중대한 인권침해의 희생자에 대한 배상", 한국정신대문제대책협의회, 위의 책, 55.

19 UN Doc. E/CN.4/Sub.2/1992/8.

20 2020년 11월 현재, 정의연의 홈페이지에는 아래와 같은 7개항의 요구가 게시되어 있다. "하나. 전쟁범죄 인정, 둘. 진상 규명, 셋. 공식사죄, 넷. 법적배상, 다섯. 책임자 처벌, 여섯. 역사교과서에 기록, 일곱. 추모비와 사료관 건립" (http://womenand-war.net/kr/wed-demo/).

21 "제2차 아시아연대회의 결의문", 1993. 10. 22. (http://womenandwar.net/kr/%EC%9E%90%EB%A3%8C%EC%8B%A4/?pageid=2&mod=document&keyword=

"5. 일본 정부는 책임자를 분명히 할 것. 책임자는 처벌을 받아야 한다"
라는 형태로 반영되었다.

3. 고소·고발

1994년 2월 7일에는 실제로 고소·고발이 이루어졌다. 그날 강덕경 등 피해자 대표 6명과 이미경 총무, 박원순 고문 등 정대협 대표 5명이 도쿄 지방검찰청을 찾아가 한국인 피해자 27명을 고소인으로 하는 고소장과 정대협의 고발장을 제출하여,[22] 일본의 검찰 당국에 대해 공식적으로 책임자 처벌을 요구했다. 피고소·고발인은 성명 미상의 다수였고, 피고소·고발 사실은 피해자들의 체험과 정대협 등의 조사에 기초하는 피해자들의 연행과 노예화의 구체적인 사실이었다.

그 자리에 입회했던 일본인 변호사 6명 중 한 명인 도쓰카 에쓰로(戸塚悅朗)의 기록에 따르면, 담당 검사는 고소장·고발장을 "곁눈으로 대충 읽은 후 '수리할 수 없다'"라며 수리 자체를 거부했다. 2시간 가까운 교섭에서 도쿄 지검 직고계(直告係) 검사 기요후지(清藤)는 ① 시효의 완성, ② 피고소인 불특정, ③ 피고소 사실 불특정, ④ 처벌조항 불비를 내세우며 형식이 갖추어지지 않아 수리할 수 없다고 했다. 그에 대해 박원순은 ① 시효는 인도에 반하는 범죄 등의 국제법상의 범죄의 경우에는 적용되지 않는다, ② 비록 피고소인의 성명은 특정되어 있지 않지만, 구체적인 피해 사실이 특정되어 있어서 수사에 의해 충분히 특정할 수 있으

%EC%95%84%EC%8B%9C%EC%95%84%EC%97%B0%EB%8C%80%ED%9A%8C%EC%9D%98&uid=92).

22 美德景ほか27,「告訴狀」,『法學セミナー』472, 106-107면, 1994; 韓國挺身隊問題對策協議會,「戰爭責任者の處罰を求める告發狀」(1)·(2),『法學セミナー』478, 108-112, 480, 33-36, 1994 참조.

며, 그 수사의 책임은 일본 검찰 당국에 있다, ③ 피고소 사실은 충분히 특정할 수 있다, ④ 처벌조항은 전쟁범죄, 인도에 반하는 범죄 등으로 이들도 처벌 가능한 경우이고, 구체적인 범죄사실은 당시의 일본법상으로도 범죄였다고 반박했지만,[23] 담당검사는 이를 일절 받아들이지 않고 "이것으로 끝내겠습니다"라며 자리를 떴다.[24]

위와 같은 일본 정부의 불처벌은 그 자체가 추가적인 배상책임을 낳게 될 것이지만, 어쨌든 일본 검찰이 움직이지 않는 이상 일본에서의 형사소추는 불가능한 것이었기 때문에, 일본에 대한 범죄자 처벌 요구는 여기에서 일단 좌절될 수밖에 없었다.

III. '2000년 법정'

1. '2000년 법정'의 배경

(1) 일본의 책임 이행 거부

일본 정부는, 1992년 7월의 조사결과 발표에 이어, 추가적인 자료 조사와 피해자 면담 조사를 진행한 결과를 1993년 8월 4일에 발표[25]했으며, 같은 날 고노 요헤이(河野洋平) 관방장관의 담화(이하 「고노 담화」)[26]도 발표했다. 「고노 담화」에서는 1. "위안소의 설치·관리 및 위안부의 이송

---

23 박원순의 반박의 보다 상세한 근거는, 박원순, 앞의 글(각주 14), 457-460 참조.
24 戶塚悅朗, 『日本が知らない戰爭責任──日本軍「慰安婦」問題の眞の解決へ向けて』, 現代人文社, 2008, 24-25.
25 內閣官房內閣外政審議室, "いわゆる從軍慰安婦問題について", 1993. 8. 4. (https://www.mofa.go.jp/mofaj/area/taisen/pdfs/im_050804.pdf).
26 "慰安婦關係調査結果發表に關する河野內閣官房長官談話", 1993. 8. 4. (http://www.mofa.go.jp/mofaj/area/taisen/kono.html).

에 관해서는, 구 일본군이 직접 또는 간접적으로 이에 관여했다." 2. "위안부의 모집에 관해서는…감언·강압에 의하는 등, 본인들의 의사에 반하여 모집된 사례가 많이 있고, 나아가 관헌 등이 직접 이 일에 가담한 경우도 있었"고, 특히 한반도는 "우리나라의 통치 아래에 있어서, 그 모집·이송·관리 등도 감언·강압에 의하는 등, 전체적으로 보아 본인들의 의사에 반하여 이루어졌다." 3. "위안소에서의 생활은 강제적인 상황 아래에서 이루어진 가혹한 것이었다." 4. '위안부' 문제는 "당시의 군의 관여 아래 다수 여성의 명예와 존엄을 심각하게 손상시킨 문제"이다, 5. "역사연구·역사교육을 통해 이와 같은 문제를 영원히 기억하고, 같은 잘못을 결코 반복하지 않겠다", 전(前) 위안부 여러분에게 "진심으로 사죄와 반성의 마음을 전한다"라고 밝혔다. 「고노 담화」는, 비록 '관여'라는 애매하고 불충분한 용어를 사용하기는 했지만, 일본군 '위안부' 문제에 대해 일본이 국가적인 차원에서 법적으로 책임을 져야 할 침해가 있었다는 사실을 분명하게 인정한 것이라고 보아 틀림이 없다.

그럼에도 일본 정부는 "종군위안부 문제에 관한 보상 문제를 포함하여 일한(日韓) 양국과 양 국민 간의 재산청구권 문제는" 1965년의 한일 「청구권협정」에 의해 "완전히 그리고 최종적으로 해결"[27]되었다는 주장을 반복했다. 그리고 그 연장선상에서 1994년 8월 31일에 무라야마 도미이치(村山富市) 총리가 담화[28]를 발표하여, "폭넓은 국민 참가"를 통해 일본군 '위안부' 문제에 대한 "반성과 사죄의 마음"을 담은 "평화 우호 교류 계획"을 추진하겠다고 밝히고, 1995년 7월 19일에 '여성을 위한 아시아평화 국민기금'(이하 '아시아 여성기금')을 발족시켰다. 아시아 여성

---

27 日本参議院,『第百二十八會國會参議院會議錄第三号』, 1993. 9. 24, 7. 호소카와 모리히로(細川護熙) 총리의 답변.

28 "「平和友好交流計畵」に關する村山内閣總理大臣の談話", 1994. 8. 31. (https://www.mofa.go.jp/mofaj/area/taisen/murayama.html).

기금은 "지난 대전(大戰)에 관련된 배상과 재산 및 청구권의 문제는 샌프란시스코 평화조약 및 기타 관련 2국 간 조약 등에 의해 대응해왔"고,[29] 따라서 "새롭게 국가로서 개인보상을 할 수 없다"라는 일본 정부의 입장에 따라, "도의를 존중하는 국가로서의 책임"[30]을 다한다는 목적으로 설립된 것이었다. 이후 아시아 여성기금은 일본 국민으로부터 모은 성금 5억 6,500만 엔으로 '보상을 위한 금원(償い金)'을 지급하는 사업을 실시하고, 일본 정부가 거출한 11억 2,000만 엔으로 의료·복지를 지원하는 사업을 실시했다. 그 외에도 일본 정부는 아시아 여성기금의 사무사업경비 정부보조금으로 35억 500만 엔을 출연했다.[31] 그 결과, 아시아 여성기금의 총 수입 51억 9,000만 엔 중 일본 정부가 출연한 금액이 46억 2,500만 엔으로 전체의 89% 이상을 차지하여, 그 사업은 실질적으로는 일본 정부의 예산을 주로 사용하는 것이었다. 그럼에도 일본 정부가 직접 나서지 않고 아시아 여성기금이라는 형태로 대응한 이유는, '법적 책임'은 질 수 없다는 논리를 관철하려는 것이었다는 것 이외에 달리 생각할 여지가 없다.

이러한 일본 정부의 '법적 책임' 이행 거부에 대해, 정대협은 이미 1994년 8월 23일의 입장문에서 "일본군 '위안부' 제도가 전쟁범죄이며 인권침해라는 사실을 인정하지 않고 있는 것이며, 그럼으로써 법적 책임을 회피하려는 기만적 술수"라고 비판했다.[32] 하지만 아시아 여성기

---

29 "アジア女性基金の誕生と事業の基本性格", 『デジタル記念館 慰安婦問題とアジア女性基金』(https://www.awf.or.jp/2/foundation.html).

30 与党戦後50年問題プロジェクト従軍慰安婦問題等小委員會, 『与党戦後50年問題プロジェクト従軍慰安婦問題等小委員會 第一次報告』, 1994. 12. 7. (https://www.awf.or.jp/6/statement-05.html).

31 和田春樹, 『慰安婦問題の解決のために』, 平凡社, 2015, 176-177 참조.

32 한국정신대문제대책협의회, "일본군 '위안부' 민간기금 위로금안에 대한 우리의 입장", 1994. 8. 23.

금은 사업을 강행했고, 그에 대응하여 피해자들과 시민들은 1995년 제 3차, 1996년 제4차, 1998년 제5차 아시아연대회의의 결의문을 통해 규탄의 목소리를 높여갔다. 그리고 그 과정에서 '법적 책임'과 '책임자 처벌'이 점점 더 강조되게 되었다.[33]

(2) '법적 책임'의 확립

아시아연대회의의 결의문들을 통해서도 확인되는 것처럼, 피해자들과 시민들의 '법적 책임' 이행 요구는, 국제사회에서 일본군 '위안부' 문제에 관한 '법적 책임'이 거듭 확인되어 '상식'으로 확립되어가는 흐름과 밀접하게 연계되어 있었다.

먼저 1993년 7월 2일에는 정대협에 의해 1994년 고소·고발의 국제법적 근거의 하나로 제시[34]되기도 한 반 보벤의 「최종보고서」[35]가 발표되었다. 그 「최종보고서」에서는 배상의 형태(Forms of Reparations)로서 금전배상(Compensation)과 만족 및 재발방지 보장(Satisfaction and guarantees of non-repetition)을 들었으며, 후자의 내용으로 "(b) 사실의 검증과 완전하고 공적인 진실 규명, (d) 사실의 공적인 인정과 책임의 인정을 포함하는 사죄, (e) 책임자 처벌, (f) 피해자에 대한 추모와 위령, (g) 교과목 및 교과서에 인권침해에 대한 정확한 기록 포함"을 제시했다.[36] 도쓰카의

---

33 '아시아 여성기금'은 피해자들의 거부에 부딪혀 2002년 10월에 사업의 종료를 선언하지 않을 수 없었으며, 2007년 3월에는 마침내 해산되기에 이르렀다. "アジア女性基金の解散とその後",『デジタル記念館 慰安婦問題とアジア女性基金』(http://www.awf.or.jp/3/dissolution.html).

34 한국정신대문제대책협의회 20년사 편찬위원회 엮음, 앞의 책(각주 1), 185.

35 UN Doc. E/CN.4/Sub.2/1993/8 (Study concerning the right to restitution, compensation and rehabilitation for victims of gross violations of human rights and fundamental freedoms : final report/submitted by Theo van Boven, Special Rapporteur).

36 이들 내용을 포함한 최종보고서의 'Van Boven Principles'는 2005년 12월 16일

평가처럼 이것은 정대협의 7개 항목과 "완벽하게 일치"[37]하는 것이다.

그리고 1993년 6월 오스트리아 빈에서 개최된 세계인권회의의 「선언문」[38]에서도, 무력분쟁 상황에서의 여성인권 침해가 국제인권법 및 국제인도법의 근본원칙을 위반한 것이라고 선언하고, 그 침해의 하나로서 '성노예제'를 제시했으며(38항), 1995년의 베이징 세계여성대회에서 채택된 「행동강령」[39]에서도, 각국 정부와 국제적 및 지역적 기구들이 취해야 할 행동으로서 "무력분쟁 및 기타 분쟁 상황에서의 여성에 대한 모든 폭력행위를 방지하기 위한 국제인도법 및 국제인권문서 상의 기준의 유지 및 강화", "강간, 특히 조직적 강간, 강제매춘 기타 강제추행과 성노예제를 포함하는 전쟁 중의 여성에 대한 모든 폭력행위에 대한 철저한 조사", "여성에 대한 전쟁범죄에 책임이 있는 범죄자의 기소와 여성 피해자에 대한 완전한 보상의 제공"을 제시했다.(145항 (e))

또한, 일본군 '위안부' 문제에 전면 특화된 것으로서, 유엔의 NGO인

유엔 총회에서 채택된 「국제인권법의 중대한 위반행위와 국제인도법의 심각한 위반행위로 인한 피해자들을 위한 구제 및 배상의 권리에 관한 기본원칙과 가이드라인(Basic Principles and Guidelines on the Right to a Remedy and Reparation for Victims of Gross Violations of International Human Rights Law and Serious Violations of International Humanitarian Law)」이라는 제목의 결의 60/147에서 'Van Boven / Bassiouni Principles'로 발전한다. 이들 원칙과 일본군 '위안부' 문제와의 관계에 대한 상세한 분석은 조시현, "국제인권법의 관점에서 본 일본군 '위안부' 피해 구제 - 2006년 '국제연합 피해자 권리 기본원칙과 지침'을 중심으로", 여성가족부, 『일본군 '위안부' 문제의 법적 책임』, 2018; 양현아, "2015년 한일외교장관의 '위안부' 문제 합의에서 피해자는 어디에 있(었)나", 김창록 외 3, 『2015 '위안부' 합의 이대로는 안 된다』, 경인문화사, 2016; 이주영·백범석, "국제인권법상 피해자의 권리와 피해자 중심적 접근(victim-centered approach)", 『국제법학회논총』 148, 2018 참조.

37 戶塚悅朗, 각주 24), 14.
38 "Vienna Declaration and Programme of Action", 1993 (https://www.ohchr.org/en/professionalinterest/pages/vienna.aspx).
39 "Beijing Declaration and Platform for Action", 1995 (https://www.un.org/en/events/pastevents/pdfs/Beijing_Declaration_and_Platform_for_Action.pdf).

국제법률가위원회(International Commission of Jurists)는, 1993년 4~5월에 필리핀·한국·북한·일본에서 조사한 결과를 토대로, 1994년에 『'위안부' - 끝나지 않은 시련』[40]이라는 제목의 보고서를 발표하여, "당시의 일본 정부는 이들 여성의 신상에 닥친 모든 일에 대해, 직접적으로 혹은 대위적으로 책임이 있었다. 그 행위는 전쟁범죄·인도에 반하는 범죄·노예 및 부인과 아동의 매매에 관한 국제법의 관습규범에 위반되는 것이었다.···일본은 지금 완전히 책임을 지고 피해자와 그 가족에게 적절한 원상회복을 해야 한다", 1965년의 「한일청구권협정」은 "인권 피해에 관한 청구를 포함하고자 의도된 것이 아니며, 실제로 포함되지도 않았"으므로 "일본에 대한 여성들의 청구를 방해하는 것은 아니다"라고 밝혔다.

1994년에 유엔 인권위원회의 '여성에 대한 폭력에 관한 특별보고관'에 임명된 라디카 쿠마라스와미(Radhika Coomaraswamy)는 1996년 2월에 여성에 대한 폭력에 관한 일반적 보고서의 추가문서로서 독립된 보고서를 이루는 「전시의 군사적 성노예 문제에 관한 조선민주주의인민공화국, 대한민국 및 일본 파견 조사 보고서(Report on the mission to the Democratic People's Republic of Korea, the Republic of Korea and Japan on the issue of military sexual slavery in wartime)」[41]를 공표하여, 일본군 '위안부'를 "군사적 성노예"라고 규정하고, 다수의 국제조약을 들면서, 국제관습법화된 국제인도법에 일본군이 위반했다는 점을 명확하게 지적했다. 그리고 「일본국과의 평화조약」(Peace Treaty with Japan ; 이하 「샌프란시스코 평화조약」)과 2국 간 조약에 의해 해결이 끝났다는 일본 정부의 주장에 대해서는, 일본

---

40 International Commission of Jurists, *Comfort Women - an unfinished ordeal*, 1994. (https://www.icj.org/wp-content/uploads/1994/01/Japan-comfort-women-fact-finding-report-1994-eng.pdf).
41 UN Doc. E/CN. 4/1996/53/Add.1

군 성노예 문제는 이들 조약에 포함되어 있지 않기 때문에 미해결의 상태에 있다고 못박았다. 그리고 그 결과 일본은 일본군 '위안부' 개인 피해여성에 대해, 국제인도법상 국가로서 법적 및 도의적 책임이 있다고 명언했다. 또한 이 보고서는 피해자 개인을 국제법상의 권리의무의 주체로 인정하지 않고 개인배상을 거부하는 일본 정부의 입장도 명시적으로 배척했다. 그리고 일본 정부가 설치한 아시아 여성기금에 대해서는 그것이 일본 정부가 법적 책임을 부정했기 때문에 만들어진 것이라고 인정하고, 일본군 성노예 문제의 해결이 되지 못한다는 점을 명백하게 밝혔다. 나아가 이 보고서는 일본 정부가 가능한 한 신속하게 행동할 것을 권고하면서, 그 권고의 구체적인 내용으로 국가로서 법적 책임을 승인할 것, 국가로서 피해자에게 보상할 것, 일본군 '위안부'의 모집과 제도화에 관여한 가해자를 특정하고 가능한 한 처벌할 것 등을 제시했다.

1997년에 유엔 인권소위의 '무력분쟁 하의 조직적 강간, 성노예제 및 노예제 유사관행에 관한 특별보고관'에 임명된 게이 맥두걸(Gay J. McDougall)은 1998년에 제출하여 채택된 보고서의 첨부문서인 「제2차 세계대전 중 설치된 '위안소'에 관한 일본 정부의 법적 책임의 분석 (An Analysis of the Legal Liability of the Government of Japan for "Comfort Women Stations" Established during the Second War)」[42]에서, 일본군 '위안소'의 본질이 '강간소'였으며, 일본군 '위안부' 제도는 노예제의 금지, 전쟁범죄로서의 강간 금지, 인도에 반하는 범죄의 금지 등 당시의 국제법을 위반한 것이었다는 점을 지적하고, 일본 정부는 '위안부'에게 가해진 잔학행위에 대해 구제조치를 강구하지 않으면 안 되며, 강간소의 설치·감독에 책임이 있는 정부·군 관계자를 소추하지 않으면 안 된다라고 밝혔다.

이와 같이 유엔을 중심으로 '책임자 처벌'을 포함하는 일본군 '위안

---

42   UN Doc. E/CN.4/Sub.2/1998/13.

부' 문제의 '법적 책임'이 거듭 확인됨으로써 그것은 국제사회의 '상식'으로 자리 잡게 되었다. 그리고 그 연장선상에서 1998년 7월에 채택된 「국제형사재판소(International Criminal Court: 이하 'ICC') 로마규정」[43]에서 "강간, 성노예제, 강제매춘, 강제임신, 강제불임 기타 유사하게 중대한 다른 형태의 성폭력"이 국제형사재판소가 관할권을 가지는 인도에 반하는 범죄와 전쟁범죄의 유형으로 규정되게 되었다(제6조, 제7조, 제8조). 「ICC 로마규정」이 무력분쟁 하의 성폭력을 정식범죄로 규정하게 한 원동력은 1993년에 설립된 '구 유고슬라비아 국제형사법정'(1993-2017)[44] 및 1994년에 설립된 '르완다 국제형사법정'(1994-2012)[45]과 일본군 '위안부' 문제 해결을 위한 국제사회의 노력이었다. 그와 동시에 「ICC 로마규정」에서 성노예제가 범죄로 명확하게 규정된 것은 일본군 '위안부' 제도를 심판할 법정의 필요성을 확인시켜주는 것이기도 했다. 그런데 「ICC 로마규정」 제11조에는 재판소가 "규정이 효력을 발휘한 이후에 범해진 범죄에 대해서만 관할권을 갖는" 것으로 규정되어 있어서, 일본군 '위안부' 문제는 다룰 수가 없게 되어 있었다. 그래서 민중법정이 구체적인 현안으로 부각되었다.[46]

---

43 "Rome Statute of the International Criminal Court", 1998 (https://www.icc-cpi.int/NR/rdonlyres/EA9AEFF7-5752-4F84-BE94-0A655EB30E16/0/Rome_Statute_English.pdf).

44 International Criminal Tribunal for the former Yugoslavia (https://www.icty.org/).

45 International Criminal Tribunal for Rwanda (https://unictr.irmct.org/).

46 히가시자와 야스시, "2000년 일본군성노예전범 여성국제법정의 국제형사재판소에 대한 기여", 한국정신대문제대책협의회 2000년 일본군성노예전범 여성국제법적 법률위원회 엮음, 『일본군'위안부' 문제에 대한 법적 해결의 전망』, 풀빛, 2001 참조.

2. '2000년 법정'의 의의

'2000년 법정'은, 1998년 4월에 서울에서 열린 제5차 아시아연대회의에서 VAWW-NET Japan(전쟁과 여성인권에 대한 폭력 일본 네트워크)이 제안한 것이 직접적인 출발점이 되어, 이후 「헌장」 채택 등 2년 이상의 준비 과정을 거쳐, 2000년 12월 7일부터 12일까지 도쿄에서 개최되었다. 8개국 64명의 피해자들의 증언을 토대로 남북한을 비롯한 피해자 소속국 9개국과 일본의 검사단(남북한은 공동검사단의 형태로 참여), 그리고 국제검사단이 기소했고, 4명의 판사들로 구성된 판사단에 의해 예비판결이 선고되었으며, 2001년 12월 4일에 헤이그에서 최종판결이 선고되었다.[47]

최종판결은, 국제검사단에 의해 기소된 천황 히로히토(裕仁: 1901-1989)와 안도오 리키치(安藤利吉: 1884-1946), 하타 슌로쿠(畑俊六: 1879-1962), 이타가키 세이시로(板垣征四郎: 1885-1948), 고바야시 세이조(小林躋造: 1877-1962), 마츠이 이와네(松井石根: 1878-1948), 데라우찌 히사이치(寺内壽一: 1879-1946), 도조 히데키(東條英機: 1884-1948), 우메즈 요시지로(梅津美治郎: 1882-1949), 야마시타 도모유키(山下奉文: 1885-1946) 등 10명에 대해 인도에 반하는 범죄를 이유로 "유죄"를 선고했다. 또한 일본의 국가 책임을 인정한 다음, 일본 정부에 대해 국제법 위반 사실을 전면적으로 인정할 것, 완전하고 성실한 사죄를 할 것, 손해배상을 할 것, 조사를 실시하고 자료를 공개할 것, 기념관·도서관·박물관을 설립할 것, 교과서

---

47 판결문 원문은 http://vawwrac.org/war_crimes_tribunal에 게시되어 있다. 판결에 이르기까지의 각국 검사단의 기소장, 최종 판결문 등 관련 문건은, 2000년 일본군성노예전범 여성국제법정한국위원회 편, 『2000년 일본군성노예전범 여성국제법정 보고서』, 한국정신대문제대책협의회, 2001; 여성부, 『2000년 일본군성노예전범여성국제법정 자료집』, 2004; 한국정신대문제대책협의회, 『일본군 성노예 전범 여성국제법정 히로히토 유죄』, 2007; VAWW-NET Japan 편, 『女性國際戰犯法廷の全記錄』 I·II, 綠風出版, 2002 참조.

에 기술하고 교육할 것, 책임자를 처벌할 것 등의 구제조치를 취하지 않으면 안 된다고 선언했다.

'2000년 법정'은 "일본군 '위안부' 제도의 범죄성과 책임을 명백하게 했을 뿐만 아니라, 모든 전시 성폭력 불처벌을 단절하고자 하는 전 세계 여성의 인권운동에 공헌하는 역사적인 민중법정"이었다. '2000년 법정'의 "방대한 증거 문서, 증언, 의견서, 기소장, 판결, 비디오 기록 등은 유효한 반격 자료"로서 피해자 전원이 세상을 떠난 후에도 "미래 세대가 역사의 진실을 알 수 있는 실마리"[48]가 될 수 있을 터이다.

또한 '2000년 법정'은 히로히토를 기소하고 일본군 성노예 제도에 대해 유죄를 선고함으로써, 천황의 책임과 일본군 성노예 제도의 범죄성은 묻지 않은 극동국제군사법정의 한계를 뛰어넘은 것일 뿐만 아니라, 최초의 민중법정으로 일컬어지는 1967년의 '러셀(Bertrand Russell) 국제전범법정(International War Crimes Tribunal)'이 베트남전쟁에서의 미군의 전쟁범죄를 심판하기 위해 개최되었음에도 베트남여성에 대한 전쟁범죄·성폭력은 다루지 않았던 한계와, 이탈리아의 상설인민재판소에서 여성의 목소리가 배제되었던 한계도 뛰어 넘은 것이었다.[49] 또한 "국제법의 '중립성'이라는 베일의 그늘에 숨어 있던" "국가=지배 엘리트 중심주의, 서양 중심주의, 남성 중심주의, 현재 중심주의"가 "시민, 비서양, 여성, 과거(미래)를 법의 '타자'로서 주변으로 배제"해온 역사에 비추

---

48 松井やより, "女性たちか歴史を創った歴史を変えた──ジェンダ一視点に立つ民衆法廷としての女性國際戰犯法廷", VAWW-NET Japan 編, 각주 47) I, 286·296면. 마츠이 야요리는 '2000년 법정'을 이끌어낸 중요 인물 중 한 사람이다. '2000년 법정'와 관련된 마쓰이의 활동상에 관해서는, 김선미, "'여성국제전범법정'에 있어서 마쓰이 야요리(松井やより)가 지니는 의미에 관한 연구", 『일본사상』30, 2016 참조.

49 크리스틴 친킨, "2000년 일본군성노예전범 여성국제법정의 법률적 고찰", 한국정신대문제대책협의회 2000년 일본군성노예전범 여성국제법적 법률위원회 엮음, 앞의 책(각주 46), 300-302.

어 볼 때, "그 궁극의 '타자'에게 법의 빛을 비춤으로써, 폐쇄적인 국제법의 모습을 비판적으로 재검토하고, 그 탈구축과 재구축을 향한 이정표를 제시하는 것"이기도 했다.[50]

무엇보다 '2000년 법정'은 1990년 이래 한국의 여성단체에 의해 제기되고 유엔을 중심으로 한 국제사회에서 확립된 '법적 책임'을 확인하고 공인한 역사의 장이었다. 그것은 '법적 책임'의 지속적인 확산이라는 역사 속에서 이전의 역사를 총정리하여 이후의 역사의 출발점을 제시한 중요한 결절점이었다.

3. '2000년 법정'의 사정(射程)

한편, '2000년 법정'에 대해서는 식민지 지배의 문제를 다루지 못했다는 한계가 지적되기도 한다.[51] '2000년 법정' 남북공동검사단의 수석 검사 박원순은 기소 첫머리에서 그 법정이 "연기된 정의를 실현하는 법정", "민중의 법정", "여성법정"인 동시에, "식민지 민중이 제기하는 재판"임을 특별히 강조했다.[52] 그리고 남북공동검사단은 히로히토 등 개인 7명과 일본 정부에 대해 인도에 반하는 범죄뿐만 아니라 전쟁범죄에 대한 책임도 물었다. 일제의 지배 당시 한반도의 법적 상황을 식민지로 보는 것은 "한일병합조약의 유효를 전제로 한" 잘못된 인식으로서 식민지가 아니라 "군사적인 강점으로 보아야" 하며, "일제 침략기를 군사 강점으로 본다면 당연히 당시 우리와 일제는 군사 대치 상태, 즉 전쟁 상

---

50 阿部浩己, "女性國際戰犯法廷が映し / 創り出したもの――國際法の地平", VAWW-NET Japan 編, 앞의 책(각주 47) I, 305.

51 정진성, 앞의 책(각주 1), 281.

52 박원순, "2000년 동경여성법정 참가기 - 지연된 정의를 구하여", 『역사비평』 54, 2001, 173.

태에 있던 것이어서 일본군 '위안부'에 대한 범행은 전쟁범죄"[53]이다라는 논거에서였다. 또한 그 배경에는 "북일수교협상을 벌이고 있던 북한 측 참가자들의 강력한 요구"도 있었다.[54] 하지만, 국제검사단은 인도에 반하는 범죄에 대해서만 책임을 물었으며, 최종판결 또한 전쟁범죄에 대한 책임은 배제했다.

'의병전쟁'에서부터 '독립전쟁'까지 이어지는 '항일전쟁'을 근거로 1904년부터 1945년까지 일본과 '전쟁 상태'에 있었다는 주장을 구성하는 것이 불가능하지는 않다. 일본과의 국교정상화가 여전히 과제인 북한의 입장에서는 '승전국'의 지위를 주장하는 것이 협상에서 우위를 차지하는 방법이기도 하며, '항일전쟁'은 북한의 정체성 주장의 핵심 요소이기도 하다. 하지만, 일본의 한반도 지배의 책임을 묻기 위해 전쟁범죄를 동원해야만 하는지에 대해서는 적지 않은 의문이 떠오른다. 불법 강점이 반드시 전시 점령을 의미하는가? 전시 점령이었다면 당시의 국제전쟁법에 따라 일본은 일정한 권리를 가지고 있었다는 결과가 되지 않는가? 강대국에 의해 형성된 국제전쟁법에 의거하고자 동원한 '전쟁 상태'를 그 강대국들이 부정하고 있지 않은가? "강대국 위주로 만들어진 기존의 국제법의 맹점을 지적하고 이를 바로잡기 위해서"[55]라면 기존의 국제법이 담지 못하고 있는 식민지지배 책임을 정면으로 제기하며 '불법 강점'이라는 일본의 한반도 식민지 지배의 특수성을 두드러지게 하는 편이 더 낫지 않은가?

---

53 장완익, "2000년 일본군성노예전범 여성국제법정에서 남북공동 기소장이 갖는 의의", 한국정신대문제대책협의회 2000년 일본군성노예전범 여성국제법적 법률위원회 엮음, 앞의 책(각주 46), 풀빛, 2001, 331.

54 조시현, "2000년 일본군 성노예전범 여성국제법정과 일본군'위안부' 문제에 대한 새로운 이해의 가능성", 김부자 외, 『한일간 역사현안의 국제법적 재조명』, 동북아역사재단, 2009, 63.

55 장완익, 앞의 글(각주 53), 331.

무엇보다 '2000년 법정'이 그러한 주장을 관철시키기에 적절한 장이 었는지 의문이다. '2000년 법정'은 일본과의 관계가 다양했던 아시아 여러 나라에서 저질러진 일본군의 성폭력 문제를 다루는 법정으로 구성되었다. 따라서 그 전체에 적용될 수 없는 전쟁범죄는 애당초 담기 어려운 구조였다.

하지만 그렇다고 해서 남북한이 제기했던 식민주의의 문제가 '2000년 법정'에서 완전히 배제되었다고 볼 이유도 없을 것이다. 책임자 처벌은 애당초 한국의 피해자와 시민단체가 주도적으로 제기했고, 그것이 '2000년 법정'의 토대였다. 무엇보다 히로히토의 기소는, '2000년 법정'의 준비에 처음부터 적극적으로 가담했던 사람들 중에도 일본 국민의 전반적인 정서를 생각하여 꺼리는 사람들이 있었지만, "문제의 최고책임자인 천황을 피해 가는 것은 법정의 의미를 심각하게 축소시킨다고 하는 한국 측의 강한 주장이 결국 국제적인 동의를" 얻어낸 결과이다.[56] 「대일본제국헌법」에 따르면 히로히토는 신적인 권위를 가진 통치권의 총람자, 다시 말해 대일본제국의 핵심이었다. 따라서 히로히토를 기소하는 것은 곧 대일본제국이라는 구조 자체를 법정에 세우는 것이었다. 일본 우익이 '2000년 법정'은 "반일 정치집회다"라고 격렬하게 반발하며 협박과 폭력까지 휘둘렀던 것도, NHK 등 일본의 언론이 왜곡 보도를 일삼은 것도 천황이라는 일본사회의 터부가 단죄되었기 때문에 다름 아니다.[57] '2000년 법정'은 그 점에서 한국의 일본군 '위안부' 피해자와 시민들이 이끌어낸 식민지 지배 전반에 대한 책임 추궁이라는 의미도 가지는 것이었다고 할 수 있다.

일본군 '위안부' 문제와 식민주의의 연계는 「고노 담화」에서도 '고

---

56 정진성, 앞의 책(각주 1), 271-272.
57 松井やより, 앞의 글(각주 48), 295-296.

백'되었다. 한반도는 "우리나라의 통치 아래에 있어서, 그 모집·이송·
관리 등도 감언·강압에 의하는 등 전체적으로 보아 본인들의 의사에 반
하여 이루어졌다"라는 명언은 '식민지 조선'의 특수성에 대한 인정에
다름 아니다. 일본군 '위안부' 피해자 중 한반도 출신이 압도적이었다는
사실, 이른바 내지의 일본군 '위안부' 다수가 성경험이 있는 이들이었던
데 반해 한반도 출신은 그렇지 않았다는 사실, 경찰의 단속 명령은 내지
에 국한되었다는 사실 등의 특수성이 이미 식민주의의 증거로서 제시
되어 있다.[58] 일본군 '위안부' 문제의 다면성을 포섭하면서 연대의 확산
을 도모하는 노력과 함께, 그 한반도적 특성을 파고들어 '식민주의성'을
폭로하는 작업은 일차적으로는 한반도의 연구자들에게 맡겨진 과제일
터이다.

IV. '2000년 법정' 이후

1. '책임자 처벌'의 미실현

'2000년 법정'의 한계는 오히려 책임자 처벌을 현실 속에서 담보해
내지 못했다는 사실에서 찾아야 할 터이다. 물론 '2000년 법정'은 현실
적인 처벌을 목표로 삼은 법정이 아니었다. 기소된 피고인들은 모두 망
자였고, 구체적인 형량이 선고되지도 않았으며, 형집행 기구도 없었다.
일본군 '위안부' 제도에 가담한 자들은 형사책임을 지지 않으면 안 되
는 범죄를 저지른 것이라는 사실을 국제사회에 천명하는 것이야말로

---

58 우선 日本軍「慰安婦」問題webサイト製作委員會編, 『Q&A 朝鮮人「慰安婦」と植民地
支配責任』, 御茶の水書房, 2015 (이타가키 류타, 김부자 엮음 / 배영미, 고영진 옮김,
『Q&A '위안부' 문제와 식민지 지배 책임』, 삶창, 2016) 참조.

'2000년 법정'의 목표였다. 따라서 애당초 책임자를 현실적으로 처벌하는 것은 '2000년 법정' 스스로가 설정한 수비범위 밖의 일이었다.

하지만 '2000년 법정' 최종판결은 일본 정부에 대해 "주요 범죄자를 특정하여 처벌할 것"(1086-12)을 권고했고, 구 연합국에 대해 '위안부'에 대한 범죄에 관해 "조사하고, 자료를 공개하고, 적절한 사건의 경우, 살아있는 범죄자를 소추하는 조치를 취할 것"(1087-3)을 권고했다. 비록 일본과 구 연합국에 대한 권고이지만, 인도에 반하는 범죄의 경우 보편적 관할권이 인정될 수 있다는 점을 고려하면, 그것은 전 세계의 모든 국가, 특히 피해국들에 대한 권고이기도 하다고 보아 틀림이 없다.

그와 관련하여, 한국의 대응을 특별히 기록해둘 필요가 있다. 한국 국회는, 1996년 12월에 미국 법무부가 731부대 생체실험 관계자와 일본군 '위안부' 관련자들에 대한 입국금지 조치를 취한 데 자극받아, '국회 일본군 위안부 문제 연구모임'과 여야 의원 28명이 공동발의한 「출입국관리법」 개정안을 1997년 11월 18일에 통과시켜,[59] 그 제11조 7호로 "1910년 8월 29일부터 1945년 8월 15일까지 일본 정부, 일본 정부와 동맹관계에 있던 정부, 일본 정부의 우월한 힘이 미치던 정부의 지시 또는 연계하에 인종, 민족, 종교, 국적, 정치적 견해 등을 이유로 사람을 학살·학대하는 일에 관여한 자"라는 내용을 신설했다.

이로써 한국에서도 일본군 '위안부' 문제 등에 관련된 일본인들의 입국을 금지할 수 있게 되었는데, 그 중 가장 주목을 받은 인물은 전직 총리인 나카소네 야스히로(中曾根康弘 ; 1918-2019)였다. 나카소네는 1978년에 패전 전 해군장교 시절을 회상하는 글에서 "3,000명이나 되는 대부대이다. 이윽고 원주민 여성을 덮치는 자, 도박에 빠져드는 자도 나왔다. 그런 그들을 위해 나는 고심 끝에 위안소를 만들어준 일도 있다"[60]

59 "일제 전범 입국 금지/국회, 관련법안 의결", 『한겨레』 1997. 11. 19.

라며 범죄사실을 자백했었다. '2000년 법정'의 인도네시아 검사단의 기소장 발표에서도 나카소네의 위의 기술이 일본군이 '위안소'를 설치했다는 증거로 제시되었고, "당시 해군 회계담당(主計) 중위였던 나카소네 야스히로"가 범죄자로 거명되었다.[61]

나카소네의 자백은 당연히 1997년 개정 「출입국관리법」의 입국금지 사유에 해당한다. 하지만 이후에도 나카소네는 계속 한국을 방문했다. 1998년 2월에는 정대협이 나카소네의 '위안소' 설치 행위가 전쟁범죄와 인도에 반하는 범죄, 강제노동조약, 부녀매매금지 조약, 노예금지법 위반에 각각 해당한다며 나카소네를 '지명수배한다'라는 글을 인터넷에 올리고,[62] 2월 24일에는 나카소네가 투숙한 서울의 호텔 앞에서 나카소네가 제15대 대통령 취임식에 귀빈으로 참석하는 것을 반대하는 시위를 벌이기도 했다.[63] 하지만 나카소네는 '2000년 법정' 이후인 2003년 2월의 제16대 대통령 취임식에도 참석하는 등[64] 한국 방문을 거듭했다.

이렇게 '책임자를 처벌해야 한다'라는 민중법정의 당위는 국가 간의 이해가 지배하는 현실 속에서 결국 실현되지 못했다. 최대 피해국인 한국에서조차 그러했다는 사실은, 한국 국가기관의 인식이 그 당위를 따라가지 못했다는 사실을 드러내는 것일 뿐만 아니라, '2000년 법정'이 확인한 과제가 그만큼 크고 어려운 일임을 의미하는 것이기도 할 터이다.

60　中曾根康弘, "二十三歳で三千人の總指揮官", 松浦敬紀編著, 『終わりなき海軍 − 若い世代へ伝えたい殘したい』, 文化放送開發センター出版部, 1978, 98.

61　VAWW-NET Japan 編, 각주 44), 183.

62　"인터넷에 '나카소네 수배령'", 『연합뉴스』 1998. 2. 23.

63　"나카소네 취임식 참석 항의 / 정신대협 회원 20여 명 시위", 『한겨레』 1998. 2. 25.

64　"[노무현 대통령 취임] 북한 核문제 등 협력요청…취임식 외교", 『한국경제』 2003. 2. 25.

2. 일본과 미국에서의 소송

개인의 형사책임을 추궁하기 어렵다는 현실은, 자연스럽게 '2000년 법정'이 제시한 또 하나의 과제인 국가책임의 추궁을 부각시켰다.

한국인 일본군 '위안부' 피해자들이 일본에서 일본의 국가책임을 묻는 소송은 이미 1991년 12월 6일부터 1993년 4월 5일까지 총 4건이 제기되었다.[65] 피고는 모두 일본국이었고, 청구 내용의 핵심은 사죄와 배상이었다. 일본 소송은 일본의 시민, 법률가, 학자들의 헌신적인 노력이 있었기에 가능한 것이었지만, 동시에 식민지 지배 책임이나 '책임자 처벌'에 대한 인식은 자리 잡지 못한 상황에서 주로 일본의 국내법에 따라 전쟁 기간의 피해에 대해 '전후'에 '보상'하는 것이 최대한이라는 제한된 인식에 의해 규정된 것이기도 했다.

일본에서의 4건의 소송은 모두 최고재판소 판결까지 진행되었지만, 원고가 승소한 케이스는 부산 '위안부' 근로정신대 소송(關釜裁判)의 1심뿐이었다. 1998년 4월 27일의 야마구치(山口) 지방재판소 시모노세키(下關) 지부의 1심 판결[66]은, 일본군 '위안부' 제도를, "20세기 중반의 문명적 수준에 비추어 보더라도, 극히 반인도적이고 추악한" 것으로서 "철저한 여성차별, 민족차별 사상의 표현이며, 여성의 인격의 존엄을 근저에서부터 침해하고, 민족의 긍지를 유린하는 것이며, 게다가 결코 과거의 문제가 아니라 현재에도 극복해야 할 근원적인 인권문제"라고 매우 합당하게 자리매김했다. 하지만 그럼에도 불구하고 1993년 「고노

---

65 이에 관한 보다 상세한 분석은 김창록, "일본에서의 일본군 '위안부' 소송", 여성가족부, 앞의 책(각주 36); 양징자, "일본에서 진행된 법정투쟁", 한국정신대문제대책협의회 20년사 편찬위원회 엮음, 앞의 책(각주 1) 참조.

66 山口地裁下關支部 平成4年(ワ)349號等, 1998. 4. 27. 이 판결에 대한 분석은, 김창록, "일본군 '위안부' 문제의 법적 해결을 위한 하나의 모색 – 시모노세키판결을 중심으로 –",『인권과 정의』167, 1998 참조.

담화」이후의 입법부작위 책임만을 인정하여 일본군 '위안부' 원고 3명에게 1인당 30만 엔을 지급하라고 선고하는 데 그쳤으며, 원래의 피해에 대한 청구는 모두 배척했다. 게다가 그러한 1심 판결조차 2001년 3월 29일에 항고심인 히로시마(廣島) 고등재판소의 판결[67]에 의해 번복되고 말았다.

일본 소송은 일본의 재판소가 판결문이라는 공적인 문서에서 일본군 '위안부' 피해를 상세하게 기술하여 피해가 존재했다는 사실은 인정했다는 점, 소송이 계기가 되어 일본의 국회에서 「전시 성적 강제 피해자 문제 해결의 촉진에 관한 법률안」 등이 추진되었다는 점에서 그 일정한 성과를 인정할 수 있다.[68] 하지만 결국 일본의 국가책임 인정을 통한 피해의 구제라는 원고들의 목표는 좌절되고 말았다. 일본 소송은 시간이 흐를수록 「청구권협정」에 의한 해결 여부라는 쟁점으로 수렴되었고, 결국 일본 최고재판소는 '실체적 권리는 소멸되지 않았지만 소권(訴權)이 소멸되었다'라는 근거가 박약한 논리[69]로 도피해, 소송을 통한 구제를 거부했다.

한편, 일본 소송을 통한 해결의 가능성이 엷어지는 가운데 2000년 9월 18일에 한국·중국·대만·필리핀 출신 일본군 '위안부' 피해자 15명이 미국 워싱턴의 연방지방법원에 일본국을 상대로 집단소송(Hwang Geum Joo v. Japan)을 제기했다. 이 소송은, 1999년 7월 28일에 캘리포니아주에서 "제2차 세계대전 노예노동 피해자와 제2차 대전 강제노동 피해자에게 정의에 기초하는 배상을 보장하기 위해," 그들 또는 그들의 상속인에 의한 배상청구소송에 민사소멸시효 규정을 2010년 12월 31

67 廣島高等裁判所 平成10年(ネ)278号等, 2001. 3. 29.
68 보다 상세한 분석은 김창록, "일본에서의 대일과거청산소송 – 한국인들에 의한 소송을 중심으로", 『법사학연구』35, 2007 참조.
69 最高裁判所第一小法廷 平成17年(受)第1735号, 2007. 4. 27.

일까지 적용하지 않는 것 등을 내용으로 하는 법률(헤이든[Hayden]법)[70]이 성립됨으로써 미국에서라면 '시효'라는 허들이 제거될 수도 있다는 점, "지방법원은 국제법 혹은 미국이 체결한 조약을 위반한 불법행위에 대해 외국인이 제기한 민사소송의 1심 관할권을 가진다"라는 「외국인 불법행위 배상청구법(Alien Tort Claims Act : 28 U.S.C. 1350)」을 통해 미국에서라면 '국가면제'라는 허들이 제거될 수도 있다는 점에 착안한 것이었다.

하지만 때마침 일본의 고이즈미 준이치로(小泉純一郎) 정부와 밀월 관계를 유지하고 있던 미국의 조지 W. 부시(George W. Bush) 정부가, 「청구권협정」 등의 2국 간 조약에 의해서도 원고들의 권리가 해결되지 않았다는 원고 측의 주장이 「샌프란시스코 평화조약」에 의해 형성한 제2차 세계대전 이후의 국제질서에 영향을 미칠 것을 우려하여, 법정조언서류(armicus curiae brief)와 정부 입장을 밝히는 소명서(statement of interest)를 통해 피고의 주장을 지원하는 가운데, 2001년 10월 4일 컬럼비아지구 연방지방법원은 '정치적 문제'의 법리를 동원하여 피고 측의 각하신청을 받아들였고,[71] 컬럼비아지구 연방항소법원도 2003년 6월 27일과 2005년 6월 28일에 각각 원심을 지지하는 결정을 내렸다.[72] 그리고 연방대법원이 2006년 6월 21일 이송영장 청원(petition of writ of certiorari)을 거부함으로써[73] 이 소송은 종결되었다.[74]

---

70 전문은 http://www.leginfo.ca.gov/pub/99-00/bill/sen/sb_1201-1250/sb_1245_bill_19990728_ chaptered.html 참조.
71 Hwang Geum Joo v. Japan, 172 F.Supp.2d 52 (D.D.C.,2001) 참조.
72 Hwang Geum Joo v. Japan, 332 F.3d 679 (C.A.D.C.,2003) ; Hwang Geum Joo v. Japan, 413 F.3d 45 (C.A.D.C.,2005) 참조.
73 Hwang Geum Joo v. Japan, 546 U.S. 1208, 126 S.Ct. 1418 (U.S.,2006) 참조.
74 이 소송에 관한 보다 상세한 분석은, 최태현, "미국에서의 일본군 관련 소송 연구", 김부자 외, 앞의 책(각주 54); 백태웅, "미국에서의 인권 소송: 일본군 위안부 소송을 중심으로", 『고려법학』 43, 2004; 한우성, "미국에서 진행된 소송", 한국정신대문제대책협의회 20년사 편찬위원회 엮음, 앞의 책(각주 1) 참조.

미국 소송은, 나치의 강제노동 피해자들이 독일 기업을 상대로 미국에서 제기한 소송이, 독일 정부와 기업이 각각 50억 마르크를 출연하여 설립한 '기억·책임·미래(Erinnerung, Verantwortung und Zukunft) 재단'을 통해 해결된 선례와 관련하여 주목을 받았지만, 미국 법원의 입장에서는 외국인이 외국 정부를 상대로 제기한 소송이었고, 게다가 「청구권협정」의 해석이 주된 쟁점인 사안이었기에, 결국 적극적인 구제에는 이르지 못한 채 종결되고 말았다.

3. 한일회담 문서의 공개와 헌법소원

일본과 미국에서의 소송을 통해 구제받지 못한 한국인 일본군 '위안부' 피해자들에게 남은 것은 한국에서의 소송뿐이었다. 하지만, 일본국을 피고로 할 수밖에 없는 소송을 한국에서 제기해서 승소하려면 '국가면제'라는 거대한 장벽을 넘지 않으면 안 되었기에 선뜻 소송을 제기하지 못했다.

그런 가운데 마찬가지로 일본에 대한 과거청산 소송이지만 '국가면제'라는 장벽으로부터 자유로운, 일본 기업을 상대로 한 소송을 제기할 수 있었던 강제동원 피해자들이 먼저 소송을 제기했다. 미쓰비시(三菱) 중공업에 강제동원되었던 피해자들이 2000년 5월 1일에 부산지방법원에 미쓰비시중공업을 상대로 소송을 제기한 것이 최초였다. 그런데 이 소송에서도 「청구권협정」에 의한 해결 여부가 주된 쟁점으로 부각되었고, 그것을 계기로 한국과 일본에서 소송을 진행하던 일본군 '위안부' 피해자를 포함한 일제강점 피해자 100명이 한국 정부에 한일회담 관련 문서의 공개를 청구했고, 한국 정부가 이를 거부하자 2002년 10월에 정보공개 거부처분을 취소해줄 것을 구하는 소송을 서울행정법원에 제기했다. 2004년 2월 13일에 원고 일부 승소 판결이 내려진 것을 계기로, 한국 정부는 2005년 1월부터 관련 문서의 일부를 공개하기 시작했고, 8월 26일에 이르러 전면 공개를 단행했다.

그리고 같은 날 한국 정부는 '한일회담 문서공개 후속대책 관련 민관공동위원회'의 결정[75]을 통해 "한일청구권협정은 기본적으로 일본의 식민지배 배상을 청구하기 위한 것이 아니었고, 샌프란시스코 조약 제4조에 근거하여 한일 양국 간 재정적·민사적 채권·채무관계를 해결하기 위한 것이었"기 때문에, "일본군 위안부 문제 등 일본 정부·군(軍) 등 국가권력이 관여한 반인도적 불법행위에 대해서는 청구권협정에 의하여 해결된 것으로 볼 수 없고, 일본 정부의 법적 책임이 남아있"다라는 입장을 밝혔다. 그리고 "일본군 위안부 문제는 일본 정부에 대해 법적 책임 인정 등 지속적인 책임 추궁을 하는 한편, 유엔 인권위 등 국제기구를 통해서 이 문제를 계속 제기"하겠다는 입장도 밝혔다. 하지만 이후에도 한국 정부는 일본의 법적 책임 추궁에 적극 나서지 않았다. 그래서 2006년 7월에 일본군 '위안부' 피해자 109명이 외교통상부장관을 피청구인으로 하여 헌법소원을 제기했고, 2011년 8월 30일에 이르러 헌법재판소가 부작위 위헌 결정[76]을 선고했다. 즉, 헌법재판소는 그 결정에서 '청구인들이 일본국에 대하여 가지는 일본군위안부로서의 배상청구권이「청구권협정」제2조 제1항에 의하여 소멸되었는지 여부에 관한 한일 양국 간 해석상 분쟁을 위 협정 제3조가 정한 절차에 따라 해결하지 아니하고 있는 피청구인의 부작위는 위헌임을 확인한다'라고 밝혔다.

한국인 피해자들이 한일회담 관련 문서의 전면 공개를 이끌어낸 것은 곧바로 일본의 시민들을 자극하여 일본에서도 문서공개 청구소송이

---

75 국무조정실, "보도자료 한일회담 문서공개 후속대책 관련 민관공동위원회 개최", 2005. 8. 26.

76 헌법재판소 2011. 8. 30. 선고 2006헌마788 결정.

이어졌고, 비록 검게 가려진 부분이 상당히 포함되어 있기는 했지만, 일본의 한일회담 관련 문서의 공개도 결국 끌어냈다.[77] 이것은 1990년에 한국의 여성단체들이 처음 제기했고, '2000년 법정'의 최종판결에서도 확인된 일본 정부 소장 문서의 전면 공개(1086-10)에 근접한 중대한 한 걸음이었다. 그리고 2011년 헌재 결정 또한, 비록 일본군 '위안부' 피해의 직접적인 구제를 명한 것은 아니지만, 그 구제를 위해 한국 정부가 적극적으로 나서지 않으면 안 된다는 사실을 확인했다는 점에서, 문제 해결로 나아가는 중대한 한 걸음이었다고 할 수 있다.

4. '2015 합의'와 일본의 퇴행

이명박 정부는 2011년 헌재 위헌 결정이 내려지자 그것을 전면적으로 받아들여 일련의 조치를 취함으로써 문제 해결에 나섰다. 결정 직후인 2011년 9월 14일에는 외교통상부에 '한일청구권협정 대책 T/F'를 설치하고 10월 7일에는 자문위원단까지 발족시킨 한국 정부는, 9월 15일과 11월 15일에 양자 협의의 개시를 제안하는 구상서를 일본 정부에 송부했다. 2011년 12월과 2012년 5월에는 한일 양국의 정상회담에서, 2011년 9월·10월 및 2012년 4월에는 양국의 외교장관 회담에서 일본 정부의 성의 있는 노력을 촉구했다. 또한 2011년 10월부터 2012년 6월에 걸쳐 유엔 총회와 인권위원회에서도 문제를 제기했다.[78] 하지만, 일본 정부는 "1965년에 법적으로는 종결된 것"[79]이라는 기존의 입장

---

77 '日韓會談文書·全面公開を求める會'(http://www.f8.wx301.smilestart.ne.jp/); '日韓會談文書情報公開アーカイブズ'(http://www.f8.wx301.smilestart.ne.jp/nik-kankaidanbunsyo/index.php) 참조.

78 외교통상부 동북아1과, "일본군위안부 피해자 문제 현황 자료", 2012. 11. 23.

79 日本參議院, 『第百八十回國會參議院豫算委員會會議錄 第二十五號』, 2012. 8. 27. 노다 요시히코(野田佳彦) 총리의 발언.

에서 한 치도 물러서지 않았다.

뒤이어 2013년에 임기를 시작한 박근혜 정부는 일본군 '위안부' 문제 해결을 한일 정상회담 개최의 조건으로 내거는 이례적인 강공책을 폈다. 하지만 뚜렷한 전략도 제시하지 못하고 성과도 내지 못한 가운데, '아시아로의 중심축 이동(Pivot to Asia)'이라는 기치 아래 대중국 봉쇄정책을 폈던 버락 오바마(Barack Obama) 정부의 강한 압박을 받으며, 2014년 4월부터 한일 국장급 협의를 시작했고, 2015년 11월 2일에 취임 후 첫 번째 한일 정상회담을 가진 데 이어, 2015년 12월 27일의 제12차 국장급 협의 다음 날인 12월 28일에 한일 외교장관의 회담 결과를 발표하는 공동기자회견의 형태로 일본군 '위안부' 문제에 관한 합의(이하 '2015 합의')를 발표했다.

'2015 합의'의 일본 측 표명 중 1995년의 '아시아 여성기금'보다 '진전'되었다고 평가된 것은, '도의적 책임'이 아니라 '책임'이라고 밝힌 점과 재단 거출금이 전적으로 일본 정부 예산에서 나온다는 점이었다. 하지만, '2015 합의' 직후 아베 신조(安倍晋三) 총리가 박근혜 대통령과의 전화 회담에서 "위안부 문제를 포함하여 한일 간의 재산·청구권 문제는 1965년의 한일청구권·경제협력협정으로 최종적이고 완전하게 종결되었다는 우리나라의 입장에 변함이 없다"[80]라고 못 박은 데서 확인되는 것처럼, 그 '책임'은 '법적 책임'이 아니었다. 그리고 일본 정부의 거출금의 경우에도, '2015 합의' 직후에 기시다 후미오(岸田文雄) 외무대신이 취재진에게 "배상이 아니다"[81]라고 못 박은 데서 확인되는 것처

---

80 日本外務省, "日韓首脳電話會談", 2015. 12. 28. (http://www.mofa.go.jp/mofaj/ a_o/na/kr/page4_001668.html).

81 "岸田外相會見全文「財団資金の一括據出は國家賠償ではない」「慰安婦像は韓國政府 が適切に移轉", 『産経ニュース』, 2015. 12. 28. (http://www.sankei.com/world/ news/151228/wor1512280038-n1.html).

럼, 그 거출금은 '인도적 지원금'에 머무는 것이었다. 게다가 일본 측 표명에는 1993년 「고노 담화」에는 포함되어 있었던 진상 규명과 역사교육에 관한 내용은 완전히 빠져 있었다.

그럼에도 불구하고 박근혜 정부는 최종적·불가역적 해결, 소녀상에 관한 우려 해결 노력, 국제사회에서의 비난·비판 자제에 합의해주었다. 평화비(소녀상)는 1992년 1월 8일에 시작된 '일본군 '위안부' 문제 해결을 위한 정기 수요시위'가 1,000회를 맞은 2011년 12월 14일에 정대협이 중심이 된 시민 모금으로 시민들이 세운 것이므로[82] 한국 정부가 관여할 대상이 아니다. '불가역적'이라는 표현은 일본군 '위안부' 문제의 해결을 위한 아시아연대회의가 2014년 6월 2일의 제12차 회의에서 채택한 「일본 정부에 대한 제언」에서, 일본 정부가 명확한 사실과 책임을 인정한 다음 그에 기반하여 취해야 할 조치의 하나로서 포함시킨 "번복할 수 없는 명확하고 공식적인 방식으로 사죄할 것"에 담겨 있는 표현이다.[83] 그런데 '2015 합의'에서는 '사죄'가 아니라 '해결'을 수식하는 표현으로 사용됨으로써, '국제사회에서의 비난·비판 자제'와 맞물릴 경우, 한국 정부가 이후 일본군 '위안부' 문제에 관해 어떠한 적극적인 언행을 하는 것도 불가하다는 해석으로 이어질 염려가 있는 것이었다.[84] 실제로 아베 정부는 '2015 합의' 이후 '최종적·불가역적 해결'을 내세우며 총리의 직접 사과를 비롯한 일체의 추가조치를 거부하고, 일본의 중고등학교 교과서에서 일본군 '위안부' 관련 기술을 축소·삭제하도록 하고, 전 세계 각지의 소녀상 설치를 방해하거나 설치된 소녀상을 철거

---

82 한국정신대문제대책협의회 20년사 편찬위원회 엮음, 앞의 책(각주 1), 64-65.
83 제12차 일본군 '위안부' 문제 해결을 위한 아시아연대회의, "일본정부에 대한 제언", 2014. 6. 2.
84 '2015 합의'에 대한 검토의 보다 상세한 내용은, 김창록, 「2015 한일 외교장관 합의」의 실체와 문제점", 김창록 외, 앞의 책(각주 36) 참조.

하는 활동을 지원하고, 한국 정부의 일본군 '위안부' 문제에 대한 언급에 항의하는 등의 행태를 보였다.

'2015 합의'의 문제점은 1997년 이후의 일본의 퇴행에 비추어보면 더욱 심각해진다. 1990년대 초 이래의 한국인 피해자들을 중심으로 한 과거청산 요구에 대한 반발로, 1997년에 '일본의 앞날과 역사교육을 생각하는 젊은 의원의 모임', '새로운 역사교과서를 만드는 모임', '일본회의' 등이 결성되면서 일본의 반동이 본격화되었다. 그 연장선상에서 2006년에 출범한 아베 1차 내각은 「고노 담화」 지우기에 나섰고, 그 일환으로 2007년 3월 16일에 「고노 담화」 발표일인 1993년 8월 4일까지 "정부가 발견한 자료에서는 군이나 관헌에 의한 이른바 강제연행을 직접 드러내는 기술[이] 발견되지 않았다"라는 내용의 각의 결정[85]을 내놓았다. 이 각의 결정의 "이른바 강제연행"은 2007년 3월 5일의 참의원 예산위원회에서 아베 총리가 "관헌이 집에 쳐들어가 사람을 유괴하듯이 끌어간다고 하는 그런 강제성",[86] 즉 이른바 '협의의 강제성'을 전제로 하는 개념이다. 따라서 위의 각의 결정은 "관헌이 집에 쳐들어가 사람을 유괴하듯이 끌어"갔다는 기술이 1993년 8월 4일까지 일본 정부가 발견한 자료에는 없다는 의미이다. 하지만, 일본군 '위안부' 제도 전반이 인도에 반하는 범죄이므로, 그 일부인 이른바 '강제연행'을 입증하는 기술이 없다는 주장은 특별한 의미를 가질 수 없다. 그럼에도 불구하고 일본 정부는 그 주장을 반복했다. 그 이유는, 「고노 담화」에서 일본 정부에 책임이 있는 것으로 인정된 '위안소'의 설치·운영과 '위안부'의

---

85 內閣總理大臣 安倍晋三, "衆議院議員辻元淸美君提出安倍首相の「慰安婦」問題への認識に關する質問に對する答弁書", 2007. 3. 16. (http://www.shugiin.go.jp/internet/itdb_shitsumon_pdf_t.nsf/html/shitsumon/pdfT/b166110.pdf/$File/b166110.pdf).

86 日本參議院, 『第百六十六回國會參議院予算委員會會議錄第三号』, 2007. 3. 5, 9.

이송·모집 중, 적어도 한국인 피해자와 관련해서는, '모집'의 경우만 그것을 입증하는 공문서가 발견되지 않았고 피해자의 증언만 있다는 지점을 파고듦으로써, 일본군 '위안부' 문제 전체의 토대를 허물어보고자 하는 것이다. 즉, 반복적인 주장을 통해, '협의의 강제성은 입증되지 않는다' ⇒ '강제성이 없었다' ⇒ '문제가 아니다'라는 '인상'을 퍼뜨리기 위한 기도인 것이다. 이것은 참으로 어렵게 과거의 상처를 헤집으며 쏟아낸 피해자의 증언을 모욕하며 2차 가해를 감행하는 사악한 짓이 아닐 수 없다. '2015 합의'의 최종적·불가역적 해결과 국제사회에서의 비난·비판 자제는 바로 그 각의 결정을 사실상 추인하는 데 한국 정부가 동의했다고 주장하고 나설 빌미가 될 수도 있다는 점에서 심각한 문제를 안고 있는 것이라고 하지 않을 수 없는 것이다.

5. 한국에서의 소송

그와 같은 '2015 합의'에 대해, 정대협과 그 후신인 정의연을 중심으로, 한국 사회에서 대대적인 반대의 움직임이 일어났고, 그 과정에서 다수의 소송이 제기되었다. 2016년 3월 27일에 피해자 29명, 생존 피해자 가족 2명, 피해자 유족 7명이 외교부장관을 피청구인으로 하여 '합의' 및 발표가 위헌임을 확인해줄 것을 구하는 헌법소원을 제기했다. 2016년 8월 30일에는 피해자 12명이 한국 정부를 상대로 손해배상 청구소송을 제기했다. 2016년 12월 28일에는 생존 피해자 11명과 숨진 피해자 5명의 유족이 서울중앙지방법원에 일본 정부를 상대로 손해배상 청구소송을 제기했다. 이것은, 피해자 12명이 2013년 8월에 일본 정부를 상대로 1인당 1억 원의 배상을 요구하며 신청한 조정이, 일본 정부의 거부로 진행되지 않아 2016년 1월에 정식소송으로 전환된 데 이어 두 번째로 제기된 것이다.[87]

한국 정부를 상대로 한 소송은, 2017년에 출범한 문재인 정부가 입장을 전환한 것을 계기로, 2019년 12월 26일 서울고등법원 제33민사부의 조정을 갈음하는 결정[88]으로 종결되었다. 그 결정을 통해 피고 대한민국은 "2015. 12. 28. 한일 외교장관회담 합의(이하 '위안부' 합의'라고 한다)가 역사문제 해결에 있어 확립된 국제사회의 보편적 원칙에 위배되고 피해자중심주의 원칙에 반한 것으로 위 합의로 인하여 원고들이 정신적 고통을 겪었다는 점을 겸허히 인정한다. 피고는 위안부 합의가 일본군 위안부 피해자 문제의 진정한 해결이 될 수 없다는 점을 분명히 하고, 향후 피해자들의 존엄과 명예를 회복하기 위한 대내외적 노력을 계속한다"라고 밝혔다. 다시 말해 이 결정을 통해 한국 정부는 '2015년 합의'에도 불구하고 일본군 '위안부' 문제의 해결을 위해 외교적 보호권을 행사하겠다고 약속한 것이다.

그리고 헌법소원에 대해서는 2019년 12월 27일에, '2015 합의'는 형식과 절차와 내용에 비추어 정식 조약이 아니며 비구속적인 정치적 합의에 불과하므로 청구인들의 기본권과 대한민국의 외교적 보호권에 아무런 영향이 없다라는 이유로 청구를 각하하는 결정[89]이 선고되었다. 다시 말해 이 결정은 '2015년 합의'에도 불구하고 피해자들의 청구권과 대한민국의 외교적 보호권은 여전히 존재하고 있다고 선언한 것이다.

일본 정부를 상대로 한 소송에 관해서는, 2021년 1월 8일에 2013년에 시작된 1차 소송에 대해 서울중앙지방법원 제34민사부(김정곤, 김경선, 전경세 판사)가 '원고 전면 승소'라는 획기적인 판결[90]을 선고했다. 이 소

---

87 2018년까지의 한국에서의 일본군 '위안부' 소송에 관한 보다 상세한 분석은, 이상희, "한국에서의 일본군'위안부' 소송", 여성가족부, 앞의 책(각주 36) 참조.

88 서울고등법원 2019. 12. 26.자 2018나2036050 결정.

89 헌법재판소 2019. 12. 27. 선고 2016헌마253 결정.

90 서울중앙지방법원 2021. 1. 8. 선고 2016가합505092 판결.

송은 피고 일본국이 소장 접수를 거부해 공시송달 절차를 밟은 후, 피고가 출석하지 않은 법정에서 '국가면제'를 주된 쟁점으로 진행되었는데, 판결은 인도에 반하는 범죄에 해당하는 일본군 '위안부' 문제에 대해서는 '국가면제'의 법리를 적용할 수 없다면서, 원고 전면 승소를 선고했다. 즉, 판결은 "국가면제 이론은 항구적이고 고정적인 가치가 아니"라고 전제한 다음, "국가면제 이론은 주권국가를 존중하고 함부로 타국의 재판권에 복종하지 않도록 하는 의미를 가지는 것이지, 절대규범(국제 강행규범)을 위반하여 타국의 개인에게 큰 손해를 입힌 국가가 국가면제 이론 뒤에 숨어서 배상과 보상을 회피할 수 있도록 기회를 주기 위하여 형성된 것은 아"니고, "피고가 된 국가가 국제공동체의 보편적인 가치를 파괴하고 반인권적 행위로 인하여 피해자들에게 극심한 피해를 가하였을 경우까지도 이에 대하여 최종적 수단으로 선택된 민사소송에서 재판권이 면제된다고 해석하는 것은 … 불합리하고 부당"하기 때문에, "이러한 경우 국가면제에 관한 국제관습법의 해석에는 예외를 허용해야 함이 상당하다"라고 판시했다. 또한 판결은 원고들의 손해배상청구권이 「청구권협정」 및 '2015년 합의'의 적용대상에 포함된다고 볼 수 없기 때문에 소멸하지 않았다라는 판단도 담았다. 이 판결은, 일본 정부가 일방적인 비난만 내놓으며 항소하지 않음으로써, 2021년 1월 23일 0시에 확정되었다.

일본 정부를 상대로 한 2차 소송 담당재판부인 서울중앙지방법원 제15민사부가 당초 선고기일을 2021년 1월 13일로 잡았다가, 위의 제34민사부 판결 선고 직후에 3월 24일에 변론을 재개하기로 하여, 그 판결이 언제 어떻게 선고될지는 미지수로 남아 있다. 하지만, 최종적으로 확정된 2021년 서울중앙지방법원 제34민사부의 전면 승소 판결은, 지난 30여 년간 피해자들과 시민들이 외쳐온 일본군 '위안부' 문제에 대한 일본의 '법적 책임'을 마침내 현실의 법정이 명확하게 확인한 것으로서, '2000년 법정'의 하나의 극적인 귀결점이라고 하여 틀림이 없을 것이다.

V. 맺음말

1990년에 한국의 여성단체에 의해 본격적으로 제기된 일본군 '위안부' 문제의 '법적 책임'은, 이후 유엔을 중심으로 한 국제사회의 호응 속에서 확립되었다. '2000년 법정'은 1990년 이후 30여 년에 걸친 '법적 책임' 추궁의 역사에서 이전 10년의 노력과 이후 20년의 노력을 잇는 획기적인 결절점이었다. 그것은 중대한 도달점인 동시에 새로운 출발점이기도 한 역사적인 사건이었다.

그 역사의 맨 앞에 일본군 '위안부' 피해자들의 간절한 호소가 있었다는 것은 더 말할 필요도 없다. 가해국 일본의 시민들을 포함한 전 세계 시민들의 헌신적인 노력이 뒤를 이었다는 사실 또한 기억하지 않으면 안 된다. 동시에 피해자들의 호소에 적극적으로 공감한, 정대협/정의연으로 상징되는 한국의 시민들이, '성노예'를 인도에 반하는 범죄의 중요한 유형으로 자리매김함으로써, '여성인권과 평화'라는 새로운 가치를 국제사회에 정립했다는 사실을 특별히 주목해야 한다. 그 점에서 한국의 시민, 나아가 한국이라는 나라는 '여성인권과 평화'라는 가치의 실현을 위해 앞장설 자격과 앞장서야 할 책무를 가지고 있다고 할 것이다.

일본 정부의 집요한 일본군 '위안부' 지우기 기도에도 불구하고 '2000년 법정'을 통해 확인된 '법적 책임'은 전 세계 시민에게 하나의 '상식'으로 자리 잡았다. 2020년 9월 말부터 베를린 '평화의 소녀상'을 둘러싸고, 설치 - 미테(Mitte)구의 철거 명령 - 철거명령 집행정지 가처분 신청 - 미테구의 철거 보류로 이어진 일련의 사태 속에서, 일본 정부에 의한 반동[91]은 참으로 이례적이었다. 평화를 지향하는 소녀의 동상이라는 실체를 마주한 독일의 시민들에게는 그것을 철거하라는 주장이 생뚱맞은 것으로 받아들여질 수밖에 없었고, 바로 그 때문에 미테구에서도 철거 보류를 선언하지 않을 수 없었을 것이다. 베를린 소녀상 사태는, 지난 30년간 지난한 노력을 통해 '법적 책임'을 국제사회의 상식으로 확립한 피해자들과 전 세계 시민들의 역사를 베를린 시민들의 상식을 통해 재확인한 사건이다. 정의를 외치는 과정은 지난하지만, 그 과정에서 부정의가 스스로 초라한 모습을 드러내며 무너진다는 사실을 보여준 소중한 사례라고 할 것이다.[92]

그 연장선상에서 마침내 2021년 1월 8일에 서울중앙지방법원 제34민사부가 역사적인 판결을 선고했다. 그 '전면 승소' 판결을 통해 '2000년 법정'이 선언한 '법적 책임'은 마침내 현실의 법정에서도 확인되는 극적인 귀결점을 맞았다.

물론 일본군 '위안부' 문제의 '법적 책임' 전반은 여전히 현재진행형의 과제이다. '책임자 처벌'은 결국 실현되지 못했지만, '책임자는 처벌되어야 한다'라는 '2000년 법정'의 정신은 지속적으로 확인해가지 않으면 안 될 터이다. 일본의 국가책임 역시 여전히 미실현의 상태에 머물러 있지만, '2000년 법정'을 포함한 지금까지의 노력을 이어가는 동시에 그 의미를 되새기고 전달하는 새로운 작업에도 나서야 할 터이다.

---

91 그 이전부터 이어져 온 '반동'의 상세한 내용은, 山口智美他, 『海を渡る「慰安婦」問題—右派の「歴史戰」を問う』, 岩波書店, 2016 참조.

92 박원순 변호사는 '2000년 법정' 참관기를 통해 아래와 같이 일갈했다. "이 엄청난 범죄를 일본 정부가 부정하고 일본 언론이 축소보도한다고 해서 부정되고 축소될 수는 없는 노릇이다. 손바닥으로 하늘을 가리려는 수작에 다름 아니다. 일본의 교과서가 미래의 일본 세대에게 그 범죄사실을 가르치지 않는다고 해서 역사에서 지워질 수는 없다. 오히려 그것은 자기 국민들을 무지와 혼돈에 빠지게 하는 행위이다. 일본 국민들은 더욱 세계에서 고립되어 나갈 것이며, 오랜 옛날의 범죄에 대한 원죄의식에 간혀있게 될 것이다. 불행한 일이다." 박원순, 앞의 글(각주 52), 182.

[추기] 이 글을 탈고한 이후인 2021년 4월 21일에 서울중앙지방법원 제15민사부(민성철, 이미경, 홍사빈 판사)는 일본군'위안부' 피해자 등이 제기한 2차 소송에 대해 요건을 갖추지 못해 부적법하다며 원고들의 청구를 내치는 각하 판결(2016가합580239)을 선고했다. 이 판결에 대한 비판적인 고찰은, 김창록, 「한국 법원의 일본군'위안부' 판결들」 『일본비평』 25, 2021을 참조해주시기 바란다.

| 참고문헌 |

1. 단행본

2000년 일본군성노예전범 여성국제법정한국위원회 편, 『2000년 일본군성노예전범 여성국제법정 보고서』, 한국정신대문제대책협의회, 2001.

김부자 외, 『한일간 역사현안의 국제법적 재조명』, 동북아역사재단, 2009.
　　조시현, "2000년 일본군 성노예전범 여성국제법정과 일본군'위안부' 문제에 대한 새로운 이해의 가능성"
　　최태현, "미국에서의 일본군 위안부 관련 소송 연구"

김창록 외, 『2015 '위안부' 합의 이대로는 안 된다』, 경인문화사, 2016.
　　김창록, "「2015 한일 외교장관 합의」의 실체와 문제점"
　　양현아, "2015년 한일외교장관의 '위안부' 문제 합의에서 피해자는 어디에 있(었)나"

여성가족부, 『일본군'위안부' 문제의 법적 책임』, 2018.
　　김창록, "일본에서의 일본군'위안부' 소송"
　　이상희, "한국에서의 일본군'위안부' 소송"
　　조시현, "국제인권법의 관점에서 본 일본군'위안부' 피해 구제 – 2006년 '국제연합 피해자권리 기본원칙과 지침'을 중심으로"

여성부, 『2000년 일본군성노예전범여성국제법정 자료집』, 2004.

정진성, 『개정판 일본군성노예제』, 서울대학교출판문화원, 2016.

한국정신대문제대책협의회 2000년 일본군성노예전범 여성국제법적 법률위원회 엮음, 『일본군'위안부' 문제에 대한 법적 해결의 전망』, 풀빛, 2001.
　　장완익, "2000년 일본군성노예전범 여성국제법정에서 남북공동 기소장이 갖는 의의"
　　크리스틴 친킨, "2000년 일본군성노예전범 여성국제법정의 법률적 고찰"
　　히가시자와 야스시, "2000년 일본군성노예전범 여성국제법정의 국제형사재판소에 대한 기여"

한국정신대문제대책협의회 20년사 편찬위원회 엮음, 『한국정신대문제대책협의회 20년사』, 한울, 2014.

양징자, "일본에서 진행된 법정투쟁"

한우성, "미국에서 진행된 소송"

한국정신대문제대책협의회, 『일본군 성노예 전범 여성국제법정 히로히토 유죄』, 2007.

한국정신대문제대책협의회, 『정신대문제 자료집 I』, 1991.

VAWW-NET Japan 편, 『女性國際戰犯法廷の全記錄』 I, 綠風出版, 2002.

松井やより, "女性たちか歷史を創った,歷史を変えた――ジェンダ-視点に立つ民衆法廷としての女性國際戰犯法廷"

阿部浩己, "女性國際戰犯法廷か映し／創り出したもの――國際法の地平"

VAWW-NET Japan 편, 『女性國際戰犯法廷の全記錄』 II, 綠風出版, 2002.

山口智美他, 『海を渡る「慰安婦」問題――右派の「歷史戰」を問う』, 岩波書店, 2016.

日本軍「慰安婦」問題webサイト製作委員會編, 『Q&A 朝鮮人「慰安婦」と植民地支配責任』, 御茶の水書房, 2015 (이타가키 류타, 김부자 엮음 / 배영미, 고영진 옮김, 『Q&A '위안부' 문제와 식민지 지배 책임』, 삶창, 2016).

戶塚悅朗, 『日本が知らない戰爭責任――日本軍「慰安婦」問題の眞の解決へ向けて』, 現代人文社, 2008.

和田春樹, 『慰安婦問題の解決のために』, 平凡社, 2015.

2. 논문

김선미, "'여성국제전범법정'에 있어서 마츠이 야요리(松井やより)가 지니는 의미에 관한 연구", 『일본사상』 30, 2016.

김창록, "일본군 '위안부'문제의 법적 해결을 위한 하나의 모색 – 시모노세키판결을 중심으로 -", 『인권과 정의』 167, 1998.

김창록, "일본에서의 대일과거청산소송 – 한국인들에 의한 소송을 중심으로", 『법사학연구』 35, 2007.

박원순, "2000년 동경여성법정 참가기-지연된 정의를 구하여", 『역사비평』 54, 2001.

박원순, "일본군'위안부'문제 해결의 전망", 한국정신대문제대책협의회, 『일본군 '위안부' 문제의 진상』, 역사비평사, 1997.

박원순, "일본의 전쟁책임은 끝났는가? – 일본의 전쟁범죄와 반인간적 범죄의 기소 가능성에 관한 연구", 한국정신대문제대책협의회, 『반 보벤 교수 초청 세미나 자료 ; 국제인권협약과 강제종군위안부 문제』, 1992.

백태웅, "미국에서의 인권 소송: 일본군 위안부 소송을 중심으로", 『고려법학』 43, 2004.

심아정, "'권력 없는 정의'를 실현하는 장소로서의 '인민법정' – 2000년 여성국제 전범법정의 사례를 중심으로", 『일본연구』 30, 2018.

이주영·백범석, "국제인권법상 피해자의 권리와 피해자 중심적 접근(victim-centered approach)", 『국제법학회논총』 148, 2018.

디오 반 보벤, "중대한 인권침해의 희생자에 대한 배상", 한국정신대문제대책협의회, 한국정신대문제대책협의회, 『반 보벤 교수 초청 세미나 자료 ; 국제인권협약과 강제종군위안부 문제』, 1992.

한국정신대문제대책협의회, "고소, 고발장 경과보고 일본군'위안부' 문제 책임자 처벌의 요구 높아져", 『정신대문제대책활동소식』 5호, 1994. 4. 11.

中曾根康弘, "二十三歲で三千人の總指揮官", 松浦敬紀編著, 『終わりなき海軍 – 若い世代へ伝えたい殘したい』, 文化放送開發センタ- 出版部, 1978.

3. 자료

○ 기사

"[노무현 대통령 취임] 북한 核문제 등 협력요청 … 취임식 외교", 『한국경제』 2003. 2. 25.

"'위안부' 문제 알린 '정대협'은 어떤 단체? … 그 시작은 1990년 5월이었다", 『여성신문』 2020. 5. 21.

"감춰진 역사 20만 종군 위안부 진상 규명·보상책 마련돼야", 『여성신문』 1990. 5. 25.

"나카소네 취임식 참석 항의 / 정신대협 회원 20여명 시위", 『한겨레』 1998. 2. 25.

"인터넷에 '나카소네 수배령'", 『연합뉴스』 1998. 2. 23.

"일제 전범 입국 금지/국회, 관련법안 의결", 『한겨레』 1997. 11. 19.

"岸田外相會見全文「財団資金の一括據出は國家賠償ではない」「慰安婦像は 韓國政府が適切に移轉"", 『産経ニュース』, 2015. 12. 28.

"慰安所への軍關与示す資料 防衛廳図書館に旧日本軍の通達・日誌", 『朝日新 聞』, 1992. 1. 11.

"政府が正式謝罪 宮澤首相訪韓時に表明 慰安婦問題", 『朝日新聞』, 1992. 1. 14.

  ○ 보도자료·보고서·결의문 등

국무조정실, "보도자료 한일회담 문서공개 후속대책 관련 민관공동위원회 개최", 2005. 8. 26.

외교통상부 동북아1과, "일본군위안부 피해자 문제 현황 자료", 2012.11.23.

제12차 일본군'위안부'문제 해결을 위한 아시아연대회의, "일본정부에 대한 제 언", 2014. 6. 2.

제2차 아시아연대회의, "결의문", 1993. 10. 22.

청와대, "박근혜 대통령, 아베 총리와 통화", 2015. 12. 28.

한국정신대문제대책협의회, "일본군'위안부' 민간기금 위로금안에 대한 우리의 입장", 1994. 8. 23.

International Commission of Jurists, Comfort Women - an unfinished ordeal. 1994.

"Rome Statute of the International Criminal Court", 1998.

"Beijing Declaration and Platform for Action", 1995.

"Vienna Declaration and Programme of Action", 1993.

UN Doc. E/CN. 4/1996/53/Add. 1

UN Doc. E/CN.4/Sub.2/1992/8

UN Doc. E/CN.4/Sub.2/1993/8

UN Doc. E/CN.4/Sub.2/1998/13

"「平和友好交流計畫」に關する村山內閣總理大臣の談話", 1994. 8. 31.

"加藤內閣官房長官發表", 1992. 7. 6.

"宮澤內閣總理大臣の大韓民國訪問における政策演說", 外務省『外交靑書』(平成4年版), 1992.

"慰安婦關係調査結果發表に關する河野內閣官房長官談話", 1993. 8. 4.

姜德景ほか27, 「告訴狀」, 『法學セミナ-』472, 1994.

內閣官房內閣外政審議室, "いわゆる從軍慰安婦問題について", 1993. 8. 4.

內閣官房內閣外政審議室, "朝鮮半島出身のいわゆる從軍慰安婦問題について", 1992. 7. 6.

內閣總理大臣 安倍晋三, "衆議院議員辻元淸美君提出安倍首相の「慰安婦」問題への認識に關する質問に對する答弁書", 2007. 3. 16.

日本外務省, "日韓首腦電話會談", 2015. 12. 28.

韓國挺身隊問題對策協議會, 「戰爭責任者の處罰を求める告發狀」(1)・(2), 『法學セミナ-』478・480, 1994.

　○ 판결

서울고등법원 2019. 12. 26.자 2018나2036050 결정.

서울중앙지방법원 2021. 1. 8. 선고 2016가합505092 판결.

헌법재판소 2011. 8. 30. 선고 2006헌마788 결정.

헌법재판소 2019. 12. 27. 선고 2016헌마253 결정.

Hwang Geum Joo v. Japan, 172 F.Supp.2d 52 (D.D.C.,2001)

Hwang Geum Joo v. Japan, 332 F.3d 679 (C.A.D.C.,2003)

Hwang Geum Joo v. Japan, 413 F.3d 45 (C.A.D.C.,2005)

Hwang Geum Joo v. Japan, 546 U.S. 1208, 126 S.Ct. 1418 (U.S.,2006)

廣島高等裁判所 平成10年(ネ)278号等, 2001. 3. 29.

山口地裁下關支部 平成4年(ワ)349號等, 1998. 4. 27.

最高裁判所第一小法廷 平成17年(受)第1735号, 2007. 4. 27.

○ 인터넷사이트

International Criminal Tribunal for Rwanda (https://unictr.irmct.org/)

International Criminal Tribunal for the former Yugoslavia (https://www.icty.org/)

VAWW RAC (「戰爭と女性への暴力」リサーチ・アクション・センター ; http://vawwrac.org/)

デジタル記念館 慰安婦問題とアジア女性基金 (https://www.awf.or.jp/)
　　　　"アジア女性基金の誕生と事業の基本性格",
　　　　"アジア女性基金の解散とその後"
　　　　与党戰後50年問題プロジェクト從軍慰安婦問題等小委員會,

与党戰後50年問題プロジェクト從軍慰安婦問題等小委員會 第一次報告』, 1994. 12. 7.

日韓會談文書・全面公開を求める會 (http://www.f8.wx301.smilestart.ne.jp/)

日韓會談文書情報公開アーカイブズ (http://www.f8.wx301.smilestart.ne.jp/nikkankaidanbunsyo/index.php)

○ 회의록

日本衆議院,『第百二十伍會國會衆議院會議錄第二号』, 1992. 11. 4.

日本參議院,『第百六十六回國會參議院予算委員會會議錄第三号』, 2007. 3. 5.

日本參議院,『第百十八會國會參議院豫算委員會會議錄第一九號』, 1990. 6. 6.

日本參議院,『第百二十八會國會參議院會議錄第三号』, 1993. 9. 24.

日本參議院,『第百八十回國會參議院豫算委員會會議錄 第二十伍號』, 2012. 8. 27.

식민주의의 견지에서 본 2000년 여성국제법정: 일본군 성노예제라는 '전시 성폭력'[1]

양현아 서울대학교 법학전문대학원 교수

Ⅰ. 여는 말: 2000년 여성국제법정과 식민지성의 조명

20세기 폭력과 전쟁의 시기를 마감하면서 21세기를 맞이하고자 하는 원대한 이상을 가지고 2000년 12월 8일에서 12일까지 '2000년 일본군성노예전범 여성국제법정(이하 2000년 여성국제법정)'이 도쿄에서 개최되었다. 일본과 한국, 필리핀을 포함한 아시아의 여성운동가들은 일본국이 자행했던 범죄에 대해 책임을 묻고 '위안부(이하 따옴 생략)' 여성들과 소녀들에게[2] 정의와 존엄성을 회복하게 하고자 본 법정을 기획하였다. 이 시민법정은 전례가 없는 여러 의미를 지니고 있는데, 우선 법정은 여성들의 인권과 존엄성 회복을 목적으로 주로 여성들에 의한, 여성들의,

---

1 이 논문은 같은 제목으로 『민주법학』 제75호(2021년 3월)에 게재되었음을 밝힙니다.
2 식민지 조선(이하 조선이라고 표기함)의 위안부 피해자 중에 미성년 소녀들의 동원 비율과 국제법 위반 여부, '순결한' 소녀 담론이 가지는 민족주의 지향 등 위안부 문제에서 소녀는 중요한 쟁점이다. 피해자 증언 연구에 기초할 때, 조선의 위안부 피해자에 미성년 소녀가 다수를 이루었다는 점을 부정하기는 어렵다. 이에 따라 이 글에서 일본군 성노예제 피해자를 '여성'으로 표기하더라도 거기에는 성인 여성과 함께 미성년 소녀가 포함되어 있다.

여성들을 위한 '여성법정'이었다. 또한, 법정은 피해생존자의 증언 등을 증거로 제출하고 논리를 구성하여 제국주의 일본의 최고지도자를 소환했던 '아래로부터의 법정'이었다. 아시아인들에게 자행되었던 성폭력과 여타 범죄들에 대해 침묵했던 극동국제군사법정의 맹점을 조명하여 정의를 실현하고자 했던 '아시아의 법정'이었다.[3] 이에 따라, 법정은 극동국제군사법정이 가졌던 관할권한을 마찬가지로 가진다고 선언하였다.[4] 또한, 서로 경계를 치고 살아온 남쪽과 북쪽의 한반도가 하나로 결합되었던 '남북 코리아'의 법정이었다.[5] '2000년 여성국제법정'은 피해자들이 직접 단상에 올라 증언하였고, 일본군 성노예제에 관한 역사자료들이 총망라되었으며, 법률가들은 합당한 기소와 판단의 논리를 구성하였던 거대한 역사와 기억, 그리고 교육의 장소였다. 법과 역사가 만나고, 기층(subaltern) 여성들이 일본 국왕을 소환하였고, 대부분 망자가 된 피해자들을 대리했던 초유의 광장이자 역사서사의 시공간이었다.[6] 법정의 마지막날인 2000년 12월 12일에 선고한 아래와 같은 '예비판결문'은 본 법정의 의미 그리고 20년이 지난 오늘의 의미를 잘 포착하고 있다.

---

3 2000년 여성국제법정은 제2차 세계대전 이후의 '극동국제군사법정(IMTFE; International Military Tribunal for the Far-East)'의 연장으로서 스스로를 자리매김하였다. 법정의 개회에서 국제검사 패트리샤 셀러즈(Patricia Sellers)는 "본 법정이 극동국제군사법정을 계승한다"고 선언하였다.

4 2000년 여성국제법정 최종 판결문(Case No. PT-2000-1-T, Dated 4 December 2001). 이 글에서 인용하는 판결문의 한국어번역은 다음에 의거하였다[한국정신대문제대책협의회 번역 및 편집, 2000년 일본군 성노예 전범 여성국제법정 판결문-히로히토 유죄, 한국정신대문제대책협의회 출간, 2007(이하 '2000년 여성국제법정 판결문') 제81항, 제82항, 제83항.

5 남한과 북한이 공동검사단을 꾸렸다는 점도 주요 성과이다[Puja Kim, "Global Civil Society Remakes History – the Women's International War Crimes Tribunal 2000", *positions* vol.9-3, 2001, 616].

6 '광장'과 '서사극'이라는 표현은 조시현, "2000년 일본군 성노예전범 여성국제법정과 일본군 '위안부' 문제에 관한 새로운 이해의 가능성," 김부자 외 10인,『한일간 역사현안의 국제법적 재조명』, 동북아역사재단, 2009, 66.

7. 이 민중법정은 한국, 일본, 필리핀의 대표를 장으로 하는 국제실행
위원회에 의하여 생겼다. […] 그녀들의 목적은 '복수가 아니라 정의'
이며 '생존자들을 위해서만이 아니라 죽은 사람들을 위해서, 그리고
다음에 올 세대를 위해서'이다.7

　다른 한편, 2000년 여성국제법정은 남북한, 대만, 중국, 말레이시아,
인도네시아, 필리핀, 일본, 네덜란드, 동티모르 등과 같은 다양한 지역의
피해 사실과 범죄 양태들을 종합해서 판단을 내려야 했다.8 본 법정에
서 특히 까다로웠던 부분은 개별 국가와 민족의 차이뿐 아니라 조선과
대만의 식민지 지위가 아니었을까 생각한다. 식민지인들에게 자행된 불
법행위에 관해 일본의 강력한 부인이 있었고 이런 주장을 지지하는 국
제법의 논리도 있기 때문이다. 하지만, 한국 측 검사단의 관점에서 보면
조선의 상황에 관한 그리고 조선의 여성들에게 자행된 범죄 양상에서
식민지성(coloniality)의 탐구가 부족했던 것이 아닌가 하는 아쉬움과 반성
이 남아있다. 심영희는 '2000년 법정'의 참가기에서 법정이 '부족하고
미진한 느낌'을 남긴다고 하면서 그 원인 중 하나가 체계적 성노예제와
난징학살 등과 같이 강간은 매우 다른 방식의 성폭력임에도 이들이 잘
구분되어 다루어졌는지 의문이라고 하였다.9 정진성도 '전시하 성폭력
문제'라는 전체 법정의 중심 테제가 한국 피해자들이 겪은 피해와 성노

7　여성부, 「2000년 일본군성노예전범 여성국제법정 자료집」, 연구보고서(이하 여성부
　　연구보고서) (2004-40), 2004, 268.
8　일본군 성노예제의 범죄가 자행된 공간 규모의 광범위함과 그 체계성을 단지 하나의
　　이야기(narrative)로 주입하지 않은 채 긴 시간과 다양한 법역에 넓게 펼쳐 있는 심각
　　한 역사적 부정의와 법적 주장을 어떻게 제시할 것인가에 대한 사색을 담은 글로는
　　Karen Knop & Annelise Riles, "Space, Time, and Historical Injustice: A Feminist
　　Conflict-oflaws Approach to the "Comfort Women Agreement," *Cornell Law
　　Review*, vol.102, 2017, 853-927.
9　심영희, "2000년 법정은 아직도 끝나지 않았다," 『여성과 사회』 제12호, 2001, 155.

예제도에 부합하는 것인지에 대해 의문을 제기하였다.[10] 한국의 대표로서 이 법정을 이끌었던 윤정옥은 최종판결문을 접하고서 아래와 같이 말하였다.

> "여성국제법정이 성공적으로 끝난 것은 사실이다. 한 가지 유감스럽게 생각하는 일은 남북 코리아의 피해자들은 일본 강점 아래 여성으로서 차별뿐 아니라 국가정책으로 세운 민족적 차별까지 이중 차별을 받은 사실을 밝히고자 했건만 뜻을 이루지 못했다. 이중 차별의 사실을 헌장에 분명히 하고 판결에서 헌장의 정신을 반영시키자 했다. 그러나 국제자문위원들은 우리의 주장을 꺼려했다."[11]

조시현도 2000년 여성국제법정의 판결문은 각국의 기소가 아니라 국제검사단의 공동 기소장에 대한 대답이라고 평가하였다. 전체적인 기소 과정에서 남북 기소장이 주도적 역할을 차지했던 것에 비추어볼 때, 공동 기소장의 내용과 최종판결문에서 남북 기소장이 중심이 되지 못한 것 같아 아쉽다고 하였다.[12]

이상과 같이 2000년 여성국제법정이 가지는 여성주의 법정으로서 그리고 아시아의 역사법정으로서의 유산을 높이 평가하고 새기면서도 식민지성의 문제가 미진하게 조명되었다는 점과 대면하게 된다. 일본군 성노예제로 인한 피해 국가와 민족이 아시아 전역에 흩어져 있다는 점에서 일본군 성노예제에 있어서 피해 민족이나 상황에 따라 다양한 진실들이 존재할 것이다.[13] 이 글에서 조선의 여성 피해자를 중심에 놓고

---

10 정진성, "'2000년 일본군성노예전범 여성국제법정'의 배경과 의의,"『여성과 사회』제12호, 2001, 179.

11 윤정옥, "머리말," 정대협, 2000년 여성국제법정 판결문, 9.

12 조시현, 앞의 논문, 72.

식민주의라는 시각에서 일본군 성노예제를 조명하고자 하는 것은 "피해의 위계관계"를 상정하거나 "하나의 진실"을 구성하고자 하는 것이 아니다. 그동안 조선인들이 일본군 성노예제의 최대 피해 민족임을 인정받아왔다는 점에서 피식민 상태에 놓여 있던 조선의 피해 여성들에게 작용했던 식민주의 내지 식민지성을 규명하는 것은 일본군 성노예제의 성격 규명과 직결되는 사안이 된다고 본다. 그럼에도, 일본군 성노예제에 있어 식민지적 법의 지배(colonial rule of law) 상태가 어떻게 작용하였는지에 관한 연구는 미진하지 않았나 생각한다.[14] 식민지성의 규명에 관한 관심은 조선의 피해 여성들의 입장에서 일본군 성노예제를 조명하고자 하는 의도를 가지지만 그것에 머물지도 않는다. 왜냐하면, 전시 성폭력에 관한 여성주의 법리에서도 식민주의의 문제가 적극적으로 다루어진 사례가 많지 않으며, 식민주의의 문제가 유독 특정 민족이나 지역의 문제제기(cause)로만 간주되는 프레임에 놓여왔다고 보이기 때문이다.[15] 이 글은 전시 성폭력 법리에서 식민주의가 하나의 특수성이

---

13 이런 취지의 글로는 Karen Knop & Annelise Riles, 앞의 논문, 853-927; 우에노 지즈코 등 편, 『전쟁과 성폭력의 비교사 – 가려진 피해자들의 역사를 말하다』, 서재길 역, 어문학사, 2020, 36 등(우에노는 "강제에 의한 '성노예'라고 '위안부'가 재정의된 뒤에는 그 범주에 부적합한 이야기는 억제되었다"고 진단한다).

14 일제 강점기 조선과 현재 한국 법의 식민지성이라는 주제는 매우 광범위할 것이다. 거기에는 대한제국와 일본 간의 강제적 조약체결 분야, 일제 시기의 조선의 법체계 및 사법체계의 식민지적 법의 지배 분야, 탈식민 이후 샌프란시스코 협약 등 식민지 문제를 다루었던 국제조약의 체계(regime), 개인 피해자들이 제기해온 식민지시기 인권침해 문제 및 관련법제 분야 등이 포함될 것이다. 일본군 성노예제의 법적 역사적 문제들을 살펴보기 위해서는 식민지적 법의 지배의 생태계의 맥락을 두루 살펴보아야 하겠지만 이 글에서는 매우 제한적으로만 일본군 성노예제의 식민지성에 관해 다룰 수 있을 것이다. 전반적 문제점의 지적으로는 이재승("식민주의와 과거극복의 정치," 『법과 사회』 제49호(2015년 8월), 1-31)을 참고할 수 있다.

15 식민주의 문제와 젠더 문제 간의 교차성에 관한 연구가 발전하지 못한 원인에는 페미니즘 주류 내부의 유색인종/제3세계 여성들에 대한 타자화, 식민주의 문제를 다루는 한국의 남성주도의 민족주의적 학계와 정부의 태도 등이 자리 잡고 있다고 생각하지만, 이에 관한 논의는 이 글의 범위를 넘어선다.

아니라 주요 의제라는 점을 주장하고자 한다. 이런 생각에서 이 글은 포스트식민(postcolonial) 젠더법학의 견지에서 일본군 성노예제의 사실과 법리의 측면을 포괄적으로 아울러서 고찰하려고 한다.[16]

II. 전시 성폭력 법리
(wartime sexual violence jurisprudence)의 형성

2000년 여성국제법정은 죄형법정주의(nullum crimen sine lege)에 입각하여 문제되는 행위가 발생했던 당시에 존재하였던 법에 의거하는 것을 원칙으로 하였다.[17] 이에 따라 2000년 여성국제법정은 육전법규에 관한 1907년 헤이그 협약과 그 부속규칙, 1926년 노예금지협약, 1930년 ILO 강제노동금지협약, 1921년 여성과 아동의 인신매매 금지에 관한 국제협약(이하 '국제여성인신매매금지협약'), 뉘른베르크국제군사법정 및 극동국제군사법정의 판결 등 행위발생 당시 유효했던 국제법에 의거해서 판단하였다. 동시에 법정은 1980년대 이후 성장한 여성주의 법학과 함께 1990년대 전시 성폭력에 관한 국제법적 발전에도 크게 영향을 받았

---

16 포스트 식민주의에서 '포스트(post)'의 의미는 다의적이다. 첫째, '포스트'는 'pre'의 반대어로서 '이후' 혹은 '후기'라는 시간적 의미를 가지고 있어서 1945년 이후 한국사회는 포스트식민사회라고 할 수 있다. 둘째, '포스트'는 포스트구조주의, 포스트모더니즘에서 말하는 구조주의적 의미를 지니고 있어서 이에 따르면, 포스트 식민사회란 그저 '이후의 사회'가 아니라 식민지성이라는 유산이 변형되고 지속되고 재생산되는 사회를 의미한다. 셋째로 '포스트'는 벗어남, 즉 탈(脫)이라는 해방적 의미도 가지고 있어서 식민지성을 '넘어선다'는 의미를 담는다. 포스트의 이런 세 가지 의미는 서로 결합하여 의미를 생산하고 있다. 이 개념에 따르면 피식민지의 사회적, 경제적, 문화적 유산을 제도적으로 식민 제국의 지배가 끝난 이후에도 지속되고 변형되지만, 포스트식민사회에서는 이로부터 벗어나려는 움직임도 지속적으로 일어난다.

17 2000년 여성국제법정 판결문, 재476항~제478항.

다고 보인다. 주지하다시피, 1990년대 전시에 발생했던 범죄들을 다루기 위해서 ICTY(International Criminal Tribunal for Former-Yugoslavia; 구유고국제형사법정) 및 ICTR(International Criminal Tribunal for Rewanda; 르완다국제형사법정) 등이 설립되어 전시 성폭력에 관한 새로운 판결들을 내렸고 유엔에서는 관련 심의, 결의, 보고서들이 쏟아져 나왔으며 이에 대한 연구물들이 축적되었다. 바로 이 시기 김학순 등 아시아의 피해자들이 등장하여 세계를 향하여 일본군 성노예제를 널리 고발했다는 사실은 역사의 우연이라고 하기에는 너무나 흥미로운 현상이다. 2000년 여성국제법정은 그 헌장에 비추어 "도쿄 재판소가 적용했어야 마땅한 법의 원칙과 인간의 양심, 인도주의, 성(性)적 정의에 비춰서 판결을 내릴 것"을 촉구받고 있다고 하면서, 적용되어야 할 법에 대한 해석을 설명하거나 재확인하는 차원에서 최근의 법적 발전 사항들도 참조할 것이라고 하였다.[18] 비록 2000년 여성국제법정의 법적 책임 판단에 직접 적용되지는 않았을지라도 법정이 개최될 때 활발하게 일어났던 젠더폭력에 대한 세계적인 의식 고양과 함께 1990년대 이후 형성된 전시 성폭력 법리에 대해 살펴봄으로써 일본군 성노예제 문제에 대한 교훈을 얻고자 한다.

1. 젠더폭력 및 전시 성폭력에 대한 각성

오늘날 국제법에 젠더라는 용어는 어디에나 있지만, (국제)법의 언어에서 여성이 젠더로 바뀐 것은 그리 오래전의 일이 아니다. 젠더는 섹스(sex)라는 용어에 담긴 생물학적 결정주의를 배격하고, 젠더를 말하면서 여성과 함께 남성에 관한 지식을 포함하게 되었다.[19] 그 중요한 걸음

---

18 2000년 여성국제법정 판결문, 제479항.
19 Daniela Nadj, *International Criminal Law and Sexual Violence Against Women The Interpretation of Gender in the Contemporary International Criminal*

으로, 1992년 여성차별철폐협약(CEDAW) 위원회의 일반권고 제19호에서 최초로 여성에 대한 폭력을 정의하면서 젠더에 기반한 폭력(gender-based violence)과 연결시키는 사유를 제시하였다.

> "(1) (여성에 대한 폭력은) 남성과의 평등을 기초로 하여, 여성이 권리와 자유를 누릴 수 있는 능력을 심각하게 훼손하는 차별의 한 형태이다.
> (6) 그것은 육체적, 정신적, 성적인 손상과 고통을 주는 행위, 그리고 그러한 행위를 하겠다는 위협과 강요, 그 밖에 자유의 박탈"(필자 번역).

요컨대, 여성에 대한 폭력이란 여성에 대한 차별의 한 형태라고 포착한 것이다. 나아가, 여성들이 주로 피해자가 되는 성희롱, 성폭력, 가정폭력, 성매매 등과 같은 폭력은 여성과 남성 간의 권력 불평등의 반영이자 그 관계를 영속시키는 통제방식이라는 논리로 나아가게 되었다.[20] 젠더란 사회적으로 구성된 여성다움이나 남성다움이라는 성격이자 사회를 조직하기 위한 중요한 축이라는 스콧(Joan Scott)의 이론처럼, 젠더는 사회적 구성물이자 여성과 남성의 역할 등을 배정하는 사회 체계라고 할 수 있다.[21] 젠더에 기반한 폭력에는 여성 살해, 강간, 강제임신, 강

Trial, Routledge, 2018, 28.

20 United Nations Committee on the Elimination of all Forms of Discrimination against Women, General Recommendation No.19, U.N. Doc A/47/38 (Eleventh Session, 1992). 이 권고에 기초하여 '여성에 대한 폭력철폐선언(Declaration on the Elimination of Violence against Women)'이 유엔 총회에서 만장일치로 의결되었다(1993년 12월 20일). 본 선언에서는 여성에 대한 폭력을 "남성과 여성 사이에 존재해온 불평등한 권력 관계의 표지"이며, "여성에게 예속적 지위를 강요하는 주요한 사회적 기제 가운데 하나"라고 규정했다. 또한, 이주·난민·전쟁 중에 있는 여성·여성아동·장애여성 등이 폭력에 더 취약하다는 점을 분명히 하였다.

21 Joan Scott, "A Useful Category of History Analysis," Gender and the Politics of History, Columbia University Press, 1989.

제낙태, 가정폭력, 강제결혼, 여성 성기절제, 디지털 성폭력 등 다양한 폭력이 포함되고 남성에 비해 여성은 젠더를 이유로 해서 압도적으로 많이 폭력 피해자가 되어왔다. 이렇게 여성에 대한 폭력이란 체계적인 여성에 대한 통제 현상이라는 점에 주목하여 여성폭력은 젠더폭력이자 여성에 대한 차별로 정의되기에 이른다.

하지만, 사회구조적으로 만연한 젠더폭력은 많은 경우 국가와 법의 관심사가 아니었다. 이러한 분위기는 국제법에서도 예외가 아니었다. 이 글에서 여성인권과 젠더폭력이 다루어진 역사를 다 살펴보기는 어렵지만, 그 역사에서 여성차별철폐협약(CEDAW), 비엔나 세계인권회의의 행동선언 및 행동계획(1993), 여성폭력철폐선언(1993), 베이징 세계여성대회에서의 베이징선언 및 행동강령(1995)을 지나치기는 어려운 일이다. 특히 1993년 '비엔나 행동선언'에서는 무력분쟁에서 젠더폭력에 대한 허술한 대처, 기존 인권개념의 남성중심성에 관해 심각하게 문제제기하면서 '여성인권(women's human rights)'이라는 개념을 공식적으로 채택하였다. 이렇게 구 유고슬라비아와 르완다 등지에서 발생했던 분쟁하 성폭력과 여성인권 논의가 서로 영향을 주고 받으면서 설득력을 얻어갔다. 나즈(Nadj)가 지적하듯이, 국제인권법에서 젠더에 기초한 폭력 개념의 전개와 전시 성폭력에 관한 법적 인정 간에는 '공생적(symbiotic) 관계'가 존재한다는 점이 주목된다.[22]

유엔 인권특별보고관에 따르면, 1992년과 1994년 사이 구 유고슬라비아에서 발생한 전쟁에서 2만 명이 넘는 여성들이 폭력 피해를 입었다.[23] 대부분의 강간 사건은 세르비아 무장세력(forces)에 의해 자행되었

---

22 Nadj, 앞의 책, 27.
23 Radhika Coomaraswamy, "Report of the Special Rapporteur on Violence against Women, its Causes and Consequences in accordance with Commission on Human Rights Resolution, 1994/45, Report on the Mission to

다. "인종 청소(ethnic cleansing)"를 의도하여, 수십 만의 세르비아인들이 크로아티아의 무슬림 여성과 소녀를 강간하였고 의도적으로 임신시켰다. 여성들은 집이나 호텔, 캠프에서 수개월 동안 감금된 상태로 반복적으로 강간당했고, 대부분의 강간은 성적 충동에 의한 것이 아니라 고의적이고 계획된 것으로 보였다. 많은 여성이 이 캠프에서 임신될 때까지 강간당하다가 임신중절이 불가능할 정도의 임신 종반기가 되어서야 방출되었다.[24] 이와 같이 지속적인 성폭력과 강제임신이 세계적으로 알려지면서 세계인들을 경악하게 만들었다. 이런 끔찍한 인권유린이 대략 스무 군데의 강간 및 죽음의 캠프에서 발생하였는데, 여성들의 성성(sexuality)은 모욕당하고, 능욕되고, 전체 인구를 파괴하기 위한 도구로 사용되었다. 이슬람교에 따르면, 자녀의 종교는 아버지의 종교에 의해 정해지기 때문에 세르비아인들은 무슬림 인구들을 절멸하고 자신들의 인구를 확대하려고 하였다고 한다.[25] 강간은 피해자의 존엄성을 훼손하고 모욕하였으며, 피해자뿐 아니라 가족을 위축시키고 가족관계를 훼손하는 방법이기도 하였다. "가족의 명예"를 훼손한 것으로 여겨진 강간 피해 여성들은 자신의 가족이나 공동체 성원에게 살해되기도 했다. 다른 한편, 이민족에 의한 강간은 공격자들의 명예를 드높이고 병사들의 사기를 높이는 수단이 되기도 하였다. 이렇게 이민족(異民族)에 의한 강간에는 특정 민족과 여성에 대한 혐오, 명예와 수치심, 공동체의 훼손

the Democratic Republic of Korea and Japan on the Issue of Military Sexual Slavery in Wartime, E/CN.4/1996/53/Add.1. 4 January, 1996(이하 '쿠마라스와미 보고서'라고 함)

24 Alexandra Stigmayer, "The Rapes Bosnia-Herzegovina," Alexandra Stigmayer (ed.), *The War Against Women in Bosnia-Herzegovina*, University of Nebraska Press, 1994, 82-169.

25 Alona Hagay-Frey, *Sex and Gender Crimes in the New International Law, Past, Present and Future*, Martinus Nijhoff Publisher, 2011, 80-81.

등과 같은 다중적이고도 미묘한 역동성이 존재한다. 하지만, 초기에 유고슬라비아에서의 끔찍한 젠더 범죄는 침묵당할 위험에 처했었다. 이 전쟁이 '내전(civil war)'이라고 정의되면서 국제적 문제가 아니라 국내적 문제로 여겨져서 국제사회가 개입할 수 있는지가 불투명하였다.[26]

1994년 1월부터 12월까지 르완다에서는 후투(Hutu)족이 투치(Tutsi)족에 대해 대규모의 강간, 집단강간, 성기절단(sexual mutilation) 등과 같은 폭력을 자행하였다. 주로 4월부터 7월까지 50만 명에서 100만 명의 르완다 여성, 남성, 어린이들이 투치 소수민족에 대한 집단살해 기도로 인해 학살되었다. 후투족 중에서 투치족에 우호적인 그룹도 희생되었고, 정치적 권력 박탈의 위협을 받았던 한 무리의 정치 지도자들은 후투 세력의 도움을 받아서 학살을 자행했는데, 여기서 투치 여성과 소녀들에 대한 성적인 공격이 투치족에 대한 집단살해의 주요 방식이 되었다.[27] 성폭력을 포함한 젠더폭력의 잔혹상이 알려지면서 유엔 안전보장이사회는 유엔헌장 제7장에 의거하여 국제법정을 설립하기로 하였다.

이와 같이 세계를 경악하게 한 1990년대 초 전시 성폭력은 다른 민족에게 성적 폭력을 고의적으로 가함으로써 그들의 후손 및 공동체를 파괴하고자 하는 집단살해(genocide)의 목적을 가졌다. 1990년대의 전시 성폭력에서 이와 같이 광범위하고 제도화된 성격에 주목하였다는 것은 매우 중요한 일이다. 그동안 국제형사법이나 국제인도주의법에서 무력분쟁 중의 성폭력은 흔히 있는 사고 정도로 치부되어 왔기 때문에, 성폭력 사안은 법에 통합되지 않은 채 굳이 법정에서 다룰 필요조차 없는

---

26 여기에 WILP(Women in the Law Project)라는 여성 그룹이 면접과 조사를 적극 수행하였고, 보고서를 작성하여 국제 법정의 설립에 대해 제안하였다(Hagay-Frey, 앞의 책, 82).

27 Nadj, *International Criminal Law and Sexual Violence Against Women*, 64-65. 르완다 대량학살의 참상을 살펴보려면 Human Rights Watch, *Shattered Lives: Sexual Violence during the Rwandan Genocide and its Aftermath*, 1996, 1-2.

사소하고 불편한 사항으로만 남아 있었다.[28]

다른 한편, 이런 논리에 따라 이민족에 의해 공격을 받은 여성의 성성이 마치 민족의 자산인 것처럼 간주되고, 여성 자신들의 성적 주체성의 침해 문제는 상대적으로 위축되거나 숨어버리는 효과도 남게 된다는 비판이 있다. 또한, 단기간에 산발적으로 발생한 성폭력은 대규모이고 체계적인 성폭력에 비해 문제가 되지 않는 것 같은 효과를 남겼다고 지적된다. 앞서 언급하였듯이, 피해자 여성들이 그녀들의 '공동체'로 귀환했을 때, 그들의 파트너, 가족, 공동체는 그녀들을 의심하거나 받아주지 않았다. 요컨대, 적의 공동체나 민족의 공동체나 할 것 없이 여성의 성성을 사물화하고 공동체의 중심에 남성이 있기는 마찬가지였다. 특히 후자의 '공동체'는 배제와 함께 포섭의 논리가 함께 작동한다는 점에서 복잡성이 한층 더해진다. 젠더와 민족을 아우르는 균형 잡힌 논증이 필요한 이유를 다시금 발견하게 된다.

2. ICTY 및 ICTR 등에서 형성된 전시 성폭력에 대한 새로운 논리

구 유고슬라비아와 르완다에서의 전시 성폭력을 목도하고 유엔 안전보장이사회, NGOs와 활동가 등의 노력에 힘입어서 ICTY와 ICTR가 설립되었다.[29] 여기서는 이 법정들에서 내려졌던 전시 성폭력 판결을

---

28 "전쟁에서 강간이란 병사의 격려이건 정책의 수단이건 간에 하나의 라이센스이다"(Theodor Meron, "Rape as Crime under International Humanitarian Law," *American Journal of International Law* vol.87-3, 1993, 426면).

29 ICTY이나 ICTR은 뉘른베르크국제군사법정이나 극동국제군사법정과 달리 승전국이 설립하여 승전국이 주도한 국제형사법정이 아니다. 이 법정들은 세계평화와 안전이라는 보편적인 가치를 추구하기 위해 유엔 안전보장이사회가 설치하였다. 또한 ICTY의 법리는 점차로 국가 간 전쟁에서 내적 무력분쟁으로 확장되었고, 이러

Akayesu(아케예수) Furundžjia(프룬디지아) 그리고 Kunarac(쿠나락) 판결들을 통해 살펴보고자 한다. 이런 판결의 법리와 태도가 국제형사재판소 (ICC)의 로마규정 및 증거와 절차에 관한 규정에도 영향을 미쳤다. 전시 성폭력에 관한 다양한 판결과 법규정, 판결에 평석과 이론화 등의 성과가 쌓이면서 2000년대 들어서서 '전시 성폭력 법리(war time sexual violence jurisprudence)'라고 불리는 영역을 형성하기에 이른 것으로 보인다.[30]

(1) ICTR의 아케예수 판결[31]

젠더폭력에 있어서 ICTR 규정(Statute of ICTR)의 의의는 매우 크다. ICTR 규정은 강간범죄가 "인도에 반하는 범죄"라고 명시적으로 규정하였고[제3조(g)], 제4조에서는 강간이 제네바협약 공통 제3조 및 제2의 정서에 대한 중대한 위반(grave breaches)이 아니라 그냥 위반(breach)으로 적시함으로써 중대한 위반이 무엇인지에 대한 논쟁을 피할 수 있으면서도 제네바 협약과 연계를 가지면서 강간범죄를 다룰 수 있게 만들었다. 이와 같이 전시에 발생한 강간이 국제인도법에 당당하게 자리 잡음에 따라, 전시 강간은 무력분쟁의 부분으로 자행되어야 한다는 것을 본질적 요소로 하게 되었다.[32] 아카예수 판결은 역사상 최초로 성폭력을 집단살해죄로 처벌한 판례로 기록된다. 장 폴 아케예수(Jean-Paul Akayesu) 는 르완다 타바시의 치안을 유지하고 행정 기능의 책임자로서 2,000명의 투치족이 타바에서 죽었을 때 시장직을 맡고 있었다. 전쟁으로 집을

한 비상설법정은 영구적 상설법정인 국제형사재판소의 설립 아이디어로 이어졌다 (Hagay-Frey, 앞의 책, 82-83).

30 하지만, 국내에서 전시 성폭력 법리에 대한 연구를 찾기 어려울 뿐 아니라 국제형사법정의 성폭력 판결에 대한 연구들도 많지 않은 실정이다.

31 The Prosecutor v. Akayesu(ICTR 96-4-T), Trial Chamber Judgment(1998 September 2)를 대상으로 고찰함(이하 '아케야수 판결'라고 표기함).

32 Hagay-Frey, 앞의 책, 96-97.

잃은 수많은 투치족 시민들이 시청에서 피란하였을 때, 많은 투치 여성들이 군대와 경찰에 의해 오히려 성폭력을 당했다. 성폭력은 살인이나 신체 상해의 위협 그리고 지속적 구타 이후에 자행되었고 여성들은 극도의 지속적인 성폭력 공포에 놓였다. 아케예수 사건이 다루어진 당시까지 국제법에서 합의된 강간에 대한 정의가 존재하지 않았다.[33] 1998년 해당 사건의 재판부는 국제형사법정으로서는 최초로 인도에 반하는 범죄이자 집단살해죄로서의 강간과 성폭력을 다음과 같이 정의하고 그 요건을 명시하였다.[34]

강압적 상황(under circumstances which are coercive)에 있는 사람에 대해 행해진 성적 성격을 가진 육체적 침범(physical invasion)이다. 강간을 포함한 성폭력은 강압적 상황 하에 자행된 성격 성격을 가진 모든 행위이다. 이 행위는

    a) 광범위하고 체계적인 공격의 부분으로서,

    b) 민간인들을 대상으로 하여

    c) 국가적, 민족적, 정치적, 인종적, 종교적 근거와 같은 차별적 이유에서 행해져야 함.

이와 같은 강간범죄에 대한 정의와 함께 본 법정은 기존의 법의 인식에서처럼 강간이 기계적인 신체 부위만으로 그 핵심적 요소를 포착할 수 있는 공격이 아니라는 논리를 구성하였다.

---

33 강간은 국제 관습법적으로 금지되는 범죄라고 간주되어 왔지만, 뉘른베르크국제군사법정이나 극동국제군사법정의 규정들에서 강간의 객관적·주관적 구성요건에 대한 정의가 부재하였다.

34 아케야수 판결, para. 598(필자 번역).

고문과 마찬가지로, 강간은 사람에 대한 협박(intimidation), 강등(degradation), 모욕(humiliation), 차별, 처벌, 통제 또는 파괴를 위한 목적을 가진 것이다.[35]

이렇게 아케예수 재판부는 성폭력 판단에서 ⅰ) 성폭력이 자행된 강압적, 강제적, 혹은 강요적 '상황'에 주목하였다는 점,[36] ⅱ) 성폭력을 집단살해 및 무력분쟁, 인도에 반하는 범죄와 같은 고리들(nexus) 속에 놓음으로써 성폭력의 성격을 입체적으로 포착하고 처벌할 수 있게 되었다는 점, ⅲ) 성폭력에서 피해자의 동의는 더 이상 부합성(relevance)을 가지지 않는다는 점 등의 매우 중요한 논리를 제시하였다. 동의의 결여를 강간범죄(또는 다른 성폭력에서)의 요건으로 삼는다는 것은 집단학살, 인도에 반하는 범죄 또는 무력분쟁의 맥락 속에서 발생하는 성폭력에서는 실체 없는 것(immaterial)이며 거부되어야 마땅하다는 것이다. ICTR의 유일한 여성판사였던 필레이(N. Pillay)가 말하듯이, "진술된 바와 같은 [강압적인] 상황에서는 어떠한 종류의 동의가 있었다는 것이 무의미하기 때문에" 이러한 결정을 내렸다. "이 판결이 가해자의 유죄를 확정하기 위해서 피해 여성의 행위에 초점을 맞추는 오래된 관행을 폐기할 수 있기를 바란다."[37] 또한, 이러한 성폭력 범죄의 정의에서 성기라는 신체부위에만 국한했던 강간 중심 태도에서 협박, 강등, 모욕, 차별 등의 목적을

---

35 아케야수 판결문, para. 597 & 688(필자 번역).

36 아케야수 전심 재판부(Trial Chamber, para 688)에 따르면, 성폭력의 강제적 상황이란 물리적 힘의 존재를 증명할 필요가 없다. 협박, 위협, 강요 등 다른 형태의 강박이 강제적 상황을 구성할 수 있고, 특히 무력갈등 내지 군사의 현존이라는 상황 자체에 강제가 내재해 있다고 보았다.

37 N.Pillay "Address-Interdisciplinary Colloquium on Sexual Violence as International Crime: Sexual Violence: Standing by the Victim," *Law & Social Inquiry* vol. 35-4, 2009, 847 & 849: Nadj, *International Criminal Law and Sexual Violence Against Women*, 71에서 재인용.

가진 행위로 의미를 확장시키면서 다른 범죄들과의 연결고리를 만들었다는 점도 주목된다.

아케예수 판결의 또 다른 주요한 측면은 집단살해적 강간(genocidal rape)에도 있다.[38] 처음 아케예수 사건의 기소장에는 강간 또는 다른 성적 폭력이 포함되지 않았으나 증인들의 증언과 보고서, 시민단체 등의 압력으로 새로운 조사가 시작되었고 이때 성폭력 혐의가 새롭게 추가되었다. 재판에서 한 증인이 자신의 여섯 살짜리 딸에게 자행된 집단강간에 대해 증언하기 시작했고, 여성 증언자들이 줄을 이어 자신의 강간사실을 보고하였다. 여기서, 필레이 판사의 역할은 매우 중요했다. 필레이 판사는 젠더폭력과 국제형사법에 관하여 풍부한 경험에 입각하여 여성들의 증언들을 조사하고 강간 사건들이 고립된 별개의 사건들이었는지에 대해서도 조사하도록 명하였다.[39] 이 결과, 묘사하기 어려울 정도의 방대한 성적 공격에 대한 증언들이 재판 내내 이어졌고, 성범죄가 르완다의 집단학살과 분리할 수 없는 행위였다는 것에 관한 합리적 의심이 제거되었다. 수정된 기소장에서 아케예수는 성폭력을 명령하고, 교사하고, 조력하고, 선동하였다는 증거가 제시되었다. 이 점에서 시장의 성폭력에 대한 인식과 고의가 입증되었다.[40]

아케예수 판결은 여성들이 그녀들의 민족성(투치족 또는 투치 남성과 결혼한 후투 여성)으로 인해 강간을 당했다는 사실에 주목했다. 이렇게 여성에 대

---

38 제노사이드 협약에 따르면, 집단살해란 '국가적, 민족적, 인종적 또는 종교적 집단' 전부나 일부를 파괴할 고의를 가지고 행한 이하의 여하한 행위로, i) 집단 구성원의 살인, ii) 집단 구성원의 신체 또는 정신에 심각한 훼손(harm)을 야기한 행위 iii) 고의적으로 집단의 삶의 조건에 전체적으로 혹은 부분적으로 물질적 파괴를 가져올 것으로 예기되는 행위를 끼친 행위 iv) 집단 내에서 출산을 방지하도록 의도된 정책(measures)을 강제하는 행위 v) 어린이들을 한 집단에서 다른 집단으로 강제로 이송하는 행위.

39 Hagay-Frey, 앞의 책, 98.

40 관련내용은 아케야수 판결, paras 729~733.

한 공격이자 집단살해로서의 성폭력에 내재한 민족-국가주의적(ethno-nationalist) 차원을 강조했던 것이다. 다른 한편, 이런 논리는 강간과 성폭력이 우발적이고 사적인 성격의 것이라는 법의 인식을 제거하는 데는 기여했지만 그림자를 남기기도 하였다. 이제 전시 강간이란 여성의 성적 자율성에 관한 것이 아니라 '전쟁의 수단', 파괴하고자 하는 집단의 일원으로서 당하는 폭력으로만 의미를 가지게 되었다는 것이다. 강간을 민족 집단 전체에 대한 공격으로 정의함에 따라 그것은 여성의 개인적 자율성, 행위자성(agency), 그녀 자신에 대한 공격이 아니라 여성의 신체를 소유하는 집단에 대한 침해가 되었다는 비판이 있다.[41] 이런 법리는 강간의 맥락에서 여성이 의미 있는 방식으로 동의할 가능성을 배제할 수 있다는 문제가 지적되기도 한다.[42]

이러한 비판에 대하여 필자는 ⅰ) 여성의 진정한 동의가 지배적인 성행위였다면 그것은 애초에 범죄성 판단에서 배제되어야 하고, ⅱ) 여성 피해자들의 피해자성이란 무조건적 굴복이 아니라 피해자로 나서고 지탱하기 위해서 가져야 했던 행위자성의 관점에 대해서도 관심을 기울여야 하며, ⅲ) '강압적 상황'에는 국가와 군대의 폭력성뿐 아니라 여성을 취약하게 만드는 여러 사회적 기제가 결합된 상황으로 해석해야 한다고 생각한다. 즉, 강압성이란 공권력의 폭력성이나 특정 민족에 대한 차별에 더해서 여성 차별 속에서 구성되는 것으로 볼 것으로 제안한다.

(2) ICTY의 프룬디지아 판결과 쿠나락 판결

ICTY의 관할 범죄는 제네바협약의 중대한 위반, 전쟁범죄, 집단살해죄, 그리고 인도에 반하는 범죄이다. ICTY 규정은 역사상 최초로 강간

---

41 Nadj, 앞의 책, 72-73면.
42 Nadj, 앞의 책, 72면.

을 '인도에 반하는 범죄'로 규정하였다[(제5조(g)]. 하지만 다른 종류의 성폭력이나 젠더에 기반한 범죄가 인도에 반하는 범죄로 포함되지 않았을뿐더러 강간은 인도에 반하는 범죄에만 포함될 뿐 전쟁범죄나 집단살해죄와 같은 범죄에는 포함되지 않았다. 이런 제한은 국제형사재판소의 로마규정에서 극복되었다. ICTR 규정과 마찬가지로 ICTY 규정에서 '인도에 반하는 범죄'에 강간을 명시적으로 포함시킨 것은 매우 중요한 진전이었지만, 인도에 반하는 범죄가 되려면 국제적이나 국내적인 무력분쟁의 부분으로 광범위하거나 체계적인 공격으로 발생해야만 한다. 이에 따라, 앞서 지적하였듯이 산발적이고 체계적이지 않은 전시 강간은 인도에 반하는 범죄가 되지 않게 된다. 강간이 전쟁범죄나 집단살해죄에 포함되지 않은 결과, 전시동안 발생한 수많은 강간으로 인한 피해를 다룰 수 있는 법정의 능력이 많이 위축되었다. 하지만, 명시적인 규정은 아닐지라도 ICTY는 개별 판단에서 강간을 제네바 협약의 중대한 위반으로, 관습적 전쟁법의 위반으로, 또 집단살해죄로 간접적으로 다루었다.[43] ICTY는 또한 판사, 법적 자문, 검사 등 사법 절차에 여성 법률가들의 참여를 지지하여 성인지 시각이 두드러졌던 법정이라고 평가된다. ICTY의 절차와 증거 규칙 96에서는 성폭력의 경우에 폭력, 강박, 감금 또는 심리적 억압으로 공포 아래 있었거나 협박받고 있었다면 그리고 피해자가 성적 요구에 응하지 않았다면, 다른 사람이 피해를 보거나 협박받는 상황이었다면 피해자의 동의가 가해자의 방어로 채택되지 않았다. 또한, 피해자의 성적 이력은 증거로 채택되지 않는 등의 내용을 규정하고 있다.[44]

---

43 Nadj, 앞의 책, 83-85.
44 ICTY에서 마련했던 성폭력 피해자 보호, 2차 피해 방지대책에 관해서는 Patricia Viseur Sellers & Kaoru Okuizumi, "Intentional Prosecution of Sexual Assaults: Prosecuting International Crimes: An Inside View," *Transnational Law &*

프룬디지아 판결에서는 구강을 통한 성적 폭력이 강간인지 성폭력인지 하는 쟁점에 봉착했다.[45] 국제인도법의 정신에 따라, 인간 존엄성의 보장이라는 목적 하에서 ICTY는 아래와 같이 강간범죄의 정의를 내렸다.

(i) 매우 약했다고 할지라도 성적 삽입(penetration)이:
 (a) 가해자의 남성 성기에 의해 피해자의 질이나 항문 또는 가해자에 의한 다른 물질로;
 (b) 가해자의 성기에 의해 피해자의 구강
(ii) 피해자 혹은 제3자에 대한 강압이나 무력으로 혹은 무력 사용의 협박으로(이루어졌을 경우-)[46]

이러한 정의는 앞서 아케예수 재판부의 인식처럼 강간이 특정 신체 부위나 행위양식에만 국한하는 것이 아니라는 인식과 흐름을 같이한다. 강간은 남성 성기의 여성 성기에 대한 강제 삽입을 넘어서서 다른 물질로 피해자의 질이나 항문에 삽입하는 행위, 가해자의 성기를 피해자의 구강에 삽입하는 행위가 포함되는 것으로 명확하게 정의되었다. 하지만, 어떤 성적 삽입에 동의가 없었다는 것을 강압, 무력 혹은 무력 사용 이외에는 추정하기 어렵다는 한계에도 직면하게 되었다. 이에 대해서는 쿠나락 판결에서 그 요건들을 보충하였다.[47]

Contemporary Problems vol.7, 1997, 45-80.

45 Prosecutor v. Furundžija, Case No. IT-95-17/1, Trial Chamber Judgment (1998 December, 10)(이하 프룬디지아 판결로 표기함).

46 프룬디지아 판결, para 185(필자 번역)

47 Prosecutor v. Kunarac et al, Case No. IT-96-23/1-T. Trial Chamber Judgment (2001 February, 22), (이하 쿠나락 전심 판결로 표기함), para. 442(필자 번역)

(i) 성적 행위가 피해자 혹은 제3자에 대한 무력(force) 혹은 무력 사
　　 용의 협박에 동반하여 행해지는 경우;
(ii) 성적 행위가 무력 혹은 피해자를 특별히 취약하게 만들고 그녀
　　 의 정보를 가지고 거부하지 못하게 만드는 갖가지 환경에 동반하
　　 여 행해지는 경우; 또는
(iii) 피해자의 동의 없이 발생하는 경우

　이와 같이 쿠나락 재판부는 해당 사안을 판단함에 있어 피해자의 취
약성, 그리고 섹스를 거부할 수 없도록 피해자를 기만한 상황 등에 주
목하였다. 이외에도 피해자의 연령, 질병 등으로 동의할 수 있는 능력이
없었다든가 심리적 압력이나 저항할 수 없었던 상태와 같은 시간적·환
경적 특성도 면밀히 살펴보았다. 피해자에게 충격을 주거나, 사기, 허위
등에 의해 피해자가 합리적인 거부를 할 수 없었을 경우에도 동의능력
을 부정하였다.[48] 이와 같이 쿠나락 판결은 앞서의 아케예수 판결의 '강
압적 상황'이라는 요건과 그 원칙을 같이 하면서도 보다 구체적으로 그
요건들을 마련한 결과, 강압, 강제, 강요의 상태에 관한 보다 세부적인
요소들을 구체화하였다. 이 결과, 동의 요건의 전반적 폐기로 피해자의
자율성을 한꺼번에 부정하는 듯한 법리에서 빠져나와 강간이 성적 자
율성에 대한 침해라는 점을 좀 더 분명히 한 것이 아닌가 한다. 쿠나락
의 항소심 판결에서는 무력의 존재 자체가 비동의의 분명한 증거가 아
니라 "동의하는 것을 불가능하게 만드는 상황이 동의의 부재를 추정하
기에 충분하다"라고 하였다"[49]
　흥미로운 점은 2000년 여성국제법정이 진행되던 바로 그 시점에

48　쿠나락 전심 판결, para. 452(필자 번역)
49　*Prosecutor v. Kunarac*, Appeals Chamber, (IT-96-23-T & IT-96-23/1-T)
　　(2002 June 12), (이하 쿠나락 항소심 판결로 표기함), para. 120(필자 번역)

이러한 판결들이 내려졌다는 점이다. 따라서, 앞에서 살펴 본 ICTY와 ICTR의 논리구성은 2000년 여성국제법정 당시 과거가 아니라 현재진행형이 되어서 영향을 주고 또 일정부분 영향을 받지 않았을까 사료된다. 인적인 면에서도 연결이 두드러지는 바, ICTY에서 재판장을 역임하였던 가브리엘 맥도널드(Gabrielle Kirk McDonald) 판사가 2000년 여성국제법정의 재판장으로, ICTY 및 ICTR에서 젠더에 관한 법률자문(legal advisor)으로 활동했던 패트리사 셀러즈 변호사가 2000년 여성국제법정의 국제검사로 참여했다. 이외에도 2000년 여성국제법정에서 법률고문 등을 맡았던 전문가들도 당시의 여성인권, 전시 성폭력의 운동 맥락 속에서 적극적으로 활약했던 인사들이었다는 점에서 이제까지 살펴본 전시 성폭력에 관한 새로운 법리들은 2000년 여성국제법정이 놓여 있었던 법적이고 지적인 맥락을 보여준다고 평가한다.

(3) 성폭력(sexual assault)의 외연 확장

ICTY와 ICTR의 또 다른 성취는 중대한 성폭력 범죄가 반드시 성기 삽입 심지어 신체 접촉에 국한하지 않는다는 인식을 제공했다는 점이다. 예컨대, 보스니아의 감옥에서 다른 죄수들이 보는 앞에서 한 죄수가 다른 죄수의 고환을 물어뜯게 한 행위가 성폭력으로 ICTY에서 기소되었고,[50] ICTR에서는 여학생의 옷을 벗기고 나체로 공공 광장에서 체조하기(gymnastics)를 강요한 행위 역시 성폭력에 해당하는 것으로 판단하였다.[51] 이에 따라 아케야수 판결에서는 성적 공격의 범위가 아래와 같

---

50 ICTY, *Prosecutor v. Tadic*, Case IT-94-1-T, Trial Chamber Judgment, May 7, 1997, Gay J. McDougall, "Contemporary Forms of Slavery: Systematic Rape, Sexual Slavery and Slavery-life Practices during Armed Conflict," Final Report Submitted at Commission on Human Rights Sub-Commission on Prevention of Discrimination and Protection of Minorities, E/CN.4/Sub.2./1998/13, 22 June 1998, para. 22에 재인용됨.

이 확장되고 새로운 의미를 가지게 되었다.

> (여성의) 질, 항문 그리고 구강에로의 남성 성기의 강제 삽입 그리
> 고/또는 다른 물건에 의한 질과 항문의 삽입, 그리고 강요된 나체화
> (nudity)와 같은 성적 공격 강요[52]

이는 국제형사법에서 성폭력이란 성기 삽입에 국한되거나 집중되는 것을 넘어서서 피해자에 대한 성적 침해행위로 확대하는 해석론을 보여준다. ICTR 법규에 규정되어 있듯이, 성폭력은 '인간 존엄에 대한 도발(outrages)', '심각한 신체적 정신적 손상(harm)' 등과 같이 여타 비인도적 행위(Other Inhumane Acts)의 범주에 포함되었다.[53] 이런 규정들에 의해 더 많은 성폭력이 기소될 가능성이 열리게 되었다. 나아가, 성폭력의 효과가 단지 직접 피해자뿐 아니라 그 가족, 공동체, 분쟁에 관여한 집단과 전체 사회로 퍼져나가는 광범위한 것이라는 점에 대해서도 인정하였다. "성폭력이 투치 여성들을 목표로 하고, 투치 사람들 전체를 목표로 하는 파괴 과정의 통합된 부분이다, 성폭력은 투치 집단, 그 영혼, 사랑의 의지, 그리고 생명 그 자체에 대한 파괴 과정이다"라고 보았다.[54]

---

51 Paul Magnarella, "Some Milestones and Achievements at the International Criminal Tribunal for Rwanda: The 1998 *Kambanda* and *Akayesu* Cases," *Florida Journal of International Law* vol.11, 1996-1997, 535.

52 아케야수 기소장, Hagay-Frey, 앞의 책에 재인용됨.

53 아케야수 판결문, para 688.

54 아케야수 판결, paras 731-732: Nadj, 앞의 책, 72면에 재인용됨.

3. 체계적 강간·성노예제라는 일본군
   성노예제 범죄에 대한 이름

1990년대 초반부터 유엔에서는 여성인권과 전시 성폭력 문제에 깊은 관심을 가지고 특별 보고관을 임명하여 조사를 진행하고 보고서를 제출하도록 하였다. 1993년 비엔나의 세계인권회의에 이어서 1994년 3월 유엔 경제사회이사회 산하 인권위원회는 여성폭력에 관해, 그 원인과 결과에 관한 특별 보고관으로 라디카 쿠마라스와미(Radhika Kumaras-wami)를 임명하였다. 쿠마라스와미는 여성폭력에 관하여 광범위한 조사를 진행하였고 일본군 성노예제와 관련해서는 "전시하 군대 성노예제 문제에 관한 조선민주주의인민공화국, 대한민국 및 일본방문에 관한 보고서"를 1996년 1월에 제출하였다. 다른 한편, 경제사회이사회 산하 인권위원회의 '소수자 보호와 차별 방지를 위한 소위원회'에서는 전시하 여성에 대한 성착취 및 다른 형태의 강제 노동에 관한 현대판 노예제에 대한 연구그룹의 도움을 받아서 린다 차베스(Linda Chavez)를 특별 보고관으로 임명하였다. 차베스는 1996년 예비 보고서를 제출하였지만(E/CN.4/Sub.2/1996/26) 자신이 이 보고서를 다 완성하기 어렵다 하여 1997년 게이 맥두걸을 특별 보고관으로 임명하게 되었다. 이에 맥두걸 보고관은 1998년 "체계적 강간, 성노예제 및 유사 성노예제 행위"에 관한 최종 보고서를 제출하였다.[55]

여기서는 맥두걸 보고서에 제시된 체계적 강간 개념과 쿠마라스와미 보고서의 성노예제 개념을 중심으로 논의하고자 한다.

"체계적"이라는 용어는 특정한 강간을 묘사하는 형용어로서 사용되

---

[55] 맥두걸 보고서에서 '무력분쟁'이란 국내적 무력분쟁을 포함한다고 한다.

는데, 이는 새로운 범죄를 뜻하거나 강간 행위를 기소하기 위한 입증책임의 새 요소를 의미하지 않는다. [체계적 강간이란] 그 자체로도 이미 범죄가 되는 강간 행위가 "목표 집단(targeted group)"에 대하여 "광범위한(widespread)" 또는 "정책에 기반을 둔(policy-based)" 대규모적 형태의 공격이 될 경우에 해당한다.[56]

　맥두걸 보고서에서 체계적 강간이란 민간인을 대상으로 자행되고, 인종적, 민족적, 종교적, 정치적, 기타 근거에 의한 박해에 해당하는 강간 공격으로서 인도에 반하는 범죄로 기소되어야 하며, 통상 인도에 반하는 범죄가 무력충돌 상황에서 발생하지만 이를 반드시 요건으로 하지 않으며 정부 및 비정부 주체도 해당 범죄로 기소될 수 있다고 밝힌다. 여기서, 광범위성이란 강간 행위 및 그 피해자의 수 등과 같이 물리적이고 외형적인 측면을 통해 드러날 것이지만, 정책 기반이라는 요소는 무엇을 의미하는가. 맥두걸 보고관은 강간이 인도에 반하는 범죄가 되기 위해서는 집단적 범죄(collective crimes)로서 국가 정책을 수행하기 위해 자행된 경우에 해당한다고 한다. 왜냐하면 "그 범죄 행위를 저지르기 위하여, 또는 그런 범죄를 방지하지 않기 위해서는 국가기관, 국가의 요원 또는 국자자원의 사용을 필요로 하기" 때문이다.[57] 그것은 특정 집단에 대한 '차별적 성격'을 가지며 국가기관(agents)에 의해 수행되어야 한다. 여기서 국가기관이란 군대, 준군사조직, 경찰, 기타 공무 수행 중인 공무원이거나 또는 해당 국가 공무원의 명령 또는 그를 대행하는 사인(私人)을 의미한다. 이러한 범죄 요건을 염두에 두고, 2000년 법

56　맥두걸 보고서, para.26(필자 번역).
57　Sharon A. Healey, "Prosecuting Rape under the Statute of the War Crimes Tribunal for the Former Yugoslavia." *Brooklyn Journal of International Law* vol.21, 1995~1996, 357면.

정의 최종판결문에서도 일본군 성노예제도가 '정책에 기반을 둔 강간'이라고 점을 분명히 하였다. 이와 같이 체계적 강간은 가해자 개인이 폭력이나 협박, 혹은 기망 등을 통해서 피해자의 의사에 반하는 기존의 강간 범죄와 요건과 그 성격이 같지 않다. 전통적인 국내 형사법에서 성폭력 범죄가 성립하려면 폭력, 강압, 제압, 협박, 혹은 무기나 흉기의 사용 등 물리적 힘을 전제로 한다.[58] 그렇지 않다면, (주로 피해자가 되는) 여성이 의사에 반하는 성관계에 성공적으로 저항할 수 있었을 것이라는 행위관계를 설정하고 있다.[59] 하지만, 가해자의 요구를 따르지 않는다면 더 심각한 폭력이 유발되거나 예컨대 가족에 대한 폭력이 예상되는 상황에서 개개인의 동의나 비동의는 문제가 되지 않는다.

다른 한편, 성노예제 개념도 일본군 '위안부' 문제를 법적으로 다루기 위한 중요한 통로가 되었다. 쿠마라스와미 보고관은 일본군 성노예제에 관한 1996년의 보고서에서 "군사력에 의해, 그리고 그것을 위해서 전시에 성적 서비스를 강요당한 여성들의 경우"를 살펴본다고 하면서, 일본군 위안부 제도의 피해자들에게는 "위안부"보다는 "군대 성노예"가 "훨씬 더 정확하고 적절한 용어"라고 지적하였다.[60] 위안부라는 용어로는 피해자들이 매일 당한 수차례의 강간과 심각한 육체적 학대와 같은 전시하 강제 매춘과 성적 예속과 학대를 겪으면서 감내해야 했던 고통을 전혀 반영하지 못하기 때문이다.[61] 일본군 위안소가 일종의

---

58 한국 형법 제297조 강간죄는 "폭행 또는 협박으로 사람을 강간한 자는 3년 이상의 유기징역에 처한다"라고 규정되어 있다. 본 조문은 "폭행 또는 협박으로 부녀를 강간한 자는 3년 이상의 유기징역에 처한다"라는 1953년 형법 제정 시부터 있던 규정을 2016년에 개정한 것이다.

59 이와 같은 성폭력의 행위관계의 설정 내지 상상은 국내 학자들에게 비판을 받아왔다.

60 쿠마라스와미 상기보고서, paras 6 & 10(필자 번역).

61 맥두걸 특별 보고관도 보고서의 부록, "아시아의 일본군 '위안부' 문제에 대한 일본정부의 책임 분석"에서 "피해자 여성들은 대부분 자율성을 현저히 박탈당했고, 일본 군대가 이 여성들을 대하는 태도는 가축에 대한 것과 비슷한 것이어서 노예화에 관

강간 캠프라고 이해되곤 하지만, 일본군 위안부 시스템은 강간 캠프라고하기에는 아시아와 태평양군도에 이르는 광범위한 지역에 설치되어 그 규모가 매우 광범위하고 체계적인 성격이다. 나아가, 피해 여성과 소녀들에게 자행한 범죄행위는 단지 성폭력에 국한하지 않고 모집(동원), 이동, 배치, 감시와 고문과 구타 등에 걸쳐 있다. 참고로, 캐슬린 베리 (Kathleen Barry)는 성노예를 다음과 같이 정의하였다.

> 여성 성노예는 여성이나 소녀들이 자신의 존재의 직접적 조건(imme-diate condition)을 바꾸는 것이 불가능한 모든 상황에 존재한다. 그것은 그들이 그 조건에 어떻게 들어갔느냐에 상관없이, 빠져나올 수 없을 때에, 그리고 그들이 성폭력과 착취의 대상이 되고 있을 때에 존재한다.[62]

베리는 계속해서 "강간 피해자가 가해자로부터 결국에는 빠져 나오는 게 되어 있는 것과는 달리 성노예는 신체적으로 그 상태를 떠날 수 없다."[63] 이 점에서 성노예라는 것은 하나의 사건을 의미하는 것이 아니라 지속적 조건 내지 상황을 뜻한다.[64] 2000년 법정의 최종 판결문에서는 강제 매춘과 성노예제 간의 구분이 부적절한 것이지만 피해자들의 우려에 대해서도 다음과 같이 적시하였다.

> "본 법정 및 해당 헌장에 따라 성노예제를 국제범죄로서 판단하는 것

해서 가해자와 그 상급자에게 공히 형사 책임을 물어야 한다"면서 1926년의 노예금지협약의 정의상 노예에 해당한다고 보았다[맥두걸 보고서 부록, para. 22].

62 Kathleen Barry, *Female Sexual Slavery*, New York Univ. Press, 1979, 33.
63 Kathleen Barry, *Prostitution of Sexuality*, New York Univ. Press, 1995, 267.
64 Barry, 앞의 책(1995), 286.

은 이미 오래 전에 이루어졌어야 할 강제 매춘 ([en]forced prostitution)을 재명명하는 것이라는 것이 본 법정의 의견이다. 이로써, '강제 매춘'이라는 용어가 어떤 정도의 자발성을 전제로 함에 따라 범죄의 가공할만한 중대성을 흐리게 만들며 피해자들을 부도덕한 '상품'과 같이 낙인을 찍게 된다고 하는 '위안부' 피해자들의 우려에 대해 응답하고자 한다. […] '위안부'와 소녀들에게 자행한 체계적인 잔학한 행위에 대한 책임을 부인하는 일본국의 공감자들이 이들을 '매춘부' 혹은 '종군자'(camp followers)로 명명하는 것은 '위안부'들의 자발성과 부도덕성, 그리하여 일본국의 무고함을 주장하기 위한 것이다."[65]

이상과 같이 볼 때, '체계적 강간'과 '성노예제'는 어떤 피해와 범죄를 당했던 것인지 이름조차 부를 수 없었던 일본군 '위안부됨'의 피해에 대해 이름을 붙여주었다고 평가한다. 그것은 1990년대 형성된 국제 여성인권운동의 고양, 전시 성폭력에 대한 각성과 법적 논리 구성의 결과라고 생각한다. 또한 거기에는 김학순 님을 위시한 아시아의 일본군 성노예제 피해자의 용기 있는 등장과 증언이 중요했다. 이에 따라, 2000년 여성국제법정은 위안부 피해자들이 겪은 범죄의 핵심을 성노예제라고 명명하였다.[66] 하지만, 이러한 새로운 논증들에도 불구하고 서론에서 말했던 것처럼 아시아와 한국의 역사·사회적 상황이 충분히 수용되었는지에 대해서는 의문이 남는다. 다음 장에서는 이제까지 살펴본 전시 성폭력에 대한 새로운 논증에 기초하면서도 식민지성이라는 견지에

---

65 2000년 여성국제법정 판결문 제632항(영문판결문의 필자 번역). 이하 633항~637항도 참고할 것.
66 2012년 힐러리 클린턴 미 국무장관이 공식문서에 일본군 '위안부'가 아니라 '강제 성노예(enforced sex slave)'로 표기해야 한다고 주장한 것은 이러한 연구와 무관하지 않다.

서 일본군 성노예제를 다루려고 한다.

III. 일본군 성노예제의 '식민지성'의 사실적·법적 구성

일본군 위안소에서 조선인 여성들에게 자행되었던 체계적 강간이란, "목표 집단에 속하는 여성들을 강간하거나 노예화함으로써 적군 전체를 파괴 내지 위협하고자 함"과 거리가 있다는 것은 매우 중요하고도 어려운 문제이다.[67] 하지만, 이 일부의 성격이 단지 일본 군인에 '속하는 같은 편'이라는 의미가 아니다. 조선의 피해 여성들은 이 체계적 강간에서 누구였던가. 여기에서는 식민지 조선과 일본 제국 간의 관계를 중심으로 하여 조선인 여성들이 겪은 피해와 범죄의 성격에 대해 논의하려고 한다.

이러한 접근을 하는 이유는 앞서 언급했듯이 조선의 여성들이 겪은 피해에서 식민지성의 규명이 여전히 미진하다고 보기 때문이며, 식민지성의 규명이야말로 일본군 성노예제의 성격을 조명하는 데 매우 중요하다고 보이기 때문이다.[68] 조선인 위안부 여성들이 겪었던 성노예제의 식민지성을 살펴보기 위해서는 먼저 그녀들이 겪은 피해의 사실관계를 충분히 고찰할 필요가 있다.[69]

---

67 맥두걸 보고서, para. 9.

68 마찬가지의 취지로 이타가키 류타 & 김부자 편, 『'위안부' 문제와 식민지 지배 책임』, 배영미 & 고영진 역, 2016, 특히 4-8 참고할 것.

69 정진성, "일본군 위안부제도의 식민지성: 전쟁-젠더-민족-계급-국가의 역학", 『국제학술심포지엄, '전쟁과 폭력의 시대, 다시 여성을 생각한다'』, 미간행자료집(2015. 8. 14 발표)을 참고할 것.

1. 사실에서 드러나는 식민지성

조선인 피해 여성들은 대부분 사기 또는 강압으로 위안부로 동원되었고, 매우 원거리의 적진에서 장기간 성노예로 극심한 피해를 입었다. 여기에서는 위안부 동원·이동·배치·감시와 고문과 박해뿐 아니라 강제 성병 검진 및 위생검사, 기아와 질병에의 방치, 종전 이후 대다수 피해자들의 방치 등에 이르는 전 과정에 작용한 식민지성에 관해서 살펴보아야 하지만,[70] 제한된 지면에서 간단하게 다루어보려 한다.

(1) 공권력이 주도한 조직적 동원

조선인 여성들의 위안부 동원은 군인, 군속, 순사, 이장, 면장 등과 같은 공권력 집행자들에 의해 행해진 경우가 다수를 이루고 있다. 2001년 수행한 192명의 한국인 전(前) 위안부 증언의 조사연구에서 볼 때,[71] 동원 주체들로 군인군속, 순사를 지목한 경우가 전체 피해자의 46.8%, 이장 등 말단 행정 집행자가 8.9%, 교사 2.3%로 나타나서 이들을 모두 합하면 전체 피해 증언의 60% 정도를 이룬다. 여기에, 조선인 모집자(33.3%)와 일본인 모집자(18.2%)를 더하면 위안부 동원의 전체 모습을 추정할 수 있다. 위안부 모집의 대부분은 매춘업자들에 의해 이루었다는 일본 정부의 주장과는 달리 매춘업자들을 포함해서 군인군속, 순사, 이장 등 공권력의 말단 집행자들이 주요 동원 주체였다. 다른 한편, 업자들과 군대 간의 연결 관계도 중요하게 보아야 한다. 1937년 말, 중지나 방면군으로부터 위안소 설치 지시를 받은 상하이 파견군이 업자에게

---

70 더 상세한 피해 사실들은 국내외의 역사학적 연구 성과들에 의거한 2000년 여성국제법정에 제출된 남북공동 기소장(여성부 자료집, 22-67)을 볼 것.

71 여성부, 『일본군 '위안부' 증언통계 자료집』, 한국정신대문제대책협의회 부설 전쟁과 여성인권센터, 2001, 33-34(이하 '여성부 증언통계'로 표기함).

위안부 모집을 의뢰했다는 사실이 내무성 및 경찰 자료에서 확인되었고,[72] 이외에도 업자가 군의 지시를 받고 여성을 모집한 경우에 관한 자료들이 다수 발견되었다.[73] 조선총독부는 위안부를 군대에 보내는데 소요되는 재정적 경비의 측면에서 관여하였다.[74] 1941년 11월부터 전쟁이 끝날 때까지 남방군의 사령관이었던 데라우치 히사이치 하에서 일본군이 1942년 버마를 점령하였을 때, '위안서비스'를 목적으로 조선 여성을 모집하기 위해 일본 업자들이 조선에 몰려들었다. 조선군 사령부는 명백하게 민간업자들에게 위안부 모집을 요청하였고 전폭적으로 그들을 지원했다.[75] 2000년 여성국제법정의 재판부는 이러한 기소사실을 대부분 사실로 인정하였고 아래는 판결문의 일부이다.

167. 1941년에 일본군이 약 80만 명의 관동군 부대를 중국 동북부와 소련 사이의 국경지대로 보낼 때, 우메즈 요시지로 대장이 이끄는 관동군은 그의 휘하 부대를 위한 2만 명의 조선인 '위안부'를 추가로 확보할 계획을 세웠다. 이 계획을 실행하기 위해 하라 젠시로 참모는 미나미 지로가 총독으로 재임하고 있던 조선총독부에 원조를 요청했다. '명령전달통달배치지시 및 업자와의 접촉 등 사무처리'를 담당한 하라 아래 배속된 하사관 무라카미 사다오에 따르면 약 3,000명의 조선인 여성이 조달되어 중국 동북부로 보내졌다.[…] 증거에 따르면

---

72 니시노 루미코, "업자가 '인신매매'로 징집, 연행했으니 일본군은 책임이 없다?," 이타가키 류타 & 김부자 편, 앞의 책, 47.

73 남북한공동 기소장, 5.27항(여성부 자료집. 38).

74 남북한공동 기소장, 5.28항(여성부 자료집. 38).

75 지원자 중에서 기타무라 에이번과 기타무라 도미코는 조선군 사령부로부터 허가를 받았다. 그들은 17세에서 29세에 이르는 22명의 조선 여성을 300원에서 1,000원의 전도금으로 매수했다. 조선군 사령부는 기타무라 부부에게 모든 일본군 부대가 소송, 식량 지급, 의료 등의 필요한 원조를 제공하도록 하는 서한을 주었다(남북한공동 기소장, 5.30항).

최초 계획에서는 일본인 '위안부'를 모집할 예정이었는데 인원을 확
보할 수 없었기 때문에 부족분을 보충하기 위해 조선인 여성을 모집
하였다. (필자강조)

다른 한편, 식민지시기 조선에 일본 형사법이 적용되고 있었다는 점
도 살펴보아야 한다. 당시 형법 제33장 제226조 '약취 및 유괴죄'의 제
1항에는 제국 밖으로 이송할 목적으로 사람을 약취 또는 유괴한 자는 2
년 이상의 유기징역에 처하며, 제2항에는 제국 밖으로 이송할 목적으
로 사람을 매매하거나 또는 유괴, 약취당하거나 혹은 매매당한 자를 제
국 밖으로 이송한 자 역시 제1과 같이 처벌한다고 규정하고 있다. 따라
서, 위안부를 시킬 목적으로 여성과 소녀들을 약취(폭행·협박을 사용해서 실력
적 지배 하에 두는 것)하거나 유괴하거나 인신매매 등을 통해서 외국에 이송
하는 행위는 당시 형법에 의해서 처벌되어야 할 범죄행위였다.[76] 하지
만, 이런 형사법이 조선에서 제대로 집행된 것이었는지 매우 회의적이
다. 이런 형법이 집행되었다면 1937년부터 1944년이라는 장기간, 한반
도 전체에서, 수만 명에서 수십만 명으로 추정되는 여성이 동원되는 일
이란 불가능했을 것이기 때문이다. 참고로, 조선의 '소개영업취체규칙'
을 분석한 연구에 따르면,[77] 조선에서는 직업소개업자의 자격이나 규
제는 매우 느슨한 것이었다. 이후 보다 공고한 '조선직업소개령'이라는
동원체제가 성립되었는데, 이에 따라 유곽 등 예창기를 고용하고 있는
사업자가 인사소개업을 함께 병행할 수 있었다. 1941년 이후에는 직업
소개령의 모집 규정을 개정하여 신문, 잡지 광고를 통해 모집공고와 모
집행위를 할 수 있게 되었다. 이와 같이 개인업자들의 직업소개라는 행

---

76 니시노 루미코, 앞의 논문, 46; 이재승, 앞의 논문, 20.
77 한혜인, "총동원체제하 직업소개령과 일본군 위안부 동원 제국 일본과 식민지 조선
    의 차별적 제도운영을 중심으로,"『사림』제64권, 2013, 404-406.

위 역시 조선총독부 이하 공권력의 허가나 개입 없이는 불가능한 일이었다. 앞서 맥두걸 보고서에서 '정책 기반'의 체계적 강간에 관해 설명했던 것처럼 조선에서 위안부 동원은 대다수 국가기관, 즉 군대와 경찰, 기타 공무수행 중인 공무원들에 의해 혹은 그 공무원들을 대행하는 사인들에 의해 이루어졌음을 알 수 있다.

(2) 다수의 여성이 원거리의 전장에 위치한 위안 시설로 배치됨

여러 연구에서 일본군 위안부 동원 대상에서 조선인이 최대 피해 민족이라는 점에 견해를 같이한다.[78] 조선인 여성들은 어떤 위안소에도 쉽게 만날 수 있었다고 한다. 아래는 2000년 여성국제법정의 판결문의 일부이다.

> 163. 제21군은 '중국도항부녀(支那渡航婦女)에 관한 문의'라는 제목의 문서를 통해 내무성과 대만총독에게 '위안부'를 징집하도록 요청했다. 그 결과 1939년 4월까지 제21군은 광동에 '위안 시설'을 설치하고, 그곳에 조달된 1,000명의 여성을 수용했다. 광동에 설치된 '위안소'의 대부분은 조선인 '위안부'를 이용했으며 그 밖에 대만인, 중국인 여성들이 섞여 있었다. 조선인 여성들은 병사들에게 자신들이 간호보조원 채용광고에 속아 '위안부'가 되었다고 항의했다. (필자강조)

> 191. […] 야전 중포병이었던 오다 키요시의 증언에 따르면 1939년 4

---

78 정진성, 『일본군 성노예제 – 일본군 위안부 문제의 실상과 그 해결을 위한 운동』(개정판), 서울대학교 출판문화원, 2016, 107-122; 요시미 요시아키(Yoshimi Yoshiaki, *Comfort Women*, Columbia University Press, 1995)는 위안부에는 조선인과 중국인이 가장 많았다고 한다(p.30). 위안부의 숫자에 대해 조선인 여성만 8만에서 17만 내지 20만으로 추정된다고 하면서도 후자의 숫자는 과대한 것일 수 있다고 한다 (91).

월에는 광동지역에 다수의 '위안소'가 있었다고 한다. 그는 다음과 같
이 진술했다.

그 '위안소'에는 3명 정도의 노인이 각각 50명 정도의 조선인 '위안
부'를 관리하고 있다. 그곳에만 100명에서 150명의 '위안부'가 있다.
대부분이 '조선 삐(삐는 매춘부를 낮춰 무르는 말)'였다.[79]

다른 한편, 조선인 성노예 여성들이 군인들을 따라서 장거리 이동했
다는 사실도 특기할 점이다. 2000년 법정의 재판부는 북한의 박영심에
관해서 아래의 사실을 인정하였다. 박영심은 중국 남경, 상해와 싱가포
르를 거쳐 버마로 이동하였고 버마에서 다시 여러 지역으로 이동하였
다. 남한의 김복동도 중국 광동에서 홍콩으로 이동하였고 3개월 만에
다시 싱가포르 주둔지로 옮겨졌다.[80] 이런 이동은 피해 여성들을 성노
예의 목적으로 이용하는 것을 여실히 보여주고 있다. 전쟁이라는 위험
하고 불안정한 상황에서 이런 장거리 이송이 가능했던 것은 일본국과
일본군의 계획과 지원 없이는 가능하지 않은 일이기 때문이다.[81]
   한국의 위안부 피해생존자의 증언을 살펴보면, 조선인 여성들이 매
우 광범위하고 다양한 지역으로 이송·배치되었음을 알 수 있다. 처음
동원된 지역을 기준으로 해서 가장 많이 배치되었던 지역을 광역으로

---

79 2000년 여성국제법정 판결문, 제191항.
80 2000년 여성국제법정 판결문, 200항.
81 조시현("2000년 일본군 성노예전범 여성국제법정과 일본군 '위안부' 문제에 관한
    새로운 이해의 가능성," 77)은 본 법정에서 다룰 수 있는 범죄가 성노예제, 강간과
    여타 형태의 성폭력, 노예화, 고문, 강제이주, 박해, 살인, 대량학살임에도 판결에서
    는 성노예제와 강간에 대한 일본의 책임을 다루었을 뿐 여타 행위는 판단하지 않았
    다고 지적한다. 특히, 조선인 여성들 대부분이 체험했던 국외로의 강제이송에 대하
    여 판단하지 않은 것은 매우 애석한 부분이라고 한다.

〈그림 1〉 위안소 지도[82]

배열해 보면 만주, 중국, 일본, 대만, 싱가포르, 버마, 인도네시아, 필리핀, 캐롤라인제도, 파푸아뉴기니, 한국, 남양군도, 캄보디아, 베트남, 솔로몬제도의 순으로 나타난다.[83] 참고로, 위안소 지도[그림 1]에서는 여러 색깔의 점들이 제2차 세계대전 당시 설치되었던 일본군 위안소를 나타낸다. 한국의 192명의 증언에 의하더라도 점들이 표시된 거의 모든 지역들에 조선인 여성들이 이송되고 배치되었음을 알 수 있다.

　당시의 도로, 항만 등 운송시설 및 운송수단을 고려할 때, 상상하기 어려울 정도로 광범위한 지역까지 조선의 여성들이 이송·배치되었다

82　액티브 뮤지엄 여성들의 전쟁과 평화 자료관, 동북아역사재단 후원, 2009.
83　여성부 증언통계, 46-47(식민지였던 대만의 경우 1992년 수행한 피해자 54명에 대한 조사에 따르면 이동지의 분포가 중국, 인도네시아, 필리핀, 버마, 싱가포르, 기타로 나타남).

는 것은 무엇을 의미하는가. 남한의 피해생존자 겨우 192명의 증언에 근거해서 볼 경우에도 앞 지도의 광역 지역들에 거의 모두 조선인 여성들이 배치되었다는 사실에서 실제로 조선 여성들이 동원되었던 지역은 현재의 증언에서보다 훨씬 더 다양했을 것이라고 추정할 수 있다. 이렇게 조선의 피해자들의 동원 지역이 다양하고 광범위하였다는 것은 일본 군대와 조선 여성들의 이송과 배치가 '하나의 체계'로 움직였을 개연성이 높다는 것을 말하는 중요한 단서가 아닐까 한다. 아래에서 볼 것처럼 다른 나라의 피해자들은 일본 군인들이 자기 지역을 침략했을 때 주로 그 지역에서 성폭력 피해를 입은 것에 비해서 조선의 피해자들은 일본 군인의 전쟁 수행과 이동을 따라 아시아와 태평양의 광범위한 지역에 이송·배치되었던 것이다. 이렇게 전선을 따라 군대와 함께 이동하면서 자행된 '전시 성폭력'이란 피해자들의 완전한 종속이 아니고는 상상하기 어려운 매우 희귀한 사례이다.

둘째, 이와 같은 이송과 배치는 일본의 국내법과 국제법의 위반을 의미한다. 앞서 본대로 국외 이송 목적의 사람의 약취, 유괴는 형법 제226조 등을 위반한 범죄행위이다. 방대한 규모의 조선인 위안부를 모집했을 뿐 아니라 이송하고 배치했다는 것은 이런 법규가 작동하지 않았다는 것을 반증한다 하겠다. 또한, 대다수 피해자는 조선의 국경을 넘었는데, 월경(越境)은 당국의 허가 없이는 가능하지 않은 일이다. '황국장병 위안부 도항에 관한 편의 공여편 의뢰의 건'이라는 문서에서 성매매업자는 상하이 영사관에서 신분증명서를 발급받고 위안부 모집을 위해 내지와 조선에 갔다고 기록하고 있다.[84] 특히 전쟁 상황에서 당국과 군대의 허가 없이 피해 여성들이 국경을 넘을 수 있다는 것은 생각하기조차 어렵다. 나아가, 피해자들을 운송했던 기차, 차량, 선박은 일본 영토

---

84 니시노 루미코, 앞의 논문, 특히 48면.

로 간주되어서 국제법의 적용을 받는다. 국제법률가위원회(International Commission of Jurists: ICJ)는 일본이 가입했던 1921년의 '국제여성인신매매 금지협약'의 제14조에 따라 조선과 같은 식민지에는 본 협약이 적용되지 않는다는 일본 정부의 입장을 반박하면서 본 조문이 여성 인신매매를 허용하고 조장하기 위한 것이 아니라 식민지의 지역 전통(신부대금이나 지참금 등)의 문제를 이 조약을 통해 해결하는 것이 적절치 않다고 보아서 삽입된 조항으로 해석하였다. 이에 따라, 이 조문은 조선에 적용되어야 한다는 것이다.[85] 설사 일본이 본 협약이 조선에 적용되는 것을 부인한다고 할지라도 피해자들을 태웠던 운송수단에서까지 그 주장을 할 수는 없다. 조선 여성들에 대한 대규모의 대담한 동원과 해외 이송은 당시 식민지인에 대해서는 부녀인신매매협약과 같은 국제법의 구속을 받지 않는다는 일본국의 계산이 있었다는 점에서도 '국제인권법의 보호 없는' 식민지인에 대한 법의 지배의 단면을 발견한다.

(3) 장기적 감금과 가공할 숫자의 성폭력

조선의 피해자들에게 두드러진 피해는 위안소에서의 체류기간에서도 나타난다. 이는 조선인 여성들이 당했던 성폭력의 피해가 얼마나 심대한 것이었는가를 나타내는 지표이기도 하다. 증언을 분석해 보면 그 체류기간이 1년 미만인 경우가 전체의 4.7%(9명), 1~3년 미만이 25.6%(49명), 3~5년 미만이 20.3%(39명), 5~7년 미만 21.9%(42명), 7~9년 미만이 9.9%(19명), 9~11년 미만이 3.6%(7명), 11년 이상이 3.6%(7명, 최고는 14년)으로 나타난다. 자기 나라에서 성폭력을 당했던 피해자들과 달리 조선의 피해자들은 자력으로 자기 집으로 돌아올 수가 없었기 때문에 위

---

85 국제법률가위원회(International Commission of Jurists, *Comfort Women: An Unfinished Ordeal* (1994), 128). 같은 취지로 2000년 여성국제법정 판결문 제922항, 제923항.

안소에서 더욱더 취약했고 장기간 성노예 상태로 억류당할 수밖에 없었을 것이다. 또한, 전쟁이 끝났을 때에도 대부분의 피해여성들은 종전 사실을 모른 채 일본군이 퇴각한 적진에서 폭격과 기아, 현지인들의 공격 등의 위험 속에서 조선으로 귀환할 가능성이 매우 희박한 상태에 놓였을 것으로 추정된다.

위안소에서의 장기간의 감금은 이들이 당했던 성폭력의 강도와 지속성을 의미한다. 그것은 기간과 횟수 면에서 여타의 전시 성폭력과 성질을 달리한다. 조선인 피해자들은 일본군이 설립한 '위안소'에서 적게는 하루 5~6명에서 많게는 수십 명으로부터 강간을 당했다고 증언하였다. 이는 여타의 체계적 강간 사건에서는 유례를 찾기 어려운, 특별히 주목되어야 할 범죄 양상이다. 반복적이고 지속적인 강간은 모든 증언에 나타나서 한정된 지면에 다 담기 어렵다.[86]

"일요일에는 군인들이 아침 아홉시부터 저녁 여섯시까지 쉴 새 없이 달려들었다. 하루에 20명, 30명, 40명…, 그걸 누가 다 세는가."[87]

"하루에 상대한 군인 수는 30~40명쯤이었으나 공일날에는 군인들이 팬티만 입고 밖에 줄을 서 있을 정도로 많았다."[88]

"군인은 사무실 거쳐서 앞마당에 방방이 줄을 서. 전체 한 100명 넘게 서서 기다려. 바글바글하지 뭐… 많이 올 때는 한 40명 받나 봐. 씻지

---

86 피해생존자 증언은 양현아, "2000년 법정을 통해 본 피해자 증언과 법 언어의 만남", 김부자 외, 앞의 책, 180-181에서 재인용.
87 하순녀의 증언, 한국정신대연구소 & 한국정신대문제대책협의회 편집, 『증언집, 강제로 끌려간 조선인 군위안부들 1』(증언1집), 한울, 1993, 78.
88 황금주의 증언, 증언1집, 100.

못해. 끼는 거 저거 하니까 아파. 아픈 데 어디 생각해 주나. 나만 아 팠지."89

"군인은 보통 하루에 열 명도 더 받지. 열댓 명씩 한 스무 명씩 낮에도 받고, 오후에 병사들이 많이 오지, 신발도 안 벗고 덤비는 거야. 신발 도 옷도 벗을 필요도 없고 잠자리하고 가고 그랬어. 아유 그 일은 잊 어버려야지."90

"하루에 열댓 명이서 그렇게 겪는가 봐. 아유, 그런 어리니 무리하게 당했으니까 피가 그냥 이렇게 막 흘러갖고 며칠 아파갖고 오줌도 못 눴어. 막 그냥 울고, 밥도 못 먹겄고, 얼마나 참말로 죽겠던고."91

하루에 적게는 10회에서 많게는 20회의 강간을 짧게는 1년에서 길 게는 10년 이상 당했다고 가정할 때, 강간 횟수는 한 달 300회(하루 10회 ×30)×12개월= 3,600회 정도에서 한 달 600회(하루 20회×30)×10년(120 개월) = 72,000회 정도 사이라고 추정할 수 있다. 이와 같이 3,000여 회 에서 7만 여회라는 강간 횟수에서 일본군 성노예제의 가장 심대한 인권 유린의 양상을 발견할 수 있다. 일본군 성노예제는 여타 전시 성폭력에 서는 유례를 찾기 어려울 정도로 피해자들은 가공할 횟수의 성폭력을 장기간 당했던 것이다. 그럼에도 일본 군인들을 따라서 '출장을 다니며' '전장에서' 일본 군인을 '받았다'는 증언에서 볼 때, 피해자들은 이런 상 황에 대해 저항은커녕 목숨을 담보로 한 순응 속에 생존했던 것으로 추

---

89 김군자의 증언, 한국정신대연구소 & 한국정신대문제대책협의회 편, 『증언집, 강제 로 끌려간 조선인 군위안부 3』(증언3집), 한울, 1999, 80-81.
90 최화선의 증언, 증언3집, 203.
91 황순이의 증언, 증언3집, 226.

정된다.

이러한 위안소에서의 장기체류란 전쟁의 수단으로서 '적국' 여성이 아니라 '일본인으로서의 조선인'에 대한 통제 속에 발생했던 특이한 전시 강간의 성격을 보여준다. 통상의 전시 성폭력과는 달리 일본군 성노예제에서는 성폭력이 '관리되었다'는 2000년 여성국제법정의 진단은 정확한 것이다.[92] 이러한 현상에 기초해서 일본군 성노예제의 성격에 관해 논해져야 할 쟁점들을 생각해본다. 첫째, 일본군 성노예제에서 '동의'라는 요건이 불필요하다는 것을 확인할 수 있다. 일본군 위안소에서 저항을 한다는 것은 즉각 학대, 고문, 감금, 굶김, 방치, 살해 등을 불러올 것을 예측할 수 있기 때문이다. 둘째, 일본군 성노예제는 군대 성매매와 유사한 외관을 띠었고 앞서 지적한대로 살아남으려면 위해 어떠한 저항도 할 수 없었다. 이런 특징은 이후 피해자들에게 '자신이 성관계에 동의한 것이 아닌가'라는 미묘하고 애매한 죄책감을 남겼을 수 있다. 조선의 여성은 위안소에서 적군도 아군도 아닌 식민지인으로서 체제로 결합되었다. 탈식민 이후 가부장적 한국 사회는 피해 여성들을 일본 군인에게 자발적으로 성적 상대가 되어 준 것이 아닌가라는 의심을 가지고 바라보았다는 점에서 성폭력 이후의 피해를 더욱 심화시켰을 것이다. 이런 '피해의 식민지성'에 대해서도 주목해야 한다.[93] 셋째, 앞

92 널리 알려진 아소 군의가 남긴 문서에 따르면, 위안부는 일본 군인들의 성병을 방지하기 위한 "위생적인 공중변소"이자 "황군 장병에게 보내는 선물"이라고 미화되면서 그 잔혹상이 완전히 지워져 있다. 아소 테츠오(麻生撤男: 제11군 제14병참병원 육군 군의 소위), "화류병의 적극적인 예방법," 동북아역사재판 편역, 『일본군 '위안부' 문제 자료집 (I) –'위안부' 동원과 위안소 설치』, 동북아역사재단, 2020, 236-281.

93 일본 남성의 입장에서는 위안소에 조선 여성들이 다수 배치되었다는 사실은 조선 여성 그리고 조선인에 대한 일본군인의 인식을 만들고 강화하는 계기가 되었을 것이라고 생각한다. 조선의 여성이란 (그리고 그녀들을 가부장적으로 통제하는 조선의 남성이란) 일본 군인들이 마음대로 성적으로 사용할 수 있는 노리개와 같은 무

서 살펴본 '강압적 상황'과 같은 요건을 일본군 성노예제에 치밀하게 적용해야 할 것이다. 조선의 여성들에게 일본군 성노예제의 강압적 상황이란 강제 동원과 이송뿐 아니라 고국에서 상상하기도 어려운 원거리 지역(피해자 대부분은 자신이 어느 곳에 이송되었는지 정확히 알지 못한다)에서 감금되었다는 사실, 여기서 수년에서 수십 년의 성노예로 순응하지 않으면 살 수 없었다는 사실이 적시되어야 할 것이다.

(4) 일본군 '위안부'의 다양한 피해 양상: 식민지, 교전중과 점령지

아시아와 태평양지역을 포함해서 광범위하게 설치되었던 일본군 성노예제도는 여러 나라와 여러 민족의 여성들에게 성폭력을 자행하였다. 하지만 이 성노예제도는 민족과 지역에 따라서 하나가 아니라 다양한 모습을 하고 있다.[94] 일본군 성노예제와 같이 제도화된 성폭력은 일본 남성에 의한 특정 민족의 여성에 대해서 자행한 것으로 당시의 일본국과 맺었던 식민지, 점령지, 교전지 등과 같은 관계에 따라서 성폭력의 양상이 상이하였다.

이제 2000년 여성국제법정의 판결문을 통해서 조선인 이외의 여성들에게 자행되었던 성폭력에 관한 법정의 판결을 잠시 살펴보도록 한다. 아래는 성폭력 피해가 만연하였던 중국의 피해자의 증언이다.

> 168. 본 법정에서 증언한 중국 피해생존자 중 하나인 완아이후아(方愛花)는 그녀가 14세 때인 1934년 일본군에게 잡혔다고 증언하였다. 그녀는 다음과 같이 진술했다.

력한 존재라는 것을 체험하는 장, 조선의 여성을 조롱할 수 있는 푸코(Foucault)적 의미에서 젠더와 민족에 관한 신체적 정신적 체험의 장소가 아니었을까 사료된다.
94 Knop & Riles, 앞의 논문.

나는 굴 속으로 끌려갔다. 그 굴에는 방이 있었는데 나는 그 굴 속 깊이 끌려가 강간당했다. […] 그 곳에서 갑자기 내 옷을 모두 벗긴 후 그들은 내게 한 마디라도 소리를 내면 죽여버리겠다고 위협했다. 나는 무서웠다. 아무 말도 하지 못했다. 5명의 병사가 동시에 들어와 나를 강간했다. 그들의 요구에 따를 수 밖에 없다고 느꼈다. 물론 저항은 했지만 다른 선택의 여지가 없었다. 나는 나무에 묶여 매일 강간당했다. 매일 일본군 병사가 들어왔고 나는 강간당했다.95

위 피해자는 이러한 폭력의 상태에서 20일 동안 감금되었다가 도망쳤으나 다시 잡혔다. 그 후에는 일본군들이 그녀를 더욱 심하게 다루었고 잔인하게 강간하였기 때문에 피해자가 죽은 줄 알고 나체로 강에 버렸으나 어떤 할머니가 그녀를 구해주었다고 한다. 판결문에는 이런 상태에서 "무려 20일"이라고 표현하고 있다.

김선화는 일본 군인들에 의해 성폭력을 당한 피해 여성을 식민지, 점령지, 교전지의 여성 등으로 나누어서 지역에 따라 위안부의 체험과 피해 상황이 상이하였다는 점을 분석하였다.96 교전지에서는 위안부 제도가 피해자의 동원과 배치, 장기 감금과 같은 체계적인 양상이 아니라 개별 군인의 비인도성과 잔혹함이 두드러지고, 일반적으로 말해지는 전시 강간 양상이 나타난다. 점령지에서의 위안부에 대한 동원은 개별적이고 임의적이어서 전반적으로 덜 체계적이다. 중국의 성노예제에서는 식민지와 점령지의 성격이 혼재해 있는데, 중국에서는 위안소가 설치되어 그 안에서 체계적 강간이 이루어진 경우도 있지만, 아예 위안소 자체가 설치되지 않고 군인들이 거리나 민간마을에 침입하여 강간하는 사례도

---

95 2000년 여성국제법정 판결문, 제168항~제170항
96 김선화, "포스트식민 한국사회와 일본군 '위안부' 문제-관련 재판과 '2015년 한일 합의'를 중심으로", 서울대학교 대학원 법학과 석사학위논문, 2017, 43-48.

나타난다. 여성을 강간하고 잔혹하게 살해하는 등의 중국 피해자들의 증언에서 볼 때, 중국에서는 식민지에서 체계적으로 제도화된 위안소와 아직 그러한 제도화가 이루어지지 못해 개별적으로 강간이 자행되는 점령지에서의 모습이 동시에 나타난다는 것이다. 중국에서의 강간은 일본의 제국주의적 욕망이 투사된 현상으로서 단순히 군인들의 성적 욕구를 해결하고 성병이 확산되는 것을 막아 효율적인 전쟁 수행이 가능하도록 하는 목적을 넘어서고 있다. 군인들은 여성을 강간하는 데에 그치지 않고, 강간한 후 잔인한 방법으로 상해를 가하거나 살해하였다. 일본군이 중국을 점령하고 이를 식민지화해가는 과정에서 전시 성폭력의 양상이 그 전쟁 수행의 단계와 밀접한 연관을 가지고 전개되었다는 것이다.

이러한 비교에서 볼 때, 성폭력이 자행된 방식에는 당시 해당 국가나 민족이 일본 국가와 맺었던 관계의 반영이자 그 관계를 재확인하고 다시 만드는 과정이 집약돼 있다고 할 수 있다.[97] 이런 차이들에 주목하는 이유는 여성에 대한 전시 성폭력이란 다양한 목적과 양상으로 자행되었다는 점을 인식해야 하고, 여기에 성차별주의뿐 아니라 각 역사적 맥락 속에서 인종주의와 식민주의 그리고 제국주의 등의 정치적 상황이 교차되어서 발생했다는 것을 인식하기 위해서이다. 그저 '여성과 전쟁'이라는 추상적인 틀로는 여성들을 다시 타자화하고 약자화할 뿐 여성 폭력의 사회역사적 성격을 온전히 파악하기 어렵다.

---

97 Euan Hague, "Rape, Power and Masculinity: the Construction of Gender and National Identities in the War in Bosnia-Herzegovina" in R. Lentin (ed.) *Gender and Catastrophe*, Zed Books, 1997, 49-72.

2. 식민지성에 기반한 젠더폭력(Gender Violence based on Coloniality)의 논리 구성

이제까지 살펴본대로 조선의 여성들이 입었던 극심한 인권 유린을 가능케 하였고, 그 피해 양상에 내재해 있는 식민지성을 여하히 전시 성폭력의 법리에 통합시킬 수 있을까. 또는, ICTY나 ICTR의 판결에서 구성된 전시 성폭력에 관한 발전된 논거와 여성주의적 법해석을 여하히 일본군 위안부 문제의 역사적인 차원 속으로 끌어들일 수 있을까. 요컨대, 아시아의 역사성과 여성주의적 법해석을 여하히 결합시킬 수 있을까. 이러한 양자간의 간극을 생각할 때, 2000년 여성국제법정이 조선인 피해자의 입장에서 식민지성의 견지에서 전시 성폭력의 법리를 구성하기는 매우 어려웠을 것이다. 50여 년 전의 사자(死者)를 불러들이고 범죄의 책임자를 기소하고자 했던 매우 뜻깊은 정의 실현과 인권 구제의 장이었음에도 이러한 간극이야말로 남북 코리아의 검사단에게는 2000년 여성국제법정을 매우 무겁고 힘겨운 공간으로 느끼게 만들었던 이유가 아니었을까. 이제 20년이 지난 지금, 앞서 본 전시 성폭력에 대한 국제법적 논리들과 앞서 본 바와 같은 축적된 사실들에 기반하여 일본군 성노예제가 자행한 인권 유린의 식민지적 성격을 명료화하기 위해서 구성되어야 할 논리를 제안하고자 한다.

(1) '식민지성에도 불구하고'에서 '식민지성으로 인해서'로 전환

2000년 여성국제법정의 재판부는 조선과 대만 여성들이 처했던 식민지 상황을 여러 측면에서 고려하였던 것으로 보인다. 재판부는 국가가 그 자신이나 그 대리인이나 국가기관의 행위를 통해서 국제적 의무를 위반했다면 국제적인 범죄와 불법행위의 책임을 진다는 것이 ICTY 등에서 확립되었음을 분명히 하였다. 아래는 조선인과 대만 여성들에 대한 판시 부분이다(이하 판결문 강조는 필자에 의함).

906. 여기서 생기는 문제는 그러한 위반에 수반된 국가책임이 강간당하고 노예화된 대만, 조선, 일본 출신 여성에게도 적용될 것인가 아니면 국제법상 일본에 있어서 '외국인(foreigner 또는 aliens)으로 간주되는 여성들에게만 적용될 것인가 하는 것이다.

907. 국제법상으로는 식민지, 그리고 유사한 속령은 별개 국가로서의 지위 또는 주권을 갖지 않는다. 종주국만이 국가로서의 국제적 인결을 가지고, 국가에 귀속되는 국제적 권리의무를 행사할 자격을 가진다. 따라서 식민지로 되었던 영역의 사람들은 식민 종주국의 국적과 별도의 국적을 갖지 않는 것으로 된다.

908. 일본은 1895년에 대만을, 1910년에 조선을 각각 식민지로 하였다. 신뢰할 만한 몇 가지 주장들은 가령 일본에 의한 조선과 대만의 식민지 지배가 없었다면 그렇게 많은 숫자의 여성이 이들 관내로부터 '위안부'로 징집되는 일은 없었을 것이라는 점을 시사한다. 일본군과 정부의 식민지 사람을 열등시하는 제국주의적, 인종차별적 견해와 성차별적이고 자민족 중심적인 정책이 이들 관내의 여성들에 대한 착취를 조장하였다는 것은 의심의 여지없이 사실이다. 말하자면 일본의 국가체제는 식민 여성을 함부로 취급할 수 있다고 보았으며, 일본 여성보다 식민지 여성을 '위안부'로 하는 것이 더 쉽게 용인될 수 있다고 생각하였다.

911. 일본은 국가책임에 대한 전통적인 원칙이 외국인에 대한 국제위법행위에 기한다는 것을 이유로, 일본인·조선인·대만인 여성에 대한

책임을 부정하려 해왔다. 식민지 사람인 조선인과 대만인은 이 보호 하에 들지 않는다는 것이다.

912. 그러나 공동 기소장에 대한 판결에서 검토한 바와 같이 인도에 반하는 죄라는 개념은 이 기본원칙을 그 민간인이 자국민인가 아니면 그야말로 식민지인인가를 묻지 않고 모든 사람에 대한 손해에까지 확대하였다. 따라서 이러한 책임의 원칙은 교전국이 자국민에 대하여 행한 인도에 반하는 죄에도 적용된다. 따라서 일본은 국제위법행위가 식민지인과 자국민 중 어느 쪽에 대하여 행해졌는가에 불구하고 그 책임에서 면죄되지 않는다.

913. 이에 더하여 국제범죄로서의 노예제는 전쟁범에만 기한 것이 아니라, 소추된 범죄가 행해진 시점에서의 전쟁 여부에 불구하고 국제위법행위를 이루는 것이다. 우리는 일본이 "가해행위가 행해진 당시의 한반도(그리고 대만)의 영토적 지위가 어떠하였는가를 불구하고" 관습 국제법을 위반하였다고 하는 "무력분쟁 중의 구조적 강간, 성노예제 및 노예유사행위에 관한 특별 보고자"의 결론에 찬성한다.[98] 그 결과 이 규범들은 그들이 점령지의 민간이었는가 여부에 불구하고 조선인(그리고 대만인) 여성에게도 동등하게 적용된다.

이렇게 위 판결문의 중심 논리는 본 법정이 다루는 강간과 성노예제와 같은 인도에 반하는 범죄에 대한 일본의 책임은 조선과 대만의 여성과 같이 식민지인임에도 '불구하고' 그 법리가 적용되어야 한다는 보편성에 있다고 보인다. 외국인이건 내국인이건 전쟁 상황이건 아니건 간

98 이는 앞서 본 맥두걸 보고서를 의미함.

에 앞서 본대로 민간인에 대한, 대규모의, 정책과 명령 등에 의한 체계적인 범죄로서 강간과 성노예제를 인도에 반하는 범죄로 판단했던 것이다. 2000년 여성국제법정이 이렇게 식민지 여성에게 자행된 군대 성노예제를 인도에 반한 범죄에 포함시킨 것은 식민지의 여성임에도 보편적 인권을 인정받아야 한다고 선언했다는 점에서 큰 의미를 가진다고 생각한다. 하지만, 조선과 대만 여성들이 당했던 위안부 피해와 범죄 성격을 이러한 동등성(일본인이나 여타 외국의 민간인)의 논리로 구성하면 충분한 것인지는 의문이다.

앞서 본 것처럼, 조선의 여성들은 공권력 및 공권력과 결탁한 개인업자들에 의해서 수만에서 수십만에 이르는 대규모로 장기간 동원되었고 국경(조선)을 넘는 데도 일본 당국의 지원과 묵인과 협조가 있었을 것으로 추정된다. 또한, 일본 군대가 싸웠던 거의 모든 지역에 배치되었다는 것을 추정할 수 있었다. 피해 여성들은 가장 위험한 적진의 위안소에서 길게는 10년까지 체류하면서 하루 평균 20회 정도의 성폭력을 포함한 고문, 구타, 박해 등 총체적인 인권 유린을 당했다. 생식기 손상, 성매개 감염병, 강제임신과 강제불임 등 재생산 폭력(reproductive violence)도 당하였다.[99] 그럼에도 전쟁 이후 국제평화협약이나 외교 관계에서 식민지의 여성들의 피해 배상 문제는 완전히 누락되었다는 점에서 포스트식민사회의 젠더 문제가 드러난다. 이렇게 볼 때, 조선의 여성들에게 자행된 성노예제와 강간이라는 범죄에 대해서는 단지 식민지인임에도 '불구하고'가 아니라 식민지인이었기 '때문에'라고 하는 보다 적극적인 법논리가 그 사실과 역사의 측면에 부합한다.[100] 그렇지 않다면, 식민지 여성

---

99 극심한 장기간의 성폭력에 따라 한국인 위안부 피해자들에게 나타나는 재생산폭력에 대해서도 주목해야 한다(양현아, "일본군 성노예제에서 자행된 재생산폭력(Reproductive Violence)의 고찰: 피해생존자의 증언에 기초하여", 『법과 사회』 제65호, 2020, 33-70).

이었기 때문에 입은 피해 양상들은 누락되거나 스쳐지나감으로써 구체적이고 정확한 '이름을 가지지 못한 채' 떠돌 것이다.[101]

(2) 강압적 상황(coercive circumstances)

전시 성폭력과 젠더 범죄에 관하여 뚜렷한 족적을 남겼던 ICTR과 ICTY의 판결들은 조선인에게 자행되었던 성노예제 범죄들에 대해서도 귀중한 선례를 제공한다. 특히 ICTR의 아케야수 판결 등에 제시되었던 성폭력의 강압적 상황이란 요건을 식민지 조선의 여성들이 처했던 복합적인 피지배 상황에 적용하고 발전시키는 것이 중요할 것으로 보인다. 앞서 보았듯이, 아케야수 판결에서 강압적 상황이란 물리적 힘의 존재를 증명할 필요가 없이 협박, 위협 등 여러 형태의 강박이 강압적 상황을 구성할 수 있고 무력갈등 내지 군대의 현존이라는 상황 자체에 강압성이 내재하고 있다고 판단하였다. 이렇게 강압적 상황이란 전시 상황에 내재해 있고 최종적으로는 무기를 가진 군대와 국가가 언제라도 물리적 폭력을 사용할 수 있는 가능성을 가졌다는 점을 전제로 한 개념이라고 사료된다.

ICTY의 쿠나락 판결에서는 강압적 상황 개념을 더욱 정교화했다. 정리하자면, 피해자가 섹스를 거부할 수 없도록 거짓이나 속임수를 쓰고 등 피해자를 취약하게 만드는 요소들을 구체화하였다. 피해자의 연령, 질병 등으로 동의할 수 있는 능력이 부족했다든가 심리적 압력이나 저항할 수 없었던 상태와 같은 환경적 특성도 고려하였고, 피해자에게 충

100　식민지적 법의 지배에 대한 국제적인 연구 지형이 없지는 않다. 1980년대 이후의 포스트식민주의와 서브알턴 연구의 성과들, 2001년 남아공의 더반 선언, 남미에서의 탈권위주의적 과거 청산 운동 등에 관한 연구를 그 예로 들 수 있다(이재승, 앞의 논문 참고).

101　'이름을 가지지 못한 범죄'라는 표현에 대해서는 조시현, 앞의 논문에서 가져왔다.

격이나 왜곡된 정보 등을 주어서 피해자가 제대로 된 정보를 가지고 거부할 수 없었던 경우에도 동의 능력을 부정했다.[102] 이러한 모든 요소들이 조선의 여성들에게 작용했던 일본군 성노예제의 '강압적 상황'에도 적용될 수 있을 것으로 생각한다.

그동안 한국과 일본 간에는 '강제성' 개념을 두고 공방을 벌여왔다. 고노(河野) 담화(1992)에서는 "당시의 조선반도(한반도)는 우리나라(일본)의 통치하에 있었고, 모집, 이송, 관리 등은 관헌 강압에 의해 대체적으로 본인의 의사에 반(反)해서 행해졌다"라고 하였다. 이 담화에서는 "일본의 통치"라는 표현에서 일본의 관여를 처음으로 인정하였다는 점, 모집뿐 아니라 이송, 관리 등의 과정에서 "강압에 의해 대체로 [피해자] 본인의 의사에 반했다"라는 점을 명시했다는 점 등 그 의미가 적지 않다. 고노담화와 함께 이후 무라야마(村山) 수상의 담화(1995)는 일본 정부의 공식 견해가 되었고 일본의 역사인식의 '탈식민화'의 출발선이 되었다.[103] 아베 수상과 같은 보수정권 이후 이러한 견해조차 완전히 부정되고 있어서 논의할 실익이 적다고 할 수 있다. 하지만, "의사에 반함"이라는 개인의 의사를 중심으로 한 개념을 가지고 조선에서 여성들을 동원했던 과정에서 나타나는 법적, 행정적, 정신적 강압 상태를 다루기는 너무나 단편적인 것이 아닌가 한다. "개인의 의사"는 강제성의 문제를 단지 개인의 동의 여부 문제로 환원하고 있는 데다 쿠나락 판결에서 보이는 것처럼 피해자의 취약하게 만들고 동의를 하기 어렵게 만다는 사회적 개인적 조건들에 대한 고려가 결여되어 있기 때문이다. 관련해서, 김부자는 그동안 일본 정부는 위안부 문제의 강제성에 관해서는 '연행의 강제성'만에 한정하였고 그 강제성은 '협의의 강제성,' 즉 군과 관헌에 의

---

102 쿠나락 전심 판결, para. 452.

103 김부자, "위안부 문제에 대한 일본의 법적인 책임과 탈식민지주의", 서울대학교 여성연구소 발표문. (2012. 9, 6).

한 노예사냥과 같은 강제성에 한정하였고 그것을 입증할 공문서가 없다는 것을 이유로 일본군 위안부 제도에 대한 일본의 책임을 부정하는 논리를 세웠다고 정리하였다.[104]

앞서 본대로 ICTR과 ICTY에서는 성폭력이 피해자의 동의 여부(의사에 반함 여부)가 아니라 강압적 상황 속에서 발생했는가에 초점을 두어 사실관계 규명과 논리 구성에 주력하였다. ICC에서 젠더폭력범죄 규정을 입안했을 때에도 강제성 문제와 관련하여 다음과 같은 논의가 있었다. 전통적으로 성폭력이 가해자가 피해자에게 행사하는 물리적 폭력 및 협박, 강요를 포함한 물리적 강제상태(forced condition)를 주요 구성요건으로 한다면, 전시에 발생한 다수의 성폭력에서는 그러한 폭력에 국한하지 않는 제도와 법, 정책에서 오는 강제성, 즉 집행된 강제상태(enforced condition)가 나타나는 바 이를 분리하여 개념 사용을 하고 있다.[105] 이런 논리에 따르면 성폭력의 모형을 단지 가해와 피해라는 2자 관계가 아니라 보다 입체적인 성폭력체계의 모형을 그려낼 수 있지 않을까 한다. 예컨대, 제도설계행위-실행행위-성폭력행위-복합적인 인권유린 피해와 같이 다차원적인 행위 모형을 그릴 수 있을 것이다. 이 다

---

104   김부자, "위안부 문제와 탈식민주의," 나카노 도시오·김부자 편, 『역사와 책임』, 이혜숙 역, 2008. 123.

105   ICC의 범죄 구성 요소를 참고할 때, 개별 가해자의 폭력이 'forced condition'('물리적 강제상태'로 번역함) 정책에 기반한 폭력은 'enforced condition'('집행된 강제상태'로 번역함)에 해당한다. 여기서, 'forced'란 물리적 폭력, 협박(threat), 위협(intimidation), 강요(extortion) 및 다른 종류의 협박(duress)의 사용을 의미하며, 'enforced'란 어떤 행위를 따르거나 견딜 것을 강요하는 법적·사회적 제재의 존재를 뜻하는 것으로서 법적 시스템, 정부의 교시, 혹은 군대 상관의 명령과 같은 제도화된 권력을 의미한다. 이와 같은 구분은 체계적 강간뿐 아니라 강제 성매매, 강제낙태 및 강제불임화 등의 범죄로 ICC 로마규정에 수용되었다 [Johan van der Vyver, "Gender-Specific Crimes in International Law," unpublished manuscript; ICC, Elements of Crimes, Crimes Against Humanity, Art. 7(1)(g)-1 (Rape), Art. 7(1)(g)-3(Enforced Prostitution), Art. 7(1)(g)-4 (Forced Pregnancy), Art. 7(1)(g)-5 (Enforced Sterilization)].

차원의 성폭력 행위모형의 각 연결고리에는 상부에서 말단까지의 행정관리, 경찰, 군인군속, 직업소개업자, 성매매업자, 일반인 등 다양한 주체들이 가해자과 공모자, 협력자, 피해자 등으로 관여했다는 것을 고려할 때, 매우 광범위하고 다층적인 '강압의 체계'를 그려낼 수 있다. 필자는 일본군 성노예제에 있어서의 강압적 상황이란 물리적 강제상태와 집행된 강제상태가 서로 결합된 상황으로 이해한다. 이 체계 속에서 성노예로 동원된 피해 여성들은 제일 하단의 연결고리에 위치하면서 성폭력에 국한하지 않는 강제이동, 실종, 고문, 박해, 살해 등 복합적인 인권 유린의 피해를 입었다고 볼 수 있다. 이런 시각에서 보면, 기존의 협의의 강제성 내지 광의의 강제성과 같은 구분은 너무 단면적 단편적 기준이 아닌가 한다.[106] 또한 피해자들이 겪은 인권 유린은 성폭력에 국한하지 않음에도 여성이라는 젠더 효과로 인하여 고문, 박해, 실종, 집단학살과 같은 다른 범죄 양상들과의 연결고리를 만들어내지 못한 채, 오로지 성적 측면만이 부각되어서 피해자들이 다시금 성적으로 대상화해온 것은 아닌지도 돌아보아야 한다.

(3) 적국이 아니라면 '아군의' 여성이었나

앞서 체계적 강간이란 그 자체로도 이미 범죄가 되는 강간 행위가 "목표 집단"에 대하여 "광범위한" 또는 "정책에 기반을 둔 대규모적 형태의 공격"이라고 정의하였다. 조선의 여성들이 동원되었던 전시 강간이 일본과 조선 간의 전쟁이 아니었다는 점 등을 고려해서 2000년 여

106　국내 법원에서 사용해온 최협의의 폭행이란 '반항이 불가능하거나 현저히 곤란한 정도'의 강제성(기존의 강간죄 등 판단의 요건)으로, 최광의의 폭행이란 '한 지방에 있어서 공공의 평온을 해칠 정도로 행하는 사람 또는 물건에 대한 일체의 유형력의 행사'라는 해석론이 있다. 이러한 기준으로는 가해자와 피해자의 권력관계나 체계적인 강제성을 포착하기 어렵다.

성국제법정 재판부는 강간과 성노예제를 전쟁범죄를 다루지 아니하고 인도에 반하는 범죄로만 판단했던 것으로 사료된다. 하지만, 조선인의 입장에서 일본군 성노예 범죄를 '전쟁범죄'로 다루어야 한다는 견해도 있다. 이윤제에 따르면,[107] 설사 일본이 한국을 식민지로 병탄한 효과에 의해서 한국이 독립국가의 성격을 잃었다는 견해를 취할지라도 대한민국임시정부의 존재는 물론이고, 일제의 침략에 대항한 독립군, 광복군, 의열단 등에 의한 대규모 장기적 무력 충돌의 존재를 주목해야 한다. 이런 주장은 특히 최근의 전쟁범죄의 적용이 다원화되고 확대되어서 국제적이지 않은 무력분쟁. 산발적 폭력행위, 폭동, 내적 분쟁, 조직된 군사집단 등에 의한 무력 사용 등에 적용되는 현상을 주목할 때 더더욱 가능하다고 한다.[108] 대일 항쟁은 비국제적 무력충돌을 넘어서 민족자결권을 행사하여 식민지배, 외국의 점령에 대항하는 무력충돌이므로 국제적 무력충돌 중의 전쟁범죄로 구성할 수도 있다는 것이다.[109] 최근 국제형사법은 기존에 전쟁범죄에서 요구되던 상호주의 원칙을 취약한 집단인 아동과 여성에게 적용하지 않고 있다. 이에 따라, 일본군 성노예제의 경우에도 피해 여성이 속한 집단이 가해 집단에 속하는지 여부를 따지지 않고 전쟁범죄를 구성할 수 있다는 것이다. 이러한 견해는 참고가 되지만 위안부 피해자에게 자행된 범죄 행위들에 내재한 식민지성을 정면으로 파헤치지는 않고 있다고 생각한다.

　　필자의 의견으로는 조선 여성의 입장에서 일본군 성노예제 문제에 대한 법리학을 구성한다고 할 때, 그 중심 과제는 당시의 전쟁에서 일

107　이윤제, "일본군 '위안부'에 대한 국제범죄의 법적 구성", 『형사법의 신동향』 제53호, 2016, 136-175.

108　전쟁범죄의 다원화 경향에 대해서는 Hagay-Frey, 앞의 책, 특히 121-128.

109　특히 1977년 제네바 협약(1948년)의 제2추가의정서 제1조 제4항은 민족자결권을 행사하여 식민지배, 외국의 점령, 인종차별체제에 대항하는 무력충돌을 국제적 무력충돌로 규정하고 있다.

본인과 조선인 간의 관계는 적도 동지도 아닌 식민지 피지배인라는 관계성(relationality) 그 자체의 규명에 있다. 이 점에서 최근 ICC에서 선고한 Ntaganda 판결(이하 '은타간다' 판결)이 시사적이다.[110] 은타간다 사건에서는 콩고의 내전에서 소년병(girl soldiers: 이하 '소녀병')들은 적대행위에 참가했을 뿐 아니라 상관이나 동료 남성 군인부터 지속적으로 강간과 성적으로 노예화된 것이 폭로되면서 이것이 전쟁범죄에 해당하는지가 다루어졌다.[111] 1990년대부터 콩고민주공화국은 종족 간 갈등에 기초한 무력분쟁으로 인해 많은 시민이 사망하는 무정부 상황에 처하였다. 콩고는 2002년 4월에 로마규정을 비준한 로마규정 당사국으로 ICC 검사는 2004년 6월 위 사태에 대한 수사 개시를 결정하였다. 콩고민주공화국 사태와 관련하여 ICC에는 총 4개의 사건(Lubanga, Ngudjolo, Katanga, Ntaganda)에 대한 재판이 열렸다. 은타간다 사건에 대해서는 2015년 9월부터 2018년 8월까지 재판이 진행되었는데, 제1심 재판부는 2019년 7월 만장일치로 공소 제기된 18건의 범죄 모두에 대해 유죄판결을 선고하였고 2019월 11월 피고 은타간다에 대해 징역 30년을 선고하였다. 은타간다 판결로부터 이 글의 주제와 관련해서 얻을 수 있는 시사점

---

110 The Prosecutor v. Bosco Ntaganda, ICC-01/04-02/06-T-10, 13 February 2014, PreTrial Chamber II, 27; The Prosecutor v. Bosco Ntaganda, ICC-01/04-02/06-309, Pre-trial Decision Pursuant to Article 61(7)(a) and (b) of the Rome Statute on the Charges of the Prosecutor Against Bosco Ntaganda, 9 June 2014; The Prosecutor v. Bosco Ntaganda, ICC-01/04-02/06-1707, Second Decision on the Defence's Challenge to the Jurisdiction of the Court in Respect of Counts 6 and 9, 4 January 2017; The Prosecutor v. Bosco Ntaganda, ICC-01/04-02/06-2359, Judgment, 8 July 2019 (김선화, "전쟁범죄에서 피해자의 적국성과 일본군'위안부' 문제 -ICC의 Ntaganda 사건을 중심으로," 법원 국제법연구회 발표문, 2020에서 재인용됨).

111 은타간다 판결에 관한 자세한 내용은 다음을 참고할 것(김선화, 앞의 발표문; Rosemary Grey, "Protecting Child Soldiers from Sexual Violence by Members of the Same Military Force: A Re-conceptualization of International Humanitarian Law?," ICD Brief 10, April 2015).

들 ⅰ) 15세 미만 소녀병들에 대한 강간과 성노예화 전쟁범죄에 관하여 ICC의 관할권을 인정하였다는 점, ⅱ)무력분쟁에서 같은 집단에 소속된 피해자에 대해서도 전쟁범죄가 성립될 수 있음을 인정하였다는 점. 즉, ICC가 피해자의 적국성을 강간과 성노예화로 인한 전쟁범죄의 필수적인 성립 요건으로 보지 않는다는 새로운 해석론을 내놓았다는 점, 그리고 ⅲ) 같은 집단에 속할 경우 전쟁범죄가 성립하기 위해서는 범죄행위(강간과 성노예화)와 무력충돌 사이에 기능적 연관관계(nexus)가 인정되어야 한다는 점 등이다. 은타간다 판결에서는 같은 군대 집단의 소속원들에게 자행된 강간과 성범죄가 전투 수행과 기능적 연관성을 가진다면 전쟁범죄로 판단할 수 있다고 하였다.

일본군 위안부들의 지위가 군인이라고 할 수는 없지만, 일본군 성노예의 범죄행위와 무력충돌 간의 기능성 연관성을 찾을 수는 있다.[112] 나아가, 당해 집단의 전투 수행을 위해 동원되면서도, 동시에 그 집단 내에서 체계적으로 강간당하는 '역설적인' 상황, 그리고 이러한 상황이 야기한 피해가 일본군 성노예 제도에서 조선인 여성이 처한 상황과 흡사한 측면이 있다.[113] 한국의 피해 생존자 증언에서 나타나는 것처럼, 피해자들은 위안소에서 일본 이름으로 불리면서 일본 군인을 '손님'으로 부르기도 한다. 이것은 자신의 성폭력 가해자들을 부를 언어조차 박탈당하는 상황이자 자신의 생존을 일본 군대와 위안소에 전적으로 의탁하고 있는 상황을 나타낸다고 해석한다.[114]

하지만, 은타간다 판결은 여전히 조선인 일본군 위안부들이 일본군

---

112 피해생존자 증언이 말하듯이 '위안부'들은 일본 군인들의 성적 노예로서 활용되었을 뿐 아니라 세탁, 취사, 간호, 군사훈련 등에도 사역당하였다.

113 김선화, 앞의 발표문, 21-22.

114 피해생존자의 증언에 입각해서 피해 사실의 규명과 함께 심리적이고 정신적인 피해의 식민지적 차원에 관한 연구도 필요하다.

과 진정으로 같은 군대에 속한 사람들이었는지에 관한 의문을 지우게 하지는 못한다. 앞서 살펴보았듯이, 조선의 여성들의 동원과 우송과 배치 과정은 교전 중인 적국이나 점령지 여성들에게 자행되기 어려운 정도로 체계적이고, 장기적이고 관리된 성격을 가지고 있다. 이는 일본 군대의 입장에서 조선의 여성들이 적국 여성들과는 다르게 취급되었다는 것을 보여주지만, 그렇다고 일본 '내지' 여성들과 조선 여성들이 동등하게 취급된 것도 아니라는 점을 보여준다. 성매매업과 무관한 일본 여성들을 수만 내지 수십만 명 동원해서 전장으로 내보내는 일은 상상하기 어려운 일이기 때문이다.[115] 앞서 국제여성매매금지협약에 대한 일본국의 준수의무 문제에서 볼 때, 조선의 여성들은 일본국의 국민으로서 의무를 부과당하면서도 일본의 내지 여성들에 비해 차별적으로 취급되었다. 조선의 피해 여성들이 놓여 있었던 일본군의 일부이면서도 차별적으로 취급된 이중적이고 모순적인 지위에 주목해야 한다. 요컨대, 2000년 여성국제법정 이후에도 일본 군대가 조선인 여성에게 자행했던 전시 성폭력의 성격 규명은 명쾌하지 않은 채 남아있다.

(4) 과연 '전시'의 성폭력이었나

앞서의 논의는 조선의 여성의 입장에서 일본군 성노예제를 단지 전시에 발생했던 성폭력이라는 의미에서 전시 성폭력으로 명명하면 충분한가라는 질문으로 이어진다. 전시에 발생한 성폭력이라면, 국제적이고 국내적인 무력분쟁 시기에 군인이 민간인이나 군인에 대하여, 여성이나

---

115 요시미 교수는 일본 내지에서 위안부 여성의 동원은 매우 제한되었는데 일본인일 경우에는 매춘 경험이 있는 여성들이 동원되었다고 한다. 그렇지 않을 경우, 일본 시민이나 그 가족들에게 큰 영향을 미칠 것이고 특히 그 아들이 군대에 간 경우에 그러할 것이다. 일본 군인들에게서도 만약 위안소에서 일본 여성들을 만난다면 그 것은 그 국가나 군대에 대한 신뢰를 훼손하는 문제가 있다고 지적한다(Yoshimi, *Comfort Women*, 95·155·166).

남성에 대하여 행해진 성적 폭력을 의미하므로 매우 광범위한 것이어서 그 구체적 성격을 특화하기 어렵다. 그럼에도 전시 성폭력의 담론은 2000년 여성국제법정의 중요 인식이었고 한국과 일본간의 인식이기도 한 것 같다. 예컨대, 아래는 2015년 한일 외교장관의 위안부 관련 발표문의 일부분이다.

> "위안부 문제는 당시 군의 관여 하에 다수의 여성의 명예와 존엄에 깊은 상처를 입힌 문제로서, 이러한 관점에서 일본 정부는 책임을 통감함."

위의 발표문에는 물론 전쟁이라는 표현조차 없지만, '군'이라는 한 단어를 통해서 그것을 암시하고 있다. 이 발표문의 단어들은 매우 주의 깊게 선별되었고 책임의 주체도 역사적 맥락도 주의 깊게 삭제되었다고 보인다. 위안부 문제 앞에 '일본군'이나 '일본국가'가 빠져서 위안부 문제의 책임 주체가 분명치 않고, '군의 관여'에서 '관여(involvement)'라는 표현에도 문제가 있다. 왜냐하면 일본군이 그저 관여하였다면, 그 관여와 위안부에게 자행된 범죄 간에 인과관계가 분명치 않기 때문이다. 위와 같은 정부 발표문에서조차 일본 군대와 위안부의 동원이 무엇을 위한 전쟁을 치르기 위한 것이었는지 조선의 위안부는 이 전쟁과 무슨 관계였는지 불분명한 것을 매우 심각한 문제이다. 이러한 문법에서 볼 때, '여성과 전시 성폭력'이라는 담론은 역사와 사회적 맥락을 거세한 탈역사적 개념 도구로 사용될 위험이 있다고 진단한다.

실제로 일본은 대한제국 시절부터 '조선'과 일련의 전쟁과 조약을 체결하였다. 러일 전쟁과 한일의정서 체결(1904), 을사조약(1905)을 통한 대한제국의 외교권 박탈, 헤이그 밀사 사건을 계기로 체결한 한일신협약(1907), 한일병합 조약(1910) 체결 등이 그것이다. 이에 따라 식민지 조선의 상태란 나가하라 요코의 표현대로, '식민지라는 조용한 전쟁상태'가 아니었나 생각된다. 조선 여성들은 자신과 어떤 관계가 있는 전쟁인지도 불분명한 전쟁에서 인간성의 절멸을 당해야 했다. 이상과 같은 사실 관계와 범죄의 성격을 종합할 때, 일본군 성노예제는 전시 성폭력의 큰 범주에서 '식민지성에 기반한 전시 성폭력'을 그 본질적 성격으로 한다고 사료된다. 앞서 젠더에 기초한 폭력으로서의 전시 성폭력 법리가 형성·발전된 것을 살펴보았던바, 여기서 한 발 더 나아가 일본군 성노예제란 '식민지성에 기반한 젠더폭력((gender violence based on coloniality)'이라고 명명할 것을 제안한다.

IV. 맺음말: 일본군 성노예제도라는 전시 성폭력

맺음말에서는 이 글에서 제시된 생각들을 정리해보고자 한다.

첫째, 조선인 여성들의 피해 사실에 기초할 때, 식민지 여성임에도 불구하고 피해 여성들에게 자행된 범죄가 인도에 반하는 범죄라고 선고한 논리에서 더 나아가 식민지인이었기 때문에 그런 범죄들이 자행되었다는 보다 적극적인 논리로 일본군 성노예제의 식민주의 또는 식민지성의 차원을 포착해야 한다.

둘째, 조선의 여성들에게 자행된 일본군 성노예제는 동원, 이송, 배치, 위안소의 체류와 전쟁 이후의 전체 과정에서 식민지성과 젠더 차별이 교차적으로 작용하였음을 알 수 있었다. 이에 따라 강제성의 문제를 주로 동원 과정에서 '본인의 의사'에 반했다는 차원을 훨씬 넘어서 성노예제의 전 과정에 걸쳐서 작동했던 '강압의 체계'로 입체화시켜야 한다. 관련해서, ICTR과 ICTY의 판결들에서 제시된 '강압적 상황'에 관한 법리를 참고하여 식민지 조선의 법과 정책, 문화에서 편만했던 강압적 상황의 요소들을 규명해야 한다.

셋째, 이 연구에서 살펴본 사실관계와 강압의 체계성에서 볼 때, 피해자들이 겪은 인권 유린은 성폭력에 국한하지 않음에도 그동안 성폭력의 측면으로만 피해를 국한해온 경향이 있다. 일본군 성노예에서 자행되었던 고문, 박해, 실종, 집단살해 등과 같은 다른 범죄 양상들과의 연결고리를 만들어내지 못한 채, 오로지 성적 측면만이 부각된 것은 여성 피해자들을 재차 성적으로 대상화해온 것은 아닌지 돌아보아야 한다.

넷째, 일본군 성노예제는 체계적 강간에 부합하는 성격을 가지고 있으면서도, 조선 여성들의 입장에서는 일본군의 동지도 아니고 그렇다고 적국인도 아닌 위치에 놓여 있었다는 점에서 체계적 강간론을 그대로 적용하기에도 어려움이 있다. 이 글은 일본군 성노예제의 범죄성에서 조선(대만)의 식민주의 내지 식민지성이 하나의 특수한 상황이 아니라 이 제도의 본질적인 요소이자 원인으로 보아야 한다고 주장한다. 이에 따라 일본군 성노예제를 '젠더에 기초한 폭력'에서 더 심화시켜서 '식민지성에 기초한 젠더폭력' 또는 '식민지성에 기초한 전시 성폭력'으로 표상할 것을 제안한다.

이와 같이 볼 때, 조선 여성들의 입장에서 일본군 성노예제가 자행했던 범죄는 한편으로는 서구의 여성주의 법학이 이론화해온 전시 성폭력이라는 명명으로는 잘 포착되지 않는 식민지적 조건이 있기 때문에 가능했고 또 그 피해 양상에도 식민지성이 내재해 있다. 다른 한편으로는 조선인에 대한 강제 동원이라는 탈젠더화된 담론으로는 여성에 대한 차별과 성착취가 잘 드러나지 않는다는 이중적 교착상태에 놓여 있음을 알 수 있다. 현실에 대한 법의 포착에는 언제나 간극과 틈새가 존재하다고 할 수 있겠지만 일본군 위안부 문제에 있어서의 이러한 심대한 간극은 20세기 국제법적 질서 내지 외교관계의 불균등한 힘의 관계를 반영하고, 식민지적 법의 지배와 인권 유린 피해를 치열하게 파헤치지 못한 한국의 연구와 지식 시스템에 원인이 있다고 보인다. 이러한 법적 간극 속에서 한국의 식민주의 유산의 청산이란 혼란의 쳇바퀴 속에 놓여 있는 것이 아닐까. 이제라도 아시아의 전쟁과 식민지 유산을 지속시켜온 극동국제군사법정, 샌프란시스코 협약, 1965년 한일협정으로 점철된 국제법의 체제를 탐구하고 해체하려는 노력이 필요하다.

이 글에서 본 것처럼 현재 전시 성폭력의 법리는 서구의 국제법, 국제인권법, 여성주의 법학연구 성과에 힘입어 젠더에 기한 폭력이자 전쟁 수행의 도구라는 기호(lexicon)로 자리잡았다. 아시아에서 발생한 일본군 성노예제도를 규명하기 위해서는 이러한 성과에 기초하면서도 기존의 전시 성폭력에서 잘 인식되지 않은 식민지성 내지 식민주의 시각을 전시 성폭력에 결합시켜야 한다. 이러할 때, 제3세계 전시 성폭력과 식민지 피지배의 영향으로 빚어진 젠더 문제를 가시화하는 데 한 걸음 나아갈 수 있을 것이다. 1990년대 이후 국제형사법정에서 형성된 전시 성폭력에 대한 해석론에서 필자는 법논리의 추상성이 아무리 높다고 할지라도 결국 특정 사회의 사실관계를 토대로 해서 구성되고 재구성되는 산물이라는 것을 발견할 수 있었다. 한국과 아시아에서 발생했던 성노예제의 사실적 상태를 알리고 이 사실들에 부합하는 법의 논리를 구성해서 국제법의 논리로 만드는 노력은 어렵지만 너무나 중요한 일이다. 그때에야 한국인에게도 전시 성폭력에 관한 '국제법'이 자신의 역사를 수용하고 반영할 수 있게 될 것이다. 지구상의 많은 사회가 서구와 같은 근대화를 거치지 아니하고 식민주의 피지배의 경험을 통해 근대화되었다는 사실을 감안할 때, '식민지성에 기초한 젠더폭력'의 법리는 한국과 아시아의 일본군 성노예제를 설명하는 데에 있어서 중요할 뿐 아니라 세계적으로도 널리 의미를 가질 수 있을 것이다.

| 참고문헌 |

김부자, "위안부 문제에 대한 일본의 법적인 책임과 탈식민지주의", 서울대 여성연구소 발표문, 2012. 9. 6.

김부자, "위안부 문제와 탈식민주의", 나카노 도시오 김부자 편, 이혜숙 역, 『역사와 책임』, 선인, 2008, 119-146.

김선화, "전쟁범죄에서 피해자의 적국성과 일본군'위안부' 문제 -ICC의 Ntaganda 사건을 중심으로, 법원 국제법연구회 발표문, 2020.

김선화, "포스트식민 한국사회와 일본군 '위안부' 문제 관련 재판과 '2015년 한일합의'를 중심으로", 서울대학교 대학원 법학과 석사학위논문, 2017.

아소 테츠오(麻生撤男: 제11군 제14병참병원 육군 군의 소위), "화류병의 적극적인 예방법", 『동북아역사재단 편역, 일본군 '위안부' 문제 자료집 (I) -'위안부' 동원과 위안소 설치』, 동북아역사재단, 2020, 236-281.

니시노 루미코, "업자가 '인신매매'로 징집, 연행했으니 일본군은 책임이 없다?" 이타가키 류타 & 김부자 편, 배영미 & 고영진 역, 『'위안부' 문제와 식민지 지배 책임』, 삶창, 2016, 42-49.

동북아역사재단 편, 『일본군' 위안부' 문제 자료집(2) 위안소 운영 실태와 범죄 처벌』, 동북아역사재단, 2020, '국외이송 유괴 피고사건 대심원 판결(1937. 3. 5).

심영희, "2000년 법정은 아직도 끝나지 않았다", 『여성과 사회』, 제12호, 2001, 145-162.

양현아, "2000년 법정을 통해 본 피해자 증언과 법 언어의 만남", 김부자 외 10인, 『한일간 역사현안의 국제법적 재조명』, 동북아역사재단, 2009, 154-216.

양현아, "일본군 성노예제에서 자행된 재생산폭력(Reproductive Violence)의 고찰: 피해생존자의 증언에 기초하여", 『법과 사회』 제65호, 2020, 33-70.

여성부, 『2000년 일본군성노예전범 여성국제법정 자료집』, 연구보고서, 2004-4, 2004.

여성부,『일본군 '위안부' 증언통계 자료집』, 한국정신대문제대책협의회 부설 전
　　쟁과 여성인권센터, 2001.

우에노 지즈코 등 편, 서재길 역,『전쟁과 성폭력의 비교사 - 가려진 피해자들의
　　역사를 말하다』, 어문학사, 2020.

윤정옥, "머리말", 한국정신대대책협의회 번역,『히로히토 유죄- 2000년 일본군
　　성노예 전범 여성국제법정 판결문』, 한국정신대대책협의회 출간, 2007,
　　7-11.

이윤제, "일본군 '위안부'에 대한 국제범죄의 법적 구성",『형사법의 신동향』제53
　　호, 2016, 136-175.

이재승, "식민주의와 과거극복의 정치,"『법과 사회』제49호, 2015, 1-31.

이타가기 류타 & 김부자 편, 배영미 & 고영진 역,『'위안부' 문제와 식민지 지배
　　책임』, 삶창, 2016.

정진성,『일본군 성노예제 - 일본군 위안부 문제의 실상과 그 해결을 위한 운동』
　　(개정판), 서울대학교 출판문화원, 2016.

정진성, "일본군 위안부제도의 식민지성: 전쟁-젠더-민족-계급-국가의 역학",
　　『국제학술심포지엄, '전쟁과 폭력의 시대, 다시 여성을 생각한다'』, 미간행
　　자료집, 2015. 8. 14.

정진성, "2000년 일본군성노예전범 여성국제법정'의 배경과 의의",『여성과 사회』
　　제12호, 2001, 163-179.

조시현, "2000년 일본군 성노예전범 여성국제법정과 일본군 '위안부' 문제에 관
　　한 새로운 이해의 가능성", 김부자 외 10인,『한일간 역사현안의 국제법적
　　재조명』, 동북아역사재단, 2009, 49-120.

한국정신대문제대책협의회 번역 및 편집,『2000년 일본군 성노예 전범 여성국제
　　법정 판결문 - 히로히토 유죄』, 한국정신대문제대책협의회 출간, 2007.

한국정신대연구소 & 한국정신대문제대책협의회,『증언집: 강제로 끌려간 조선인
　　군위안부들 1』, 한울, 1993.

한국정신대연구소 & 한국정신대문제대책협의회,『증언집: 강제로 끌려간 조선인
　　군위안부들 3』, 한울, 1999.

한혜인, "총동원체제제하 직업소개령과 일본군 위안부 동원 제국 일본과 식민지 조선의 차별적 제도운영을 중심으로", 『사림』 제64권, 2013, 371-413.

Barry, Kathleen, *Female Sexual Slavery*, New York Univ. Press, 1979.

Barry, Kathleen, *Prostitution of Sexuality*, New York Univ. Press, 1995.

Campanaro, Jocelyn. "Women, War and International Law: The Historical Treatment of Gender-based War Crimes", *Georgetown Law Journal*, vol.89(8), 2001, pp.2557-2592.

Hague, Euan, "Rape, Power and Masculinity: the Construction of Gender and National Identities in the War in Bosnia-Herzegovina" in R. Lentin (ed.) *Gender and Catastrophe*, Zed Books, 1997.

Grey, Rosemary, Protecting Child Soldiers from Sexual Violence by Members of the Same Military Force: A Re-conceptualization of International Humanitarian Law?, ICD Brief 10, April, 2015 http://www.internationalcrimesdatabase.org/upload/documents/20150423T113341-Grey%20ICD%20Brief_AB_FINAL.pdf, 2021. 2. 9 방문)

Human Rights Watch, *Shattered Lives: Sexual Violence during the Rwandan Genocide and its Aftermath*, 1996.

Hagay-Frey, Alona. *Sex and Gender Crimes in the New International Law*, Past, Present and Future, Martinus Nijhoff Publisher, 2011.

Healey, Sharon A., "Prosecuting Rape under the Statute of the War Crimes Tribunal for the Former Yugoslavia." Brooklyn Journal of International Law, vol.21, 1995-1996, pp.327-384.

Kim, Puja, "Global Civil Society Remakes History - the Women's International War Crimes Tribual 2000" *positions*, vol.9(3), 2001, pp.611-620.

Karen Knop & Annelise Riles, "Space, Time, and Historical Injustice: A Feminist Conflict-oflaws Approach to the "Comfort Women

Agreement," *Cornell Law Review*, vol.102, 2017, pp.853-927.

Magnarella, Paul, "Some Milestones and Achievements at the International Criminal Tribunal for Rwanda: The 1998 *Kambanda* and *Akayesu* Cases, *Florida Journal of International Law*, vol.11, 1996-1997, pp.517-538.

Meron, Theodor, "Rape as Crime under International Humanitarian Law," *American Journal of International Law*, 1993, vol.87(3), pp.424-428.

Nadj, Daniela, *International Criminal Law and Sexual Violence Against Women The Interpretation of Gender in the Contemporary International Criminal Trial*, Routledge, 2018.

Scott, Joan, "A Useful Category of History Analysis," *Gender and the Politics of History*, Columbia University Press, 1989.

Sellers, Patricia Viseur & Kaoru Okuizumi, "Prosecuting International Crimes: An Inside View: Intentional Prosecution of Sexual Assaults", *Transnational Law & Contemporary Problems* vol.7, 1997, pp.45-80.

Stigmayer, Alexandra, "The Rapes Bosnia-Herzegovina," Alexandra Stigmayer (ed.), *The War Against Women in Bosnia-Herzegovina*, Univ. of Nebraska Press, 1994,

Van der Vyver, Johan, "Gender-Specific Crimes in International Law," unpublished manuscript.

Yoshimi, Yoshiaki, *Comfort Women*, Columbia University Press, 1995.

액티브 뮤지엄, '여성들의 전쟁과 평화 자료관', 후원: 동북아역사재단, 2009.

Coomaraswamy, Radhika, "Report of the Special Rapporteur on Violence against Women, its Causes and Consequences in accordance with Commission on Human Rights Resolution, 1994/45, Report on the Mission to the Democratic Republic of Korea and Japan on the Issue of Military Sexual Slavery in Wartime, E/CN.4/1996/53/Add.1.

4 January, 1996.

International Commission of Jurists, *Comfort Women: An Unfinished Ordeal*, 1994.

McDougall, Gay J., "Contemporary Forms of Slavery: Systematic Rape, Sexual Slavery and Slavery-life Practices during Armed Conflict," Final Report Submitted at Commission on Human Rights Sub-Commission on Prevention of Discrimination and Protection of Minorities, E/CN.4/Sub.2./1998/13, 22 June 1998.

United Nations Committee on the Elimination of all Forms of Discrimination against Women, General Recommendation No.19, U.N, Doc A/47/38 (Eleventh Session, 1992).

남북 코리아 공동 기소의 의의와 '법정' 이후의 일본

김부자[金富子] 도쿄외국어대학 대학원 종합국제학연구원 교수

강혜정 번역가

Ⅰ. 들어가며

1998년 3월 어느 추운 아침에 니시노 루미코[西野瑠美子] 씨가 한껏 들뜬 어조로 전화를 했다. 바우넷 재팬[1](현 VAWW RAC[2])이 정식으로 결성되기 전의 일이다. "마쓰이 씨가 엄청난 일을 생각해냈어!"라고 알리는 내용이었다. 이는 단순한 국제공청회가 아닌 책임자 처벌=심판의 장으로서 '피해 여성을 비롯한 여성들이 주역이 되는 국제법정'을 가해국 여성의 책임으로 개최하고 싶은데, 그 명칭은 바로 '일본군 성노예제를 심판하는 여성국제전범법정'(이하 '법정')이라 했다. 우리는 이 작명 센스에 감탄했다. 왜냐하면 문제의 본질을 간파하여 일본군 '위안부'가 아닌 '일본군 성노예제'라 한 것도 물론이거니와 '국제'보다도 '여성'을 제일 앞에 가져온 데에서 마쓰이 야요리[松井やより] 씨의 비범한 운동감각

---

1   역자 주: '전쟁과 여성에 대한 폭력' 일본네트워크(Violence Against Women in War Network Japan). 통칭 VAWW-NET Japan(바우넷 재팬).

2   역자 주: '전쟁과 여성에 대한 폭력' 리서치액션센터(Violence Against Women in War Research Action Center), 통칭 VAWW RAC(바우락).

이 느껴졌기 때문이다. 무엇보다도 가해국 여성의 책임 아래 법정을 개최한다는 것이 가장 큰 포인트였다. 개최 일정도 '전쟁의 세기'였던 20세기 마지막 해의 마지막 달로 정해졌다.

그해 4월 마쓰이 대표가 제네바에서 유엔 인권위원회 회기 중에 열린 NGO의 '무력분쟁과 여성' 회의에서 '법정' 구상을 밝히고 지지를 얻어냈다. 이어서 같은 달 서울에서 열린 제5차 아시아연대회의에서 '법정'을 제창하자 한국정신대문제대책협의회(정대협, 현 정의기억연대) 등 피해국 지원 단체들도 이에 찬동했다(마쓰이, 2003). 특히 윤정옥 정대협 공동대표가 제안을 반겼다고 한다.[3] 바우넷 재팬도 같은 해 6월 정식으로 결성되었다(대표: 마쓰이 야요리, 부대표: 니시노 루미코, 나카하라 미치코[中原道子]). 이렇게 해서 '법정' 개최까지 2년 반에 걸친 긴 여정이 시작되었다.

필자는 가해국 여성으로서 책임을 다하겠다는 마쓰이 대표의 제안에 마음이 움직여 바우넷 재팬의 초대 사무국장을 지낸 후, 각국에서 열린 국제실행위원회에 참가하면서, '법정'의 기소장을 작성하기 위해 피해 증언에 대응하는 가해 자료를 수집·정리하는 조사팀에서 니시노 루미코, 이케다 에리코[池田惠理子] 씨와 함께 책임자 역할을 맡았다(이케다 씨의 위급한 발병 이후에는 2명이 담당. 영상도 겸임한 이케다씨는 그 후 회복함). 또한 남북 코리아는 남측을 필자, 북측을 김영[金榮] 씨가 담당하기로 역할을 분담했다. 이러한 경험과 '법정' 당시의 기록 및 최종판결문을 바탕으로, 남북 공동 기소의 의의와 법정 이후의 일본에 관하여 보고하고자 한다.

---

3 그 배경으로 1994년 정대협(윤정옥 공동대표)과 피해자들(강덕경 씨 등)이 일본군 '위안부'제도의 책임자를 고소·고발했으나 도쿄지방검찰청에 기각된 일이 있었다. 또한 당시 일본의 전후보상운동은 이러한 움직임이 운동을 분열시킬 것이라 보고 회의적으로 대응했었다.

II. 남북 공동 기소에 이르는 경과

'법정' 이후 필자는 남북 코리아 조사팀을 돌아보며 다음과 같은 글을 남겼다.

> 남북 분단, 코리아 담당의 조사가 어려움을 겪은 이유는 여기로 집약된다. 남북 분단은 한반도를 넘어 재외동포 사이에도 있었다. 예기치 않게 '법정'은 분단 극복의 어려움과 가능성 양쪽을 체험하는 장이 되었다. (김부자, 2002)

이 같은 상황은 남북 코리아 검사단의 결성에서도 마찬가지였다. 그 경위를 되돌아보자.

1998년 4월에 '법정' 개최가 결정된 후, 이듬해 1999년 2월 서울에서 국제실행위원회가 발족했다(공동대표: 마쓰이 야요리, 윤정옥, 인다이 사홀[Indai Sajor]). 같은 해 6월 서울 회의에서 각국 검사단을 결성하기로 결정되었다. 여기에 조선민주주의인민공화국 대표단('종군위안부'·태평양전쟁보상대책위원회, 이하 종대위)이 처음 참가한 것은 2000년 3월 말 중국 상하이에서 열린 국제검사단회의·국제실행위원회 때였다. 종대위는 당초부터 '법정' 참가 의향을 표명하였지만, 일본과 국교가 없고 한국 측과도 직접 연락을 취할 수 없었기 때문에 바우넷 재팬이 중개역을 맡아 평양의 종대위와 팩스 연락을 교환할 수밖에 없었다. 그 결과 종대위가 상하이 회의에 참석했던 것이고 5월에 바우넷 재팬 대표단이 평양을 방문해 종대위와 협의하였다(이때 박영심 씨가 증언함. 후술).

각국의 기소장 문안을 검토하는 국제검사단회의·국제실행위원회가 마닐라(2000년 7월)와 타이베이(같은 해 9월)에서 열렸다. 특히 마닐라 회의는 '법정'과 남북 코리아에 중요한 단계로 작용했다. 처음으로 모든 피해국(한국, 북한, 대만, 중국, 필리핀, 인도네시아)이 모인 데다 수석검사 2명(우스티나 돌고폴[Ustinia Dolgopol]), 패트리샤 셀러스[Patricia Sellers]도 처음으로 참석했고, 마침내 '법정헌장' 등에 대한 합의와 채택이 이루어졌을 뿐 아니라, 남측이 북측에 대하여 남북 공동 기소장 작성을 제안했기 때문이다.

남북 공동 기소장 제안 배경에는 물론 한반도의 남북 화해를 지향하는 획기적 움직임, 즉 앞서 같은 해 6월 역사상 첫 남북정상회담 개최와 남북공동선언 발표 사실이 있었다(김대중 대통령-김정일 국방위원장).

남북 화해의 기운 속에 열린 타이베이 회의에서는 남북 코리아 검사단 결성과 남북 공동 기소장 작성이 정식으로 발표됐다. 이 '기적'에 가슴 벅차했던 기억이 난다. 남북 검사들이 점차 친근해지는 가운데 남측이 형사책임(개별 사례), 북측이 국가책임을 맡기로 분담했다. 북측의 제안에 따라 기소장에서 '식민지 지배'가 아닌 '군사적 강점'이라는 용어를 쓴다는 결정도 이루어졌다. 하지만 남북이 연락을 주고받기는 쉽지 않았기 때문에 바우넷 재팬이 남북 기소장 작성을 위한 연락책을 맡았다. 또한 이 회의에 동티모르 여성 법률가 3명이 참석하여 '법정'에도 참가하기로 했다.

그런데 10월에 헤이그에서 열린 검사단·판사단 회의에 제출된 남북 공동 기소장에는 개별 사례가 전혀 기재돼 있지 않았다. 실은 그사이 일본 측 조사 결과가 남북 코리아 기소장에 반영되기까지 우여곡절이 있었다. 1999년 11월 한국 정대협의 의뢰를 받고 하상숙(중국 우한[武漢] 거주), 김윤심(한국 거주)의 사례를 조사했으나 한국 측에서 이를 취소하였다. 이후 2000년 1월에 다시 김복동과 김군자(한국 거주) 사례의 조사를 의뢰해왔고 이 두 사례는 자료가 많고 비교적 입증이 쉬워 한국 측에 조사 결과를 보냈다.

한편, 일본 측에서는 취소된 하상숙의 사례를 자체 조사한 결과, 마찬가지로 우한 소재 위안소에 있던 송신도(일본 거주)의 사례와 함께 책임자를 피고인으로 지목하기로 했다. 특히 같은 해 4월 상하이 회의 당시 바우닛 재팬 남북 코리아 조사팀(영상촬영, 중국어 통역을 포함)이 우한을 방문하여 하상숙 인터뷰를 진행하고, 그가 지내야 했던 구 한커우[漢口] 지칭리[積慶里] 위안소의 삼성루[三成樓] 주변을 조사한 것은 잊을 수 없는 추억이다(김부자, 2000). 송신도의 사례는 일본 정부를 상대로 한 재판에 제출한 자료가 있어 도움이 되었다.

마닐라 회의(6월)에서 남북 기소장 작성이 결정되자, 태세를 바꿔 하상숙과 송신도 사례도 남북 기소장 안에 포함시키게 되었다. 그런데 앞서 언급한 것처럼 헤이그 회의(10월)에서는 이러한 개별 사례가 박영심의 사례까지 모두 제외된 것이다. 그 배경에는 일본 측과 한국 측 사이에 '법정'에 대한 생각 차이가 존재했던 것 같다.4 일본 측은 있는 힘을 다해 남북 기소장에 개별 사례를 포함시키도록 한국 측을 설득했다. 한국 측도 이를 받아들여 '법정'에서 개별 사례를 다루기로 했다(김부자, 2002). 중국 우한에 있던 하상숙 씨의 일본 방문도 성사가 우려되는 상황이었지만 쇼지 루쓰코[東海林路得子] 사무국장의 분투로 막판에 방일이 결정되었다.

III. '법정'의 남북 공동 기소 전개

남북 코리아 검사단장은 박원순 변호사가 맡았다. 박원순 변호사는 일찍이 책임자 처벌을 제창하고 1994년 정대협·피해자의 고소 고발장

---

4 강정숙 검사는 '법정' 이후에 "법정에 대한 이해와 구상도 할머니의 문제를 세계에 널리 정확하게 알린다는 식으로 간단하게 생각했다.……법정 논고에 대해서도 연구 발표와 같이 생각했다"(『정신대연구소 소식』 29호, 2000년 12월)라고 성찰적으로 되돌아보았다. 김부자(2002)도 참조.

을 집필하는 등 '법정'의 사상적 계보에 깊이 관여되어 있었다. 남측의 조시현(국제법), 북측의 정남용(국제법)을 중심으로 결성된 남북 코리아 검사단의 구성원은 다음과 같다(VAWW-NET Japan 편 I, 2002).

박원순[朴元淳], 조시현[趙時顯], 강정숙[姜貞淑], 하종문[河棕文], 양현아[梁鉉娥], 김창록[金昌祿], 장완익[張完翼], 김명기[金明基] (이상 남측)

정남용[鄭南用], 홍선옥[洪善玉], 황호남[黃虎男], 김은영[金恩英] (이상 북측)

법정은 2000년 12월 8~10일에 열렸고 12일에 '판결의 개요'가 선고되었다. 첫날인 8일 국제실행위원회 대표 3명의 개정 인사말, 개정 선언, 수석검사의 모두 진술, 불참한 일본 정부의 주장을 아미쿠스 쿠리에 (법정조언자[amicus curiae])가 대변한 후 각국 검사단의 심리가 시작됐다. 남북 코리아 검사단이 그 선두로 나서 오전(I)과 오후(II)에 걸쳐 심리를 진행했다. 그 개요는 다음과 같다(VAWW-NET Japan편 I, 2002).

먼저 박원순 검사단장은 남북 검사들이 함께 '법정'에 섰음을 선언하고, '법정'을 '연기된 정의' '지연된 정의'를 실현하는 장이자, 민중법정 (People's Tribunal), 여성법정(Women's Tribunal)이라 자리매김하면서 차례로 피고인들의 이름을 지목했다. 그중에는 쇼와[昭和] 천황의 이름도 있었다. 이어 홍선옥 검사가 위안소제도의 배경에 대하여 19세기 후반부터 일본의 조선 침략까지 거슬러 올라가 상세히 진술했다(이 부분만 VAWW-NET Japan 편 II, 2002).

하종문 검사 순서부터는 개별 사례의 심리에 들어갔다. 하종문 검사는 '사기, 납치, 인신매매'라는 강제연행의 세 형태가 있었다고 지적하면서 중국 광둥[廣東]의 위안소로 끌려간 김복동[金福童] 증인, '만주' 훈춘[琿春]의 위안소로 끌려간 김군자[金君子] 증인의 증언을 토대로 가해 증거를 제시하고 각각 피고인을 특정했다. 황호남 검사는 북측에 거주하는 피해자 5명의 비디오 증언을 제시한 후 박영심[朴永心] 증인의 증언을 토대로 문서 등을 통해 상세한 증거를 제시하며 피고인을 특정했다. 박영심 증인은 '법정'에 참가했으나 건강이 좋지 않아 비디오로 증언했다. 그래도 회장 안에 있던 박영심 증인은 황호남 검사가 소개하자 자리에서 일어나 방청객의 우레와 같은 박수를 받았다. 그야말로 남북 코리아 검사단이 진행한 심리의 하이라이트였다.

오후부터 남북 코리아Ⅱ가 시작되었다. 다시 황호남 검사가 심리에 나서서 박영심 본인에게 증언 인정 여부를 확인한 후, 중국 최대의 한커우[漢口] 위안소로 끌려간 하상숙 증인의 심리로 넘어갔다. 하상숙 증인이 "하루에 열 명 스무 명씩 받아야 했다. 죽을 때는 고향에 돌아가고 싶다"라고 증언하자 황호남 검사는 송신도 씨 사례를 포함해 증거를 제시하고 피고인을 특정했다. 이어 황호남 검사는 12세 때 선양[瀋陽](옛 평톈[奉天])의 위안소로 간 김영숙[金英淑] 증인을 심문했고 김영숙 증인은 군인의 칼에 베인 아랫배 상처 등에 대해 증언했다.

다음은 강정숙 검사가 15세에 '만주' 위안소로 간 문필기 증인을 심문했다. 문 증인은 "군인들에게 얻어맞고 걷어차였다. 도망칠 도리가 없었다"라고 증언했다. 이어 김복동 증인의 비디오 증언을 공개한 후 강정숙 검사는 피해자들이 성노예 상태에 놓였음을 논증했다. 양현아 검사는 17세에 싱가포르 위안소로 끌려간 안법순[安法順] 증인을 심문했다. 패전 후 일본군에게 방치당한 안법순 증인은 그 상황에 대해 증언했다. 이에 양현아 검사는 패전 당시 피해자의 상황에는 사망·살해·방치, 강제 해외 잔류, 고국 귀환의 세 가지 사례가 있었음을 지적하고 피해자의 육체적 고통과 상흔이 전후에도 지속되었음을 강조했다.

김은영 검사는 다시 박영심, 김영숙, 비디오 피해 증언을 언급하며 북측 증인들에 관한 내용을 정리했다. 맥도널드 판사가 남북 생존자 수를 질문했고, 김은영 검사가 북측 218명, 양현아 검사가 198명이라고 응답했다. 양현아 검사는 남측 생존자의 사회적 피해와 정신적 피해(PTSD) 조사 결과에 대해 비디오 증언과 함께 진술했다.

마지막으로 남북 검사가 국제법에 기초해 법적 평가를 피력했다. 우선 피고인 개인의 책임에 대해 조시현 검사가 이상의 피해 증언과 증거에 따라 오카무라 야스지[岡村寧次], 우메즈 요시지로[梅津美治郎], 안도 리키치[安藤利吉], 마쓰야마 유조[松山祐三], 미나미 지로[南次郎], 이타가키 세이시로[板垣征四郎]를 차례로 지목하고, 국제법에 따라 조직적·체계적 강간, 노예 범죄를 구성한다고 하였다. 다음으로 국가책임과 관련해, 정남용 검사가 헤이그조약(1907년) 위반, 부녀매매금지조약 위반, 도쿄 재판조례 저촉, 노예제도 및 무역을 금지하는 국제관습법 저촉, ILO 협약 저촉을 근거로 일본 정부의 국가책임을 추궁하고, 진상 규명, 법적 책임, 피해자에 대한 폭언 근절, 책임자 처벌, 역사 교육을 요구하며 심리를 마무리했다.

IV. 남북 공동 기소의 의의

남북 코리아 공동기소의 의미를 짚어보고자 한다. 첫째, 역사적인 남북 정상회담 열기를 배경으로 남북 분단을 극복하여 남북 코리아 검사단을 구성함으로써 민족 전체 차원에서 일본군 성노예제의 책임자를 공동으로 기소할 수 있었다. 여성들이 '위안부'를 강요당했을 때 한반도는 식민지였으되 하나였다. 심리가 종료한 후 맥도널드 판사가 "매우 훌륭하고 체계적인 프레젠테이션이었다. 감사드린다"라고 높이 평가했듯이 심리는 남북이 각기 지닌 특색이 잘 융합되어 원활하게 진행됨으로써 커다란 감동을 안겨준 대성공이었다.

덧붙이자면 우리 재일동포의 조사가 다소나마 공헌했다는 것이 자랑스러웠다. 심리 후에 남북 코리아 검사단과 운동 측 멤버들이 우리에게 위로와 감사의 말을 건넨 것도 뜻밖의 기쁨이었다. 기소장과 '법정'을 둘러싸고 직전까지도 남·북·재일 사이에 여러 갈등과 오해, 착각이 있었으면서도 그러한 분단을 극복하는 과정을 함께 걸으며 당일 심리에서 그때까지의 성과를 훌륭하게 열매 맺을 수 있었다.

둘째로, 개별 사례의 기소에서 한반도 남북은 물론 전후의 국외 잔류 같은 국외 거주(중국·일본) '위안부' 생존자를 포함한 풍부한 증언과 증거를 제시하였고, 전후 생존자의 육체적, 사회적, 정신적 고통을 다각적으로 밝힘으로써 한민족에게 '위안부'제도로 인한 피해가 공간적 확장과 시간적 길이를 지닌 심대한 피해였음을 설득력 있게 체계적으로 제시하였다. 이는 남·북·국외의 조선인 '위안부' 생존자들의 증언과, 그 증언을 청취해온 운동과 연구자들의 노력과 축적이 있었기에 가능한 것이었다. 이에 다시 한 번 감사와 경의를 표하고 싶다.

그러나 다음과 같은 문제도 있었다.[5] 즉, '법정'의 평가와 관계된 '민족 차별(식민지성)'에 대해서인데, 이는 사실 남북 코리아의 기소장에서 사용된 용어와 깊은 관련이 있다.

'법정' 후에 김윤옥(당시 정대협 상임대표) 씨는 한국위원회에서 이뤄진 '법정'의 평가를 일본에 소개하면서 이렇게 말했다. "정대협이 주장해온 일본군 '위안부' 문제의 특성, 즉 민족 차별(식민지성) 문제를 취급함에 있어 각국의 역사적 사회적 상황에 따라 피해의 성격이 다른 데도 이 차이를 젠더 문제 즉 여성에 대한 폭력이라는 틀로 희석해버린 점이 한국에서는 강하게 지적되었다" "우리는 식민주의 범죄라는 것이 최종판

---

5   이 외에 공창제를 역사적으로 어떻게 평가하고 또한 공창 출신의 '위안부'를 어떻게 생각할 것인가 하는 문제도 있지만 지면 관계상 생략했다. 김부자(2001)를 참조 바란다.

결에서 지적되도록 요구한다"(김윤옥, 2001).

그러나 '법정'에 대한 이러한 평가에는 오해가 좀 있는 것이 아닐까 생각한다. 왜냐하면 타이베이 회의(2000년 9월)에서 남북 기소장에서는 '식민지 지배'가 아닌 '군사적 점령'을 사용하기로 제안과 양해가 이루어졌고, 그 때문에 실제로 '법정'에 제출된 역사적 배경에 관한 기소장 (북측이 집필)에는 '무력 통치' '일본에 의한 무력 점령' '일본의 지배'라는 말은 있어도 '식민지 지배'는 사용되지 않았기 때문이다. 확실히 '법정' 당일의 심리에서 박원순 검사단장과 조시현 검사는 '식민지 지배'라는 용어를 쓰기는 했어도 기소장에는 쓰이지 않았다. 이는 대만의 기소장에 '식민지 지배'라는 용어가 사용된 것과 대조를 보인다. 이 때문에 최종 판결문도 대만에 대해서는 '식민지 지배'라 했지만(판결문 121), 남북 코리아에는 '조선에 대한 통치' '조선에서의 일본의 지배'(판결문 123, 124) 라고 되어 있다. 남북의 기소장에 '식민지 지배'가 없었기 때문에 판결문에도 쓰이지 않았다. 그래서 중국 등 점령지에 대한 일본 지배와 구별되지 않게 되었던 것이 아닐까.

그럼에도 돌고폴 수석검사가 모두 진술에서 "일본이 식민지로 간주한 지역"에서 총독의 관여와 책임을 지적한 후, 젠더 차별만이 아니라 인종적 편견(민족차별)을 강조하고 양자의 복합성을 파악한 최신 법이론인 '비판적 인종 이론(Critical Race Theory)'에 기초한 모두 진술과 최종 논고를 펼친 결과 이것이 실질적으로 최종판결문에도 반영된(VAWW-NET Japan 편 I · II, 2002) 점은 더 높이 평가[6] 되어도 좋지 않을까 생각한다.

---

6 미국 거주 페미니스트 연구자인 요네야마 리사[米山リサ](2003)는 이 시각에서 '법정'을 높이 평가했다.

V. 박영심 씨라는 '기적'

'법정'이 낳은 또 하나의 기적이 있다. 1990년대부터 '만삭의 위안부' 사진은 유명했다. 그러나 그 '위안부'가 북한에 거주하는 박영심 씨라는 사실이 발굴된 것은 '법정'의 준비 과정에서였다. 전술했듯이 2000년 3월 말 상하이 회의에 종대위가 처음 참가했고, 같은 해 5월에 마쓰이, 니시노 등 바우넷 재팬 대표단이 종대위와의 협의 및 피해자 증언 청취를 위해 평양으로 날아갔다. 남북 분단으로 인해 한국 측은 물론 재일동포에게도 허가가 떨어지지 않아 평양으로 가지 못해 억울한 심정이었다(조선적 김영 씨는 더욱 그러했을 것이다). 그때 니시노 씨 등이 인터뷰한 이들 중 하나가 다름 아닌 박영심 씨였다.

일본으로 돌아온 니시노 씨의 보고와 자료 제공을 받고 북측 증언을 담당하고 있던 김영 씨가 박영심 씨에 대한 조사를 진행했다. 그리고 김영 씨는 니시노 루미코 저 『종군위안부와 15년 전쟁』(1993년)을 통해 이 임신 여성이 박영심 씨임을 밝혀냈다. 거기에 니시노 씨가 헌책방에서 『라멍[拉孟]』이라는 책을 발견하면서 결정타를 날렸다. 책에는 "조선인 위안부 중 '와카하루[若春]'라는 22살 처녀는 본명을 박영심이라 하고"라고 분명히 쓰여 있었다. 이토록 확실한 증거는 없었다. 8월에 니시노 씨가 다시 평양으로 날아가 박 씨 본인에게 확인함으로써 확정을 보았다. 그야말로 '법정'이 낳은 특종으로 8월 말 아사히[朝日]신문에 크게 게재되었다.

12월 들어 법정에 참석하기 위해 북한 검사단과 박영심, 김영숙 씨가 일본을 찾았다. 일본과 국교가 없는 탓에 입국 가능 여부가 미지수였지만 다행히도 실현되었다. 남북 코리아 검사단의 심리 당시 박영심 씨의 모습은 전술한 대로다. '판결의 개요'(12월 12일)에서 '천황의 유죄' 판결을 들은 날, 박영심 씨는 김영 씨와 필자에게 "속이 시원하다"라고 했다. 남-북-재일, 그리고 가해국 일본이 서로 연계한 '법정'이 있었기에 박영심 씨라는 '기적'을 불러일으킬 수 있었다(김영 2000·2002, 니시노 루미코 2003 참조).

그로부터 20년이 흐른 2020년. 또다시 '기적'이 일어났다. 5월에 박영심 씨 등의 컬러 동영상이 처음으로 공개된 것이다. KBS가 한국전쟁을 조사하던 중 미국 국립문서기록관리 보관소(NARA)에서 복사한 약 1,500시간 분량의 영상에서 우연히 발견했다고 한다. KBS에 따르면 "영상이 촬영된 것은 1944년 9월 7일로 추정된다. 미중 연합군과 일본군이 중국 윈난[雲南]성 쑹산[松山]에서 100일간의 전투 끝에 일본군 진지가 함락된 날"이라는 설명이었다. 당시 진지에 남은 일본군 대부분은 자결했고, 그 후 위안소에 남아 있던 조선인 '위안부'들이 탈출해서 연합군에 발견되고 구출되었다("KBS 발굴 '만삭의 위안부', 구출 당시 영상 첫 공개").

전투 직후의 생생함이 담겨 있는 '위안부' 영상은 처음이 아닐까 싶다. 무음이지만, 박영심 씨는 해보라는 재촉에 '만세'를 부르는 것처럼 보이기도 하고 구출된 사실을 비로소 알아차린 것처럼 보이기도 한다. 다른 피해자들의 영상도 귀중하다. 얼굴의 심한 부상으로 안쓰러운 모습도 보였다. 이들 모습은 최전방까지 '위안부'를 끌고 가서 쓰다가 버린 일본군의 잔혹성을 드러낸다.

VI. '법정' 이후의 일본

'법정' 이후 2000년대에 접어들자 일본과 한국[7]에서는 일본군 '위

---

7 한국에서도 2000년대 중반에 식민지 지배를 긍정적으로 평가하는 뉴라이트가 대두하여 노무현 정권하에서 진척된 과거사 청산, 여러 위원회 활동은 이명박 정권하에서 후퇴했다. 정대협이 서울 서대문형무소공원에 건설을 계획한 '전쟁과 여성인권 박물

안부' 문제와 정대협에 대한 백래시[backlash]가 노골적으로 전개되었다. 이 글은 일본의 경우에 한정하지만, 식민주의적이고 가부장적인 내셔널리즘을 배경으로 정치권력의 개입이 있었던 점이 특징이다(이하 김부자, 2013).

먼저 교육부터 살펴보자. 일본에서는 1994년도부터 고등학교 역사 교과서, 1997년도부터 중학교 역사교과서에 '위안부' 기술이 등장했다.[8] 겨우 몇 줄에 불과한 교과서 기술이기는 해도 획기적인 일이었다. 일본군 '위안부' 문제가 일본사회의 공적 기억이 된다는 것을 의미했기 때문이다. 그러나 주지하다시피 이에 위기감을 느낀 일본 우파들은 1990년대 후반부터 중학교 역사교과서에서 '위안부' 기술 삭제를 요구하는 '새로운 역사교과서를 만드는 모임'(1997년 창립)을 결성하더니 일본의 정재계를 업고 맹렬하게 비난 운동을 개시했다.

2000년대에는 같은 사상을 지닌 보수 정치인이 정부 고위직을 차지함으로써 정부 문부성과 자민당 정치인이 교과서 회사에 압력을 가했고(타와라[俵], 2013), 교과서에서 '위안부' 기술이 감소하여 2006년도 판에서는 본문 중 기술이 제로가 되고(8개 출판사 중 2개에서 각주에 서술), 2012년도 판에서는 거의 소멸했다. 그야말로 기억의 말살이다.[9]

다음으로 언론 또한 정치권력의 표적이 되었다. '법정'을 다룬 NHK 프로그램 〈전시 성폭력을 묻다〉(2001년 1월 30일 방송)가 내용을 조작당했다.[10] 프로그램에 대한 정치 개입이 의심되어 같은 해 7월에 바우넷 재

관'은 한국 내 독립운동단체의 건설반대운동으로 좌절되었다(김부자, 2010).

8 그 배경에는 김학순 씨의 고백과 제소, 요시미 요시아키[吉見義明] 교수의 군 관여 자료의 발굴, '위안부'제도에 대한 군 관여와 강제성을 인정하고 역사 교육의 필요를 표명한 '고노[河野]담화'(1993년)가 있다(타와라, 2013). 또한 일본의 '식민지 지배와 침략'에 대한 반성과 사죄를 표명한 '무라야마[村山]담화'(1995년)도 관계했을 것이다.

9 단 2016년도부터 신규 참여한 '마나비샤[學び舍]'판 중학교 역사교과서에서 '위안부' 기술이 부활했다.

팬과 마쓰이 대표는 NHK 등을 상대로 소송을 제기했다. 2005년에 해당 프로그램의 데스크가 내부고발을 함으로써 재판에서는 정치 개입에 따른 조작이 있었음이 밝혀졌다(고등재판소에서는 원고가 실질적으로 승소했으나 최고재판소에서는 패소). 정치 개입을 주도한 정부 고위직·정치인은 아베 신조(당시 관방 부장관, 후에 총리) 등이었다. 하지만 그들에 대한 정치적 책임 추궁은 흐지부지 그쳤을 뿐만 아니라, 오히려 권력에 대한 언론과 연구의 위축과 자율적 규제가 진행되어 일본군 '위안부' 문제는 물론 가해 책임을 추궁하는 것조차 금기가 돼버리는 커다란 전환점이 되었다(VAWW-NET 재팬 편 2010).

비슷한 시기에 마쓰이 씨 개인에 대한 공격, 젠더프리 때리기, 북한 때리기가 일어나고, 조선에 대한 식민지 지배를 정당화하는『만화 혐한류』(2005년)가 60만 부나 팔린 현상 등이 보여주듯이 일본 정부와 사회 안에서 식민주의적이고 여성 혐오적인 내셔널리즘이 고조되었다. 한편 '위안부'에 대한 "쓰구나이[償い; 보상 속죄]" 사업을 내건 '여성을 위한 아시아평화국민기금'(국민기금)의 이사 및 국민기금 지지자들은 국민기금의 해산(2007년 3월 말)을 전후한 시기부터 일본과 한국에서 한국 정대협을 "반일 내셔널리즘"(오누마 야스아키[大沼保昭]), "'정의'의 폭력"(박유하) 등으로 단정하고 '위안부' 문제를 해결하지 못하는 책임을 정대협에 전가했다.

이처럼 '위안부' 문제와 정대협에 대한 공격은 더욱 거세졌지만 일본 국내와 국제사회에서 다음과 같은 기억의 계승과 해결을 위한 활동이

---

10 이 프로그램은 '법정'의 내용을 전하지 않았을 뿐 아니라 생존자(중국의 완아이화[万愛花], 동티모르의 마르타[Marta Abu Bere])의 피해 증언과 구 일본군 병사의 가해 증언을 삭제하고 '법정'을 높이 평가한 코멘테이터(요네야마 리사[米山リサ])의 발언을 왜곡하고 피해 여성을 모독하는 역사수정주의자(하타 이쿠히코[秦郁彦])의 발언을 삽입하는 등 정상을 벗어난 것이었다.

활발해진 것은 간과할 수 없다.

일본에서는 '법정'을 제창한 고 마쓰이 야요리의 유지를 이어받은 여성들이 중심이 되어 2005년 8월 일본에서 유일하게 일본군 '위안부' 문제를 상설 전시하는 '여성들의 전쟁과 평화자료관'(wam)이 도쿄 와세다[早稻田] 지역에 개관했다. 왐(wam)은 관련 문헌과 자료를 수집하고 '위안소 맵' 최신판과 영상자료를 작성하는 등 진상 규명의 성과를 일반 시민에게 확산시키는 패널 전시나 세미나 등 활동을 펼치고 있다. 또한 2004년경부터 일본의 젊은 세대가 주체가 되어 아시아 각국의 피해자를 초청해 증언을 듣는 집회('지울 수 없는 기억' 전국동시증언집회 등)가 도쿄, 나고야, 오사카, 교토, 히로시마, 고치, 오키나와 등에서 열린 바 있다.

국제사회로 시선을 돌리면, 일본에서 교과서의 '위안부' 기술이 말살된 직후 시점인 2007년, 일본 정부에 대하여 일본군 '위안부' 문제 해결을 촉구하는 결의가 미국 하원 본회의에서 채택되었다. 이어서 네덜란드 하원 본회의, 캐나다 하원, 유럽의회 본회의에서도 채택되었고, 이듬해 2008년에 한국 국회 본회의, 대만 입법원(국회에 상당)에서도 채택되었다. 이 흐름은 2010년까지 계속되어 한국과 일본 각지의 시의회에서 의견서나 결의가 잇달아 채택되었다.

이처럼 일본과 한국에서 일본군 '위안부' 문제나 정대협이 어려운 국면에 처하면서도 그러기에 더욱 문제 해결의 물결이 국제적으로 확산하고 오히려 세계적 기억이 된 역설(paradox)은 '법정' 이후 2000년대 운동에서 특징적인 일이었다.

| 참고문헌 |

VAWW-NET Japan편, 『위안부·전시 성폭력의 실태Ⅰ(일본·대만·조선 편)』, 료쿠후[綠風]출판, 2000.

VAWW-NET Japan편, 『여성국제전범법정의 전 기록Ⅰ』, 료쿠후 출판(이하, VAWW-NET Japan편Ⅰ), 2002.

VAWW-NET Japan편, 『여성국제전범법정의 전 기록Ⅱ』 료쿠후 출판(이하, VAWW-NET Japan편Ⅱ), 2002.

VAWW-NET재팬 편, 『심판 받은 전시성폭력[裁かれた戰時性暴力]』, 하쿠타쿠샤[白澤社] / 겐다이쇼칸[現代書館], 2001.

VAWW-NET재팬 편, 『폭로된 진실 NHK프로그램 개찬 사건[暴かれた眞實 NHK番組改ざん事件]』, 겐다이쇼칸, 2010.

김부자, [金富子], 「하상숙[河床淑] 씨의 케이스로 보는 한커우[漢口]위안소」, 전게 VAWW-NET Japan편, 2000.

김부자, 「여성국제전범법정이 뛰어넘은 것과 뛰어넘지 못한 것」, 전게VAWW-NET재팬 편, 2001.

김부자, 「보고: 한국-남북 분단 극복을 향한 투쟁」, 전게VAWW-NET Japan편Ⅰ, 2002.

김부자, 「여성국제전범법정 후의 한국여성운동과 일본」, 오코시 아이코[大越愛子] / 이게타 미도리[井桁碧] 편저 『현대 페미니즘의 에식스』, 세이도샤[青弓社], 2010.

김부자, 「일본의 시민사회와 '위안부'문제 해결운동」 『역사평론』 2013년 9월호, 2013.

김윤옥, [金允玉], (야마시타 영애[山下英愛]역), 「여성국제전범법정의 성과와 남겨진 과제」, 전게VAWW-NET재팬 편, 2001.

김영, [金榮], 「조선·박영심[朴永心] 씨의 경우」, 전게VAWW-NET Japan편, 2000.

김영, 「보고: 조선민주주의인민공화국—박 할머니는 '와카하루[若春]'였다」, 전 게VAWW-NET Japan편 Ⅰ, 2002.

타와라 요시후미[俵義文], 「교과서 문제와 우익의 동향」, VAWW RAC편 『'위안 부'때리기를 넘어』, 오쓰키쇼텐[大月書店], 2013.

니시노 루미코[西野瑠美子], 『전장의 '위안부'-라멍[拉孟] 전멸전을 살아남은 박 영심의 궤적』, 아카시쇼텐[明石書店], 2003.

마쓰이 야요리[松井やより], 「전쟁과 여성에 대한 폭력」 『사랑과 분노 싸우는 용 기』, 이와나미쇼텐[岩波書店], 2003.

요네야마 리사[米山リサ], 「비판적 페미니즘의 계보와 여성국제전범법정」 『폭 력·전쟁·리드레스[redress]』, 이와나미쇼텐, 2003.

국제법정들과 유엔 활동: 젠더정의의 확립을 위하여

신혜수 유엔인권정책센터 이사장; 유엔 경제적, 사회적 및 문화적 권리 위원회 위원

I. 서론: 여성법정의 기원과 발전

"서로에게 얘기하세요. 세상에게 얘기하세요. 인류의 반이 숨기려고
하는 수치스러운 진실을 드러내세요. 법정은 그 자체로 위업입니다.
앞으로 더 많은 법정을 예고하고 있습니다. 이 법정이 여성들의 급진
적인 탈식민지화의 시작임에 경의를 표합니다."

— 시몬 드 보부아르, 1976년 '여성범죄 국제법정'의 개회식 메시지[1]

여성들의 힘으로 여성에 대한 범죄를 고발하고 단죄하려는 여성법
정은 1967년에 개최된 '러셀 법정'에서 그 근원을 찾는다.[2] 베트남전쟁
에서 미국 군대에 의해 저질러진 만행을 고발하기 위해 '민중 법정(People's

---

1 Asia Pacific Forum on Women, Law and Development(APWLD), *Speak and Be Heard: APWLD Guide to Women's Tribunals*, 2016, pp. 14~15에서 재인용. 원 자료는 Russell, Diana E.H. and Van de Ven, Nicole (eds.), *Crimes against Women: Proceedings of the International Tribunal*, 3rd ed., Berkeley, Russell Publications, 1990, 5.
2 APWLD, 앞의 책, 13-16.

Tribunal)'으로 조직된 러셀 법정을 본 따서 많은 시민사회와 여성운동 주도의 민간 법정들이 개최되었다. 법정의 주제나 형식, 조직의 주체는 다르지만 기존의 공식 법체계가 외면한 인권 문제들을 일반 사람들이 모여 고발하고 이에 대한 단죄를 하는 것이다. 한 국가나 지역의 문제에 서부터 여러 지역이 연합하여 국제법정을 갖기도 했다.

러셀 법정을 이어받아 상설 민중법정이 1979년 창립되었다. 민중법 정에서는 2019년까지 40년간 총 47개의 주제에 대한 세션이 꾸준히 개최되었다. 이중 여성과 관련이 깊은 사안이 다루어지기도 하였다. 즉, 42번째 세션은 아시아 봉제공장 노동자의 실질 생활임금에 대한 문제 로서 스리랑카(2011년과 2015년), 캄보디아(2012년), 인도(2012년), 인도네시 아(2014년)의 문제를 다루었다.[3] 그러나 "정치적인 지식인 엘리트에 의 존한 민중 법정은 그 민주적인 경향성에도 불구하고 젠더화된 권력구 조를 재생하고 여성의 관심사를 적절히 대변하지 못한다"라는 인식에 서 여성법정이 별도로 출발하였다.[4]

여성법정은 민중 법정의 형식을 취하면서도 여성들의 관점으로, 여 성의 삶에 영향을 미치는 사안들에 대해, 여성들이 조직함으로써 여성 인권을 증진하려고 하였다. 벨기에 브뤼셀에서 개최된 '여성범죄 국제 법정'은 1975년이 유엔에 의해 세계여성의 해로 명명되고 세계여성회 의가 멕시코에서 개최되자, 이에 대한 페미니스트들의 대응으로 개최되 었다.[5] 보부아르의 메시지는 강력하였다.『뉴욕타임스』의 당시 보도에

---

3 Permanent Peoples' Tribunal 홈페이지에서 그동안 개최된 47개 세션의 목록과 판
   결을 볼 수 있다. http://permanentpeoplestribunal.org/?lang=en.%20%20http%3
   A%2F%2Fpermanentpeoplestribunal.org%2Fwp-content%2Fuploads%2F2015
   %2F01%2FLIST-SESSION-EN_maggio2019.pdf. (2021. 2. 15. 접속)
4 APWLD, 앞의 책, 15.
5 Diana E. H. Russel, "Report on the International Tribunal on Crimes against
   Women," *Frontiers: A Journal of Women Studies*, Vol.2(1)(Spring 1977), p. 1.

의하면, 보부아르는 "멕시코시티에서는 여성들이 정당이나 정부에 의해 임무를 부여받고서 단지 남성적 사회에 여성들을 통합시키려고 했지만, 이 법정의 참가자들은 여성들이 고통받는 억압을 고발하기 위해 모이는 것이다"라고 하였다.[6] 1976년 3월 4일부터 5일간 개최되어 8일 세계여성의 날에 끝난 이 법정에는 40여 국가에서 2000명 이상의 여성이 참가한 것으로 보고되었다. 이 법정의 참가자들은 강제된 모성을 비롯해서 가부장적 가족과 경제 등 "남성들이 만든 모든 형태의 여성 억압"을 범죄로 규정하고 규탄하였다.[7]

여성의 목소리를 듣는 공개청문회를 통해 "여성들의 새로운 공간"을 규정하기 위한 여성법정은 "여성들의 법원(Courts of Women)"이라는 이름의 새로운 운동으로 1990년대 초부터 특히 활발히 추진되었다. 1992년 말 파키스탄에서 여성에 대한 폭력을 주제로 개최된 첫 여성법원은 이후 아시아 여러 지역을 거쳐 호주와 뉴질랜드, 아프리카, 미주, 중동지역에 이르기까지 여성운동과 연계하여 40여 회 가까이 개최되었다.[8] 특히 "두 번째 여성들의 법원"으로 개최된 "도쿄 여성인권 아시아법정"에서는 인신매매와 전쟁범죄를 고발하였는데, 제2차 세계대전 시의 일본군 성노예 피해자로 한국의 김복동과 일본 거주 송신도, 그리고 필리핀과 말레이시아 여성이 증언하였다.[9]

같은 시기에 태동되어 큰 영향력을 미쳐왔던 또 하나의 운동은 "여

---

6 NY Times, "Crime-Against-Women Parley Opens in Brussels Without Men", March 5, 1976. https://www.nytimes.com/1976/03/05/archives/crimea-gainstwomen-parley-opens-in-brussels-without-men.html (2021. 1. 31. 접속)

7 Russel, 앞의 논문, 1.

8 APWLD, 앞의 책, 15.

9 Asian Women's Human Rights Council(AWHRC), *In the Courts of Women II: Asia Tribunal on Women's Human Rights in Tokyo*, proceedings of the International Public Hearing on Traffic in Women and War Crimes Against Women, March 12, 1994.

성인권을 위한 국제캠페인"이다. '여성들의 법원'이 지역기반 운동이었던데 반해서, 여성인권 국제캠페인은 럿거스대 여성국제지도력센터의 주도로 태동하여 1990년대 유엔이 개최한 일련의 세계회의를 겨냥하였다.[10] 이 국제캠페인은 유엔이 개최한 일련의 세계회의 시 이와 병행하여 열린 NGO포럼에서 여성국제법정을 개최하였고, 유엔회의에서 채택될 공식문서에 영향을 미치고자 하였다. 특히 큰 영향력을 미친 1993년의 비엔나 세계인권회의와 1995년의 베이징 세계여성회의에서의 여성인권법정에 대해서는 아래에서 상세히 다루도록 하겠다.

이러한 배경 속에서 2000년 개최된 '일본군 성노예전범 여성국제법정'은 그동안 발전되어 온 여성법정의 경험을 집대성한, 아마도 가장 유명한 여성국제법정이 아닐까 생각된다.[11] 특히 실제 법정과 가장 유사한 형태를 갖추어서, 법정에 참석한 일부 피해생존자는 실제 재판이 진행되는 것으로 여길 정도였다. 이 여성국제법정을 통해 여성들에게 저질러진 인권 침해를 세상에 드러내고, 피해자가 겪은 고통과 그들의 목소리를 생생하게 들려주고, 여성운동의 관점에서 법을 해석, 판결함으로써 젠더정의를 확립하고자 하였다. 이 여성국제법정이 법적 구속력이 있는 것은 아닐지라도 "도덕적 권위"를 지니고 있으며, 국제사회와 각

---

10 럿거스 대학의 여성국제지도력센터(Center for Women's Global Leadership)는 미국의 여성운동가 샬롯 번치(Charlotte Bunch)가 1989년 창립하였다. 필자는 이 운동이 태동할 당시 럿거스대에서 박사학위과정을 밟고 있었으며, 샬롯 번치의 강의를 수강하였고, 센터의 창립에도 참여하였다. 또한 센터에서 주창한 '여성폭력추방 16일간의 행동', 그 이후 비엔나, 베이징의 국제회의에서의 운동에도 계속 여성인권을 위한 국제캠페인의 일원으로 참여하였다. 센터에 대해서는 https://cwgl.rutgers.edu참조. (2021. 1. 31. 접속)

11 필자는 당시 정대협의 국제협력위원장으로서 2000년 여성국제법정의 국제실행위원회의 일원으로 조직에 깊숙이 참여하였고, 여성국제법정 동안에는 미디어팀에 속하여 법정을 취재하는 200여 명의 언론인들에게 매일 (영어와 한국어로 각 한 번씩) 하루 2번의 기자회견을 진행하였다.

국 정부가 이를 널리 받아들일 것을 요구하였다.[12]

젠더정의(gender justice)라는 용어는 특히 국제형사재판소 설립을 위한 로마규정에 여성들의 시각을 반영하기 위한 운동에서 출발하였다. 그 이전까지의 운동에서 '여성인권'이라는 용어를 사용했다면, 국제형사재판소(ICC) 규정에 여성의 시각을 담기 위한 운동을 1997년에 시작하면서 '젠더정의'라는 보다 법제도적 의미를 가진 용어를 사용하였고, 운동의 주체를 '젠더정의를 위한 여성코커스'라고 명명하였다.[13]

그러나 법적 정의를 넘어서서 좀 더 포괄적인 의미의 성평등 전반을 가리키는 용어로 쓰이기도 한다. 2010년 유엔여성기금(UNIFEM)에서는 유엔위민(UN WOMEN)으로 통합된 직후에 세계여성들의 상황에 대한 연간 보고서의 축약판을 발간하면서 젠더정의라는 제목을 사용하였다. '젠더정의와 새천년발전목표'라는 소책자에서 젠더정의는 "가정, 지역사회, 시장과 국가에서 생산되고 또 재생산되는, 남성과 여성 사이의 불평등을 끝내는 것"을 의미하는 것으로 규정하고, "법과 경제정책 등의 주류 기관들이 너무나 많은 여성을 가난하게 만들고 제외시키는 불의와 차별에 맞서서 책임성을 갖도록 요구하는 것"이라고 하였다.[14]

---

12 The Women's International War Crimes Tribunal For the Trial of Japan's Military Sexual Slavery, THE PROSECUTORS AND THE PEOPLES OF THE ASIA-PACIFIC REGION v. HIROHITO EMPEROR SHOWA et al, JUDGEMENT, 4 December 2001, The Hague, The Netherlands, Appendix A: Charter of the Women's International War Crimes Tribunal 2000 for the Trial of Japanese Military Sexual Slavery (INCORPORATING MODIFICATIONS AGREED UPON DURING THE HAGUE MEETING, 26-27 OCTOBER 2000), Preamble, A-2.

13 '젠더정의를 위한 여성코커스'의 과거 활동에 대해서는 다음을 참조할 것. http://www.iccwomen.org/wigjdraft1/Archives/oldWCGJ/aboutcaucus.html#:~:text=The%20Caucus%20is%20a%20network,to%20different%20systems%20of%20justice. (2021. 2. 15. 접속) 국제형사재판소 로마 규정이 통과된 이후에는 '젠더정의를 위한 여성이니셔티브'라는 이름으로 바꾸어 국제형사재판소를 모니터하는 활동을 하고 있다. https://4genderjustice.org. (2021. 2. 15. 접속)

2010년 이후에는 사법적 정의에 여성이 과연 접근할 수 있는가의 문제, 여성에 대한 범죄가 처벌되지 않고 불처벌이 계속되는 문제, 법과 절차에 만연된 젠더 스테레오타입의 문제가 제기되었고, 유엔 여성차별철폐위원회에서 2015년 '여성의 사법정의에의 접근' 문제를 다룬 일반권고 제33호를 채택하였다.[15] 위원회는 이 일반권고에 헌법, 민법, 가족법, 형법, 행정법, 노동법 등 각 분야의 법률에 대한 구체적인 권고와 함께, 사법제도에 대한 내용도 포함하여 젠더정의의 확립에 대한 국제기준을 더 확장하였다. 여기에서는 2000년 법정과 관련한 글이므로 포괄적인 성평등보다는 사법적 영역에 한정된 좁은 의미로 사용하기로 한다.

II. 전시 성폭력과 유엔 세계회의, 그리고 국제형사법정

일본군 성노예 문제가 1992년 8월 제네바의 유엔 인권소위원회[16]에 제기되자마자 전폭적인 국제적 관심을 받게 된 데에는 당시 발생한 구

---

14 UN Women, *Gender Justice: Key to Achieving Millenium Development Goals*, 2010, p. 3. https://www.unwomen.org/en/digital-library/publications/2010/1/ gender-justice-key-to-achieving-the-millennium-development-goals#view. (2021. 1. 31. 접속) UN Women이 발간 주체로 되어 있으나 실제로는 UNIFEM이 작업을 한 것으로 나타난다.

15 UN Committee on the Elimination of Discrimination against Women, General Recommendation No. 33 on women's access to justice, 2015. https:// tbinternet.ohchr.org/_layouts/15/treatybodyexternal/Download.aspx?sym bolno=CEDAW/C/GC/33&Lang=en (2021. 1. 31. 접속)

16 유엔 인권위원회 산하의 전문가위원회로 1947년 설립되었고, 정식 명칭은 유엔 소수자차별방지 및 보호 소위원회(United Nations Sub-Commission on Prevention of Discrimination and Protection of Minorities)였다. 이후 1999년에 유엔 인권 증진 및 보호 소위원회(Sub-Commission on the Promotion and Protection of Human Rights)로 바뀌었고, 2006년 인권위원회가 인권이사회로 확대 개편되고 난 후에는 인권이사회의 자문위원회가 되었다.

유고슬라비아공화국(이하 구 유고)에서의 내전에서 여성들이 당한 대규모의 인권 침해와 맞닿아 있다. 구 유고에서 발생한 대규모의 집단적, 조직적 강간에 경악한 국제사회가 일본군 성노예 문제가 제기되자 전쟁 시 어떤 인권 침해가 일어날 수 있는가를 즉각 이해하게 되었다고 생각된다.

당시 한국정신대문제대책협의회(이하 정대협)의 국제협력위원장으로 인권소위원회에 참석하여 일본군 성노예 문제에 대한 유엔의 조사와 일본의 배상의무를 호소하고 있던 필자는 구 유고에서의 '인종청소'가 몰고 온 국제사회의 충격을 목도하였다.[17] '인종청소'라 명명되는 구 유고에서의 내전은 특히 보스니아 여성들에 대한 집단강간을 통해 강제임신을 시킬 목적으로 자행되어 충격을 주었다. 당시 인종적·종교적 갈등을 겪고 있던 구 유고공화국의 6개국 중 특히 보스니아의 모슬렘 여성들을 주 공격대상으로 하여 강간과 강제임신을 전쟁의 무기/전술로 채택하여 세상을 놀라게 하였다. 인권위원회는 정기회의 외에 별도로 특별회의를 소집하였고,[18] 주요 국제기구들은 조사단을 파견하였다.

이러한 와중에 정대협에서 참석하여 일본군 성노예 문제를 공론화하고, 특히 피해 당사자인 황금주 할머니가 참석하여 공개 증언을 함으로

---

17 인권소위원회 마티네즈 의장이 인권위원회 의장에게 보낸 서한. 구 유고에서 생명권 등 심각한 인권 침해, 소위 '인종청소'가 발생한 것에 대한 경악을 표현하고 이에 대한 대책, 난민보호, 가해자 처벌등을 요구하였다. 제44차 인권소위원회, Letter dated 13 August 1992 from the Chairman of the forty-fourth session of the Sub-Commission on Prevention of Discrimination and Protection of Minorities addressed to the Chairman of the Commission on Human Rights, E/CN.4/Sub.2/1992/52, 1992. 9. 3. 배포.

18 구 유고에서의 인권 상황에 관한 유엔 인권위원회의 제1차 특별회의는 1992.8.13-14일에, 제2차 특별회의는 같은 해 11.30-12.1일에 개최되었다. 3차는 1994년 5월 르완다사태에 대해, 4차는 1999년 동티모르, 5차는 2000년 10월 팔레스타인에 대한 이스라엘의 심각한 대량 인권침해에 대한 것이었다. https://www.ohchr.org/EN/HRBodies/CHR/Pages/PreviousSessions.aspx (2021. 2. 15. 접속)

써 국제적 이목이 집중되었다.[19] 동유럽 보스니아에서의 조직적 강간과 50여 년 전의 아시아에서의 성노예 문제가 전쟁 중 여성인권 침해의 문제로 같이 다루어지게 되었다. 전쟁의 상황에서 50년간 여성인권의 현실은 변한 것이 별로 없었던 것이다. 우리의 적극적 로비 활동으로 바로 그 다음해인 1993년에는 유엔 인권소위원회에서 '전시 조직적 강간, 성노예, 유사 성노예제 특별보고관'이 임명되었고,[20] 따라서 전시 여성 인권 침해 문제에 있어서 젠더정의를 향한 첫 초석이 놓이게 되었다.

1. 유엔 세계회의와 NGO의 여성인권법정[21]

1990년대는 유엔이 아동, 환경, 인권, 사회개발, 인구, 여성, 주거권 등을 주제로 세계회의를 연달아 개최했던 특별한 시기였다.[22] 유엔 세

---

19 정대협에서 황금주 할머니와 함께 참가하여 활동한 것에 대한 보고는 신혜수, "제네바에 펼쳐진 정신대 할머니의 증언: 유엔 인권소위원회에서의 강제 종군위안부문제 대책활동", 민주사회를 위한 변호사모임, 민주사회를 위한 변론, 창간호, 역사비평사, 1993, 53-69를 볼 것.

20 당시 인권소위원회에는 일본인 위원이 있었으므로, 일본군 성노예 문제만을 다룰 특별보고관 임명은 애초에 불가능하였다. 조직적 강간의 문제와 성노예 문제가 합쳐져서 오히려 시너지 효과를 낼 수 있었다고 생각된다.

21 이 부분은 다음의 자료들을 참고할 것. Charlotte Bunch and Niamh Reilly, *Demanding Accountability: The Global Campaign and Vienna Tribunal for Women's Human Rights*, Center for Women's Global Leadership and the United Nations Development Fund for Women, 1994; Niamh Reilly, *Without Reservation: the Beijing Tribunal on Accountability for Women's Human Rights*, Center for Women's Global Leadership, 1996; 신혜수, "여성관련 국제인권협약과 여성운동", 한국여성의전화 엮음, 한국여성인권운동사, 한울, 1999, 452-502.

22 유엔은 1990년대에 아동 정상회의(뉴욕, 1990)를 시작으로, 환경과 개발 정상회의(리우, 1992), 세계인권회의(비엔나, 1993), 인구와 발전 국제회의(카이로, 1994), 사회발전 정상회의(코펜하겐, 1995), 제4차 세계여성회의(베이징, 1995), 제2차 유엔인간정주권회의(이스탄불, 1996), 식량정상회의(로마, 1996) 등을 개최하였다.

계회의가 개최될 때마다 그와 병행하여 NGO포럼이 개최되어 NGO들의 개혁을 향한 열망과 요구가 분출되고, 동시에 유엔이 채택할 공식문서에 영향을 미치고자 국제연대의 역량이 총동원되는 기회이기도 했다. 젠더정의와 관련해서 특히 두 개의 유엔 세계회의에서 여성운동이 중요한 영향을 미쳤다.

(1) 비엔나 세계인권회의와 여성인권법정

1993년 6월 비엔나에서 개최된 유엔 세계인권회의는 여성운동의 조직적 힘이 유감없이 발휘된 대회였다. 이미 2년 전인 1991년부터 비엔나 회의를 목표로 글로벌 캠페인을 시작하여 국제서명운동을 진행하였고, 한국을 포함해 전 세계 124개국에서 모아진 거의 50만에 가까운 서명을 유엔 사무총장에게 전달하였다.[23] 청원 내용은 2가지로, 세계인권회의의 모든 논의에 여성인권을 포함시킬 것, 그리고 여성에 대한 폭력을 즉각적 행동이 필요한 인권 침해로 다루어 줄 것을 요구하였다.[24]

비엔나 회의와 병행하여 개최된 NGO포럼의 여러 행사 중에서 '여성인권 국제법정'은 참가자들과 언론의 주목을 가장 많이 받은 행사였다. 하루 종일 진행된 이 '법정'에서는 모두 25개국에서 33명의 여성이

23　Bunch and Reilly, 앞의 책, 5. 서명운동은 여성국제지도력센터와 국제여성트리뷴센터가 같이 주도하였으며, 영어, 스페인어, 불어로 10여 개 여성네트워크를 통해 배포되었고, 이후 각국에서 23개 언어로 번역, 서명이 진행되었다. 한국에서는 필자가 한국어로 번역하여 한국여성단체연합을 통하여 3,000여 명 정도의 서명을 받아 여성국제지도력센터에 팩스로 송부하였다. 78개국에서 접수한 1차 7만 8,000명의 서명을 Charlotte Bunch가 부투루스 당시 유엔 사무총장에게 전달했다는 기사가 뉴욕타임즈에 게재된 바 있다. 1992년 3월 14일자 New York Times, Women Bring Concern About Rights to U.N., https://www.nytimes.com/1992/03/14/world/women-bring-concern-about-rights-to-un.html?searchResultPosition=1. (2021. 2. 4. 접속)

24　신혜수, 앞의 논문, 479-480.

다양한 여성인권 침해의 현실을 고발하였다.[25] 가정 내 인권 유린, 여성에 대한 전쟁범죄, 여성의 신체적 존엄에 대한 침해, 여성인권에 대한 사회경제적 침해, 그리고 정치적 박해와 차별의 5개 분야로 나뉘어 차례로 여성인권 침해에 대한 발표와 증언이 진행되었다. 일본군 성노예제도에 대한 고발은 '여성에 대한 전쟁범죄'에 포함되었다. 정진성 교수의 일본군 성노예제도의 실상에 대한 발표, 김복동 할머니의 피해자로서의 증언, 그리고 구 유고슬라비아에서의 조직적 강간에 대한 여러 피해자의 증언이 있었다. 여성인권 국제법정의 축약된 내용은 정부 대표들이 참석한 공식 회의에서 발표되었다. 그리고 여성인권 문제를 해결할 '여성인권 특별보고관' 신설 등을 요구하였다.

비엔나 회의에서 채택된 유엔의 공식문서 '비엔나선언과 행동프로그램'[26]은 인권의 보편성과 불가분성을 선언한 중요한 문건이다. 여성폭력을 포함해서 여성인권의 모든 측면이 제대로 문서에 반영할 수 있도록 글로벌 캠페인의 '여성인권 코커스'에서 매일 아침 회의를 하고 정보를 교환, 전략을 논의하였다.[27] 다각도의 연대 활동을 펼친 결과 문서의 여러 부분에 여성인권이 중요하게 포함되고 반영되었다. 특히 전쟁 중 여성폭력에 관한 부분에 성노예가 명시적으로 포함되었다. 관련 문구는 다음과 같다.

"무력분쟁 상황에서 여성인권의 침해는 국제인권법과 인도주의법의
근본 원칙에 대한 위반이다. **모든** 이러한 종류의 위반은, 특히 살해,

---

25 Bunch and Reilly, 앞의 책; 신혜수, 앞의 논문, 481-482.
26 Vienna Declaration and Programme of Action, 비엔나 세계인권회의에서 1993.
    6. 25. 채택. https://www.ohchr.org/en/professionalinterest/pages/vienna.aspx
    (2021. 1. 5. 접속)
27 필자도 그 일원으로 활동하였다. 활동의 내용과 그 성과에 대해서는 Bunch and
    Reilly, 앞의 책, 101-104; 신혜수, 앞의 책, 483-485 참조.

조직적 강간, **성노예**, 강제임신 등을 포함해서, 특별히 효과적인 대응을 필요로 한다."28 *(강조 부분은 필자)*

굵게 표시된 "모든(All)"이라는 단어는 원래의 초안에는 포함되지 않았었다. 그런데 일본 정부가 일본군 성노예 문제를 제외시키려는 의도에서 "현재의(current)"라는 단어를 추가하려 한다는 정황이 파악되었다. 필자는 여성인권 코커스에서도 의논하고 '여성인권 국제법정'에서도 참가자 전체에 이를 공지하고 협조를 당부하였다. 그리고 이에 대응하는 문건을 만들어 일본의 도츠카 변호사와 함께 정부 대표들을 대상으로 로비 활동을 전개하였다. 즉, "현재의"라는 단어가 포함된다면 일본군 성노예 문제는 포함되지 않으므로 이를 허용해서는 안 된다는 설명을 담은 한 장짜리 문건을 만들었다. 그리고 비엔나 국제센터의 2층 회의장 입구에서 문건을 들고 회의에 참가하려고 들어가는 정부 대표들에게 설명하고 협조를 부탁하였다. 그 결과 초안에 "모든"이 추가되었다. 즉, 현재 발생하고 있는 전시 여성폭력의 문제뿐만 아니라 이미 발생한 여성인권 침해 사안들에 대해서도 효과적으로 대응해야 한다는 것으로 되었다.

비엔나 회의 이후 그해 연말인 1993년 12월 유엔 총회는 비엔나 선언과 행동프로그램에서 촉구한 대로 여성폭력 전반을 포괄하는 '여성폭력철폐선언'을 채택하였다.29 이미 1991년에 경제사회이사회에서 여

---

28 인용된 문구의 영어 원문은 다음과 같다. "Violations of the human rights of women in situations of armed conflict are violations of the fundamental principles of international human rights and humanitarian law. All violations of this kind, including in particular murder, systematic rape, sexual slavery, and forced pregnancy, require a particularly effective response." (비엔나선언과 행동프로그램, II. B. 3. 38항)

29 유엔총회 결의 48/104, 1993. 12. 20. 채택. https://www.ohchr.org/EN/Profession-

성폭력에 관한 국제규정을 만들 것을 결의하였지만, 비엔나회의에서 이를 촉구한 후 실현이 되었다. 동 선언에서는 여성폭력을 "신체적, 성적, 심리적 위해나 고통을 초래하는 젠더에 기반한 폭력"으로 규정하고, 이를 가족 내 폭력, 지역사회에서의 폭력, 그리고 국가에 의한 폭력으로 대별하였다. 국가에 의한 폭력은 "어디에서 행해지던 간에 국가에 의해 자행되었거나 국가의 묵인 하에 행해진 신체적, 성적, 심리적 폭력"으로 규정되었다.[30] 일본군 성노예제는 물론 국가에 의한 폭력으로 분류된다.

성과는 바로 나타났다. 다음 해인 1994년 4월 유엔 인권위원회는 시대적 필요와 여성운동의 요구에 부응하여 '여성폭력 특별보고관' 설치를 결정하였다. 첫 특별보고관으로 스리랑카의 쿠마라스와미 변호사가 4월 말 임명되었다. 정대협을 대표하여 필자는 9월에 스리랑카 콜롬보로 가서 쿠마라스와미 보고관을 만나 일본군 성노예 문제에 대한 조사를 실시해줄 것을 요청하였다. 일면식도 없었던 쿠마라스와미 변호사에게 면담을 요청하고 스리랑카에 직접 가서 만나 조사를 요청하고 허락을 받아낼 수 있었던 데에는 여성운동의 일원이라는 서로의 믿음이 존재하였다.

쿠마라스와미 보고관은 필자의 요청을 받아들여 첫 현지 방문조사를 일본군 성노예 문제에 대해 하기로 결정하고, 1995년 7월에 남북한과 일본을 방문하였다. 이 현지 방문조사의 결과는 "전시 군대 성노예문제에 관한 조선민주주의인민공화국, 대한민국, 일본에의 현지조사 보고서"라는 이름으로 1996년 1월 4일자로 인권위원회에 제출되었다.[31] 쿠

---

alInterest/Pages/ViolenceAgainstWomen.aspx (2021. 1. 5. 접속)

30   영어 원문은 "Physical, sexual and psychological violence perpetrated or condoned by the State, wherever it occurs." (여성폭력철폐선언, 제2조 (c)항).

31   Report of the Special Rapporteur on violence against women, its causes

마라스와미 보고관은 이 조사보고서의 말미에서, 일본의 위안소제도가 국제법 위반이며, 피해자들에게 배상할 것을 일본 정부에 권고하고, 이를 집행하기 위해 '행정법정'을 설치할 것을 권고하였다. 사실 1994년에 이미 발간된 국제법률가협회의 '위안부' 피해자 조사보고서에서도 일본이 배상을 거부할 때 문제를 해결할 방법으로 '국제법정'이나 '중재패널'을 제안한 바 있다.[32]

쿠마라스와미 보고관은 연속 3번의 임기, 9년 동안 보고관으로 활동하면서 매년 인권위원회에 제출하는 보고서와 현장 방문조사, 개인진정 접수 등의 임무 수행을 하면서 여성폭력 추방에 크게 기여했다. 쿠마라스와미 특별보고관의 보고서에서 일본군 성노예제는 당연히 국가에 의한 폭력으로 분류되었고, 현지조사 보고서 발간 이후에도 국가에 의한 폭력을 다룬 차후의 보고서에서 일본군 성노예 문제는 종종 언급되었다.

and consequences, Ms. Radhika Coomaraswamy, *Report on the mission to the Democratic People's Republic of Korea, the Republic of Korea and Japan on the issue of military sexual slavery in wartime*, E/CN.4/1996/53/Add.14, January 1996. https://documents-dds-ny.un.org/doc/UNDOC/GEN/G96/101/23/PDF/G9610123.pdf?OpenElement (2021. 2. 17. 접속). 쿠마라스와미 특별보고관은 7월 18-22일까지 서울을, 7월 22-27일까지 도쿄를 방문 조사하였다. 북한은 7월 15-18일까지 평양 방문이 예정되어 있었으나 비행기편의 연결 문제로 가지 못하고 유엔인권센터(현 인권최고대표사무소의 전신)의 실무자가 대신했다. 보고서 3면의 1항 참조.

32 International Commission of Jurists, *Comfort Women: an unfinished ordeal, Report of a Mission* by Ustinia Dolgopol and Snehal Paranjape, Geneva, 1994, p. 204. 제네바에 사무소가 있는 ICJ는 1993년 한국정신대문제대책협의회를 대표해서 일본의 도츠카 변호사와 함께 방문한 필자의 요청을 받아들여 1993년 4월 2명의 조사관을 파견하여 필리핀, 한국, 북한, 일본을 방문하고 그 보고서를 1994년 11월에 발간하였다.

(2) 베이징 세계여성회의와 여성인권법정

비엔나 세계인권회의가 전 세계의 인권운동가, 인권단체들이 집합한 대회였다면 2년후 1995년의 베이징 세계여성회의는 전 세계의 여성운동가들과 여성단체들이 총 집결하여 모든 분야에서의 여성 문제를 제기한 대규모 회의였다. 베이징 대회에서는 비엔나 회의에서 논의되었던 여성폭력, 여성인권이 보다 더 세분화, 심화, 강화되어 논의되었다. 여성에 관련된 핵심 사안들을 모두 12개 주요 관심 분야로 설정하였는데,[33] 이 12개 분야에 '여성에 대한 폭력', '여성의 인권' 그리고 '무력분쟁과 여성'이 포함되었다. 즉 분쟁 하 여성폭력에 대한 더 심도 깊은 논의가 이루어지게 되었다. 또한 비엔나 회의에서의 경험을 발판 삼아 베이징 NGO포럼에서는 더 많은 '법정'형식의 행사들이 개최되었다. '여성범죄에 대한 세계여성청문회', '젊은 여성 국제법정' 등 비엔나에서의 '여성인권 국제법정'을 본뜬 많은 유사 행사가 개최되어 운동이 보다 분화, 발전하였다.[34]

베이징 대회에서 또 다시 이목을 끌었던 '여성인권의 책임을 묻는 국제법정'에는 필자가 다시 조직위원회의 일원으로 참여하였다. 비엔나에서 법정을 조직했던 여성국제지도력센터에서 글로벌 캠페인의 일환으로 개최한 이 법정에서 필자는 비엔나 회의 이후 '위안부' 문제의 진전된 상황에 관해 후속 보고를 하는 기회를 가졌다.[35] 이 국제법정의 개회

---

33 12개 주요 관심 분야는 다음과 같다. 여성과 빈곤, 여성의 교육과 훈련, 여성과 건강, 여성에 대한 폭력, 여성과 무력분쟁, 여성과 경제, 권력과 정책 결정에 있어서의 여성, 여성 향상을 위한 제도적 장치, 여성의 인권, 여성과 미디어, 여성과 환경, 여아. Beijing Declaration and Platform for Action, 1995.

34 Reilly, 앞의 책, 11; 신혜수, 앞의 논문, 486.

35 1995. 9. 1. 개최된 '여성인권의 책임을 묻는 국제법정'에서의 보고내용은 Reilly, 앞의 책, 43-44에 수록되어 있다. 이 법정은 여성인권침해를 여성에 대한 폭력(전쟁 상황에서의 폭력과 가정폭력), 경제적 차별과 착취, 건강과 신체의 침해, 정치적 박해의 4부문으로 나누어 총 22명의 증언을 들었다. 필자는 맨 처음의 전쟁 상황에

식에서 쿠마라스와미 보고관은 다음과 같이 얘기하였다.

"글로 쓰여진 세계는 순전히 남성들의 영역입니다. 구술 증언은 이러한 권력의 위계질서에 하나의 흠집을 내는 것입니다. 증언은 다른 관점을 보여주고, 여러 해 동안 세상에 숨겨져 왔던 경험을 입증해줍니다. 아마도 이 과정이 갖는 힘은 불만이 권리가 되고, 권리가 해결로 이어진다는 것이겠지요. 해결을 얻어내는 이러한 능력, 자기의 권리를 주장해서 해결을 요구하는 것이야말로 임파워먼트의 원천입니다. 여기 모인 여성들이 특별한 이유는 바로 그 때문입니다. 그들은 힘을 얻었고(they have become empowered), 그 점에서 우리 모두의 본보기입니다."

"나는 특별보고관으로서, 2차 세계대전의 '위안부'들, 모슬렘 치하의 여성들, 보스니아 헤르츠고비나의 무력분쟁의 피해자들, 또는 가정폭력의 피해자들 등 용감한 여성들이 수치심의 커튼에 저항하고 앞으로 나와 그들의 생각을 얘기한 수많은 이야기를 접수하고 있습니다. … 나의 바람은 이 증언들의 일부를 내 작업에 포함시켜 개인적 사례에서 드러나는 여성에게 가해지는 잔혹함을 국제적 차원에서 기록이 남도록 하는 것입니다."36

쿠마라스와미 보고관은 이때 이미 일본군 성노예제도에 대한 현지 방문조사를 마친 후였고, 한국과 북한의 '위안부' 피해자들의 증언을 특별보고관으로서 청취한 후였다. 쿠마라스와미 보고관은 피해자들이 공개적으로 증언하고 여성인권 침해를 고발할 때 이미 피해자들이 젠더

서의 여성폭력 부문에서 알제리아, 우간다, 르완다에 이어 발표하였다.
36 Reilly, 앞의 책, pp. 22-23.

정의를 향해 한 발을 내딛은 것이고 또한 힘을 받는다는 것을 인지하고 있었다.

베이징 NGO포럼(8.30-9.8까지 10일간) 기간에 일본군 성노예 문제에 대한 행사가 여럿 개최되어 주목을 받았다. 정대협이 주관한 배상을 촉구하는 행진 시위,[37] 무력분쟁하의 여성 국제심포지엄에서의 생존자 증언,[38] 북한의 단체가 주최한 워크숍,[39] 국외의 한인단체가 주최한 성노예 워크숍[40]에 이르기까지 다양한 행사가 연대하여 개최되었다. 한국에서는 정서운 할머니, 그리고 필리핀에서도 생존자가 참석하여 증언하였고, 북한에서는 피해자는 직접 참석하지 못하고 좌담회의 영상 상영을 통해 생존자의 피해 상황을 발표하였다.[41] 이렇게 NGO포럼에서 분

37　행진에 대한 기사는 무용가 김경란을 부각시킨 사진과 함께 NGO포럼 기간 동안 매일 발행되던 공식 신문 9. 3일자에 커버스토리로 크게 게재되었다. Sara Friedman, "Reparations, Not Comfort", *Forum '95: The Independent Daily of the NGO Forum on Women, Beijing '95*, Sunday, September 3, 1995.

38　NGO포럼의 행사목록 책자인 Schedule of Activities: ngo forum on women에는 다음과 같이 수록되어 있다. 04-09-95, *09.00 am*, THEME 4, INTERNATIONAL SYMPOSIUM ON WOMEN IN WAR AND ARMED CONFLICT, Survivors from military sexual slavery by Japan, *Panel*, Korean Council for Women Drafted For Military Sexual Slavery by JP, LOCATION: 1-M1, CAPACITY: 1000. 이 행사는 같은 날 오후 3시에도 같은 제목과 장소에서 개최되는 것으로 수록되어 있는데, 다만 생존자 항목은 빠져 있다.

39　NGO포럼의 행사목록 책자에는 다음과 같이 수록되어 있다. 05-09-95, *11:00 am*, THEME: 4, SEXUAL SLAVERY CRIME OF JAPAN DURING WAR: Comfort women & attitude of Japanese government, *Workshop*, Committee On The Measures For Compensation to Former Korean Comfort Women, LOCATION: 10-M48, CAPACITY: 50. 한겨레 신문에도 6면 머릿기사로 보도되었다. 김미경 기자, "'베이징 세계여성회의: 위안부 보상' 남북연대 한목소리, 북한 주최 워크숍에 한국대표단 대거 참석 … 미·중·일도 뜨거운 관심", 한겨레, 1995년 9월 6일 수요일.

40　NGO포럼의 행사목록 책자에 수록된 내용은 05-09-95, *11:00 am*, THEME: 3, SEXUAL SLAVERY - "KOREAN COMFORT WOMEN", *Workshop*, Korean Canadian Women's Association, LOCATION: 19-T34, CAPACITY: 30.

출된 일본군 성노예 문제의 제기와 관심을 바탕으로 베이징 회의에 참석한 정부 대표들에게 로비할 간단한 문건을 만들어 전시 여성폭력의 범죄자 처벌과 피해자 배상 등에 대한 요구를 담아 배포하고 활동하였다.[42] 일본 NGO에서도 회의 참석자들을 대상으로 성노예를 포함한 모든 전쟁범죄에 대한 책임과 피해자 배상 등을 베이징행동강령에 포함할 것을 제안하였다.[43]

비엔나 회의가 여성인권을 인권과 분리할 수 없는(불가분의) 인권의 핵심적인 부분으로 자리매김하고 여성폭력의 문제를 부각시키는 데 성공했다면, 베이징 회의는 "여성의 권리는 인권"임을 확신하면서,[44] "여성과 소녀의 모든 인권을 증진하고 보호"할 것을 결의하였다.[45] 베이징 세계여성회의에서 마지막 날 채택된 '베이징선언과 행동강령'[46]은 '여성과

---

41 한겨레, 앞의 기사.

42 전쟁과 무력분쟁에서의 여성에 관한 국제 심포지엄의 참가자 이름으로 다음의 5개 항을 결의하고 유엔과 각국 정부와 NGO에게 행동을 취해줄 것을 요청하였다. 1. 전쟁과 무력분쟁 시 여성인권 침해를 규탄하고 책임자를 처벌할 것. 2. 지역적 국제적 인권 메커니즘을 설립해서 피해자에게 정의가 구현될 수 있도록 할 것. 3. 국가는 여성에게 행한 범죄에 책임을 지고 마땅히 배상을 지불할 것. 4. 일본의 성노예에 관해서는 일본 정부는 국민기금 안을 철회하고 국가책임으로 피해자에게 배상할 것. 5. 중국을 포함해서 모든 피해국의 여성들에게는 일본군에 의해 착취당한 '위안부'를 위한 아시아연대 운동에 동참할 것을 요구함. "Comfort Women" issue: Resolution on Sexual Slavery by Japan and Violence Against Women in War and Armed Conflcts. 한 장짜리 문건으로 연락처에 신혜수의 중국 내 호텔 전화번호와 방번호를 기재하였다.

43 The Statement of The Japan Federation of Bar Associations (JFBA), The Fourth World Conference on Women, Action for Equality, Development and Peace, Beijing 4-15 September 1995. no date.

44 *Beijing Declaration*, paragraph 14, "Women's rights are human rights."

45 앞의 책, 문단 31.

46 *Beijing Declaration and Platform for Action*, adopted on 15 September 1995 at the Fourth World Conference on Women, 4-15 September 1995, https://www.un.org/en/events/pastevents/pdfs/Beijing_Declaration_and_Platform_for_Action.pdf.

무력갈등'의 분야에서 전시 여성폭력 문제에 대해 비엔나 회의에서 채택된 문서를 기반으로 하면서 훨씬 더 자세하고 발전된 내용을 담고 있다.

구체적으로는 여성에 대한 조직적 강간이 전쟁과 테러의 전술로 이용되는 현실, "살해, 테러, 고문, 강제실종, 성노예, 강간, 성적 학대, 강제임신 등의 행위, 특히 인종청소 정책 결과로 초래된 행위"에 주목하고, 이에 대한 적극적이고 가시적인 대책으로 포괄적인 성인지 정책을 정부에 주문하였다. 특히 전략적 목표의 하나로 분쟁 상황에서의 인권 침해를 줄일 것을 요구하였다. 그 대책으로는 "분쟁 중 모든 여성폭력을 예방하도록 국제인권법과 인도주의법을 준수하고, 전쟁 시 여성에게 가해지는 모든 폭력행위, 즉 강간, 특히 조직적 강간, 강제 성매매와 그 밖의 외설적 공격과 성노예 등에 대해 모두 수사하고, 여성에 대한 전쟁범죄의 모든 책임자를 기소하고, 여성 피해자들에게 충분한 배상을 제공할 것"[47]을 주문하였다.

성노예를 포함한 무력분쟁하의 모든 여성폭력에 대해 젠더정의를 수립하라는 생존자들과 여성운동의 요구는 이와 같이 유엔이 채택한 베이징선언과 행동강령에 상당히 수렴되었다. 그러나 이 문서는 어디까지나 선언이고 정책문서일 뿐이다. 유엔과 회원국, 국제기구, NGO에 이르기까지 취해야 할 정책에 대한 권고와 안내를 담은 국제적 합의일 뿐 법적 구속력을 갖거나 이를 따르지 않았을 때 제재할 방법이 없는 것이 현실이다. 비엔나와 베이징에서 여성운동단체들이 온 힘을 다 모아 젠더정의를 높이 외치고 있었을 때, 실제로 강력한 법적 구속력을 갖는 유엔의 국제법정에서는 여성에 대한 범죄가 어떻게 다루어졌는지를 살펴보기로 한다.

---

47 Beijing Declaration and Platform for Action, Chapter Four, Strategic Objectives and Actions, E. Women and armed conflict, Strategic objective E.3, paragraph 145, (e).

2. 구 유고, 르완다 국제형사재판소와 젠더정의

(1) 구 유고 국제형사재판소와 전시 성폭력

구 유고에서의 전쟁범죄에 대해 유엔 안전보장이사회는 1993년 5월 특별국제형사재판소(ICTY: International Criminal Tribunal for the former Yugoslavia: 이하 구유고재판소)를 설립하기로 결정하였다.[48] 구 유고에서 자행된 국제인도법의 위반행위, 특히 보스니아 헤르츠고비나 공화국에서 벌어진 "대량 학살, 여성에 대한 대량의 조직적이고도 체계적인 구금과 강간, 지속적인 '인종청소'"를 처벌하려는 것이었다.[49] 구 유고재판소에 규정된 범죄행위는 1949년 제네바협정의 심각한 위반(제2조), 전쟁법 위반(제3조), 제노사이드(제4조), 반인도범죄(제5조)로서 살해·고문·구금 등 여러 행위를 포괄하고 있으며, 강간은 제5조(g)항에 명시되어 있다.[50]

구 유고재판소는 2017. 12. 21. 폐소되기까지 25년간 모두 161명이 고소/고발되었고, 이중 거의 절반에 가까운 78명에게 성폭력 혐의가 기소장에 포함되었다.[51] 이중 최종적으로 32명이 성폭력 범죄를 포함한 여러 범죄행위로 최하 3년에서 최고 35년에 이르는 형을 선고받았다. 이들에게는 재판소 규정 제7조(1)항[52] 상의 성폭력 범죄에 대한 책임을

---

48 유엔 안전보장이사회 결의 827호, 1993. 5. 25. 채택. S/RES/827. https://undocs.org/en/S/RES/827(1993) (2021. 2. 17. 접속)

49 안보리, 앞의 결의, 1면.

50 https://www.icty.org/x/file/Legal%20Library/Statute/statute_sept09_en.pdf (2021. 2. 17. 접속)

51 United Nations International Criminal Tribunal for the former Yugoslavia 공식 웹사이트. https://www.icty.org/en/features/crimes-sexual-violence/in-numbers (2021. 2. 17. 접속)

52 구 유고재판소 규정 제7조 개인의 형사적 책임. (1)항은 제2조~5조에 이르는 각종 범죄행위, 즉 제네바협정의 위반, 전쟁법 위반, 제노사이드, 반인도적 범죄 등에 대해 이를 계획, 선동, 명령, 수행, 조력, 방조하는 사람은 개인적인 형사적 책임이 있

물어서. 그리고 그중 4명은 추가로 제7조(3)항에 해당하는 "범죄의 행위자를 저지하거나 처벌하지 않은 죄"가 추가되어 유죄판결을 받았다.[53]

구 유고재판소는 국제법상 많은 새로운 법적 해석과 적용을 한 기념비적인 판례를 수립했다고 기록된다. 강간을 고문의 한 형태로 인정한 첫 사례, 처음으로 남성에 대한 강간을 처벌한 사례, 다른 범죄와 병합해서가 아니라 강간 자체만을 처벌한 사례, 강간을 제네바협약 위반으로 법 적용을 넓힌 사례, 구금과 강제노역에 성적인 구금을 포함시킨 사례 등이 예시되어 있다.[54]

여성인권계의 학자와 법률가들이 이 역사적인 구 유고 재판에서 젠더정의를 수립하기 위해 법정의 조언자로서 의견서(amicus curiae brief)를 제출하였다. 타딕(Dusko Tadic)[55]의 재판에서 검찰이 피해자와 증인의 보호를 위한 조치를 재판부에 청구하였고, 이에 대해 외부에서 의견서를

다는 것이고, (3)항은 제2조~5조까지의 범죄를 부하가 저질렀다 하더라도, 그 부하가 행위를 하려는 때에 또는 하고 난 후에 그것을 알았거나 또는 알았다고 판단되었다면, 상관이 이를 방지하거나 처벌하지 않았을 때 상관의 개인적 책임을 면죄받지 않는다는 내용이다. https://www.icty.org/x/file/Legal%20Library/Statute/statute_sept09_en.pdf (2021. 2. 17. 접속)

53 ICTY, in numbers, https://www.icty.org/en/features/crimes-sexual-violence/in-numbers (2021. 2. 17. 접속)

54 기념비적인 사례에 대한 설명은 구 유고재판소 웹사이트 참조. 판결문도 웹사이트에서 찾아볼 수 있다. https://www.icty.org/en/features/crimes-sexual-violence/landmark-cases (2021. 2. 17. 접속)

55 타딕은 보스니아 헤르츠고비나(BiH)의 북서부 지역인 Kozarac의 보스니아 세르비아계 민주당 지역위원장(Bosnian Serb Democratic Party's local board president)과 같은 지위를 가지고 있던 사람으로서 세르비아 군인들이 BiH 북서부 지역의 Prijedor지역을 점령했을 때 수천 명의 모슬렘과 크로아티아계 사람들을 캠프에 구금했다. 타딕을 포함, 군인이 수용자 중 한 사람에게 다른 수용자의 고환을 물어뜯도록 강요하였다. 이 사건을 비롯해서 다른 사건에서의 잔인하고 비인도적인 행위에 대해 재판부가 1997년 5월 유죄를 선고하였고, 2년 후의 항소심에서 제네바협약에 대한 심각한 위반이 추가되어 최종적으로 2000년 1월 20년 형을 선고받았다. https://www.icty.org/en/features/crimes-sexual-violence/landmark-cases

제출한 것이다. 영국의 국제법학자인 친킨(Christine Chinkin)교수는 성폭행의 피해자를 보호하기 위해 피해자의 신분을 드러내지 않고 익명성을 보장할 것을 요청하면서, 이에 대한 법적·정책적 근거를 제시하였다. 즉, 성폭행의 피해자와 증인의 증언을 기소장, 언론과 공개문서, 가해자로부터 모두 보호하는 것이 필요하며, 수사부터 재판 과정과 재판이 끝난 후의 모든 단계에 이를 적용하는 것이 필요하다는 의견을 제출하였다.[56] 다른 또 하나의 의견서는 여러 사람이 공동으로 제출하였는데, 검찰이 발표한 보호조치에 대해 대체로 찬성하면서 일부 조치에 대해서는 반대의견이 제시되었다.[57]

학계의 노력과 병행하여 여성운동에서는 이미 젠더 기반 전쟁범죄에 초점을 맞춘 활동이 진행되고 있었다. 이미 1993년부터 '여성 애드보커시 연대(The Coordinaton of Women's Advocacy; 이하 CWA)'라는 이름으로 10개국의 전문가로 구성된 그룹이 만들어져 유엔 시스템하의 기구들과 협의회를 개최해 왔다. CWA에서 발행한 리플릿[58]에 의하면 초기부

---

56 IT-94-1: Tadic, [TIF] Submission by amicus curiae Prof. Chinkin and supporting materials (English, 137 Pages), Date: 16/06/1995, ICTY Court Records. http://icr.icty.org/frmResultSet.aspx?e=ftyx4czv2ebm0hzkjkfxdejs&StartPage=1&EndPage=10

57 의견서는 Rhonda Copelon교수(CUNY 법학교수, 국제여성인권법률클리닉 소장), Jennifer M. Green (Center for Constitutional Rights 변호사), Felice Gaer (Jacob Bloustine Institute 소장), Sarah Hossain (방글라데시 단체 Ain o Shalish Kendro 변호사)의 네 사람이 공동으로 제출하였다. IT-94-1: Tadic, [TIF] Brief amici curiae on the motion of the prosecutor requesting protective measures for victims and witnesses (English, 41 pages), Date: 15/06/1995, ICTY Court Records.

58 The Coordinaton of Women's Advocacy, Women, War and Justice: Addressng Gender-based War Crimes through the International Criminal Tribunals, the International Criminal Court and National Structures, 1998. 4. 6.-8일에 제네바 ILO와 유엔 건물에서 진행되는 프로그램을 알리기 위한 12면짜리 홍보 팸플릿. 프로그램의 주요 강연자로 메리 로빈슨 인권최고대표, 샬롯 번치 여성국제지도력센터 소장, 라디카 쿠마라스와미 여성폭력특별보고관이 기재되어 있고, 전쟁범죄와 젠더에 관한 여러 발표 등이 포함되어 있다.

터, 즉 안보리가 구 유고에서의 인도법 위반 범죄에 대해 결의 780[59]에 의해 '전문가 위원회'를 설치해서 정보를 수집하고 이를 분석할 때부터, CWA에서 2명이 초청을 받아 젠더 측면에서 전쟁범죄를 분석하는 작업에 참여하였다. 그리고 국제형사법정에서 젠더 범죄에 대한 기소에 대한 분석, 증인 보호 등에 관한 출판물은 발간하였다. CWA에서는 또한 특별재판소의 증인 보호 강화대책, 다양한 관련 집단을 위한 훈련을 진행하였다.[60]

구유고재판소의 판사로서 타딕의 재판을 맡았던 맥도널드(Gabrielle Kirk McDonald) 판사는 의견서를 제출했던 친킨 교수와 함께 2000년 일본군 성노예 전범 여성국제법정에서 판사 역할을 맡게 되었고, 별도로 의견서를 냈던 코펠론 교수도 2000년 법정의 법률전문가로 참여하였다.

(2) 르완다 국제형사재판소와 전시 성폭력

유엔 안보리가 구 유고 국제형사재판소를 설치하고 그 업무가 시작되던 때인 1994년에 이번에는 아프리카 대륙의 르완다에서 또 다시 대량학살 사건이 발생하였다. 안보리는 이번에는 더 재빨리 특별법정으로 르완다 국제형사재판소(ICTR; International Criminal Tribunal for Rwanda; 이하 르완다재판소)를 설치하였다.[61] 당시 아일랜드의 최초 여성대통령이었던 메리 로빈슨은 1997년에 유엔인권최고대표가 된 후 르완다 학살을 기념하는 행사에서 그와 같은 참상을 미연에 방지할 조기경보 시스템이 없었던 것을 아쉬워하였다.

---

59 S/RES/780(1992), 1992. 9. 14. 채택. http://unscr.com/en/resolutions/780 (2021. 2. 18. 접속)

60 CWA, 앞의 팸플릿.

61 유엔 안보리 결의 955호. S/RES/955 (1994), 1994. 11. 8. 채택. https://unictr. irmct.org/sites/unictr.org/files/legal-library/941108_res955_en.pdf (2021. 2. 18. 접속)

르완다재판소는 1994년 한 해 동안 르완다 국민이 르완다와 르완다의 접경국가에서 저지른 제노사이드 범죄, 반인도 범죄, 그리고 제네바 협약들의 공통조항인 제3조 위반을 다루기 위해 설치되었다.[62] 이 특별 재판소는 관할권을 르완다 국가법원과 공유하되, 르완다 국제형사재판소가 국가법원에 우선하도록 하였다(규정 제8조). 르완다재판소는 1심 재판부를 탄자니아의 아루샤에 설치하고, 사무소를 르완다의 키갈리에 두었다. 그러나 항소법원은 네덜란드 헤이그에 두도록 하였으며, 구 유고 재판소의 항소심 재판부가 르완다재판소의 항소심도 담당하도록 하였다(규정 제12조 2항).

르완다재판소는 "역사상 처음으로 제노사이드를 저지른 책임을 물어 개인에게 유죄를 선고하였고, 강간이 제노사이드의 수단으로 이용된 것을 인정한 첫 국제재판"으로 기록되었다.[63] 2015년 말에 완전히 그 기능이 종료될 때까지 르완다재판소의 법정에 기소된 사람은 모두 93명으로 이중 62명이 형을 받았다.[64] 르완다 정부와 군의 고위직 인물들, 정치인, 사업가, 그리고 종교계, 반군, 언론의 지도자들도 기소되어 그 파장이 컸다.

그 중 여성에 대한 범죄로 가장 주목을 받은 것은 아카예수(Jean-Paul Akayesu)[65] 사건일 것이다. 당시 르완다재판소의 판사로 재임하면서 아

---

62 르완다재판소 규정 제1조 르완다국제법정의 권한, 제2조 제노사이드, 제3조 반인도 범죄, 제4조 제네바협약 공통3조와 추가의정서II의 위반. Statute of the International Tribunal for Rwanda, 안보리 결의 955의 부속문건.

63 르완다재판소 웹사이트. The ICTR in Brief, https://unictr.irmct.org/en/tribunal (2021. 2. 18. 접속)

64 르완다법정 앞의 웹사이트. 나머지 31명 중 14명은 무죄선고, 10명은 국내 법원 이관, 3명의 도피자는 유엔 잔류법정 이관, 2명은 판결 전 사망, 2명은 재판 전에 기소가 철회되었다.

65 르완다 타바(Taba)지역을 다스리는 시장과 같은 지위에 있던 인물로, 제노사이드, 살해, 반인도 범죄, 강간 등 모두 15건의 범죄행위로 기소되어 이중 9건에 대해 유

카예수 사건을 담당했던 필레이(Navanethem Pillay) 전 유엔인권최고대표는 다음과 같이 평가하였다.

> "1998년에야 비로소 쟝 폴 아카예수 사건(ICTR-96-4)을 통해 인류 역사상 처음으로 전시 여성에 대한 강간과 성폭력이 제노사이드와 반인도 범죄로 유죄판결을 받았다. 이 판결은 수세기 동안 이를 허용하고 용인해 오던 것에서, 이를 범죄로 선언하고 처벌하는 것으로의 극적인 전환을 의미한다."[66]

역사적인 의미에도 불구하고 두 특별재판소는 특정 개인의 특정 범죄에 대해 처벌만 하는 것이었을 뿐이다. 피해자가 고통을 겪는 많은 인권침해에 대해 법률적 해결을 제공하지 못하고, 피해자 개개인의 필요에 부응하지 못하며, 특히 배상을 제공하지 못한다는 것이 문제로 지적되었다.[67]

르완다재판소와 구 유고재판소는 각각 2015년 말과 2017년 말에 완전히 문을 닫았다. 아직도 남은 업무는 '형사재판소를 위한 국제잔류기구(MICT: International Residual Mechanism for Criminal Tribunals)'에서 수행하고 있

죄가 선고되어 무기징역형을 선고받았다. 판결문은 르완다재판소의 웹사이트의 다음을 참고할 것. https://unictr.irmct.org/sites/unictr.org/files/case-documents/ictr-96-4/trial-judgements/en/980902.pdf (2021. 2. 18. 접속)

66 Navanethem Pillay, "Overcoming War and Building Peace: Global Actions to Protect and Promote Women's Rights During Conflict," 전쟁의 극복, 평화의 구축, 여성인권 기록으로서의 일본군 '위안부'의 목소리, 일본군 '위안부' 관련 기록물 유네스코 세계기록유산 공동 등재를 위한 국제학술회의 주제강연, 2017. 11. 17. 서울, 130-134.

67 Women, Law & Development International, Gender Violence: The Hidden War Crime, Chapter 4 Ad Hoc Tribunals and Other International Forums, 1998, 105.

다.[68] 특히 제노사이드 혐의를 받는 아직 검거되지 않은 5명의 르완다 피의자를 체포해서 르완다 국내 법정에 넘기는 일과, 검거된 1명을 잔류재판소에서 재판하는 업무가 남아 있다.[69] 또한 두 특별재판소의 유산을 잘 이어받아 인류에 도움이 되도록, 특히 전쟁을 겪은 두 대륙과 그 지역의 사람들이 재판 기록을 볼 수 있는 아카이브를 구축하는 등의 뒷마무리 작업을 마치는 일이 남아 있다.

3. 상설 국제형사재판소(ICC)의 설립과 젠더정의를 위한 여성운동

구 유고재판소와 르완다재판소가 특별히 두 사건에 한정되어 작동하는 동안 국제사회는 이러한 대량살상범죄를 다룰 상설 국제형사재판소(ICC; International Criminal Court; 이하 ICC)가 필요하다는 데 공감하였다. 그 설립을 위한 구체적인 결실은 1998년 7월 로마에서 채택된 국제형사재판소 규정이다.[70] ICC에서 다루는 범죄는 4가지로 제노사이드 범죄, 반인

68　이미 2010년에 안보리는 큰 규모에 비용이 많이 드는 두 형사재판소를 서서히 마감하고, "작고, 한시적이고, 효율적인 구조의" 잔류 재판소를 설립하기로 결정하였다. 안보리결의 1966호. S/RES/1966(2010), 2010. 12. 22. 채택. https://www.irmct.org/sites/default/files/documents/101222_sc_res1966_statute_en.pdf (2021. 2. 18. 접속) 르완다재판소의 업무는 2012. 7. 1에 설치된 아루샤 지부에서 수행하고 있고, 구 유고재판소의 업무는 2013. 7. 1에 설치된 헤이그 지부에서 맡고 있다.

69　도피 중인 제노사이드 범죄자에게는 미화 500만 달러까지의 현상금이 걸려 있다. https://www.irmct.org/en/cases/searching-fugitives (2021. 2. 18. 접속)

70　로마규정은 전문과 총 128조항에 이르는 방대한 내용을 담고 있다. 1998. 7. 17. 로마에서 채택. Rome Statute of the International Criminal Court, adopted at the United Nations Diplomatic Conference of Plenipotentiaries on the Establishment of an International Criminal Court, Rome, Italy, 15 June-17 July 1998, A/Conf.183/9, https://undocs.org/en/A/CONF.183/9. ICC에 가입한 국가는 2020년 11월 현재 123개국이다.

도 범죄, 전쟁범죄, 침략범죄이다(제5조). 각 범죄의 내용은 상세하게 제6
조~8조에 규정해 놓았다.[71]

　ICC 로마규정의 전문에 있는 대로 한 세기의 참혹한 인권 유린의 경
험, 그리고 그러한 중대한 범죄가 처벌되지 않고 넘어가는 것을 더 이상
방치하지 않겠다는 각오에서 ICC를 설립했으므로, 일본군 성노예, 구
유고에서의 여성인권 침해, 르완다에서의 대량 강간 같은 것을 방지하
고자 하는 의지가 반영되었다. 반인도 범죄(제7조)에는 살해, 몰살, 노예
화, 고문 등에 이어 다음을 명시하고 있다.

> (g) 강간, **성노예**, 강제된 성매매, 강제임신, **강제된 불임**, 또는 이에
> 　상응할 만큼 중대한 다른 모든 형태의 성폭력;[72] (강조는 필자)

　전쟁범죄도 제네바협약이 추가로 언급되었을 뿐 포함하는 범죄의 내
용은 반인도 범죄와 마찬가지로 동일하다(제8조.2항(b)xxii). 이로써 성노예
를 포함해서 전시 성폭력을 처벌해야 할 범죄로 규정한 새로운 국제적
기준이 명시적으로 정립되었고, 가입한 당사국들에게는 법적 구속력을
갖게 되었다.

　젠더정의와 관련하여 ICC 로마규정에 의미 있는 다른 조항들도 포함
되었다. 즉, 피해자와 증인에 대한 의무적 보호조치, 특히 성폭력 피해
자에게는 비공개 재판 참여의 원칙(제68조),[73] 재판관 중 여성과 남성의

71　침략 범죄는 로마규정 채택 시에는 상세한 내용이 없다가 2010년 추가되었다. 모
　　든 개정 내용을 담은 ICC 로마규정은 https://www.icc-cpi.int/resource-library/
　　Documents/RS-Eng.pdf를 볼 것.

72　(g) Rape, sexual slavery, enforced prostitution, forced pregnancy, enforced
　　sterilization, or any other form of sexual violence of comparable gravity;

73　제68조 피해자와 증인의 보호와 그들의 소송 절차에의 참여에 관해서는 피해자와
　　증인의 안전과 신체적, 정신적 안녕, 존엄성과 사생활 보호를 위해 필요한 조치를

공정한 대표성(제36조),[74] 검찰부에 성폭력과 젠더 기반 폭력, 아동에 대한 폭력 등 특별한 사안에 관한 법률전문가를 고문으로 임명하도록 의무화 된 것(제42조)[75] 등이다.

쿠마라스와미 여성폭력 특별보고관은 거의 10년간의 보고관 활동을 2003년에 끝내면서 그 동안의 성과로 2가지를 꼽았었다. 하나는 '위안부' 문제에서 보듯이 제2차 세계대전이 끝났을 때 여성이 전시에 강간 당하는 것은 당연한 일 또는 어쩔 수 없는 것으로 간주되었었지만, 이제는 새로운 국제기준이 만들어져서 처벌해야 할 범죄로 되었다는 것이다. 그리고 또 하나는 전 세계적인 여성폭력에 대한 인식의 제고를 들었다. ICC 로마규정은 쿠마라스와미 보고관이 꼽은 2가지의 성과가 상당한 정도로 반영되었다. ICC가 관할하는 범죄의 내용에 성노예와 강제된 불임이 명문화되었다. 또 만족스러울 정도는 아니지만 재판부의 성별 균형이 고려해야 할 요소로 포함되었고, 검찰부가 성폭력 범죄를 기소하는 데 꼭 필요한 젠더 전문성이 포함되도록 의무화되었다. 피해자에 대한 배상 조항이 포함되었고(제75조), 배상을 위한 기금 조성도 가능하도록 되었다(제79조).

이러한 결과가 아무 노력도 없이 저절로 이루어진 것은 물론 아니다. 베이징 세계여성회의에서 연대의 힘으로 가장 최선의 베이징행동강령이 채택되도록 활동해 왔던 국제 여성인권운동은 ICC 규정을 채택하기

취하도록 의무화하고, 특히 성폭력범죄나 아동대상 범죄에 있어서는 연령, 성별, 건강, 범죄의 성격 등을 고려하도록 하였다. 모두 6개항에 이르는 자세한 내용이 포함되었다.

74　제36조 재판관의 자격, 추천과 선거, 제8항 (a) (iii) A fair representation of female and male judges;

75　제42조 검찰부, 제9항. The Prosecutor shall appoint advisers with legal expertise on specific issues, including, but not limited to, sexual and gender violence and violence against children;

위한 로마회의 1년 전부터 젠더 관점을 반영하여 설립될 수 있도록 준비하고, '젠더정의를 위한 여성코커스'라는 이름으로 ICC 설립 과정의 모니터링을 계획하였다. 여성코커스는 ICC 규정의 초안에 젠더 관점을 포함시키려는 목적을 가지고 국제적 연대체의 일원으로 활동하였다.[76] 1998년 7월에는 로마 현지에서 최종적으로 규정이 채택되기까지 열심히 로비 활동을 하였다.[77] 2002년 로마규정이 발효하여 ICC가 실제 설립되고 18명의 재판관 선거가 실시되었을 때 여성코커스는 여성재판관이 최대한 많이 선출되도록 선거캠페인을 진행하여 전체 18명 중 여성이 7명 선출되었다.[78] 이후 여성코커스는 조직을 정비하여 2004년부터 '젠더정의를 위한 여성이니셔티브(Women's Initiatives for Gender Justice)'라는 이름으로 ICC 내 젠더정의를 실현하려고 여러 활동을 하고 있다.[79]

이러한 과정을 거쳐 ICC 로마규정이 통과되고 젠더정의를 확립하라는 시대적 요청은 이제 국제적으로 인정되고 명문화되었다. 하지만 국제형사재판소가 설립되고 그 관할 범죄에 전시 성노예가 포괄된다고

---

[76] 상설 국제형사재판소 설립과 관련해서 유엔은 1996년부터 1998년까지 6번의 준비위원회 회의를 개최하였다. 1995년에 Amnesty International과 Human Rights Watch 등 25개 NGO에서 시작된 ICC연대(CICC; Coalition for International Criminal Court)는 1997년에는 450개 단체로 확대되었고, 여성코커스는 CICC의 일원으로 활동하되 독립적으로 활동하기로 하였다. 여성코커스의 ICC 설립 관련 활동에 관해서는 http://iccwomen.org/wigjdraft1/Archives/oldWCGJ/aboutcaucus.html, CICC에 관해서는 http://www.coalitionfortheicc.org를 참조할 것 (둘 다 2021. 2. 18. 접속).

[77] 필자는 안타깝게도 로마에 합류할 수가 없었다. 같은 시기에 뉴욕에서 한국 정부의 여성차별철폐협약 이행 심의가 있었기 때문에 한국여성단체연합을 대표하여 여성차별철폐위원회 회의에 참석하기 위해서였다.

[78] 총 후보 43명 중 여성 후보는 10명이었던 것에 비하면 여성의 당선 비율이 상당히 높았다. 당시의 뜨거웠던 선거캠페인은 http://iccwomen.org/wigjdraft1/Archives/oldWCGJ/index.html 참조할 것. (2021. 2. 18. 접속)

[79] 단체 사무실은 네덜란드 헤이그에 있다. 여러 활동에 관해서는 https://4genderjustice.org를 참조. (2021. 2. 18. 접속)

해도, 그리고 한국과 일본이 모두 ICC에 가입했어도,[80] 일본군에 의한 1930년대와 1940년대의 성노예 문제는 다루어질 수 없다. 로마규정이 당사국에서 효력을 발생한 이후에 일어난 범죄에만 적용되기 때문이다(규정 제11조). 이런 맥락에서 피해국과 가해국의 여성운동이 연대해서 일본군성노예전범 여성국제법정을 개최하려는 우리의 제안은 여성인권운동과 시민운동, 언론의 전폭적인 관심과 지지를 받을 수 있는 국제적 토대가 이미 조성되어 있었다.

4. 젠더정의 수립을 위한 우리의 노력: 2000년 여성국제법정

다가오는 새천년을 앞두고 일본군 성노예 범죄의 해결 없이 새로운 세기를 맞을 수는 없다는 여성운동의 의지로 1998년부터 2000년 여성국제법정의 준비를 시작하여 2000년 12월에 개최하기까지 정말 우여곡절이 많았고, 지금 돌이켜 보면 개최된 것 자체가 기적으로 여겨질 정도이다.

2000년 여성국제법정의 성과와 앞으로의 과제는 그 직후의 보고서[81]와 이책의 다른 저자들의 글에서 더 자세히 다루어지므로 이 글에서는 간단하게 성공의 요인만을 특히 국제적인 관점에서 언급하도록 하겠다. 필자의 판단으로는 무엇보다도 다음의 3가지를 성공 요인으로 우선 꼽을 수 있을 것이라고 생각된다.

첫째, 한국의 정대협과 일본의 바우넷 재팬의 혼신을 다한 헌신적인

80　대한민국은 2002. 11. 13일에, 일본은 2007. 1. 17일에 비준서를 기탁하였다. ICC 비준 당사국 현황을 보려면 다음 웹사이트를 참조할 것. https://asp.icc-cpi.int/ en_menus/asp/states%20parties/Pages/the%20states%20parties%20to%20 the%20rome%20statute.aspx#J.

81　한국정신대문제대책협의회, "2000년 법정 평가", 『2000년 일본군성노예전범 여성국 제법정 보고서』, 2001, 191-211.

노력, 그리고 다른 8개국이 2년 반 동안 합심하여 모든 역량을 총동원한 결과로 많은 시민사회 지도자의 참여와 언론의 관심, 그리고 국민의 지지를 이끌어낼 수 있었다는 점.[82]

둘째, 운동의 역사상 가장 많이 70명에 가까운 일본군 성노예 생존자가 참여하여 증언하고 피해의 산 증인으로 법정에 참여하고 자리를 같이했다는 점.

셋째, 법정의 판사단, 법률고문단, 국제검사단으로 역할을 한 국제인권지도자 10명 중 반 수 이상이 이미 일본군 성노예 문제에 관여했거나 유엔의 특별형사재판소에서 전시 성폭력을 다룬 경력이 있었다는 점.

특히 세 번째 요인과 관련해서는 이미 앞에서 언급한 대로 2000년 여성국제법정의 판사단에 구 유고재판소의 재판장을 지낸 맥도널드 판사(미국)와 의견서를 낸 친킨 교수(영국)가 참여하였고, 법률고문단에는 역시 구 유고재판소에 의견서를 낸 코펠론 교수(미국)에 덧붙여 유엔 인권위원회의 배상문제 특별보고관을 지낸 테오 반 보벤 교수(네덜란드)[83]가 같이 협조하였다. 또한 2명으로 구성된 국제검사단에는 구 유고재판소에서 검사로 일했던 패트리샤 셀러즈 검사(미국)와 2003년 ICJ '위안부' 문제 조사단의 일원이었던 우시티나 돌고폴 교수(호주)가 활약하였다.

이들의 높은 전문성과 국제적 신망, 인권에의 헌신은 2000년 도쿄에

---

82 회의장인 도쿄 구단회관이 꽉 차고, 2층은 언론사에 내주어야 할 정도로 취재 열기가 가득했다. 필자는 당시 정대협의 국제협력위원장으로서 국제실행위원회에서는 미디어팀 코디네이터로 세계 각국에서 취재를 위해 참여한 200명 정도의 언론을 상대로 하루 2차례 기자회견을 개최하였다. (이중 한 번은 남북한 언론만을 위해 한국어로 진행)

83 반 보벤 교수는 유엔의 인권센터(인권최고대표사무소의 전신) 소장을 역임하였고, 1992년에 정대협의 초청으로 방한하여 '위안부' 관련 심포지엄에 참석하고 문필기 할머니의 집도 방문하는 등으로 '위안부' 피해자의 요구를 잘 파악하고 있었고, 이는 배상원칙에도 모두 반영되었다.

서의 여성국제법정이 그 후에도 널리 알려지고 학문적, 운동적으로 계속 살아있는 문제로 존재하도록 만드는 원동력이 되고 있다. 예를 들면 코펠론 교수는 뉴욕시립대 법과대학에 재직하면서 자신이 소장으로 있는 교내 법률연구소에서 학생을 교육, 훈련시킬 때 법정의 문건들을 활용하였다. 친킨 교수는 런던 정경대 교수로 있으면서 교내에 설립된 여성·평화·안보센터의 활동에 2000년 법정 20주년을 기념하는 다큐멘터리 제작과 국제행사를 포함하였다.[84]

한 마디로 여성운동, 인권운동의 연대의 힘이 국내, 아시아, 국제적 차원에서 유감없이 발휘된 결과였다. 그러나 피해자/생존자가 법정의 과정에 얼마나 주체적으로 참여했는가는 앞으로의 과제로 남게 된다. 이 당시에는 생존자 중심주의라는 개념도, 용어도 등장하기 전이었고, 법정의 공식 절차와 진행에서 생존자들이 적극적으로 참여하고 주체가 될 수는 없었다.

III. 2000년 여성국제법정 이후: 전시 성폭력 논의의 국제적 지평

앞에서 기술한 대로 1990년대에는 동유럽과 아프리카에서 각각 대규모의 내전과 조직적 강간이 발생하였고, 자행된 범죄를 다루고자 연달아 설립된 두 개의 특별 형사재판소에서 반인도 범죄와 전쟁범죄, 제

---

84 런던정경대의 Center for Women, Peace and Security에서 만들고 있는 2000년 법정 20주년 기념 15분짜리 다큐멘터리에 필자도 인터뷰하였고, 온라인 국제회의는 12월 8일은 아시아, 12월 10일은 미대륙 패널들의 참여로 2번 기획되어 있다. 원래는 런던에서 11월 중에 국제회의가 개최될 예정이었으나 코로나19 사태로 형식을 바꾸어 다큐멘터리 제작과 온라인 회의로 대체되었다.

노사이드 범죄에 대한 단죄의 시작, 그리고 이와 같은 범죄에 대처하기 위한 상설 국제형사재판소 설립 등이 진행되었다. 이와 함께 일본군성노예제도에 대한 문제제기와 토론도 유엔 인권위원회와 비엔나, 베이징에서의 유엔 세계회의를 중심으로 이루어졌었다.

젠더정의의 관점에서, 2000년 여성국제법정 이후 국제적으로, 특히 유엔을 중심으로 진행된 전시 성폭력 관련 중요 진전과 논의로는 다음을 들 수 있다. 또한 아시아에서의 시민사회의 노력도 일부 추가하여 기술하도록 하겠다.

1. 유엔 안보리 결의 1325호: 여성·평화·안보 의제의 확산

상설 국제형사재판소가 이미 발생한 제노사이드, 전쟁범죄, 반인도범죄, 침략범죄를 저지른 개인을 처벌하기 위한 법정이라면, 그러한 범죄의 예방과 피해자 보호 등에 대한 유엔의 의지가 표현된 것이 안보리 결의 1325호[85]이다. 이는 안보리가 여성에 관해서 채택한 첫 결의라고 알려져 있다. 안보리 결의 1325호는 분쟁 해결과 평화 구축 관련 모든 정책결정에 여성의 대표성을 높일 것을 주문하면서, 분쟁 상황에서 여성을 강간 등의 성폭력으로부터 보호하고 범죄자를 처벌할 것을 촉구하였다. 안보리는 그 후 9개의 결의를 더 채택하여, 여성·평화·안보 의제의 다양한 측면을 강조하였다. 결의 번호와 핵심 내용은 〈표 1〉에 정리하였다.

후속 결의에 따른 특히 중요한 결정으로는 2009년의 결의 1888호에 의해 분쟁 중 성폭력 문제를 다루는 고위직으로 사무총장 특별대표직

---

85 S/RES/1325(2000), 2000. 10. 31. 채택. https://undocs.org/en/S/RES/1325(2000)
　　(2021. 2. 18. 접속)

을 2010년에 신설한 것을 들 수 있다.[86] 또한 각국이 안보리 결의 1325호의 이행을 위한 국가행동계획을 수립하여 보고하도록 하고 있다. 2005년 덴마크를 시발로 2021년 초까지 총 89개국이 국가행동계획을 수립하였다.[87] 한국은 제1기 국가행동계획(2014~2017), 제2기 국가행동계획(2018~2020)을 거쳐, 제3기 국가행동계획(2021~2023)을 확정하였다.[88] 제1기에는 8개 정부 부처와 기관(여성가족부, 외교부, 국방부, 법무부, 행정안전부, 통일부, 교육부, 한국국제협력단)이 참여하였고, 제2기에는 경찰청이 추가되어 9개 부처와 기관, 그리고 제3기에는 민주평화통일자문회의가 추가되어 참여부처와 기관이 10개로 늘었다. 주무 부처는 여성가족부이다.

국가행동계획은 예방, 참여, 보호, 구호 및 회복의 4개 분야로 나뉘어 작성하도록 지침이 주어져 있다. 한국의 경우 이 4개 분야에 이행점검 분야를 더하여 5개 분야에서 목표와 세부 과제를 각각 설정하였다. 일본군 성노예 문제는 제1기 국가행동계획에서부터 포함되어 보호 분야에서 분쟁 중 성폭력 피해자에 대한 지원 항목 하에 "일본군 성노예 제도인 '위안부' 피해자에 대한 지원 정책 및 각종 기념사업 강화"로 명기되었다.[89] 제2기 국가행동계획에는 피해자 지원 및 기념사업 활성화에 더하여 "일본군'위안부'피해자의 명예 회복을 위한 국제적 노력 지속"

---

86 안보리 결의 1888호, 4항. Special Representative of the UN Secretary-General on Sexual Violence in Conflict로 명명하고, 약어로는 SRSG-SV in conflict로 쓴다.

87 대표적 국제여성평화운동 단체인 Women's International League for Peace and Freedom의 웹사이트 Peace Women에서 WPS implementation --〉 national-level implementation을 확인할 것. https://www.peacewomen.org/member-states (2021. 2. 18. 접속)

88 여성가족부, http://www.mogef.go.kr/sp/geq/sp_geq_f014.do (2021. 2. 18. 접속)

89 여성가족부, 앞의 웹사이트. 유엔 안보리 결의 1325호 이행을 위한 1기와 2기 국가행동계획이 국문과 영문으로 게재되어있다. http://www.mogef.go.kr/sp/geq/sp_geq_f014.do. (2021. 2. 19. 접속) 3기 국가행동계획은 양성평등위원회에 상정 중으로 확정되면 게재될 것이다.

〈표 1〉 유엔 안전보장이사회의 여성·평화·안보 결의와 그 주요 내용

안보리결의 번호 (채택연도) [유엔 문서번호]	주요 내용
Resolution 1325 (2000) [S/RES/1325 (2000)]	• 평화 교섭, 인도적 지원계획, 평화 유지 활동, 분쟁 후 평화 구축과 거버넌스에서 여성 참여와 젠더 관점 포함의 중요성을 확인
Resolution 1820 (2008) [S/RES/1820 (2008)]	• 성폭력이 전쟁에서 하나의 전술이며 국제평화와 안보의 문제로 이에 대한 안보적 대응이 필요한 문제임을 인식. 유엔평화유지군의 임무 및 성폭력에 대한 처벌 강화.
Resolution 1888 (2009) [S/RES/1888 (2009)]	• 분쟁 하 성폭력의 종식을 위한 사무총장 특별대표를 임명하고 분쟁 하 법치와 성폭력 전문가 팀을 현장에 배치함
Resolution 1889 (2009) [S/RES/1889 (2009)]	• 평화 구축 및 재건의 모든 과정에 성인지 주류화, 결의 1325를 모니터링하기 위한 지표 설정. 1325 이행을 위한 국내 조치.
Resolution 1960 (2010) [S/RES/1960 (2010)]	• 분쟁 하 성폭력을 모니터링, 보고하는 메커니즘을 확립. 무력분쟁 지역 성폭력 근절을 위한 해결 방안 도출을 분쟁 당사자들에게 촉구.
Resolution 2106 (2013) [S/RES/2106 (2013)]	• 분쟁 하 성폭력의 범죄자에 대한 책임성과 여성의 정치적, 경제적 임파워먼트 강조
Resolution 2122 (2013) [S/RES/2122 (2013)]	• 성평등과 여성의 임파워먼트가 국제평화와 안보에 중요. 분쟁 하 침해가 여성과 소녀에 다르게 영향을 미침, 안보리 업무에 여성·평화·안보 의제의 일관된 적용 촉구
Resolution 2242 (2015) [S/RES/2242 (2015)]	• 비공식 전문가그룹 설치(Informal Experts Group; IEG); 여성·평화·안보 의제 이행에 있어 재정과 조직적 개혁 등의 지속적인 장애 지적; 여성·평화·안보와 테러리즘 대처, 폭력적 극단주의에 의제를 더 통합하도록; 여성·평화·안보에 대한 안보리 업무 개선 요청
Resolution 2467 (2019) [S/RES/2467 (2019)]	• 가해자에 대한 안보리 제재 강화; 피해자 중심 접근과 피해자에 대한 배상 및 생계지원 강화; 여성의 역량 강화; 여성단체에 대한 지원과 보호 촉구; 강간 후 출생 아동의 문제에 관심 촉구
Resolution 2493 (2019) [S/RES/2493 (2019)]	• 여성·평화·안보에 관한 모든 결의의 완전한 이행 촉구; 평화 안보 의제의 여성의 참여 확대; 여성의 모든 사회.경제적 권리 향상.

* 출처: UN Women 웹사이트, Global Norms and Standards, https://www.unwomen.org/en/what-we-do/peace-and-security/global-norms-and-standards; 여성가족부. 유엔안보리결의안 1325호 후속결의안. http://www.mogef.go.kr/sp/geq/sp_geq_f014.do. 표의 결의 번호를 클릭하면 유엔 안보리 채택 문서로 이어진다.

이 추가되었다. 제3기 국가행동계획에는 구호 및 회복 분야와 예방 분야에 포함되어 있다. 피해자 지원 및 명예 회복 노력, 일본군 '위안부' 문제 등을 포함해서 여성·평화·안보 관련 기록물 관리 및 아카이브 구

축 등으로 더 확대되었다. 보호 분야에서는 분쟁지역 및 분쟁 취약지역의 구호 회복을 위한 국제개발협력 사업 발굴, 유엔 등 국제사회에서의 여성·평화·안보 의제의 논의에 적극적으로 참여하겠다는 계획을 가지고 있다. 일본도 2015년에 국가행동계획을 수립하였으나 일본 시민사회의 요구에도 불구하고 '위안부' 문제는 포함되어 있지 않다.

그동안 여성운동계나 평화운동단체들, 특히 분쟁 취약국의 여성단체들은 안보리결의 1325호와 그 후속 결의들을 환영하고, 적극적으로 홍보하는 한편 이의 이행을 모니터해오고 있다. 특히 작년 2020년은 안보리 결의 1325호가 채택된 지 20주년이어서 그 중요성을 돌아보고 이행상태를 점검하는 다양한 행사가 계획되었지만, 코로나 19 사태로 취소, 연기되거나 온라인으로 축소되어 개최되었다.

그러나 국가행동계획의 채택이나 이행은 각국의 자발적 의지에 전적으로 달려있고 강제성이 없다. 우리나라의 경우 참여 부처에서도 관련 부서 이외에는 대체로 잘 인지하지 못하고 있고 일반 국민에게도 생소하여, 국가행동계획이 실효성을 갖기에는 아직 요원한 상황이다.[90] 보다 근본적으로는 안보리 결의들이 분쟁 중 성폭력의 다양한 양상들을 구별하지 않고 있고, 따라서 분쟁 중 성노예 문제도 올바르게 대응하지 못하는 것이 문제로 지적되었다. 특히 계속적으로 발생하는 테러 상황에서의 납치나 인도주의적 위기 상황에서 발생하는 여성의 성노예 문제가 심각함에도 불구하고 국제사회가 이에 대처하지 못하고 있는 점에 대한 보완이 필요하다는 지적이다.[91]

---

90 안보리결의 1325호의 이행을 점검하기 위한 민간자문위원회의 공통적 평가이다.

91 Global Network of Women Peacebuilders, Seeking Accountability and Preventing Reoccurrence: Addressing Conflict-Related Sexual Slavery through the Women, Peace and Security Agenda, 2020. 한국국제협력단의 지원을 받아 발간된 연구로 분쟁 중 성노예 문제에 대한 본 연구와 사례연구 3건(아.태지역, 우간다, 이라크)을 포함하고 있다. 한국에서는 신혜수와 김지현이 본 연구와 아태지

2. 유엔 조약기구와 일본군 '위안부' 문제 논의

1990년대부터 2000년 여성국제법정까지 일본군 성노예 문제에 대한 국제적 논의가 주로 인권위원회와 그 산하 소위원회, 인권위원회와 소위원회의 특별보고관의 현장방문 조사보고서, 그리고 두 번의 유엔 세계회의를 중심으로 전개되었다면, 2000년 법정 이후에는 문제제기의 장이 유엔 조약기구로 넘어가게 되었다. 즉, 일본이 비준한 핵심 인권조약의 이행에 대한 일본 보고서 심의 시 정대협과 일본의 단체들이 '위안부' 문제를 제기하고 이를 각 조약기구에서 다루게 된 것이다.

핵심 국제인권조약 9개 가운데 일본은 이주노동자권리협약을 제외한 8개를 비준하였다.[92] 조약의 가입국은 정기적으로 이행보고서를 해당 조약기구에 제출하고 심의 받으며, 조약기구가 심의 후 채택하는 최종 견해의 권고를 이행해야 하는 의무를 진다. 조약상 보고서 제출은 2년, 4년, 5년 등으로 차이가 있지만, 보고서 제출이 지연되기도 하고, 보고서가 쌓이면 조약기구의 심의 일정이 늦게 잡히기도 하여 실제 심의 간격은 7~8년, 때로는 더 늦어지기도 한다.

각 조약기구에서 일본의 보고서 심의 시 일본군 성노예 문제가 제기되고 최종 견해에 그 내용이 수록된 경우는 〈표 2〉와 같다. 이 표에서 보듯이 모두 6개의 조약기구가 대부분 반복적으로 일본군 성노예제도에 대한 문제제기를 하였고, 각 위원회가 채택한 최종 견해에 일본 정부에 권고하는 내용이 다양한 내용으로 포함되었다.[93] 여기에는 물론 정대

역 사례연구에 참여하였다. https://gnwp.org/sexual-slavery/ (2021. 2. 19. 접속)
92 9개의 핵심 국제인권조약은 인종차별철폐협약, 경제적·사회적 및 문화적 권리에 관한 국제규약(약칭 사회권규약), 시민적 및 정치적 권리에 관한 국제규약(약칭 자유권규약), 여성차별철폐협약, 고문방지협약, 아동권리협약, 이주노동자권리협약, 장애인권리협약, 강제실종협약이다.
93 필자는 2002년의 여성차별철폐위원회 심의, 2013년의 사회권위원회 심의에 각각

〈표 2〉 유엔 조약기구의 일본군 성노예 문제 논의

인권조약/ 조약기구	일본 심의연도	조약기구 최종 견해 (가장 최근 심의연도)
여성차별철폐 협약/ 여성차별철폐위원회 (CEDAW)	2016 2009 2002 1994	• 유감: 5개 조약기구 권고 모두 불이행. 한·일 합의 피해자 중심주의 아닌 것, 공무원 망발, 피해자 계속 사망, 국제인권법상의 책임회피, 교과서에서 '위안부' 이슈 삭제 등. • 권고: 지도자의 피해자 폄하 발언 중지; 피해자 권리 인정과 배상; 2015 한국과의 합의 이행 시 생존자 견해 존중과 진실, 정의, 배상에의 권리 보장; 교과서에 역사적 사실 포함; 다음 보고서에 진실, 정의, 배상에의 피해자의 권리보장 논의와 조치 보고.
인종차별철폐협약/ 인종차별철폐위원회 (CERD)	2018 2014	• 우려: 2015 한국과의 합의는 피해자 중심 아니었고 피해자와 논의 부재; • 권고: 모든 국적의 피해자들에게 궁극적인 해결, 인권 침해 책임 인정, 생존자와 가족 위한 적절한 대책 마련, 다음 보고서에 포함할 것.
시민적 및 정치적 권리에 관한 국제규약 / 자유권위원회 (HRCttee)	2014 2008	• 우려: 강제 여부에 대한 일본 정부 입장 모순적임; 의사에 반한 행위만으로 인권 침해, 법적 책임 있음; 2차 피해; 일본 법원에 배상청구와 책임자 처벌 소송은 모두 기각, 시효 소멸 주장하나 이는 계속되는 인권 침해. 효과적 구제부재의 반증임; • 권고: 즉각적·효과적인 법적·행정적 조치를 취해서 다음을 보장 – 조사, 기소해서 유죄라면 처벌; 정의 구현, 피해자와 가족에 대한 배상; 모든 증거 공개; 일반과 교과서의 기술을 통한 학생의 교육; 공개적 사과와 국가책임에 대한 공식적 인정; 피해자 명예훼손과 사실부정에 대한 규탄.
고문방지협약/ 고문방지 위원회 (CAT)	2013 2007	• 우려: 피해자에게 적절한 배상 실패–사적 기금 안 됨; 고문행위자 기소나 처벌 못 했음; 자료 은닉; 고위공무원 등이 지속적 사실 부정, 피해자 2차 피해; 교과서에 기술 감소로 교육적 조치 실패; 유엔의 인권기구들의 권고 이행 실패; • 권고: 성노예범죄의 법적 책임 공개적으로 인정, 범죄자 기소 처벌할 것; 정부 당국과 공인들의 사실 부정으로 피해자에게 2차 피해; 관련 자료의 공개와 철저한 조사; 피해자의 배상의 권리 인정, 완전한 배상; 재발 방지를 위해 일반에게 교육하고 교과서에 수록.
경제적·사회적 및 문화적 권리에 관한 국제규약/ 사회권위원회 (CESCR)	2013 2001	• 우려: '위안부' 착취의 부정적 영향이 경제·사회·문화적 권리의 향유와 배상에의 권리에 영향 미침. • 권고: 착취의 부정적 영향을 해결해서 경제·사회·문화적 권리를 누릴 수 있도록 할 것; 일반 대중에 대한 교육으로 증오 발언 없게, 피해자가 2차 피해를 당하지 않도록 할 것.

해당 조약기구 위원으로서 참여하였으며, 일본 정부에 질의하고 최종 견해에 '위안부' 문제에 대한 권고가 포함되도록 하였다. 일본에 대한 각 조약기구의 최종 견해는 유엔 인권최고대표사무소의 일본 웹사이트에서 찾아볼 수 있다. https://www.ohchr.org/EN/Countries/AsiaRegion/Pages/JPIndex.aspx의 Japan and UN Treaty Bodies 항목에 수록되어 있다. (2021. 2. 19. 접속)

강제실종협약/ 강제실종위원회(CED)	2018	• 우려: 강제실종 피해자인 소위 위안부에 대한 통계의 부재, 사건에 대한 조사, 기소, 유죄판결 없음; 위안부 여성이 낳은 아이들을 제거하고 이에 대한 조사 거부; 관련 사실과 자료 공개 거부; 피해자에 대한 배상 안 함; 문제가 "최종적으로, 불가역적으로 해결되었다"라는 당사국의 입장 유감. • 권고: 강제실종의 지속성을 상기하면서, 다음을 권고함; 강제실종당한 소위 위안부의 정확한 통계 작성과 조사, 진실 규명, 배상; 세월의 경과와 상관없이, 또 진정이 제출되지 않았더라도 강제실종 위안부와 어린아이에 대한 철저하고 객관적인 조사 즉각 시행; 가해자 기소와 처벌; 소위 위안부에게서 태어나 제거당한 아이들 수색해서 찾고, 신분 회복, 가족의 품으로 귀환 조치; 사실 관련 정보와 자료 공개; 피해자에게 젠더 이슈 고려한 적절한 배상; 진실을 알 권리 보장.

* 각 조약기구에서 채택한 최종견해의 원문은 유엔 인권최고대표사무소 홈페이지의 일본에 대한 웹사이트에서 찾아볼 수 있다. http://www.ohchr.org/EN/Countries/AsiaRegion/Pages/JPIndex.aspx (2021. 2. 19. 접속)

협과 일본의 WAM(Women's Active Museum; 여성들의 전쟁과 평화자료관)이 정기적으로, 또 때로는 필리핀 단체에서도 NGO보고서를 제출하고 직접 참석하여 조약기구 위원들에게 설명하는 등의 활동이 큰 역할을 하였다. 젠더정의를 위해 제기된 내용은 주로 피해자에 대한 공식 배상, 역사 교육, 피해자에 대한 혐오/차별적 발언, 생존자 중심의 해결 방안 모색 등으로 요약될 수 있다.

대표적으로 여성차별철폐위원회에서의 논의를 보기로 한다. 동 위원회에서는 이미 1994년에 유엔 조약기구 중에서는 처음으로 일본 보고서 심의 시 일본군 '위안부' 문제가 제기되었다. 당시 위원 3명이 일본의 성매매 정책, 동남아에서의 매춘관광에 대해 질문하면서 일본군에게 인권 침해를 당한 아시아의 위안부 피해 여성에 대해 질문하였다. 이에 대해 일본 정부는 '위안부'에 대해 일본 정부의 조사결과는 1993년 8월에 발표하였으며, 그로 인한 고통과 신체적 정신적 상처를 초래한 것에 진심으로 사과하지만, 배상의 문제는 샌프란시스코 평화조약 등에 부합한다고 답변하였다.[94] 이후 2번의 심의를 더 거쳐 2016년의 심의 때는 그 전 해의 한·일 합의에 대한 질의가 있었다. 〈표 2〉에 요약해서 기술한 바와 같이 여성차별철폐위원회는 한국과의 합의가 있었더라도 이를 이행할 때 생존자의 견해를 존중하고, 진리와 정의·배상에 대한 생존자의 권리를 인정할 것을 권고하면서 이에 대해 어떻게 논의하고 조치했는지를 다음 보고서에 포함하라고 권고하였다.

새롭게 제기된 문제도 있다. 강제실종위원회는 2018년 강제실종협약 이행에 관한 일본의 첫 보고서를 심의한 후 채택한 최종 견해에서 〈표 2〉에서 보는 대로 소위 위안부 피해자에 대한 정의와 배상, 진실문제에 덧붙여 위안부가 낳은 아기를 없앤 문제를 제기하였다.[95] 강제실종위원회에 제출된 NGO보고서[96]에서는 강제실종 피해자가 낳은 자녀의 문제는 제기하지 않았음에도 최종 견해에 포함되었다. 현대의 분쟁하 성폭력 문제를 다룰 때 강간이나 성노예 상황에서 태어난 아동의 문제에도 관심을 기울여야 한다는 최근의 논의의 경향이 반영되었다고 볼 수 있다.[97]

2015년 12월 28일의 한·일합의 이후에는 한국에 대해서도 일본군 성노예 사안에 대해 조약기구에서 문제를 제기하였다. 여성차별철폐위

---

94 1994. 1. 27.-28.의 일본 정부 제2차, 3차 병합심의 여성차별철폐위원회 회의록, CEDAW/C/SR.248, file:///C:/Users/user/Dropbox/%EB%82%B4%20PC%20(DESKTOP-IR9IC4E)/Downloads/N9480210.pdf (2021. 2. 19. 접속) ; CEDAW/ C/ SR.249, file:///C:/Users/user/Dropbox/%EB%82%B4%20PC%20(DESKTOP-IR9IC4E)/Downloads/N9480216%20(1).pdf (2021. 2. 19. 접속)

95 강제실종위원회, 협약 제29조 1항에 의해 일본이 제출한 보고서에 대한 최종 견해, 25항과 26항. https://tbinternet.ohchr.org/_layouts/15/treatybodyexternal/Download.aspx?symbolno=CED%2fC%2fJPN%2fCO%2f1&Lang=en (2021. 2. 19. 접속)

96 일본변호사협회, 한국의 정대협, 일본의 WAM 세 단체의 보고서는 강제실종위원회 홈페이지 15차 회기(2018. 11. 5.-11. 16)의 일본란 Info from Civil Society Organization(for the session)을 볼 것. https://tbinternet. ohchr.org/_layouts/15/treatybodyexternal/SessionDetails1.aspx?SessionID=1154&Lang= en

97 유엔 안보리 결의 2467호(2019). 외교부 주최 제1차 여성과 함께하는 평화 국제회의(2019. 7. 2.-3. 서울)의 주제 강연에서 유엔 사무총장의 전시 성폭력 특별대표

원회는 한·일 합의와 일본으로부터 한국 정부가 받은 10억 엔을 배분하기 위해 설립된 '화해 치유재단'에 대한 피해자의 반대 등을 인지하고, 합의 이행 시 피해자/생존자와 그 가족의 견해를 반영할 것, 그리고 진실과 정의·배상에 대한 그들의 권리를 전적으로 존중할 것을 주문하였다.[98]

6개의 조약기구에서 25년 동안 여러 번 되풀이해서 일본군 성노예 문제를 제기하고 해결을 권고하였지만, 일본은 같은 입장을 되풀이해왔고, 때로는 해명 내지 항의성 문건을 제출하기도 하였다.[99] 국제인권조약은 법적 구속력이 있고, 조약기구가 보고서 심의 후 해당 국가에 대해 채택하는 최종 견해도 조약 당사국이 마땅히 이행하여야 하지만, 이를 이행하지 않을 경우 아무런 강제할 수단이 없는 것이 현실이다.

일본군 성노예 문제의 해결을 위해 노력하는 시민단체들의 노력이 지속된다면, 그리고 보다 구체적으로는 여러 조약기구가 일본의 보고서를 심의할 때 계속 NGO 대체보고서를 제출하고 위원회가 최종 견해에 이 문제를 반영하도록 운동한다면 당분간 유엔 조약기구에서의 일본군 성노예 문제에 대한 논의는 더 계속될 수 있을 것이다. 일본은 계속 이행을 안 하겠지만 말이다.

보다 바람직하게는 일본군 성노예 문제를 넘어서서 다른 국가에서의 성노예 피해자의 문제도 진실과 정의·배상의 문제가 조약기구에서 제기

Pramila Patten과 노벨평화상 수상자 Denis Mukwege 박사 모두 이점을 지적하였다. 두 사람의 주제강연 동영상은 http://icawp.ninetysoft.com/(2021. 2. 19. 접속)에서 볼 수 있다.

98 CEDAW/C/KOR/CO/8, 14 March 2018.

99 예를 들면, 사회권위원회가 일본의 2차 보고서에 대한 심의 후 2001년 8월 채택한 최종 견해에 대해 일본 정부는 2002년 7월 코멘트를 제출하여, 아시아여성기금이 적절한 배상이 아니라는 위원회의 의견을 반박하였다. E/C.12/2002/12, 29 November 2002.

되어 최종견해에 포함되고 해결을 권고하도록 되어야 할 것이다. 콜롬비아에서의 오랜 내전 후 성노예를 포함한 성폭력 피해자의 문제, 보코 하람에 납치되어 강제결혼으로 성노예 생활을 하고 아이까지 낳은 나이지리아의 여학생들의 문제, 이라크 북부의 예지디 부족 여성들의 납치와 성노예 생활 등은 잘 알려진 사건이다. 많은 성노예 상황에서의 여성인권 침해의 문제가 조약기구에서의 국가보고서 심의 시 NGO의 보고서로 알려지고, 국가가 해결할 것을 촉구하고, 조약기구의 최종 견해의 권고로 포함된다면 젠더정의에 그만큼 한 발 더 다가가는 것이 될 것이다.

3. 증언집 출판과 법정을 통한 범죄의 고발

기존의 인권보호체계를 이용할 수 없을 때, 또는 그 체계를 이용해도 권리가 보장되지 않을 때, 민간에서 취할 수 있는 가장 강력한 방법이 진실을 말하는 증언회, 또는 증언집의 출판일 것이다. 2000년 여성국제법정 이후 그 강력한 파급력으로 그동안 감춰졌던 여성에 대한 전쟁범죄와 반인도 범죄에 대한 진실을 드러내는 방법으로 증언집 출판과 여성법정이나 공개청문회가 많이 개최되었다. 여기에서는 그 중 몇 가지 사례만 기술하기로 한다.

(1) 방글라데시 독립전쟁 시의 성폭력 증언집

일본군 성노예 문제 해결 운동을 하면서 90년대 중반에 알게 된 것이 1971년에 방글라데시가 파키스탄으로부터 독립할 때 일본군 '위안부' 피해자 숫자와 맞먹는 20만 명의 여성들이 강간당했다는 것이었다. ASK라는 여성운동단체가 2001년 강간피해자 9명의 여성을 포함해서 다양한 피해를 겪었던 여성들 22명의 증언집을 자국어인 방글라어로 출판했는데 그 영어 번역본이 2013년에 출판되었다. 영어판의 서문에는 책에 인터뷰가 수록된 성폭력 피해 여성 중 1명인 Ferdousi Priyobhashini가 '위안부' 또는 성노예에 관한 도쿄법정에 참석했었다는 것이 밝혀져 있다.[100]

(2) 캄보디아의 크메르루주 강제결혼 피해자 증언집

또 하나의 의미 있는 증언집은 크메르루주 치하에서 강제결혼이라는 중대한 인권 침해를 당했던 8명의 피해 여성들의 인터뷰 증언집이다.[101] 1975년부터 1979년까지의 크메르루주 치하 4년 동안 캄보디아 인구의 1/4에 가까운 170만 명의 사람들이 처형, 고문, 강제노역, 굶주림으로 사망했다고 추산된다.

강제결혼은 크메르루주 치하에서 "전국적인 공산주의 집합체를 설립하려는 이데올로기적 목적을 달성하기 위한 주요 수단"으로 이용되었다고 이 책의 서론에서 밝히고 있다. 이 증언집은 책 한 권 안에 크메르어와 영어의 두 언어로 출간되었다.

이 증언집이 출판된 2015년 6월에는 2004년에 유엔과 캄보디아 정부가 합의하여 수립한 하이브리드 형태의 특별법정(ECCC)에서 폴포트 정권하의 크메르루주에 의한 강제결혼 범죄에 대한 재판이 진행 중이었다.[102]

---

100 Ain o Salish Kendra(ASK) and The University Press Limited, *Rising from the Ashes: Women's Narratives of 1971*, Dhaka, 2013, p. xvi.

101 Transcultural Psychosocial Organization (TPO) Cambodia, *Like Ghost Changes Body: Interviews on the Impact of Forced Marriage during the Khmer Rouge Regime*, edited by Theresa DE LANGIS and as told to and translated by Thida Kim, GIZ, 2015.

102 캄보디아 법원이 유엔의 지원을 받아 설립한 특별법정으로 통상 크메르루주 법정, 또는 캄보디아 법정으로 불린다. 정식 명칭은 Extraordinary Chambers in the Courts of Cambodia(ECCC). 현재까지 3명이 제노사이드, 반인도범죄, 전쟁범죄로 종신형을 받았고, 5명에 대한 재판이 진행 중이다. https://www.eccc.gov.

(3) '크메르루주 정권하의 성폭력에 관한 여성청문회'

캄보디아 특별법정(ECCC)에서 크메르루주가 저지른 반인도범죄에 강제결혼제도는 포함되어 재판이 진행되고 있었으나, 여성에게 자행된 강간은 포함이 되지 않아[103] ECCC에 영향을 미치기 위한 목적으로 '여성청문회(Women's Hearing)'가 조직되어 2011년 12월에 이틀간 개최되었다.[104] 여성청문회에서의 증언으로 캄보디아 사회에 널리 퍼져 있던 "강간생존자는 없다"라는 인식은 허구로 밝혀졌다. 청문회에서는 ECCC와 캄보디아 정부, 유엔기구 등에 보내는 권고문을 채택하였다.[105] 2013년에는 그 후속 프로젝트로 '젊은 세대와 함께하는 여성청문회'가 개최되었다. 마찬가지로 캄보디아 정부, ECCC, NGO에 보내는 제안과 더불어 청년, 언론에 보내는 제안도 추가되었다.[106]

(4) '버마 여성에 대한 범죄 국제법정'

미얀마 군사정부 하에서 탄압받던 13개 소수민족의 여성들이 1999

---

kh/sites/default/files/publications/ECCC%20AT%20THE%20GLANCE%20 JULY%202019%20%20latest%20version%204.pdf (2021. 2. 19. 접속)

103 크메르루주 지배 동안 결혼하지 않은 사람 사이의 성관계는 엄격히 금지되었고, 따라서 강간도 불법이었다. 크메르루주 군인들에게 강간을 금지하는 엄격한 도덕적 규율이 있었으므로 강간 후에는 피해자를 모두 죽였고 따라서 강간피해자는 생존해있지 않다는 것이 캄보디아에 널리 퍼져 있던 사회적 인식이었다.

104 애초에는 '여성법정(Women's Tribunal)'으로 이름을 붙이려고 하였으나 전략적으로 덜 자극적인 이름의 여성청문회(Women's Hearing)로 바꾸었다. 필자는 이 청문회에 4명 판사단의 일원으로 참석하였다. 증언자 중에는 30명이 숲속에서 집단강간을 당하고 모두 흙구덩이에 내던져져 총살을 당한 속에서 홀로 살아나온 여성과 여동생의 강간을 목격한 오빠도 포함되었다.

105 여성청문회의 보고서(2012)는 여기서 볼 수 있다. https://www.ziviler-friedens-dienst.org/sites/default/files/media/file/2020/zfd-womens-hearing-true-voices-women-under-khmer-rouge-1648_4.pdf (2021. 2. 19. 접속)

106 채택된 제안서는 다음을 참조할 것. https://kh.boell.org/sites/default/files/uploads/2014/08/women-hearing-2013-panel-statement.pdf(2021. 2. 19. 접속)

년 결성한 버마여성연맹(Women's League of Burma; 이하 WLB)은 주로 태국 치앙마이 지역을 중심으로 활동하였다. 2010년 3월 2일에 WLB는 노벨평화상 여성 수상자들의 조직인 노벨여성 이니셔티브(Nobel Women's Initiative)와 함께 뉴욕에서 '버마 여성에 대한 범죄에 관한 국제법정'을 개최하였다.[107] 소수민족 여성에게 가해지는 강간과 성폭력뿐만 아니라 고문, 강제노역 등 정치적·경제적 박해에 대한 여성들의 증언이 있었다. '판사단'은 버마의 소수민족 여성들이 겪은 인권 침해를 전쟁범죄, 반인도범죄로 규정하고, 유엔 안보리에 버마를 국제형사재판소에 회부할 것을 제안하였다.[108]

WLB는 같은 해 6월 27일에 연달아 두 번째 '국제법정'을 도쿄에서 인권단체인 Human Rights Now와 함께 개최하였다. 일본의 여러 변호사와 학자, 인권 지도자들 15명이 판사단, 검사단, 변호인단으로 참여하여 최종적으로 버마의 상황이 개선되지 않을 경우 조사단 파견, 국제형사재판소에 회부할 것을 제안하였다.[109]

미얀마의 염려스러운 인권 상황에 대해 유엔 인권이사회는 2017년 전문가 조사를 단행하였다. 전문가 특별조사단은 2018년 인권이사회에 제출된 보고서에서 특히 라카인, 카친과 샨의 3개 지역, 그리고 로힝야에 대한 심각한 인권 침해, 강간과 성노예 등의 성폭력, 그리고 이를 제노사이드, 반인도 범죄, 전쟁범죄 분석하고 '버마 여성에 대한 국제법

---

107 노벨평화상 수상자인 조디 윌리엄스(Jody Williams)와 쉬린 에바디(Shirin Ebadi), 태국의 비팃 문타폰(Vitit Muntarbhorn) 교수와 함께 필자도 판사단의 한 사람으로 참여하였다.

108 보고서는 https://nobelwomensinitiative.org/wp-content/uploads/2010/05/burma.pdf. 법정과 증언자에 대한 다큐멘터리, This Is My Witness는 https://vimeo.com/35746688.

109 두 번째 국제법정의 보고서는 http://hrn.or.jp/eng/activity/ITCAWB%20Full%20Report.pdf.

정'에서 제안한 대로 국제형사재판소 회부를 포함한 여러 해결책을 제시하였다.[110]

IV. 결론에 대신하여: 젠더정의의 확립을 위하여

가해국 또는 가해자가 범죄행위를 부정, 왜곡하고 책임지기를 거부할 때 어떻게 젠더정의를 수립해야 할까? 어떻게 하는 것이 2000년 여성국제법정의 의미를 살리고 그 유산을 이어받는 것이 될 것인가?

일본군 성노예제 해결 운동은 지금까지 7가지를 일본에 요구해왔다. 1) 전쟁범죄 인정 2) 진상 규명 3) 공식 사죄 4) 법적 배상 5) 책임자 처벌 6) 역사교과서에 기록 7) 추모비와 사료관 건립이다. 우리의 운동은 일본이 국가로서 역사적, 법적 책임을 지도록 요구하면서 동시에 지금까지 일본과 세계 각국의 여성운동, 시민사회와 연대하여 우리의 힘으로 최대한으로 이 7가지를 이루려고 노력해왔다.

2000년 여성국제법정은 이를 위한 우리 모두의 노력의 결정체였다. 여성국제법정을 통해 우리는 일본군 성노예제도가 전쟁범죄, 반인도 범죄였음을 전 세계에 증명·공표하였다. 그리고 히로히토 당시 일왕과 책임자들에게 유죄를 선고하여 상징적으로나마 책임자를 처벌하였다. 추모비와 사료관 건립은 전적으로 세계 시민사회와 연대하여 우리 운동의 힘으로 세계 각국에 만들어졌다. 일본 정부와 우익은 이를 철거하여 역사를 지우려고 끊임없이 획책해왔고, 그들의 시도가 일부는 성공하기

---

110 UN Fact-Finding Mission on Myanmar, Report of the independent international fact-finding mission on Myanmar to the Human Rights Council, A/HRC/39/64, 2018. https://www.ohchr.org/EN/Countries/AsiaRegion/Pages/MMIndex.aspx (2021. 2. 19. 접속)

도 하였다.

계속되는 부정과 왜곡 속에서 일본군 성노예제의 역사적 진실과 젠더정의를 지켜나가는 길은 우리가 계속 진실을 알리고 젠더정의가 무엇이어야 하는가를 외쳐 다음 세대에 전하는 일일 것이다. 그 과제를 수행하기 위해서는 적어도 현재 진행되고 있는 다음의 2가지의 노력이 결실을 맺고 더욱 발전해 나가도록 가꾸어 나가야 한다고 생각한다.

1. 유네스코 세계기록유산 등재 노력

일본군 성노예제에 대한 기록물을 유네스코 세계기록유산으로 등재하려는 한국의 노력은 2014년 11월부터 공식적으로 시작되었다. 2000년 여성국제법정에 참여하였던 단체들을 중심으로 2015된 5월에 '일본군 위안부기록물 유네스코 세계기록유산 등재를 위한 국제연대위원회'를 결성하였다.[111] 한국·일본·중국·대만·필리핀·인도네시아·동티모르·네덜란드의 8개국의 14개 단체, 또는 단체에 속한 박물관으로 구성되어 있다. 한국 정부가 제안하고, 한국 정부로부터 재정 지원을 받았지만, 피해자/생존자들의 증언과 그림 등 중요한 기록물을 각 단체가 보유하고 있기 때문에 등재 신청의 주체는 각 단체가 되었다.

2016년 5월 31일 마감일에 맞추어 국제연대위원회는 2,744건의 기록물을 '위안부'의 목소리(Voices of the 'Comfort Women')라는 제목으로 유네스코에 등재 신청하였다. 등재의 주체로 영국의 런던전쟁박물관도 합류하기로 하여, 최종적으로 등재신청자는 14개 민간단체와 1개의 공공기관이 되었다. 2,744건은 모두 3가지 종류이다. 1) 일본군 성노예제에 관한 역사적 기록물, 2) 피해자/생존자의 기록물, 3) 여성·시민단체들

---

111 국제연대위원회 홈페이지 참조. http://www.voicecw.org.

이 운동 과정에서 생산한 기록물들이다.

신청서 마감 5개월을 앞두고 등재기록물의 정리로 한창 바쁜 와중에 2015. 12. 28. 한·일 합의가 발표되었다. 이후 모든 재정적 지원이 끊기고 적대적인 환경 속에서 엄청난 어려움을 겪으며 준비하여 마감일인 2016. 5. 31에 신청서를 제출할 수 있었다.

언론에 보도된 대로 일본 정부는 유네스코에 대한 정치적, 외교적, 경제적 압력을 행사하였다. 그리고 우리가 모르는 사이에 일본의 3개 우익 단체와 미국의 1개 단체 이름으로 6건의 기록물이 *"위안부"와 일본군 규율에 관한 기록물*(Documentation on "Comfort Women" and Japanese Army Discipline)이라는 이름으로 등재 신청되었다. 2017년 10월 30일 유네스코의 발표는 "대화를 전제로 한 보류"였다. 우리(유네스코 측이 부여한 등재신청자 101번)와 일본 측(등재신청자 76번) 사이에 공동 등재를 목표로 유네스코가 대화를 중재(facilitate)한다는 것이었다.[112]

유네스코는 2018년 5월 중재자를 임명하였으나 아무런 진전이 없이 1년 후인 2019년 5월 사임하였고, 2019년 6월에 2번째 중재자가 임명되었다. 그리고 유네스코 중재 결정 만3년 만에 첫 시도가 이루어졌다. '대화'를 모색하기 위한 '탐색적 논의(exploratory talks)'가 시작되었다. 중재자와 국제연대위원회 회원 단체 대표들 20여 명과의 첫 화상회의가 2020년 11월 11일에, 2번째 온라인 회의가 한 달 후인 2020년 12월 10일에 개최되었다. 일본 측 등재신청자 76번과의 '탐색적 논의'는 잘 이루어지지 않고 있음이 감지되었다. 2번의 '탐색적 논의' 후에 중재

---

112 유네스코 세계기록유산으로 등재신청하기까지의 자세한 과정과 유네스코를 둘러싼 일본의 압력 등의 상황에 대해서는 인터넷 저널에 실린 필자의 논문을 참고할 것. Heisoo Shin, "Voices of the 'Comfort Women': The Power Politics Surrounding the UNESCO Documentary Heritage", Edward Vickers and Mark R. Frost, eds., *Special Issue: The 'Comfort Women' as Public History, The Asia-Pacific Journal: Japan Focus*, https://apjjf.org (2021. 2. 25. 접속)

자는 1월 말에 유네스코에 보고서를 제출하였다. 보고서가 어떤 기조로 작성되었는지, 유네스코가 중재자의 보고서 제출 후에 어떤 행동을 얼마나 빨리 취할지, 실제 '대화'가 이루어질지, '대화'를 한다고 해도 과연 공동 등재로 이어질 수 있을 것인지, 모든 것이 미지수이다.

유네스코에 세계기록유산으로 등재가 안 된다면 우리의 기록물을 어떤 방식으로 세계시민에게 알리고 보존해갈지를 논의해야 될 것이다. 피해자들이 생산해낸 인권 침해의 기록들, 증언과 그림, 압화, 등록서류, 건강진료기록, 사진들, 그리고 우리의 운동 과정에서 생성된 기록물들, 첫 수요시위 사진, 2000년 여성국제법정 판결문 등을 통한 진실의 기록 등이 보존되고 역사교육, 인권교육, 평화교육의 산 재료로 활용되어야 한다.

2. 전시 성폭력 방지를 위한 국제적 노력에의 적극적 동참

20세기에 발생한 일본군 성노예제와 같은 전쟁 중의 인권 침해와 범죄행위는 21세기에도 여러 형태로 계속되고 있다. 국가의 합법적 무력조직인 군대에 의해, 또는 반군에 의해, 또는 테러조직이나 폭력적 극단주의 집단에 의해 성노예, 강제된 '결혼' 등 여러 형태의 성폭력이 세계 각지에서 발생하였고 지금도 진행되고 있다. 20세기의 역사적 사건들이 공식, 비공식 형사재판을 통해 처벌이 이루어지기도 하였지만, 진정한 젠더정의를 위해서는 해결되어야 할 과제가 쌓여 있다. 범죄자 처벌뿐만 아니라 공식적 배상, 생존자의 보호, 낙인의 극복과 명예 회복, 존엄성을 지키며 살아갈 수 있도록 하는 필수적 경제적, 의료적, 법률적, 사회적 지원 등 여러 과제가 우리 앞에 놓여 있다.

현재의 분쟁 하 성노예, 성폭력을 해결하고 앞으로의 발생을 방지하는 일에 적극적으로 참여할 때, 일본군 성노예 문제를 계속 전 세계에 상기시키고 그 해결을 요구하는 일을 필수적으로 수반하게 된다. 일본군 성노예 문제의 해결 운동을 하면서 생존자와 함께 한 경험, 피해자에 대한 사회의 인식과 제도를 바꾸어 내는 등의 성과, 또는 우리가 부족했던 점 등을 거울 삼아 지금의 성노예, 성폭력 현실에 적용해서 도움을 줄 수 있는 부분이 있을 것이다.

한국정부는 2018년 전시 성폭력 문제에 대처하려는 노력으로 외교부가 '여성과 함께하는 평화' 이니셔티브를 시작하였다. 이니셔티브는 2개의 축으로서, 그 한 축은 외교부, 코이카를 통한 국제개발협력에 전시 성폭력 문제에 대한 ODA를 지원하는 것이고, 다른 한 축은 연례 국제회의의 개최[113]이다. 이 이니셔티브를 위해 민간단체 대표들로 구성된 자문위원회를 운영하고 있다. 이제 시작한 지 얼마 안 되어 그 목표와 방법론은 앞으로 더 발전시켜 나가야 할 것이다. 외교부의 이니셔티브이지만 민간에서도 이를 잘 발전시키기 위한 연구, 동참, 지원, 평가와 비판이 있어야 한다.

또한 여성가족부가 책임을 맡은 안보리 결의 1325호의 이행을 위한 국가행동계획의 수립과 그 실천이 잘 되도록 민관 협력도 필요하다. 동시에 현재의 한국여성인권진흥원 내 일본군 '위안부' 문제 연구소가 잘 독립, 발전해서 구상한 대로 여성평화인권재단으로 잘 발전할 수 있도록 중지를 모아야 할 것이다.

그러나 궁극적으로는 일본군 성노예문제의 해결에 대한 주인의식을 갖는 사람들이 얼마나 되고, 어떤 방식으로 운동을 계속해나가야 할지에 달렸다고 할 것이다. 외교부나 여성가족부의 담당자는 늘 바뀌고, 따

---

113 '여성과 함께하는 평화' 국제회의는 제1차 회의가 2019. 7. 2.-3.에 서울에서 300여 명이 참석한 가운데 개최되었고, 2차 회의는 코로나 19로 축소되어 하이브리드 형태로 2020.11.24.에 역시 서울에서 개최되었다. 두 회의의 프로그램과 내용은 http://awp.or.kr 참조 (2021. 2. 19. 접속)

라서 이니셔티브나 국가행동계획, 그 밖의 사업이 장기적으로 어떻게 진행될지는 미지수다. 이를 견인해내는 것은 결국은 민간 여성운동, 시민운동의 역량에 달려 있다. 그리고 물론 위의 두가지 노력 이외에도 다른 많은 과제와 창의적 방법이 있을 것이다. 이를 성공적으로 만들어나가기 위한 우리의 노력이 지속되느냐의 여부가 가장 관건이 될 것이다.

| 참고문헌 |

신혜수, "제네바에 펼쳐진 정신대 할머니의 증언: 유엔 인권소위원회에서의 강제
　　종군위안부문제 대책활동", 민주사회를 위한 변호사모임, 『민주사회를 위
　　한 변론』 창간호, 역사비평사, 1993.

＿＿＿, "여성관련 국제인권협약과 여성운동", 한국여성의전화 엮음, 한국여성인
　　권운동사, 한울, 1999.

Pillay, Navanethem, "Overcoming War and Building Peace: Global Actions
　　to Protect and Promote Women's Rights During Conflict", 전쟁의
　　극복, 평화의 구축, 여성인권기록으로서의 일본군 '위안부'의 목소리, 일
　　본군'위안부'관련 기록물 유네스코 세계기록유산 공동등재를 위한 국제
　　학술회의 자료집, 2017.

한국정신대문제대책협의회, 2000년 일본군성노예전범 여성국제법정 보고서,
　　2001.

Akhtar, Shaheen, Suraiya Begum, Meghna Guhathakurta, Hameeda
　　Hossain and Sultana Kamal editors, and translated by Niaz Zaman,
　　Rising from the Ashes: Women's Narratives of 1971, The University
　　Press Limited and Ain o Salish Kendra(ASK), Dhaka, 2013.

Asia Pacific Forum on Women, Law and Development(APWLD), *Speak
　　and Be Heard: APWLD Guide to Women's Tribunals*, 2016.

Asian Women's Human Rights Council(AWHRC), *In the Courts of Women
　　II: Asia Tribunal on Women's Human Rights in Tokyo*, proceedings
　　of the International Public Hearing on Traffic in Women and War
　　Crimes Against Women, March 12, 1994.

Bunch, Charlotte and Niamh Reilly, *Demanding Accountability: The Global
　　Campaign and Vienna Tribunal for Women's Human Rights*,
　　Center for Women's Global Leadership and the United Nations
　　Development Fund for Women, 1994.

Coomaraswamy, Radhika, Report of the Special Rapporteur on violence against women, its causes and consequences, *Report on the mission to the Democratic People's Republic of Korea, the Republic of Korea and Japan on the issue of military sexual slavery in wartime*, E/CN.4/1996/53/Add.14, January 1996.

De Langis, Theresa, ed. and translated by Thida Kim, *Like Ghost Changes Body: Interviews on the Impact of Forced Marriage during the Khmer Rouge Regime*, Transcultural Psychosocial Organization (TPO) Cambodia, GIZ, 2015.

Dolgopol, Ustinia and Snehal Paranjape, *Comfort Women: An Unfinished Ordeal*, Report of a Mission, International Commission of Jurists, Geneva, 1994.

Friedman, Sara, "Reparations, Not Comfort", *Forum '95: The Independent Daily of the NGO Forum on Women, Beijing '95*, Sunday, September 3, 1995.

Iyer, Maliika, Heisoo Shin, Jihyun Kim, Jenaina Irani and Heela Yoon, *Seeking Accountability and Preventing Reoccurrence: Addressing Conflict-Related Sexual Slavery through the Women, Peace and Security Agenda*, Global Network of Women Peacebuilders, 2020, https://gnwp.org/sexual-slavery.

Judgement, International Criminal Tribunal for Rwanda, Chamber 1, THE PROSECUTOR VERSUS JEAN-PAUL AKAYESU, 2 September 1998, Case No. ICTR-96-4-T.

Judgement, The Women's International War Crimes Tribunal For the Trial of Japan's Military Sexual Slavery, *THE PROSECUTORS AND THE PEOPLES OF THE ASIA-PACIFIC REGION v. HIROHITO EMPEROR SHOWA et al and The Government of Japan*, 4 December 2001, Case No. PT-2000-1-T, The Hague, The Netherlands.

New York Times, "Crime-Against-Women Parley Opens in Brussels Without Men", March 5, 1976.https://www.nytimes.com/1976/03/05/archives/crimeagainstwomen-parley-opens-in-brussels-without-men.html.

_____, "Women Bring Concern About Rights to U.N.", March 14, 1976, https://www.nytimes.com/1992/03/14/world/women-bring-concern-about-rights-to-un.html?searchResultPosition=1.

Reilly, Niamh, *Without Reservation: the Beijing Tribunal on Accountability for Women's Human Rights*, Center for Women's Global Leadership, 1996.

Rome Statute of the International Criminal Court, adopted at the United Nations Diplomatic Conference of Plenipotentiaries on the Establishment of an International Criminal Court, Rome, Italy, 15 June-17 July 1998, A/Conf.183/9, https://undocs.org/en/A/CONF.183/9.

Russell, Diana E. H., "Report on the International Tribunal on Crimes against Women", *Frontiers: A Journal of Women Studies*, Vol. 2, No. 1(Spring 1977).

Russell, Diana E.H. and Van de Ven, Nicole, eds., *Crimes against Women: Proceedings of the International Tribunal*, 3rd ed., Berkeley, Russell Publications, 1990.

Shin, Heisoo, "Voices of the 'Comfort Women': The Power Politics Surrounding the UNESCO Documentary Heritage", Edward Vickers and Mark R. Frost, eds., *Special Issue: The 'Comfort Women' as Public History, The Asia-Pacific Journal: Japan Focus*. https://apjjf.org.

Shin, Heisoo and Jihyun Kim, "Case Study: Conflict-Related Sexual Slavery during World War Two in Asia and the Pacific", *Seeking Accountability and Preventing Reoccurrence: Addressing Conflict-*

Related Sexual Slavery through the Women, Peace and Security Agenda, Global Network of Women Peacebuilders, 2020, https://gnwp.org/sexual-slavery.

Women, Law & Development International, Gender Violence: The Hidden War Crime, 1998.

UN 자료

UN General Assembly, Declaration on the Elimination of Violence against Women, proclaimed on 20 December 1993, https://www.ohchr.org/EN/ProfessionalInterest/Pages/ViolenceAgainstWomen.aspx.

UN Committee on the Elimination of Discrimination against Women, General Recommendation No. 33 on women's access to justice, 2015, https://tbinternet.ohchr.org/_layouts/15/treatybodyexternal/Download.aspx?symbolno=CEDAW/C/GC/33&Lang=en.

UN Fact-Finding Mission on Myanmar, Report of the independent international fact-finding mission on Myanmar to the Human Rights Council, A/HRC/39/64, 2018, https://www.ohchr.org/EN/Countries/AsiaRegion/Pages/MMIndex.aspx.

UN Security Council, S/RES/780(1992), http://unscr.com/en/resolutions/780.

_____, S/RES/827(1993), https://undocs.org/en/S/RES/827(1993).

_____, S/RES/955(1994), https://unictr.irmct.org/sites/unictr.org/files/legal-library/941108_res955_en.pdf.

_____, S/RES/1325(2000), https://undocs.org/en/S/RES/1325(2000).

_____, S/RES/1820(2008), https://undocs.org/en/S/RES/1820(2008).

_____, S/RES/1888(2009), https://undocs.org/en/S/RES/1888(2009).

_____, S/RES/1889(2009), https://undocs.org/en/S/RES/1889(2009).

_____, S/RES/1960(2010), https://undocs.org/en/S/RES/1960(2010).

_____, S/RES/1966(2010), https://www.irmct.org/sites/default/files/documents/101222_sc_res1966_statute_en.pdf.

_____, S/RES/2106(2013), https://undocs.org/en/S/RES/2106(2013).

_____, S/RES/2122(2013), https://undocs.org/en/S/RES/2122(2013).

_____, S/RES/2242(2015), https://undocs.org/en/S/RES/2242(2015).

_____, S/RES/2467(2019), https://undocs.org/en/S/RES/2467(2019).

_____, S/RES/2493(2019), https://undocs.org/en/S/RES/2493(2019).

UN Women, *Gender Justice: Key to Achieving Millenium Development Goals*, 2010, https://www.unwomen.org/en/digital-library/publications/2010/1/gender-justice-key-to-achieving-the-millennium-development-goals#view.

United Nations World Conference on Human Rights, *Vienna Declaration and Programme of Action*, 1993, https://www.ohchr.org/en/professionalinterest/pages/vienna.aspx.

United Nations Fourth World Conference on Women, *Beijing Declaration and Platform for Action*, 1995. https://www.un.org/en/events/pastevents/pdfs/Beijing_Declaration_and_Platform_for_Action.pdf.

United Nations International Residual Mechanism for Criminal Tribunals, Searching for the Fugitives, https://www.irmct.org/en/cases/searching-fugitives.

United Nations Office of the High Commissioner for Human Rights, Japan, http://www.ohchr.org/EN/Countries/AsiaRegion/Pages/JPIndex.aspx.

인터넷사이트

유엔 안보리결의 1325호 대한민국 국가행동계획, http://www.mogef.go.kr/sp/geq/sp_geq_f014.do.

여성과 함께하는 평화 국제회의, http://awp.or.kr.

일본군'위안부'기록물 유네스코 세계기록유산 등재를 위한 국제연대위원회, http://www.voicecw.org.

Center for Women's Global Leadership, Rutgers Univesity, https://cwgl.rutgers.edu.

Extraordinary Chambers in the Courts of Cambodia(ECCC), https://www.eccc.gov.kh/sites/default/files/publications/ECCC%20AT%20THE%20GLANCE%20JULY%202019%20%20latest%20version%204.pdf.

Permanent Peoples' Tribunal, http://permanentpeoplestribunal.org/?lang=en.%20%20http%3A%2F%2Fpermanentpeoplestribunal.org%2Fwp-content%2Fuploads%2F2015%2F01%2FLIST-SESSION-EN_maggio2019.pdf.

UN Committee on the Elimination of Discrimination against Women, https://www.ohchr.org/en/hrbodies/cedaw/pages/cedawindex.aspx.

UN Committee on Enforced Disappearances, https://www.ohchr.org/EN/HRBodies/CED/Pages/CEDIndex.aspx.

UN Security Council Resolutions, https://www.un.org/securitycouncil/

content/resolutions-0.

UN Women, https://www.unwomen.org/en.

United Nations Human Rights Council, Sessions: https://www.ohchr.org/EN/HRBodies/CHR/Pages/PreviousSessions.aspx.

United Nations International Criminal Tribunal for the former Yugoslavia: https://www.icty.org/en/features/crimes-sexual-violence/in-numbers

Women's Caucus for Gender Justice, http://www.iccwomen.org/wigjdraft1/Archives/oldWCGJ/aboutcaucus.html#:~:text=The%20Caucus%20is%20a%20network,to%20different%20systems%20of%20justice.

Women's Initiatives for Gender Justice: https://4genderjustice.org.

Women's International League for Peace and Freedom, https://www.wilpf.org.

'2000년 여성국제전범법정', 성취와 남겨진 과제*

이나영 중앙대학교 사회학과 교수, 정의기억연대 이사장

Ⅰ. 서론

2021년 1월 8일 대한민국 재판부는 국제 인권사에 길이 남을 기념비적 판결을 선고했다. 서울중앙지방법원(제34민사부, 재판장 김정곤)은 일본군 '위안부' 피해자들이 일본국을 상대로 제기한 손해배상청구 소송에서 원고들에 대한 피고 일본국의 손해배상책임을 인정했다. 피해자들에게 승소를 안긴 판결은 일본 정부가 기한 내 항소하지 않음으로써 1월 23일 0시에 확정되었다.

이 판결의 의미는 크게 다섯 가지로 나누어 볼 수 있다. 첫째, 국제인권법과 국제인도법 상 중대한 위반 사항의 경우, 주권면제가 배척될 수 있으며, 인류보편적인 인권은 어떤 국가 간 협정보다 우선이라는 진리를 깨우쳐 주었다. 개인의 인권을 심각하게 침해한 경우에는 외국이라도 법원의 심판을 받을 수 있다는 중대한 선례를 남겼다. 둘째, 식민지 시기 일본국이 저지른 행위의 불법성이 사법체계 안에서 최초로 인정

---

* 이 글은 이나영의 논문, "'2000년 여성국제전범법정', 가해자 책임 귀속을 위한 여정"(『기억과 전망』 44호, 2021)을 수정한 것이다.

되었다. 재판부는 "일본 제국이 자국 군대 운영의 필요성을 충족시키기 위해 여성들을 강제로 유인, 기망하여 '위안부' 생활을 강요한 행위는 불법"이라 판단함으로써, 그간 일본이 부인해온 계획적이고 조직적인 반인도적 범죄행위를 인정했다.

셋째, 피해자들이 입은 육체적·정신적 고통과 상처에 공감하며, 피해자 중심 접근으로 사법적 정의를 구현했다. 구제 및 배상을 받을 피해자의 권리를 존중하고 책무성, 정의, 법의 지배라는 국제법적 원칙을 재확인했다. "거주이전의 자유를 박탈당한 채 위험하고 혹독한 환경에서" "수없이 폭행당하고 기아와 상해, 질병, 수시로 다가오는 죽음의 공포"에 시달렸던 끔찍한 피해 상황을 인정하며, 모든 구제 절차가 막혀 있는 피해자들의 마지막 호소를 받아들였다. 넷째, 기존의 어떤 담화나 합의로도 이 문제가 해결된 것이 아님을 재확인했다. 1965년 한일청구권협정, 2015년 '한일 위안부 합의' 등으로 피해자 개인의 손해배상청구권이 소멸된 것이 아님도 분명히 했다.

마지막으로 이를 통해 피해자들의 명예와 존엄성을 회복할 수 있는 길을 열었다. 일본군 '위안부' 피해자들이 사회적으로 배제된 비존재 혹은 무력한 희생자가 아니라 헌법상 보장받은 인권의 당당한 주체임을 인정한 것이다. 오랜 세월동안 피해자들과 함께 국제 인권규범을 주도적으로 갱신해 온 일본군 '위안부' 문제 해결 운동의 값진 결실이 아닐 수 없다.

그렇다면 피해자가 중심이 된 소송은 이번이 처음인가? 일본의 책임이 구체화된 것도 이번 판결이 최초인가? 사실 일본군 '위안부' 피해자들과 운동단체들은 지난 30여 년간 꾸준히 일본 정부의 공식사죄와 법적배상을 촉구해왔다. 그럼에도 책임은커녕 가해자의 부인과 피해자에 대한 공격이 반복되자 피해자들과 전 세계 여성들이 연대해 2000년 도쿄에서 '여성국제전범법정'(이하 '2000년 법정')을 개최한다. '2000년 법정' 최종판결문은 재판에 대한 배경을 다음과 같이 적시하고 있다. "본 법정의 결정은 성폭력범죄의 적절한 책임귀속 즉, 책임을 성폭력범죄의 피해자가 아닌 가해자에게 묻고자 하는 것이며, 그렇게 함으로써 현대사회에서도 여전히 여성을 예속시키고 있는 성적 고정관념의 만연을 바로잡는 데에 기여하고자 한다." 판결문 제8부 결론에서는 일본군 성노예제를 '무력분쟁 하 성폭력'의 문제로 확인하고, 종전 후 이 문제가 제대로 해결되지 않아 "생존자를 침묵시키고 모욕하고 그들의 치유를 방해"했다면서 일본 정부의 책임을 인정하게 만듦으로써 '미래 세대 여성들이 평등과 존엄에 대한 존중을 바탕으로 앞으로' 나아가게 하는 것, 유사한 범죄가 발생하지 않도록 하는 것, 강력한 세계 시민의 연대를 통해 범죄자들이 책임을 지게 하는 것, 이를 통해 "일본군 성노예제의 모든 여성 피해자를 명예롭게" 하는 것을 목표로 한다고 분명히 밝히고 있다.[1]

---

1 1089. 역사적으로 반복해서 국가들은 무력분쟁의 폭력 가운데 여성에게 저질러진 성폭력 범죄를 무시하여 왔다. 다른 범죄에 대해서는 재판이 행해졌으므로 이러한 무시는 특히 비난받을 만하다. 연합군이 일본군 성노예제를 소추하지 못했다는 사실은 피해 여성들의 평등한 법적 권리를 부정하는 것이었고, 그들의 고통이 그 정도로 정부가 비난받을 만한 것이 아니라는 견해, 또는 그들은 자원해서 가담했다는 견해를 영속화시켰다. 이렇게 전쟁 종결 직후 재판으로부터의 이러한 배제는 생존자를 침묵시키고 모욕하고 그들의 치유를 방해하는 용서받지 못할 역할을 했다. 1090. 우리의 희망은 이 여성국제전범법정의 도덕적 힘과 판결이 세계 각지의 사람들뿐만 아니라 국가들로 하여금 일본에게 이러한 잔학행위를 복구하고, 잘못을 바로잡으며, 미래의 세대가 여성의 평등과 존엄에 대한 존중을 바탕으로 앞으로 나아갈 수 있게 하는 책임을 인정하도록 만드는 것이다. 1091. 생존자의 용기, 그들의 정의와 연대에 대한 갈망은 여성의 인권을 추구하고 성폭력에 저항하는 온 세계의 운동을 각성시켜 그들로 하여금 이러한 범죄가 또 다시 일어나거나 간과되는 일이 절대 없도록 만들었다. 여성에 대한 범죄가 최근에 설립된 국제형사재판소에서 소추되기 시작하고 「국제형사재판소 로마규정(ICC Statute)」에 성문화되었다는 것은 그들의 노력의 열매의 하나이며 여성에 대한 폭력의 불처벌을 종결시키는 일의 토대를 마련한 것이다. 1092. 국가들이 여성에 대한 범죄자를 수사·소추·유죄판결 및 처벌하고, 적절한 시일 안에 피해자에게 완전한 배상을 해야 할 의무를 이행하지 못할 경우 본 법정은 세계의 모

성폭력의 책임을 가해자 일본에게 귀속시키고 성폭력 2차 가해(피해) 방지, 재발 방지를 위한 교육과 가해자 처벌을 강조하며 피해자의 명예와 존엄성을 회복하고자 했던 '2000년 법정'은 과연 어떤 과정으로 진행되었을까. 그 과정에서 제기된 쟁점과 의미는 무엇인가. 남겨진 과제는 또 무엇인가.

이 시점에서 '2000년 법정'을 소환하는 이유는 세 가지다. 우선 2020년은 20주년이 되는 해였다. 유례없는 운동의 위기 상황에서도 한국과 일본에서 차례로 국제학술대회가 열렸고 초국적 페미니즘과 탈식민주의 관점에서 그 의미가 환기되었다. 다만 피해 여성들과 시민들의 힘으로 법적 정의를 실현하고자 했던 과정에 대해서는 역사적 기록을 위해서라도 조금 더 명확히 할 필요가 있다고 보았다. 둘째, 가해자의 책임을 명확히 한 지난 1월 8일 판결 내용 중 상당부분이 사실상 '2000년 법정'을 통해 이미 확인된 바, 이번 기회에 다시금 강조할 필요가 있기 때문이다. 20여 년이라는 세월이 지났지만 여전히 공명 되지 않는 부분

든 여성과 사람들이 그 틈을 메우고 그 범죄자들과 세계에게 책임을 물을 것임을 분명히 한다. 생존자들과 그 가족들 그리고 사랑하는 사람들, 또 가해국인 일본을 포함한 많은 나라의 활동가, 연구자, 변호사, 그리고 번역가 및 학자가 본 법정을 실현시키고자 연대하였다. 그렇게 함으로써 그들은 새롭고 강력한 정의의 장치를 형성한 것이다. 1093. 생존자에 대해 저질러졌던 이 범죄들은 제2차 세계대전의 가장 알려지지 않고 구제되지 않았던 부정행위의 하나로 남아 있다. 박물관도, 무명의 "위안부" 무덤도 없으며, 미래 세대에 대한 교육도 없다. 그리고 일본군의 침략전쟁의 특징이었던 일본군 성노예제와 당시 만연한 성폭력과 잔학행위의 피해자를 위한 심판의 날도 없었다. 1094. 따라서 이 판결을 통해, 본 법정은 일본군 성노예제의 모든 여성 피해자를 명예롭게 하고자 한다. 판사단은 살아가기 위해 그리고 찢겨진 인생을 재건하기 위해 힘써 싸워오고, 공포와 수치를 넘어 세계를 향해 그들의 이야기를 하고 우리 앞에서 증언한 생존자들의 불굴의 의지와 존엄성을 높게 평가한다. 정의를 위해 싸우려고 나섰던 많은 여성이 이름 없는 영웅으로 죽음을 맞았다. 역사의 페이지에 새겨진 이름들은 범죄로부터 고통받은 여성이 아닌 기껏해야 범죄를 저지른 남자들 또는 그들을 소추한 남자들에 불과했지만, 그러나 본 판결은 자신들의 이야기를 하기 위해 증인석에 섬으로써 적어도 사흘 동안은 악을 단두대에 두고 진실을 왕좌에 앉힌 생존자들의 이름을 간직하는 것이다.

을 직시하기 위함이기도 하다. 마지막으로, 이를 통해 일본군 '위안부' 운동의 의미를 되새기고자 한다. 일본군 '위안부' 피해자들은 30년이라는 긴 시간 동안 후대에 유사한 범죄가 되풀이되면 안 된다는 강한 의지로 일본 정부의 사실 인정과 공식 사죄, 법적 배상, 재발 방지를 위한 약속과 실천을 반복적으로 촉구해왔다. 국내외 법정에서 가해자를 심판하고 피해구제를 지속적으로 호소해왔으며, 실제 일본을 상대로 수차례 소송을 진행한 바 있다. 유엔 등 국제사회 또한 이에 조응하며 일본국과 일본군의 조직적 전쟁범죄를 인정하고 피해보상을 요구해왔다. 이 과정 자체가 일본군 '위안부' 문제 해결 운동의 역사이자 피해생존자들의 용기로 세상을 바꾼 글로벌 여성인권사 자체라고 평가할 수 있다. 피해당사자와 지원 단체들, 전 세계 시민들이 주도하여 가해자의 법적 책임을 물었던 '2000년 법정'은 바로 그 중핵에 있다.

II. '2000년 법정'의 배경

정진성[2]은 '2000년 법정'이 가능하게 된 배경으로 정대협이 국제연대를 통해 일궈낸 국내외 시민사회 네트워크, 유엔 등을 통한 국제법적 해석의 축적과 전시 성폭력에 대한 국제사회 인식의 성장을 들고 있다. 재일조선인 연구자 김부자[3]는 법정의 의미를 다음과 같이 정리한 바 있다.

---

2 정진성, 『개정판: 일본군 성노예제』, 서울대학교출판부, 2016, 258-264.
3 金富子, "女性國際戰犯法廷後の韓國女性運動と日本 : フェミニズム, ナショナリズム, 植民地主義", 大越愛子·井桁碧編 『現代フェミニズムのエシックス』, 東京 : 白澤社, 2010, 149쪽.

한국 정대협과 피해자로부터 사죄보상과 책임자 처벌이라는 문제제기, 동시대 국제적으로 퍼진 전시 성폭력에 관한 책임자 처벌을 요구하는 조류, 그것을 받아들이고 가해자 책임을 다한다는 일본의 여성운동이라는 세 가지 움직임이 합류한 것.

한일 연구와 운동의 가장 구심점에 서 있던 두 사람은 '2000년 법정'의 배경으로, 정대협과 피해자들을 중심으로 한 문제제기가 국제사회의 조류와 연결된 지점을 공통적으로 꼽고 있다. 필자 또한 이에 공감하며, 한국사회 내 진보여성운동의 성장과 성폭력 관련 입법화 과정, 글로벌 페미니즘의 성장과 국제사회 여성인권 의식의 제고, 피해당사자들의 활발한 국내외 증언 활동(소위 '증언의 시대')과 소송, 아시아연대회의를 중심으로 여성연대의 확장 등이 '2000년 법정' 개최의 주요 배경이라 생각한다.

주지하듯, 1980년대 페미니즘의 발전과 함께 한 한국 진보여성운동의 성장은 일본군 성노예제 문제 해결 운동의 주요한 동력이 되었다. 1990년 11월 16일, 〈한국교회여성연합회〉,[4] 〈정신대연구회〉, 〈한국여성단체연합〉 등 37개 여성운동단체와 다양한 시민, 종교, 학생 단체들이 참여해 결성된 〈한국정신대문제대책협의회〉(이하, 정대협)는 사실상 1980년대 민주화운동의 열기 속에서 급속히 성장한 진보여성운동의 핵심 인적 자원들이 주축이 되었다(이효재, 이미경, 지은희 등). 식민지 민족차별과 계급 문제, 성차별에 대한 복합적 인지를 바탕으로 태동한 일본군 성노예제

---

4 1967년 창립된 교회연은 1970년대부터 민주화운동과 여성 노동자들의 생존권 투쟁 지원에 앞장섰을 뿐 아니라, 민주 인사들과 노동자들의 인권 문제를 국내외에 꾸준히 제기해 왔다. 특히 외화 획득을 위해 한국 정부에 의해 장려된 일본인 섹스관광-일명, 기생 관광-문제를 본격적으로 제기하고 '기생 관광 추방운동'을 전개한 유일한 단체 이기도 했다.

문제 해결 운동은 사실상 여성인권에 대한 인식변화와 구조변혁을 추동한 한국여성운동과 페미니즘의 성장이 있었기에 가능했던 것이다.

특히 성폭력과 가정폭력 사건, 이로 인한 피해자 살해사건 및 피해자에 의한 가해자 살해사건 등에 적극적으로 대응하고 연대해온 〈한국여성단체연합〉(1987년 설립), 〈한국여성민우회〉(1987년 설립), 〈한국여성노동자회〉(1987년 설립), 〈한국성폭력상담소〉(1991년 설립)는 성폭력에 관한 문화와 사회적 인식을 바꾸고 법과 제도를 만드는 데 크게 기여했다. 1994년 1월, 「성폭력범죄의 처벌 및 피해자보호 등에 관한 법률」(소위,「성폭력특별법」) 제정(4월 시행), 1997년 12월 31일, 「가정폭력방지 및 피해자보호 등에 관한 법률」 제정(1998년 7월 1일 실시)이 이루어지게 된다. 1998년 12월에는 「남녀고용평등법」 개정으로 간접차별금지와 직장 내 성희롱 사업주 책임이 최초로 명시되었으며, 1999년 7월 1일에는 「남녀차별금지 및 구제에 관한 법률」이 제정되어 성희롱이 공식적으로 정의되고, 성차별의 일환으로 보게 되었다. 이 같은 성과는 1990년대 〈정대협〉 운동의 급속한 성장을 추동함은 물론, 멸시와 천대의 대상이었던 성폭력 피해 생존자들의 이야기가 한국사회에 본격적으로 들리게 된 배경이 되기도 했다. 이들 대부분 여성단체들이 정대협 연대 단체임은 물론이다. 이를 통해 한국사회는 성폭력 관련 가해자 처벌과 피해자 보호 및 지원에 관한 시민적 감수성이 대폭 성장할 수 있었다.[5]

둘째, 국제 여성운동 및 글로벌 페미니즘의 성장이 맞물려 있다. 1993년 비엔나 세계인권대회는 여성에 대한 폭력을 보편적 인권 문제

---

5 이에 관해 이나영(2017, 75)은 다음과 같이 주장한 바 있다. "남성중심적 민족주의와 가부장제의 척박한 토양 하에서도 '위안부' 운동이 추동력을 잃지 않은 데는 1990년대 이후 페미니즘의 성장과 더불어 여성폭력에 대한 감수성이 사회 전반에 확대되고 '피해자 담론'이 여성운동을 추동하게 되면서 일본군 '위안부'를 성적 폭력의 피해자로 보는 시각이 확대되었기 때문이다".

로 보기 시작한 중요한 전환점이다. 〈비엔나선언 및 행동강령〉(Vienna De-
claration and Programme of Action)은 "성에 근거한 폭력, 모든 형태의 성희롱
과 성적 착취"를 '보편적' 인권 침해로 규정했으며, '여성의 평등한 지위
와 인권'에 관한 항목에 일본군 '위안부' 문제와 관련된 부분을 포함시
켰다. 원래는 문단 38 끝부분에 "전쟁 중 여성에게 가해지는 인권 침해
는 국제인권법과 인도주의적 법의 기본적인 원칙에 대한 침해이다. 현
재 이러한 침해는 특히 살해, 조직적 강간, 성노예, 강제임신 등을 포함
하여 특별히 효과적인 대응을 요한다(Current violations of this kind, including
in particular murder, systematic rape, sexual slavery, and forced pregnancy, require a
particularly effective response.)"라고 되어 있었다. 일본이 초안에는 포함되지
않았던 '현재'라는 용어를 초안 심의회의에서 집어넣어 상대적으로 '과
거'의 사건인 '위안부' 문제를 배제하려 한 것이다. 이에 정대협을 중심
으로 한 여성단체 로비 팀은 '현재'라는 용어를 빼고 맨 뒤에 '처벌(and
prosecution)'을 추가하도록 요청했고, 이후 '현재'라는 용어는 '모든(all)'
으로 대체되었다.[6]

비엔나 회의 이후 유엔 여성지위위원회는 여성에 대한 폭력을 다룰
수 있는 국제기구의 필요성을 권고했으며 1993년에는 '여성에 대한 폭
력 철폐 선언(Declaration on the Elimination of Violence against Women)'을 채택하
였다. 이 선언 제1조는 여성에 대한 폭력을 "사적, 공적 영역에서 일어
나는 여성에 대한 신체적, 성적, 심리적 해악과 여성에게 고통을 주거나
위협하는 강제와 자유의 일방적 박탈 등 젠더에 기초한 모든 폭력 행
위"로 정의했다.

1995년 제4차 베이징 세계여성대회는 여성에 대한 폭력을 인권 차

---

6 여성가족부, 『일본군 위안부 관련 국제기구 권고 자료집』, 2004. http://www.her-
museum.go.kr/cop/bbs/anonymous/selectBoardArticle.do#LINK

원에서 접근하게 된 또 하나의 분기점이 되었다. 여기서 채택된 「행동강령」은 '각국 정부와 국제적 및 지역적 기구들이 취해야 할 행동'으로 "무력분쟁 및 기타 분쟁 상황에서의 여성에 대한 모든 폭력행위를 방지하기 위한 국제인도법 및 국제인권문서 상의 기준의 유지 및 강화", "강간, 특히 조직적 강간, 강제매춘 기타 강제추행과 성노예제를 포함하는 전쟁 중의 여성에 대한 모든 폭력행위에 대한 철저한 조사", "여성에 대한 전쟁범죄에 책임이 있는 범죄자의 기소와 여성 피해자에 대한 완전한 보상의 제공"을 제시한 바 있다(145항 (e)). 특히 세 번째 행동강령에 일본군 '위안부' 문제와 '성구매 관광'이 포함된 데는 정대협과 한국 진보여성운동 단체들의 꾸준한 활동과 요구가 큰 역할을 하였다.[7]

셋째, '2000년 법정'의 배경에는 피해당사자의 적극적 역할이 있었다. 국내외 여성인권 감수성이 제고되는 과정 속에 일본군 '위안부' 피해자들은 국내외에서 피해 사실을 증언하며 법적 정의 실현을 위한 활동을 꾸준히 진행했다. 최초의 소송은 1991년 12월 김학순 할머니를 비롯한 위안부 피해자 세 명이 강제동원 피해자들과 함께 제기한 '아시아태평양전쟁 한국인희생자 보상청구소송(이하 유족회 소송)'이었다. 이

---

7 Beijing Declaration and Platform for Action, 1995 https://www.un.org/en/events/pastevents/pdfs/Beijing_Declaration_and_Platform_for_Action.pdf 이때 채택된 행동강령에서 제기된 폭력의 정의와 종류는 다음과 같다. ① 가족 내에서 일어나는 신체적, 성적, 심리적 폭력(아내 구타, 성적 학대, 여아 낙태, 근친강간, 생식기-음핵 절단, 음부 봉합 등) ② 지역 사회에서 일어나는 신체적, 성적, 심리적 폭력(강간, 성희롱, 성적 위협, 인신매매, 강제 성매매, 포르노, 음란전화, 성기 노출, 황산 테러, 지참금, 지참금 살인, 신부 화장, 아내 순사(殉死), 전족, 과도한 다이어트와 성형수술 등). ③ 국가에 의해 자행되거나 묵인되고 있는 신체적, 성적, 심리적 폭력(일본군 '위안부', 성매매관광, 군대 성매매 등). ④ 무력분쟁 하에서 일어나는 여성인권 침해(살상, 강간, 성적 노예화, 강제 임신, 집단학살). ⑤ 임신 관련 폭력(강제 불임, 강제 낙태, 피임제의 강제 사용, 여아 및 영아 살해, 태아 감별 살해). ⑥ 특수 상황에 있는 여성에 대한 폭력(소수민족, 토착민, 난민, 이주자, 장애 여성, 노인 여성, 감금되어 있는 여성, 빈곤 여성에 대한 폭력).

를 필두로 10여 년간 일본국 상대 소송이 진행되었는데, 이중 1998년 4월 27일 야마구치(山口) 지방법원 시모노세키(下關)지부가 일본군 위안소 제도를 '나치의 만행에 준하는 중대한 인권 침해'로 보고, 원고 1인당 30만 엔을 배상하라고 한 판결(일명. '시모노세키재판 1심')은 최초이자 유일한 승소 판결로 의미가 크다 할 것이다.[8] 그러나 2010년 3월 2일, 마지막 재판인 하이난 섬 재판이 상고 기각됨으로써 일본군'위안부' 피해자 재판 10건 모두 패소가 확정되었다. 그럼에도 피해생존자들의 법정 투쟁은 재판 방청, 보고 집회, 서명운동 등을 통해 세계 여론을 제고하는 중요한 계기로 작용했음은 부인하기 어렵다.

동시에 피해당사자들은 1992년부터 유엔 등 국제기구에 직접 참석하고 증언하며 일본군 '위안부' 문제를 국제사회에 알리기 시작했다. 1992년 8월, 스위스 제네바에서 열린 인권소위원회에는 황금주 할머니가 당사자 최초로 위안부 피해 사실을 국제사회에 알렸으며, 1993년 5월에는 유엔 인권소위원회 산하 현대형 노예제 실무회의에 강덕경 할머니가 참석했다. 1993년 6월 비엔나 인권대회에는 북측의 장수월 할머니와 남측의 김복동 할머니가 직접 참가하고 상호 조우를 하기도 했으며, 1995년 베이징 여성대회에는 정서운 할머니가 직접 증언에 나서 세계 여성들의 참여와 지지를 호소한 바 있다.

가해자의 법적 책임과 배상을 강조한 대표적인 유엔 권고안들은 다

---

8 1심에서는 "국회의원이 배상입법을 해야 할 의무를 불법적으로 게을렀음으로 인하여 발생한 정신적 손해 배상"해야 한다고 명하고, "종군위안부 제도가 소위 나치의 만행에 준하는 중대한 인권 침해였으며 위안부가 된 많은 여성의 피해를 방치한 것 또한 새로운 중대한 인권 침해를 초래한다는 점을 고려한다면 늦어도 내각관방장관 담화가 발표된 1993년 8월 4일 이후에 조속히 위안부 원고들의 손해를 회복하기 위한 특별한 배상입법을 해야 할 일본국 헌법상의 의무"가 있었다며 「국가배상법」 위반이라 판시했다. 그러나 2001년 3월 29일 히로시마(廣島)고등법원에서 항소가 기각되고 2003년 3월 25일 최고재판소 제3소법정에서 상고기각 결정으로 최종 패소가 확정되었다.

음과 같다.[9]

- 1996. 2. 6. 유엔 인권위원회 '여성에 대한 폭력 특별보고관' 라디카 쿠마라스와미(Radhika Coomaraswamy)의 보고서: 일본군 '위안부'를 "군대 성노예"라고 정의함. 위안소 설치 등은 '인도에 반한 죄'에 해당하며, 성노예 문제는 한일합의에 포함되지 않았으며 개인이나 단체에 청구권이 있음을 명시함.
- 1998. 8. 12. 유엔 인권소위원회 '전시 성노예제 특별보고관' 게이 맥두걸(Gay J. McDougall)의 전쟁 중 성노예 문제에 관한 보고서: '위안부' 여성들의 징집 및 처우는 노예제도를 금지한 국제관습법에 위반되며 전쟁범죄이고 반인도적 범죄라고 봄. 또한 개별 범죄자뿐 아니라 일본군 장교 및 정부관리 등 위안소 설치, 운영에 관여한 상급자들도 형사책임이 있으며, 일본 정부는 위안부 피해 여성들에 대해 배상할 법적 책임이 있음을 명시함.
- 2010년 라시다 만주(Rashida Manjoo) 유엔 인권이사회 여성폭력문제 특별보고관 보고서: 일본군 '위안부' 피해자에 대한 배상이 이루어지지 않은 것은 배상 영역에서 여성에 대한 전통적인 무시를 드러내는 대표적인 예라고 지적, 일본군 '위안부' 문제에 대한 일본 정부의 배상책임 강조, 또한 그는 '위안부' 문제 해결 운동을 여성폭력에 대한 배상 운동에서 가장 체계적이고 충분히 입증된 운동이라고 평가함.

넷째, 아시아연대회의를 중심으로 한 초국적 여성 연대의 힘이다. 1992년 8월 인권소위원회에 참석하던 시기와 맞물린 8월 11~12일, 정대협은 서울에서 제1차 일본군 '위안부' 문제 아시아연대회의를 개최하여 아시아 피해국 여성들은 물론 일본의 여성들과의 연대 활동을 본격적으로 시작한다.[10] 국제사회에 위안부 문제를 알리기 위해서는 국

---

9   관련 상세한 내용과 과정은 이나영(2018)을 참고할 것.

제 여성연대의 필요성이 절실히 제기되었고, 국제연대 경험이 있던 교회여성들이 연결고리가 되어 마침내 1992년 8월 11~12일, 아시아 연대회의가 처음 개최되었다. 시기적으로 주목할 부분은 김학순 공개증언 1년, 한국이 유엔에 공식 가입한 지 1년이 되는 시점이었다는 점이다. 전쟁범죄나 식민지 범죄에 대한 추궁은커녕, 여성에 대한 성폭력에 대한 추심도 힘든 한국의 국내적 상황과 여성인권이 보편적 인권으로 이해되지 못했던 국제적 상황, 일본 정부의 부인과 한국 정부의 소극적 대응 속에서 정대협이 본격적으로 유엔 활동을 시작한 때이기도 했다.

한국에서 열린 첫 번째 회의에는 일본을 비롯한 필리핀, 홍콩, 대만 등 아시아 6개국 피해자와 지원자 73명이 모였고, 이후 북한, 인도네시아, 버마, 중국 등 참여국 범위가 점차 넓어졌다. 시간이 갈수록 학계는 물론 노조와 변호사, 정치인과 평화관련 시민단체 등 참여자들의 범위도 확대되어 갔다.

아시아연대회의의 설립 취지문에는 "과거 일본이 저지른 범죄인 종군 위안부 문제의 역사적인 규명과 피해국에 대한 공식적인 배상과 피해자들에 대한 배상을 실시하도록 하기 위하여 강력한 연대의 필요성을 절감하고 아시아 지역의 피해국과 연대를 모색하게 되었다"라고 그 동기를 밝히고 있다.[11] 또한 연대회의를 진상 규명과 피해 배상 요구, 유엔 인권위원회 참여 활동 등 "정신대 문제에 대한 전문적인 활동"을 아우르는 상설기구화할 것을 제안한다. 여성의 눈으로 전쟁과 식민지 범죄를 직시하며, 여성의 경험으로 기존의 역사를 다시 쓰고, 여성의 힘으로 평화로운 세상을 구현하고자 하는 열망을 현실화하는 첫 걸음이었던 것이다. 이후 2018년 서울에서 열린 제15차 회의까지 꾸준히 진행

---

10   아시아연대회의 관련은 문소정(2014), 정진성(2016) 등을 참고할 것.
11   정대협, 「정신대 자료집 III: 정신대 문제 아시아연대회의 보고서」, 미간행, 1992.

된 〈아시아연대회의〉는[12] 일본군 성노예제에 대한 국제적 관심을 조성하고, 전시 성폭력 문제는 물론, 글로벌 여성인권 규범을 변화시키는 데 크게 기여하게 된다.

III. '2000년 법정' 개최의 필요성 대두: 가해자 처벌

여성인권, 성적자기결정권 등 성적 폭력의 언어화와 법제화 과정에 함께한 정대협과 국내 연대 단체들은 1990년대 초부터 피해자 처벌의 필요성을 제기하기 시작했다. 반 보벤 초청 세미나에서 최초로 제기된 이후 1992년 12월 정대협 대표자 회의에서 재확인하고,[13] 다시 1993년 2차 아시아연대회의에서 제기·확정되었다. 성폭력특별법 제정을 위한 공동대책위원회에 활발히 활동하던 이효재와 이미경이 주도해 2차 아시아연대회의에서 공식적으로 책임자 처벌을 제기했으며 덕분에 최종 결의문에 책임자 처벌이 포함된다.

〈제2차 아시아연대회의 결의문〉

1. 일본 정부는 일본군 '위안부' 제도가 천황제 파시즘과 군국적인 국
   가권력에 의한 조직적인 범죄임을 인정할 것.

---

12 필리핀과 대만에서 각 한 차례씩 열린 것을 제외하고, 대부분 한국과 일본에서 번
    갈아가면서 개최되어 왔다. 개최지는 다음과 같다. (1) 1992 서울, (2) 1993 사이타
    마(일본), (3) 1995 서울, (4) 1996 마닐라(필리핀), (5) 1998 서울, (6) 2003 서울,
    (7) 2005 도쿄(일본), (8) 2007 서울, (9) 2008 도쿄(일본), (10) 2011 서울, (11)
    2012 타이베이(대만), (12) 2014 도쿄(일본), (13) 2015 서울, (14) 2016 서울,
    (15) 2018 서울.
13 최초 제기된 시기는 1992년 12월 정대협 대표자 회의에서다. 반 보벤 초청 세미나
    에서 제기된 내용이 반영된 것이다. 관련 내용은 김창록(2020년 12월 5일, 114쪽)
    의 글을 참고할 것.

2. 아시아 태평양 전역에 걸친 실태조사와 피해자 총수, 국가, 성명 등
   철저한 진상 규명을 실시하여 제3차 보고서를 발표할 것.
3. 일본 정부는 피해자에 대한 배상을 위하여 특별법을 제정할 것.
4. 일본 정부는 국제법을 완전히 준수하고 전쟁범죄 및 중대한 인권
   침해에는 시효가 적용되지 않는다는 '시효부적용조약'에 가맹할 것.
5. 일본 정부는 책임자를 분명히 할 것. 책임자는 처벌을 받아야 한다.
6. 일본 정부는 가해자로서의 자각에 입각한 역사교육을 깊게 하고
   평화와 인권사상의 철저화를 도모할 것.

그리고 결의문 마지막에는 '위안부' 문제의 본질이 '성(性) 억압'이며,
과거의 문제 아니라 현재진행형임을 명시하고 있다. "모든 성적 노예제
도와 강간을 없애"는 것이 운동의 궁극적 목표임도 밝혔다.

> 우리는 일본군 '위안부' 문제를 단순한 과거의 문제가 아니라 형태가
> 변하면서 아직까지 뿌리 깊게 남아 있는 성적 인권 억압으로 파악하
> 여 모든 성적 노예제도와 강간을 없앰을 목표로 합니다.

이후 진척된 논의와 국제적 성과(유엔 권고안 등)에도 불구하고, 1995년
일본 '국민기금'이 일으킨 파장, 피해생존자들의 노령화와 연이은 사망
등으로 2000년('새 천년')을 앞둔 운동은 돌파구가 필요한 상황에 놓인다.
1998년 4월 15일부터 17일까지 열린 제5차 아시아연대회의는 역사
적 책임을 더 이상 회피하기 어려운 바로 그 시점, 일본이 들고 나온 카
드였던 '국민기금'에 대한 비판으로 시작한다. 당시 정대협 공동대표 윤
정옥은 개회사에서, 일본 패전 50주년에 제안된 국민기금이 어떻게 피
해자와 피해자, 피해자와 단체(활동가) 간의 갈등과 분열을 야기했는지
지적하고 그 진행 과정을 소개한 후, 다음과 같이 지적한다.

가부장제 밑에서의 사람은 남성뿐이고 남성들이 하는 일은 전쟁입니다. 전쟁의 가장 큰 희생자는 여성과 어린이였습니다. 이러한 인간지옥 속에서 극치를 이룬 것이 제도적·조직적 강간입니다.

전시 성폭력의 문제를 지적한 후 윤정옥은 유엔 인권위 등을 통해 위안부 제도가 전쟁범죄이자 가해자가 피해자에게 사죄하고 배상해야 함이 분명해졌음에도 불구하고, "일본은 범죄행위를 인정하지 않고 국민기금과 같은 굴욕적인 방법을 통해 피해자에게 보상한 것으로 국제사회에 인정받으려"한다고 통렬히 비판한다.[14] 21세기를 눈앞에 두고 있는 지금이 "정말 남성우월주의에 오염되지 않는 여성이 일어나야 할 때"라고 강조한 후, "피해자들과 여성인권 회복을 위해 가해국의 사죄와 배상을 더욱 조직적으로 요구"할 것이며, 이를 통해 "'위안부' 문제를 최대한 마무리짓고 사람들뿐만 아니라 산과 들과 물과 그 안에 사는 모든 동물들과 함께 사는 평화의 새 역사를 열"자고 다짐한다.[15] 당시 윤정옥의 제안은 '법적 책임'을 적극적으로 부정하는 국민기금에 대한 비판에서 더 나아가, 유엔 인권위 등에서 이미 지적된 범죄를 부인하는 가해자 처벌과 사죄·배상, 이를 통한 '위안부 문제의 최대한 마무리'였다. 그리고 "모든 생명체가 평화롭게 사는 세상"이 운동의 궁극적 목적임을 분명히 하고 있다.

이어서 당시 정대협 기획위원장 지은희는 "일본군 '위안부' 문제 해결을 위한 향후 과제"라는 발표문에서 정대협 운동의 두 가지 전기를 ① 제52차 유엔 인권위원회의 여성폭력 문제 특별보고관 라디카 쿠마

---

14   윤정옥, "개회사". 한국정신대문제대책협의회 편, 『정신대 자료집 9 : 제5차 일본군 '위안부' 문제 아시아연대회의 보고서』 11, 1998, 11.

15   윤정옥, "개회사". 한국정신대문제대책협의회 편, 『정신대 자료집 9 : 제5차 일본군 '위안부' 문제 아시아연대회의 보고서』 11, 1998, 12.

라스와미 권고안 채택, ② 한국 정부의 입장 변화 등을 꼽았다. 전자의 경우, 위안소가 국제법 위반임과 이에 대한 법적 책임 명시, 피해자 개인에 대한 배상 권고라는 측면에서 "정대협의 입장을 전폭적으로 반영한 권고안"으로 "정대협 운동의 정당성을 입증한 것"이라 평가한다. 후자의 경우, 한국 정부가 피해자들에게 "지원금을 선지급하는 결정"을 내린 것은 "민간위로금 형태로 이 문제를 해결하려는 일본 정부의 입장에 정면으로 반대한 것"이라고 평가하고,[16] 이 또한 "7년이 넘는 운동"의 성과라고 지적한다. 더 주목할 부분은 그가 제기한 "10대 중요 과제"다. 요약하면 다음과 같다.

> ① 유엔 인권위원회, 인권소위원회에서의 활동을 통해 일본 정부로 하여금 쿠마라스와미 특별보고서의 권고안을 이행하도록 만드는 일. 이를 위한 국제적 압력 조성이 필요. 국제적 압력 중 아래 사항 필요.
>
> ② 미국과 한국이 행한 바 있는 일본 전범의 입국금지조치를 유럽 각국이 취하도록 하여 일본의 전쟁 책임 이행을 촉구하는 일.
>
> ③ ILO 총회 결의를 통해 일본군 위안부 제도가 강제노동등금지조약 위반임을 확인하고 일본 정부의 책임을 이행하도록 하는 것.
>
> ④ 책임자 처벌 운동 강화.
>
> ⑤ 진상 규명과 개인 배상 문제를 포함하는 특별법 제정 운동.
>
> ⑥ 국민기금 측은 실패를 인정하고 "진상 규명과 배상을 위한 특별법 제정운동"에 동참할 것을 제안(연대 제안).
>
> ⑦ 일본 정부가 계속 책임 이행을 거부할 경우, "한국 정부로 하여금

16 지은희, "일본군 '위안부' 문제 해결을 위한 향후 과제", 한국정신대문제대책협의회 편, 『정신대 자료집 9: 제5차 일본군 '위안부' 문제 아시아연대회의 보린茨』, 1998, 31-33.

일본의 책임 및 배상 등 법적 문제에 관하여 국제사법재판소의 견해를 묻도록 요구하는 운동"을 펴나갈 것.

⑧ 아시아 피해국은 물론, 일본 여성운동, 일본사회운동단체들과의 연대 강화 (일본 정부의 분열책에 맞서 상호이해와 연대 강화를 천명).

⑨ "한국에서도 진상조사를 보다 체계적으로 진행시키고 이제부터 '전쟁과여성' 사료관의 건립을 준비하고 역사교육을 강화할 것"(지은희, 1998, 33).

⑩ "아시아에도 인권 문제를 다루는 지역인권기구 설립이 시급"하며, 대한민국이 "국제인권기구 설립에 적극적으로" 나설 것을 요청함.[17]

특히 4번 "책임자 처벌 운동 강화" 부분에서 "1993년 10월 20~ 22일 일본 사미다마켄에서 열린 제2차 아시아연대회의에서 정대협은 이미 책임자 처벌을 제기"한 바 있으며, 당시 "일본 참석자들은 책임자 처벌 문제를 제기하는 경우, 일본의 대중은 말할 것도 없고 대부분의 시민운동 단체들이 정신대 문제 해결운동에서 떨어져 나갈 것을 염려하여 이 요구를 정면으로 내세우는 것에 대해서는 찬성하지 않았다"라고 회상한다. 한편으로는 이해가 되지만 다른 한편으로는 "바로 이러한 한계 때문에 일본 정부의 법적 책임 이행이 지금까지 이루어지지 않았다고 생각"한다며, "일본군'위안부' 제도의 책임자가 누구였는지 반드시 밝혀지고 처벌되어야 한다"라고 지은희[18]는 주장한다.

이러한 문제의식에 공명하듯, 같은 날(1998년 4월 16일) 일본의 마쓰이 야요리[19](당시 소속, 아시아여성자료센터)는 "'여성의 인권' 국제운동에서 본

17 지은희, "일본군'위안부' 문제 해결을 위한 향후 과제", 한국정신대문제대책위원회편, 『정신대 자료집 9: 제5차 일본군 '위안부' 문제 아시아연대회의 보린茨』, 1998, 33.

18 지은희, "일본군'위안부' 문제 해결을 위한 향후 과제", 한국정신대문제대책협의회 편, 『정신대 자료집 9: 제5차 일본군 '위안부' 문제 아시아연대회의 보린茨』, 1998, 31-32.

'위안부' 운동의 평가와 행동제안"이란 발표에서 1990년대 '위안부' 문제를 둘러싼 아시아 여성운동의 성과를 평가하고, 그간 추구해온 운동의 목표 가운데 "가장 불충분했던 것"이 '가해자에 대한 처벌'이라고 지적하면서 "여성에 대한 전쟁범죄자를 재판하지 않았던 전쟁 재판을 다시 하기 위해서 여성의 힘으로 여성에 대한 전쟁범죄(성노예제) 국제재판법정을 20세기 최후의 해인 2000년 12월 10일 '세계인권의 날' 전후에 개최할 것을 제안"한다. 여러 연구자와 일본 측 활동가들의 기록과 증언에 의하면, 여성국제전범법정은 1997년 11월에 열린 '전쟁과 여성에 대한 폭력' 국제회의에서 논의가 시작되었다고 한다.

마쓰이 야요리는 일왕의 처벌을 논할 때 일본 시민사회가 분열될 것을 염려했지만 이를 돌파하기로 결심했다고 한다.

> 폭력의 20세기가 끝나가는 이때, 그 폭력의 가장 아픈 피해자의 유지를 분명히 세우는 일 없이 폭력이 없는 새로운 세기를 맞을 수는 없을 것 같습니다. 여성에 대한 전쟁범죄자를 재판하지 않았던 전쟁 재판을 다시 하기 위해서 여성의 힘으로 〈여성에 대한 전쟁범죄(성노예제)국제재판(법정)〉을 20세기 최후의 해인 2000년 12월 10일 세계인권의 날 전후에 개최할 것을 제안하고 싶습니다.

그의 제안은 만장일치로 채택되고 '2000년 법정' 개최가 공식 결정된다. 법정 모델은 1967년 유럽에서 열린 '러셀 베트남 전범 법정'(International War Crimes Tribunal on Vietnam)이었다.

---

19 松井やより, "여성의 인권, 국제운동에서 본 '위안부' 운동의 평가와 행동제안", 한국정신대문제대책협의회 편, 『정신대 자료집 9 : 제5차 일본군 '위안부'문제 아시아 연대회의 보고서』, 1998.

마쓰이 야요리가 피플스 트라이뷰널(people's tribunal)을 만들자. 왜냐하면 유엔에서 이렇게 보고서가 나와서 사실상 유엔에서 더 이상 하기는 힘들고, 베트남전쟁 때, 미국을 아무도 못 건드니까, 그때 촘스키(Noam Chomsky) 뭐, 버트란드 러셀(Bertrand Russell) 뭐 이런 세기의 지성인이라는 사람들이 모여 갖고 피플스 트라이뷰널을 만든 거예요. 그래갖고 일본, 미국이 잘못했다. 이거는 베트남 침공이다 이런 거를 했어요. 근데 퍼블릭 케어링(public caring) 형태로 해갖고. 그러니까 우리도 우리 힘으로 트래뷰널(tribunal)을 만들자! 좋다! 막 이렇게 된 거야. 이래가지고 그때부터 준비했죠. 98년.…(구술자: 정진성, 면담자: 이나영).

그러므로 앞장에서 논의한 바, 유엔 권고안 등 8여 년간 일군 운동의 다양한 성취(피해생존자의 증언활동과 소송, 국제인권 규범의 변화 등), 국내외 여성운동의 성장과 연대-이를 통한 여성인권, 성폭력, 전시 성폭력 등에 대한 감수성 제고-라는 토대 위에, "가해자가 책임지는 선례를 남길 것이라고 다짐"한[20] 한국 운동의 의지가 가해국 국민으로서 피해자에게 느끼는 죄책감과 연민(compassion), 국가 대신 책임을 지고자 하는 윤리적 시민정신이 만난 지점에서 이루어졌다고 할 수 있다. 여기에 극동군사법정(도쿄전범재판) 등 무력갈등 시 발생한 성폭력 문제를 전쟁범죄로 다루지 않았던 남성중심적, 백인중심적, 제국주의적 국제법에 대한 문제의식과 도전이 결합되었다. 물론 피해자들이 급격히 노쇠해지는 상황에서 21세기를 앞두고 운동을 "마무리"지어야 한다-윤정옥[21]의 희망사항

20 지은희, "일본군'위안부' 문제 해결을 위한 향후 과제", 한국정신대문제대책협의회 편, 『정신대 자료집 9: 제5차 일본군 '위안부' 문제 아시아연대회의 보린茨』, 1998, 33.
21 윤정옥, "개회사". 한국정신대문제대책협의회 편, 『정신대 자료집 9 : 제5차 일본군 '위안부' 문제 아시아연대회의 보고서』, 11, 1998.

처럼-는 중압감 또한 작용했다고 봐야 할 것이다.

Ⅳ. 2000년 법정 진행과 의의

1. 진행

정대협[22]은 3차례의 준비모임을 통해 법정의 성격과 향후 방향, 한국위원회 구성 등을 토론한다. 이를 위해 준비위원으로 윤정옥·김윤옥·지은희·신혜수·강정숙·이미경·양미강을 선임하고, 한국위원회에 운동단체·연구자·법률가 등 다양한 계층이 참여할 수 있는 원칙을 마련해 위원장 1명, 부위원장 약간 명을 두기로 한다. 이러한 원칙하에 1998년 12월 7일, 법학자, 변호사, 역사학자, 사회학자 등 연구자·전문가들과 운동단체 등 50여 명으로 구성된 '2000년 법정 한국위원회'가 발족한다. 법률위원회, 진상 규명위원회, 기획·홍보위원회, 대외협력위원회, 재정위원회 등 5개의 위원회가 꾸려지고 정대협이 사무국을 맡게 된다. 이들은 이후 만 2년 간 11차례의 모임을 가지면서 2000년 법정 관련 크고 작은 안건들을 처리하는 최고결정기구의 역할을 담당한다. 검사단위원회는 회의가 진행되면서 추후 확정된다.

· 위원장: 윤정옥
· 부위원장: 김윤옥, 정진성
· 법률위원회: 김명기(위원장), 조시현(간사), 김창록, 지정일, 홍성필, 이장희, 이상면, 정인섭, 최봉태, 조용환, 박원순, 최영도, 안상운, 정진

---

22 한국정신대문제대책협의회, 『2000년 국제법정 보고서』, 미간행, 2001.

성, 박찬운, 박현석, 배금자, 장완익(이상 위원)
· 진상 규명위원회: 강정숙(위원장), 양현아, 여순주(공동증언팀장), 최일
숙, 정재정, 강창일, 신영숙, 김민철, 심영희, 김은실, 이미경, 안상님,
하종문, 이철원, 윤정옥, 김현미, 선우성, 이수현(이상 위원)
· 기획홍보위원회: 지은희(위원장), 최만자, 이문숙, 김신실, 윤순녀, 한
국염, 신영숙, 정태효(이상 위원)
· 대외협력위원회: 신혜수(위원장), 정숙자(위원)
· 재정위원회: 김혜원(위원장), 유춘자, 김혜엽, 윤명선, 김선실(이상 위원)
· 검사단 위원회: 김명기, 박원순, 조시현, 장완익, 김창록, 하종문, 양
현아, 강정숙

   일본에서는 1998년 6월, 2000년 법정 준비를 위해 '전쟁과여성에대
한폭력 일본네트워크'(Violence against War & Women Network in Japan, VAWW
Net Japan)가 구성되고 마쓰이 야요리가 대표를 맡게 된다. 법정 전체의
공동대표는 한국의 윤정옥, 일본의 마쓰이 야요리, 필리핀의 인다이 사
요르가 맡았다.
   지난한 준비 과정 끝에 '2000년 법정'은 2000년 12월 7일부터 12일
까지 도쿄에서 열린다. 민간단체들이 구성한 시민법정이지만, 공식 법
정의 형식을 따라, 일본 정부의 배상 책임을 묻는 민사재판과 범죄에 책
임 있는 개인에 대한 처벌을 요구하는 형사재판 두 부분으로 구성되었
다.[23] 개막식, 본 법정 및 국제공청회, 예비 판결로 구성된 법정에는 피
해당사자국인 10개국이(남북한, 중국, 일본, 필리핀, 인도네시아, 대만, 말레이시아, 동티
모르, 네덜란드) 공동 검사단을 구성하고, 8개 국가 67명의 피해자를 비롯
해 연일 1,000~1,200명에 이르는 세계 각국의 시민(30여 개 국가), 95개

---

23 정진성, 『일본군 성노예제』, 서울대학교출판부, 2004.

의 언론사와 200여 명의 기자단이 참석해 전 세계의 이목을 집중시켰다. 당시 한국 측 피해자로 강일출, 김복선, 김분선, 김분이, 김상희, 김은례, 김화선, 문필기, 박옥련, 신현순, 심달연, 안법순, 양점순, 윤00, 이용녀, 이용수, 정서운, 최화선, 최갑순, 한도순, 황금주 등이 참석했다. 특히 9개 국가 20명의 피해자 증언과(비디오 증언 포함) 직접적 만남은 참석자들 모두에게 큰 충격과 감동을 안겼다. 위안소에서의 체험과 이후 지속된 트라우마로 인한 고통의 깊이, 공통된 경험을 지닌 여성 간의 연대가 청중에게 전달되었기 때문이다. '히로히토 유죄'가 선언될 때 말로 표현하기 힘든 감정의 격동이 일었던 것도 바로 피해생존자들의 현존(現存) 때문일 것이다.

1년 뒤인 2001년 12월 4일, 헤이그에서 발표된 최종판결에서는 일본군 '위안부' 관련 행위가 인도에 대한 죄로서의 강간과 성노예 범죄에 해당한다고 밝히고, 일왕 히로히토를 비롯한 10명의 피고인에 대해 '개인의 관여 책임'과 '상관의 책임'에 관해 유죄라고 선언한다. 일본 정부에 대해서는 '위안소 제도'가 국제법 위반임을 전면적으로 인정하고 법적 책임을 지며, 주요한 실행행위자를 밝혀내 처벌하고, 완전하고 성실한 사죄와 적절한 금액의 배상을 할 것을 요구한다. 또한 철저한 조사기구의 설립과 관련 자료 공개를 통해 역사에 남길 수 있도록 하며, 기념관·박물관·도서관 등의 설립을 통해 희생자와 생존자들의 명예를 회복하며, 교과서에 기술하고 관련 교육을 지원할 것을 명시한다.[24] 준비과정에서 장소 선정과 공식 언어에 대한 이견, 재정 마련의 어려움, 의사소통의 어려움, 법정 성격과 구조에 대한 상이한 이해와 '위안부' 성격에 대한 이견 등 여러 가지 문제가 있었지만 결국 법정은 성공적으로

---

24 김창록 외, "(가칭) 국립 일본군 '위안부' 연구소 및 역사관 건립을 위한 연구 결과보고서", 여성가족부, 미간행, 2018.

마무리된다.[25]

2. 의의: 경계 '들'을 넘어, 제국주의적 법에 도전하며

당시 정대협의 총무였던 양미강은 「2000년 일본군 성노예 전범 여성국제법정 보고서」에서 법정의 성과를 크게 다섯 가지로 정리한 바 있다. 첫째, 아시아 피해국 간의 네트워크가 확장되고 강고해졌다. 남북은 물론 동티모르, 중국과 대만 등이 이념을 넘어 하나로 연결되었으며, 인도네시아, 말레이시아, 동티모르, 네덜란드 등의 국내 운동조직이 법정을 계기로 확고해졌다. 둘째, 현재 무력갈등 아래에서 일어나고 있는 여성에 대한 성폭력 문제까지 확장하여 폭넓은 세계여성운동과의 네트워크를 긴밀하게 강화했다. 셋째, 일본군 '위안부' 제도 피해의 전체 상을 체계적으로 파악했다. 넷째, 전(前) 일왕과 전범자 7인에 대한 남북공동기소를 끌어냈듯, 여성이 주도하는 통일운동의 모델을 제시했다. 다섯째, 운동의 다양화와 전문성 제고다.[26]

한국 측 부위원장이었던 정진성[27]은 "50년 전이라는 이유에서, 이미 국가 간 협정으로 마무리되었다는 정치적인 이유에서 해결되지 않았던 일본군 성노예제 문제를 전면적으로 재검토하고, 여성의 힘으로, 시민의 힘으로 새롭게 역사를 쓰"는 작업으로서 법정의 의미를 강조한다. 일왕을 비롯해 중요한 책임자를 거명하고 유죄판결을 내림으로써 문제의 책임 소재를 분명히 한 첫 번째 판결이었다고 지적하면서 '히로히토 유죄'는 "인류 양심의 목소리로 후에 새롭게 기억될 것"이라 주장한

---

25 상세한 내용은 정진성(2016)의 8장을 참고할 것.
26 양미강, "2000년 일본군성노예전범 여성국제법정 준비과정", 『2000년 국제법정 보고서』 3-4, 한국정신대문제대책협의회, 2001.
27 정진성, 『일본군 성노예제』, 서울대학교출판부, 2004, 3-4.

다.[28] 그는 시민사회의 역량을 한층 성장시키고 국제연대를 확대했다는 점도 주요하게 지적한다. 일본 측 실행위원회인 VAWW-NET Japan에서 조사·기소장 작성을 맡았던 재일조선인 연구자 김부자[29] 또한 가해국 여성들의 책임감으로 초국적 여성운동을 만들고, 일본 내에서 범죄의 주책임자—일왕—에게 유죄를 내렸다는 점을 높게 평가한다.

이미 수차례 알려진바, 법정 준비와 개최 과정에서 법정의 성격과 구조를 둘러싼 이해 차이가 발생했지만 핵심 갈등 지점은 아니었다고 한다. 김부자[30]는 "분단 극복의 어려움과 가능성을 동시에 체험"했다고 회고하면서, 대부분의 긴장 지점들은 진행 과정에서 해소되었다고 한다. 중국에 거주하는 조선적 피해자를 한국 기소장에 넣을 것인가를 둘러싸고 한국 쪽과 갈등이 생겼으나, 2000년 6월에 열렸던 남북 정상회담을 계기로 남북 간 통일 기소장 작성이 결정되어 갈등이 해소되었다는 것이다. 그는 한국과 북한뿐만 아니라 대만과 중국, 그리고 인도네시아와 동티모르가 피해국 검사단으로 [법정에] 한자리에 앉아 "피해국들 간 [존재했던] 내셔널한 문을 열려고"[31] 시도했다는 점을 높이 평가한다.

특히 이데올로기와 분단을 넘어 남북이 하나가 되고 'North and South of Korea'란 표기로 공동 기소장을 작성함으로써 전 세계에 남북을 하나의 나라로 부각시켰다는 점은 커다란 의의라 할 것이다. 정진

28   정진성, "2000년 일본군 성노예 전범 여성국제법정(Women's International War Crimes Tribunal on Japan's Military Sexual Slavery in 2000)'의 배경과 의의." 『여성과사회』 12, 2001.

29   金富子, "女性國際戰犯法廷後の韓國女性運動と日本：フェミニズム,ナショナリズム, 植民地主義", 大越愛子·井桁碧編 『現代フェミニズムのエシックス』, 東京：白澤社, 2010.

30   金富子, "報告韓國：南北分斷克服への闘い", VAWW-NETジャパン編, 『女性國際戰犯法廷の全記録』, 東京：綠風出版, 2002, 257.

31   金富子, "女性國際戰犯法廷が乘り越えたものと乘り越えなかったもの", VAWW-NET ジャパン編, 『裁かれた戰時性暴力』, 東京：白澤社, 2001, 242.

성은 본 연구자와의 인터뷰에서 이 당시를 남-북-재일교포 여성들이 '민족적 단결'을 이뤄낸 감격적 순간이라 기억하고 있었다.

> 칠판에다가 써가면서…이쪽 저쪽 막 다 박원순 변호사까지 아 이거 안 되겠다. 나누자 그러는 거를 북한 쪽은 너무 의지가 강하고 한번 다시 해보자 그랬는데. [마침내] 리허설 했는데. 그때 그 감격을 잊을 수가 없어. 아~ 남북 통일을 우리가 이렇게 해서 이루면 되는 걸, 왜 그렇게 못했을까. [우리가] 그 남북 공동기소팀으로 해갖고 멋있게 해 냈잖아요.… (구술자: 정진성, 면담자: 이나영)

남북-재일조선인 여성 연대가 가능했던 건, 1991년 열린 '아시아의 평화와 여성의 역할' 토론회부터 남-북-일 여성들이 꾸준히 만나왔고 피해자들 간 만남도 성사되었으며, 1992년과 1993년에 순차적으로 열린 도쿄와 베를린 국제회의에서 남북한 피해자들과 각국 활동가들이 얼굴을 맞대고 일본군 '위안부' 문제를 논의했다는 점도 작용했다.[32] 1993년 9월에 베를린에서 열린 회의는 '유고 분쟁'에서 발생한 여성에 대한 집단성폭력 문제에 직면해 "인간의 존엄·전쟁과 폭력"이라는 주제로 열렸다. 재독 한국인과 일본의 여성 운동가들이 공동 주최하고 베를린의 많은 NGO와 베를린 주정부가 후원하고 참가했다고 한다. 삼일 간 열린 회의에는 남북한, 필리핀, 네덜란드, 일본, 독일, 유고슬라비아 등에서 증언자와 연구자들이 참여했다. 당시 참석한 일본 출신의 베를린 언론인 가지무라 다이치로[33]는 "전시 성폭력 피해자들이 주도한 유

---

32 관련한 상세한 내용은 김윤옥·윤미향, 2014, "남북한 연대활동", 『한국정신대문제대책협의회 20년사』, 4장; 문소정, 2015. "일본군'위안부' 문제와 남북여성연대", 『통일과평화』 제7집 2호, 213-246을 참고할 것.

33 梶村太一郎, "전쟁범죄에 대한 국가의 사죄란 무엇인가", 『'위안부' 문제와 미래에

립 최초의 국제회의"라 평가하며, 남북한 '위안부' 피해자들의 만남과 증언을 사진으로 기록한 바 있다.

역시 주요하게는 앞서 언급한 아시아연대회의와 유엔 등 국제기구를 통한 꾸준한 만남과 신뢰가 쌓였기 때문일 것이다. 북한 측은 도쿄에서 열린 2차 아시아연대회의(1993년)와 서울에서 열린 8차 회의(2007년)에 직접 참석했으며, 6차, 7차, 9차, 10차 등에도 문서로 참여한 바 있다.[34]

여기에는 민족, 인종, 국적, 언어, 성별, 계층, 분단의 경계를 인지하되 넘어서고자 한 한일 여성들의 연대가 보이지 않는 원동력이 되었다. 한일 여성들은 도쿄전범재판(Tokyo War Crimes Trials, 혹은 극동군사법정 the 1946-48 International Military Tribunal for the Far East)과 샌프란시스코 체제가 가진 한계를 직시하고, 여성들의 경험에 기반한 새로운 체제를 고민하다 마침내 놀라운 열정과 실행력으로 여성국제법정을 개최하고 범죄 책임자의 유죄판결을 끌어냈다. 특히 식민지와 제국주의, 분단과 냉전체제의 또 다른 피해자인 김부자, 양징자, 김영, 송연옥 등 재일조선인 여성들은 기꺼이 일본-남한-북한 여성 간 (불가능해 보이던) 연대의 고리가 되어, '2000년 법정'은 물론 일본군 성노예제 문제 해결 운동의 중요한 기반이 되었다. 한-일-재일조선인 여성의 유연하면서도 강렬한 연대가 일본군 성노예제도라는 20세기 초반 가장 잔혹한 전시 성폭력과 페미사이드 문제를 역사에 새겨 넣은 주요 원동력이었던 것이다. 이들은 국가가 실패한 정의 실현의 책무를 여성의 힘으로 다하고자 했으며, 마침내 구현해냄으로써 '여성 공동체' 형성의 가능성을 제시했다.

'2000년 법정'의 또 다른 의의는 피해생존자의 언어와 행동으로 가부장제 사회에서 성적 관계에 관한 관습은 물론 남성중심적, 제국주의

대한 책임』, 민속원, 2018.
34 관련 내용은 정대협의 아시아연대회의 자료집과 강정숙(2016)을 참고할 것.

적 법의 보편성과 규범성, 정상성에 도전했다는 점이다. 이를 통해 "일본군 '위안부' 제도의 범죄성과 책임을 명확히 하고 피해자들의 존엄성과 명예를 회복할 기회를 제공했다. 서구 남성 로고스 중심적인 국제법적 틀 속에서 아시아 피해 여성들의 증언은 '공적 장'에서 잘 들리지도 제대로 해석되기 어렵다. 재미 한국인 페미니스트 학자 엘리자베스 손[35]도 피해자들이 법이 선호하는 로고스 중심적인 증언에 균열을 냄으로써 역설적으로 "무엇이 정의를 구성하는지" 보다 명료하고 확장된 정의를 위한 장을 열어줬다고 평가한 바 있다. 유사하게 일본의 국제법 학자 아베 고키는 국제법의 '중립성'이라는 베일의 그늘에 숨어 있던 "국가=지배 엘리트 중심주의, 서양 중심주의, 남성 중심주의, 현재 중심주의"가 "시민, 비서양, 여성, 과거(미래)를 법의 '타자'로 주변으로 배제"해온 역사에 비추어 볼 때, "그 궁극의 '타자'에게 법의 빛을 비춤으로써 폐쇄적인 국제법의 모습을 비판적으로 재검토하고, 그 탈구축과 재구축을 향한 이정표를 제시"했다고 크게 평가한 바 있다.[36]

특히 여성의 관점에서 제기한 '책임자 처벌' 문제는 실제 국제사회에 큰 영향을 끼쳤다. '2000년 법정'은 유엔 인권위원회 특별보고관 쿠마라스와미보고서(2001)와 ILO조약적용전문가위원회의 검토의견(2003)에 인용되거나,[37] 2003년 발족한 국제형사재판소(ICC)에 '성노예' 개념이 포함되는 데 기여했다. 또한 2000년 법정의 영향으로 2010년 과테말라 내전에서 발생한 성폭력을 재판하는 민중법정, 군사정권에 의한 강간과

---

35 Son, E. W., Embodied Reckonings : "Comfort Women," Performance, and Tran-spacific Redress. MI, Ann Harbor : University of Michigan Press, 2018, p.67.

36 阿部浩己, "女性國際戰犯法廷が映し／創り出したもの──國際法の地平", VAWW-NET Japan 編, 각주 44), 305. : 김창록, 2020, 124.

37 ILO는 1999년, 일본 정부에 국민기금 관련 강력한 권고안을 낸 이후, 2001년, 2002년, 2003년, 2004년, 2005년, 2007년, 2008년, 2009년, 2011년, 2013년 보고서에서 계속해서 일본군 '위안부' 문제에 대한 전문가위원회의 판단을 수록해왔다.

고문 등 인권 침해를 고발하는 '버마 여성 국제법정'이 열렸으며, 구(舊) 유고슬라비아와 아프카니스탄 여성들의 모색으로도 이어진 바 있다.[38] 2000년 버마 여성에 대한 범죄 국제법정(뉴욕), 2010년 버마 여성에 대한 범죄 국제법정(도쿄)이 열리기도 했다.

일본의 법적 책임을 공식화한 국내외 결의안 채택으로 이어지기도 했다. 2007년 7월 30일 미국 하원결의안 121호를 시작으로, 유럽연합 의회, 네덜란드, 캐나다, 대만, 한국, 일본 지방의회 등에서 일본정부의 일본군 성노예제 문제 해결을 촉구하는 결의안이 채택되었다.[39] 2007년 11월 20일에는 네덜란드 의회가 일본 정부에 사죄와 생존자들에게 정신적, 경제적 배상을 요구하는 결의안을 만장일치로 채택했고, 11월 28일에는 캐나다 연방의회가 일본 정부에 공식 사죄와 완전한 책임 이행을 요구하는 '위안부' 결의안을 만장일치로 채택한다.[40] 12월 13일에는 유럽연합(EU) 의회가 일본 정부에 일본군 성노예 제도에 대한 공식 인정과 공식 사죄, 피해자와 유족에게 법적인 배상, 교과서에 성노예제를 기록하여 올바르게 교육할 것 등을 요구하는 결의안을 채택한다.[41]

38 I池田理子, "'위안부' 문제를 미래로 이어가다: 여성국제전범법정이 제기한 것", 『'위안부' 문제와 미래에 대한 책임』, 2018, 213.

39 관련 자료는 다음을 참고할 것. http://www.womenandwarmuseum.net/contents/board/normal/normalList.asp?page_str_menu=0302 결의안에는 "일본군이 '위안부'로 알려진 여성들을 성노예화한 것에 대해, 일본은 명백하고도 모호하지 않은 방식으로 공식 인정하고 사죄"할 것과 "일본군 '위안부' 문제에 관한 국제사회의 권고를 따르는 동시에 잔혹한 동 범죄에 대해 현재·미래 세대를 교육시켜야"함을 명시하고 있다.

40 정대협, 「2008년 정대협 사업방향 및 중점 사업」, 2008.

41 유럽연합의 경우, 국제엠네스티와 연대해 진행한 캠페인의 성과였음. 결의안에는 "1930년대부터 제2차 세계대전이 끝날 때까지 아시아 및 태평양 군도를 식민 통치하고 이를 점령하는 동안 일본 제국주의 군대가 일본군 '위안부'로 알려진 젊은 여성들을 강제 성노예로 만든 사실에 대한 역사적 법적 책임을 확실하고 분명한 방식으로 공식적으로 인정, 사죄, 수용할 것"을 일본 정부에 요청함.

2008년부터는 일본 정부의 대응을 요구하는 일본 시민들의 결의안 채택 운동도 시작되었다.[42] 한국의 경우, 2008년 10월 8일, 일본군 위안부 피해자 명예 회복을 위한 공식 사죄 및 배상 촉구 결의안이 국회 본회의를 통과한다.

3. 남겨진 쟁점

'2000년 법정'은 일본인 vs. 조선인 '위안부', 공창제도 vs. 일본군 위안소, 보편적 여성인권 vs. 식민지 지배 책임 등을 둘러싼 이견(異見)이 드러나는 계기가 되기도 했다.[43] 일본 검사단은 일본인 '위안부'에 관해서도 기소했는데, 일본 출신 피해자의 존재를 밝힐 뿐만 아니라 공창 출신 '위안부' 존재를 가시화하겠다는 의도가 있었다고 한다. 한반도를 비롯해 아시아 전역으로 확산되었던 일본의 공창제도가 '위안부' 제도에 주요한 역사적 배경 중 하나로 작동했다고 보았기 때문이다. 그러나 피해국들은 이러한 '연결 지음'에 대해 이의를 제기했다고 한다.[44] 김부자는 '위안부' 제도와 공창제도에 대한 한일 간 상이한 이해가 결국 좁혀지지 못했다고 지적한다(구술자: 김부자, 면담자: 이나영, 2017년 2월). 일본의 공창제도와 위안소 간 관계에 대해서는 여전히 연속과 단절, 공통점과 차이, 특수성과 보편성이라는 차원에서 학자들의 논쟁이 지속되고 있다.

---

42 2008년 3월 다카라즈카 시의회에서 가장 먼저 결의안 채택, 다카라즈카 시의회는 국제사회의 요구를 수용해 일본 정부가 '위안부' 문제에 대한 철저한 진상 규명과 피해자들의 명예 회복을 위한 노력을 다할 것을 촉구. 이어 일본 전역에 걸쳐 이루어진 시민사회와 양심 있는 의원들의 노력 끝에 50개 이상의 지방의회에서 결의가 채택됨.

43 金富子, "女性國際戰犯法廷が乗り越えたものと乗り越えなかったもの", VAWW-NET ジャパン編, 『裁かれた戰時性暴力』, 東京 : 白澤社, 2001, 230-253.

44 金富子, "女性國際戰犯法廷が乗り越えたものと乗り越えなかったもの", VAWW-NET ジャパン編, 『裁かれた戰時性暴力』, 東京 : 白澤社, 2001, 246-248.

보편적 여성인권 대(對) 일제 식민지(지배 책임)의 특수성과 연관된 쟁점도 해소되지 않았다. 상당수의 외국 학자들이 전시 성폭력과 보편적 여성인권 문제로의 전환을 통해 '위안부' 문제가 국제적 공감과 협력을 얻었으며, 이 과정에 '2000년 법정'이 큰 역할을 했다고 평가하는 반면, 생각이 다른 국내 연구자도 꽤 있다. 한편에서는 "인도에 반한 죄"나 "가부장제 하 여성폭력의 보편성" 등으로 '위안부' 문제를 사고하지만, 다른 페미니스트들은 식민지 민족문제의 특수성을 강조하기도 한다. 이러한 긴장은 '2000년 법정'에서도 드러났다.

가령, 오고시와 이게타는(2010, 24) '2000년 법정'을 중심으로 일본 페미니즘과 '위안부' 문제 간 관계를 고찰한 논문 『현대 페미니즘의 윤리학(ethics)(원제: 現代フェミニズムのエシックス)』에서, 법정에 참여한 활동가와 전문가들은 젠더정의 실현을 중요시 해왔다고 평가한다. 여성국제전범법정이 "국경을 넘어 페미니즘의 이론적·실천적 성과를 강력히 제기"했다는 점에서 큰 의미가 있다는 것이다.

그러나 한국의 정진성[45]은 역으로 이를 '2000년 법정'의 한계로 지적하는데, 개인의 법적 책임을 인도에 반한 죄로 한정하거나, 전시 여성인권 침해 문제라는 보편성 획득을 위해 식민지배의 불법성이 강조되지 못했기 때문이다. 그는 "전시 여성에 대한 폭력 문제"에 초점을 두었던 정대협의 국제연대 방식이 국제사회의 관심을 끌고 국제기구와 비정부 조직 간의 연대를 가져왔지만 정작 식민지 지배 책임의 문제는 사상되었다고 지적한다. '2000년 법정' 또한 '위안부'문제를 전시 여성문제로 보는 성격 규정에서 더 나아가지 못했다는 점에서 아쉬움을 토로한다. 당시 북한 측 또한 식민지 문제를 강조했지만 제대로 부각되지 못

---

45 정진성, "'2000년 일본군 성노예 전범 여성국제법정(Women's International War Crimes Tribunal on Japan's Military Sexual Slavery in 2000)'의 배경과 의의." 『여성과사회』 12, 2001.

했으며, 결국 '위안부' 문제의 근본적 원인과 명확한 성격 규명이 제대로 이루어지지 못했다는 것이다.

> 우리가 지금도 반성하는 게, 그때 이 문제를 여성문제 보편성으로 가져가려고, 인권침해, 보편적 인권침해다, 지금도 일어나는 문제다, 이거를 힘을 얻으려고 굉장히 애를 썼으나 사실상 조선에서 간 여성들이 아무리 보수적으로 잡아도 50%는 넘잖아요. 각종 통계가 아무리 일본 사람들이 숫자를 줄이려고 애를 써도 50% 넘는 건 확실해. 그니까 식민지 문제라는 게 굉장히 중요하죠. 우리가 이게 **식민지 맥락이라는 거. 탈식민지, 그 맥락으로 이걸 끌어와야 된다**고. (구술자: 정진성, 면담자: 이나영)

필자는 정진성의 의견에 공감하면서 일본군 성노예제가 지닌 근본적이고도 구조적인 문제 때문에 생긴 한계가 아닌가 생각한다. '여성인권침해,' '전시 성폭력', '식민지 민족(인종)차별', '강제동원과 강제노동' '성노예제' 등 여러 학자가 다각도로 지적해왔던 문제의 속성이 사실은 모두 일본군 성노예제의 단면이기 때문이다. 식민지 지배 책임과 전쟁범죄에 대한 책임(전범 처리)을 바라보는 시각 차이 또한 내적 원인에서 파생되었다기보다 서구 제국주의의 미(未)청산과 지속되는 동아시아 냉전 체제와 관련 있다. 전시 성폭력이 여성인권이라는 프레임 안에서 보편성을 획득하는 사이, 식민지의 역사가 근본적으로 도전받고 있지 못한 것은 여전한 제국주의 헤게모니를 반영하는 것이기도 하다. 전시 성폭력은 보편적 인권 침해의 문제, 식민지배의 불법성은 특수한 문제라는 (보편성/특수성이라는) 이분법적 틀 또한 2000년 법정의 한계라기보다 국제법의 현재적 한계를 방증하는 것이다.

'여성' 정체성을 둘러싼 갈등 또한 '위안부' 문제에 국한된 것이 아니라, 페미니스트 논쟁의 자장에서 지금도 현재 진행형이다. '여성운동' '여성문제'에서 여성은 누구인가, 공통의 경험이란 무엇이며, 단일한 여성 정체성은 가능한가, 인종과 젠더가 분리 불가능하듯 민족과 여성도 분리 불가능한 건 아닌가 등의 질문은 이미 1970년대부터 서구에서도 제기되어 왔고, 교차성 이론 등을 통해 풍부한 논의가 이루어져 왔다. 오히려 운동의 활동가들과 피해자들은 '여성'에 내재한 긴장과 모순을 끊임없이 드러내면서 그 의미를 재구성해왔다고 볼 수 있다.

그러므로 법정 준비 과정과 이후 드러난 '여성 공통의 경험'에 기반한 국제연대의 '불/가능성'에 대한 깨달음, 법정 형식과 구성을 둘러싼 긴장, 공창제도와 성노예제 간 분리 불/가능의 문제, 남성중심의 민족주의 담론에 포섭되지 않으면서도 식민지적 피해의 특수성을 증명해야 하는 딜레마 등은 역설적으로 여성과 민족(인종)이 분리 불가능한 존재이자, 식민지 지배 책임과 가해자 처벌에 대한 요구가 젠더정의 실현과 무관하지 않으며, 식민지와 전쟁, 인종, 젠더, 계층이 교차하는 지점에 일본군 성노예제가 있음을 방증한다. 법적 프로토콜과 충돌하거나 포섭되지 못했던 생존자들의 경험은 기실 다른 성폭력 사건에서도 여성들이 겪는 '일상적' 경험 아닌가. 한국의 일본군 '위안부' 문제 해결 운동은 시작 지점부터 문제의 다면적 속성을 누구보다 잘 간파하면서 화해 불가능한 갈등들이 만들어내는 수많은 암초 사이를 아슬아슬하게 항해했다고 봐야 옳지 않을까.

V. 나가며

일본군 '위안부' 문제 해결 운동은 사회적 낙인과 침묵, 차별의 두꺼운 벽을 뚫고 나온 용기 있는 피해생존자들과 함께 한 대표적 여성인권

운동이다. 특히 1991년 8월 14일, 김학순 할머니의 "내가 살아 있는 증거다!"라는 일성은 가해자의 부인(否認)에 대한 분노였고, 역사적 진실을 조직적으로 말소하려는 시도에 대한 저항이었다. 전시 성폭력이 개인적인 불운이나 예외적 상황에서 우연적으로 발생한 것이 아니라, 성(性) 통제의 역사와 맞물린 정치적이고 구조적인 젠더 부정의의 문제임을 세상에 알린 것이었다. 전쟁 때문에 발생한 것이 아니라, 전쟁 도구로 여성을 조직적으로 '활용'할 수 있는 남성중심사회의 근본적인 모순을 고발한 것이었다. 특정 국가 간에 발생한 과거의 일이 아니라, 지금도 지구촌 곳곳에서 진행 중인 보편적 인권 침해 문제임을 환기한 것이었다. 인권의 보편성, 국제질서의 정상성에 여성의 관점이 부재함을 고발했다. 여전히 깊고도 넓은 제국주의와 식민주의의 그림자를 탈식민 연대를 통해 극복하고자 했다. 무엇보다 용기 있는 증언 이후에도 피해자들에게 지속된 낙인·멸시·비방에 굴하지 않고, 차곡차곡 젠더정의의 의미를 쌓아 온 초국적 여성연대의 역사다. '2000년 법정'은 이 한가운데 있었으며 운동의 역사적 변곡점을 이루는 데 기여했다.

그럼에도 '문제 해결'은 하염없이 지연되고, 왜곡과 부인의 반복적 퇴행이 곳곳에서 벌어지고 있다. 일본 정부는 "일본군이나 관헌에 의한 이른바 강제연행"은 없었다, "'성노예'라는 표현은 사실에 반하는 것이므로 사용해서는 안 된다", 이를 [2015 한일합의 시] "한국 정부도 인정했다" 등의 내용을 일본 외무성 〈외교청서〉에 공식적으로 게재하는 등 노골적 부인과 왜곡, 피해자 비방을 일삼고 있다. '학문의 자유'라는 외피를 입고 역사부정론에 일조하는 국내외 연구자들도 점점 늘어나고 있다. 가해자에게 법적 책임을 귀속시키는 일은 일반적인 성폭력 사건 해결에서도 가장 기본적인 원리다. 그럼에도 진실을 추구하는 이들은 '미래지향적 한일관계의 걸림돌' 혹은 '민족주의자'로 치부되고 있다.

식민주의의 비참하고 탐욕스러운 속박에서 완전히 벗어나지 못한 체

남성중심사회의 올가미에서 여전히 허우적대는 우리가 어떻게 이중삼중의 벽을 돌파하며 새로운 사회와 정치를 상상할 수 있을까. 윤정옥이 그토록 소망했던 "모든 생명체가 평화롭게 사는 세상"이 벼락같이 도래할 수 있을까. 그럼에도 사회의 변화는 불가능할 것 같은 미래를 상상하는 우리 스스로의 급진성과 실천으로 추동되었음을, '정의를 지향한다고 나 자신이 정의 그 자체는 아님'을, 정의와 진실을 추구하는 우리 모두는 한 순간 덜 나쁜 선택을 하고 더 나약한 인간의 손을 잡을 뿐인, 그저 평범하고 모순투성이인 인간임을, 그리고 "단단함은 취약함을 제거하는 것이 아니라 취약함과 더불어 사는 방식임을"[46] 명심하려 한다. 무엇보다 '2000년 법정'의 유산을 잇는 일은 특정 시민단체, 특정 연구자들만의 과제가 아님을 다시 되새기려 한다. '2000년 법정' 20주년의 교훈은 바로 여기에 있다.

---

46   Ahmed, S., 이경미 역, 『페미니스트로 살아가기』, 동녘, 2017, 322.

| 참고문헌 |

강정숙, "일본군성노예제문제와 관련한 남북교류와 북측의 대응: '2000년일본군
　　성노예전범여성국제법정'과 그 전후 움직임을 중심으로", 『여성과역사』
　　24, 2016.

김숨, 『흐르는 편지』, 현대문학, 2018.

김창록 외, "(가칭) 국립 일본군 '위안부' 연구소 및 역사관 건립을 위한 연구 결
　　과보고서", 여성가족부, 미간행, 2018.

김창록, "2000년 여성국제법정의 맥락: 일본군 '위안부' 문제와 '법적 책임'", 서
　　울대 아시아연구소 주최 2020년도 국제심포지엄 『2000년도 여성국제법
　　정의 공공기억과 확산: 식민주의를 넘어서, 미래세대를 향하여』 발표자료
　　집(12월 5일), 2020.

문소정, "일본군 '위안부' 문제와 글로벌 페미니즘의 정치학: 아시아연대회의의
　　일본여성운동을 중심으로", 『동북아문화연구』 39, 2014.

심영희, "최종판결 및 국제회의 보고", 한국정신대문제대책협의회 편, 『2000년 일
　　본군성 노예전범여성국제법정 보고서』, 미간행, 2001.

양미강, "2000년 일본군성노예전범 여성국제법정 준비과정", 『2000년 국제법정
　　보고서』 3-4, 한국정신대문제대책협의회, 2001.

윤미향, "정신대(위안부) 문제 해결운동의 전개과정과 앞으로의 과제", 『정신대
　　자료집 II』, 미간행, 1992.

윤정옥, "개회사". 한국정신대문제대책협의회 편, 『정신대 자료집 9 : 제5차 일본
　　군 '위안부' 문제 아시아연대회의 보고서』 11, 1998.

이나영, "일본군 '위안부' 운동 다시 보기: 문화적 트라우마 극복과 공감된 청중의
　　확산", 『사회와역사』 115, 2017.

이나영, "경계에서 출발해 경계를 넘어: 1990년대 일본군 '위안부' 운동의 초국적
　　연대를 중심으로", 『구술사연구』 9권 2호, 2018.

이효재·이미경 외 참가자 일동, "제2차 아시아연대회의 결의문", 1993. http://

womenandwar.net/kr/%EC%9E%90%EB%A3%8C%EC%8B%A4/
?pageid=6&mod=document&uid=92(2021. 2. 9. 접속).

정진성, "'2000년 일본군 성노예 전범 여성국제법정(Women's International War Crimes Tribunal on Japan's Military Sexual Slavery in 2000)'의 배경과 의의."『여성과사회』12, 2001.

정진성,『일본군 성노예제』, 서울대학교출판부, 2004

정진성,『개정판: 일본군 성노예제』, 서울대학교출판부, 2016.

지은희, "일본군'위안부' 문제 해결을 위한 향후 과제", 한국정신대문제대책협의 회 편,『정신대 자료집 9: 제5차 일본군 '위안부' 문제 아시아연대회의 보 고서』, 1998.

한국정신대문제대책협의회,『2000년 국제법정 보고서』, 미간행, 2001.

한국정신대문제대책협의회,『2008년 정대협 사업방향 및 중점 사업』, 미간행, 2008.

Ahmed, S., 이경미 역,『페미니스트로 살아가기』, 동녘, 2017.

Lee, N. Y., "The Korean Women's Movement of Japanese Military 'Comfort Women': Navigating between Nationalism and Feminism", *The Review of Korean Studies* vol.17(1), 2014.

Son, E. W., *Embodied Reckonings : "Comfort Women," Performance, and Transpacific Redress*. MI, Ann Harbor : University of Michigan Press, 2018.

金富子, "女性國際戰犯法廷が乗り越えたものと乗り越えなかったもの", VAWW-NET ジャパン編,『裁かれた戦時性暴力』, 東京：白澤社, 2001.

金富子, "報告韓國：南北分斷克服への闘い", VAWW-NETジャパン編,『女性 國際戰犯法廷の全記録』, 東京：綠風出版, 2002.

金富子, "女性國際戰犯法廷後の韓國女性運動と日本：フェミニズム,ナショ ナリズム, 植民地主義", 大越愛子・井桁碧編『現代フェミニズムのエ シックス』, 東京：白澤社, 2010.

松井やより, "여성의 인권, 국제운동에서 본 '위안부' 운동의 평가와 행동제안", 한국정신대문제대책협의회 편,『정신대 자료집 9 : 제5차 일본군 '위안부'

문제 아시아연대회의 보고서』, 1998.

岡本有佳, "〈소녀상〉은 어떻게 만들어졌는가", 『'위안부' 문제와 식민지지배 책임』, 삶창, 2016.

池田理子, "'위안부' 문제를 미래로 이어가다: 여성국제전범법정이 제기한 것", 『'위안부' 문제와 미래에 대한 책임』, 2018.

梶村太一郎, "전쟁범죄에 대한 국가의 사죄란 무엇인가". 『'위안부' 문제와 미래에 대한 책임』, 민속원, 2018.

2000년 여성국제전범법정 후의
'위안부' 운동의 변화와 과제

양징자[梁澄子] 일본군 '위안부' 문제 해결 전국행동 공동대표

I. 들어가며

이 글에서는 2007년 이후 일본 내 운동의 변화와 과제에 대해 다루고자 한다. 이 책에서 김부자는 "이처럼 일본과 한국에서 '위안부' 문제나 정대협이 어려운 국면에 처하면서도 그러기에 더욱 문제 해결의 물결이 국제적으로 확산하고 오히려 세계적 기억이 된 역설(paradox)은 '법정' 이후 2000년대 운동에서 특징적인 일이었다"라고 글을 맺었는데, 이러한 '특징'은 현재도 계속되고 있다. 최근에도 독일 베를린에 세워진 '평화의 소녀상'에 대해 일본 정부가 철거를 요청하고 일본 우익들이 항의행동을 전개하는 가운데서도 건전한 국제 여론이 '평화의 소녀상'을 지켜내고 오히려 그 의미가 독일에서 확산되고 있다.

장기간에 걸친 아베 정권과 이를 계승한 스가 정권 아래에서 일본 정부는 '기억의 말살'을 노골적으로 시도하고 있을 뿐만 아니라 역사적 사실까지도 '없던 일'로 만들려는 것처럼 보인다. 게다가 일본에서는 정권 비판 세력인 리버럴파 가운데에도 정대협·정의연을 비롯한 한국의 운동에 대한 오해와 왜곡이 있고 일본군 '위안부' 문제에 대한 복잡한 심

정들이 존재한다. 그것들이 서로 얽혀 글로벌한 기억과 괴리를 낳고 있어 일본군 '위안부' 문제에 관해서는 특히나 갈라파고스화가 진행되었다고 할 수 있다.

2000년대 이후 일본군 '위안부' 문제 해결의 물결이 국제적으로 확산해 글로벌한 기억으로 자리 잡게 된 배경에는 새삼 말할 것도 없이 정대협의 활발한 국제 활동이 있었다. 일본의 운동에서도 정대협 활동의 영향은 대단히 컸으며, 특히 2010년대 들어서는 한일 정부 간 움직임도 생겨났기 때문에 그 영향력이 더욱 커졌다고 할 수 있다. 이 책의 시바요코가 제시한 바와 같이, 일본 운동의 커다란 특징은 가해국의 운동이기 때문에 각 피해국에 대하여 소송지원 등을 통한 지원·연대운동이 90년대 초부터 시작되었다는 점일 테고, 이는 현재도 계속되고 있다. 또한 새삼 언급할 것도 없이 일본군 '위안부' 문제는 한일 문제가 아니라, 아시아 전역에 피해가 걸쳐 있는 문제이다. 따라서 '법정' 이후의 운동도 한국과의 관계에만 국한해서 논하는 경우 어폐를 초래할 가능성도 있지만, 본 고에서는 이 시기의 정대협 운동이 일본 운동에 미친 영향의 크기와 중요성을 고려해 굳이 한일 관계상의 전개에 초점을 맞춰 보고한다는 점을 미리 밝혀둔다. 또 2010년 이후 운동에서 특히 중요한 의미를 가지는 전국적인 조직 결성, 즉 일본군 '위안부' 문제 해결 전국행동(이하 전국행동)의 활동에 중점을 두고 보고할 것이다.

II. 운동의 제3의 물결, 의견서 채택 운동

필자는 일본 내 운동을 크게 촉구한 제1의 물결을 재판 지원 운동, 제2의 물결을 여성국제전범법정('법정') 운동, 제3의 물결을 의견서 채택 운동이라 보고 있다. 90년대에는 각국 피해자가 일본 법원에 제기한 소송에 대한 지원을 중심으로 일본 시민운동이 전개된 측면이 강했다. 이는 샌프란시스코평화조약과 양국 간 조약(한국의 경우, 한일청구권협정)을 통해 법적으로는 모두 해결되었다는 일본 정부의 논거를 일본의 법적 틀 안에서 무너뜨리려는 운동이었고, 피해자의 존재와 증언을 눈앞에 드러내 보임으로써 일본 여론을 환기하는 활동이었다. 재판은 최종적으로 모두 패소가 확정됐으나 재판 과정에서 역사적 사실이 해명되고 법적 이론이 축적되고 일본 법원에서 사실 인정을 얻어낸[1] 점은 의미가 크며, 원고로 참여한 피해자들의 피해 회복 과정이 되었다는 의미에서도 매우 뜻깊은 운동이었다.

한편으로 이 운동은 법원이 위치한 도쿄가 중심이 될 수밖에 없었다.[2] 그래서 90년대 말부터 전개된 여성 국제전범 법정 운동은 더욱 폭넓은 여성들의 적극적 참여를 끌어내었다는 점에서 또 다른 의미를 가지고 있었다. '법정'의 의의를 여기서 다시 서술할 필요는 없겠지만 '위안부' 운동에 대한 일본 시민의 접근이라는 의미에서만 보자면, '법정' 운동은 재판 지원 운동에 직접 참여하지 못한 사람들, 특히 다양한 여성들이 어떤 형태로든 참여 의식을 가질 수 있는 운동으로 전개됨으로써 '위안부' 운동의 저변을 넓혔다고 할 수 있을 것이다.

그리고 제3의 물결로 등장한 의견서 채택 운동은 자신이 거주하는 지역에서 누구나 참여할 수 있는 운동으로 홋카이도[北海道]에서 오키나와[沖繩]까지 일본 전역으로 확산되어갔다. 이 운동을 촉발한 것은 2007년 미국 하원 결의안 채택을 계기로 네덜란드, 캐나다, EU 의회로까지 정대협이 확산시킨 결의안 채택 운동이었다. 이를 알게 된 일본의 한 시

---

1 일본에서 제기된 일본군 성폭력 피해자 재판 10건 중 8건에서 피해자들의 피해 사실이 인정되었고, PTSD 등 전후에 지속된 피해에 대해서도 인정한 사례가 있다.
2 도쿄 이외에서 이루어진 제소는 야마구치[山口]현 시모노세키[下關]지방재판소에 제기된 '관부[關釜]재판' 1건 뿐이다.

민이 자신이 사는 지역 지자체에서도 결의안을 채택할 수 있지 않을까 생각한 실천이 전국으로 확산된 것이다. 2008년 3월 효고[兵庫]현 다카라즈카[宝塚]시에서 시작된 이 운동은 2013년까지 43개 지방의회에서 의견서 채택, 1개 의회에서 결의안 채택이라는 성과를 낳았다. 이들 의견서 및 결의안은 지방의회가 일본 정부를 향해 피해자에게 사죄와 배상, 그리고 진상 규명과 학교교육을 실시하도록 촉구한 것들이다.

그리고 의견서 채택 운동을 통해 처음으로 일본군 '위안부' 문제 해결을 위한 구체적인 활동에 참여한 시민과 90년대부터 재판 지원 및 각국 피해자 지원 운동을 펼쳐온 시민, '법정'에 참여한 시민들이 한자리에 모여 결성한 것이 일본군 '위안부' 문제 해결 전국행동(전국행동)이다. 의견서 채택 운동은 전국적인 네트워크 형성을 끌어냈다는 의미에서도 큰 의미를 지녔다.

전국행동의 결성과 한국 헌법재판소의 결정

전국행동의 결성을 자극한 것은 2009년 9월 민주당으로의 정권 교체였다. 야당 시절에 '전시성적강제피해자문제 해결촉진법안'을 여러 차례 상정한 바 있는 민주당이 집권하자 일본군 '위안부' 문제 해결을 위해 활동해온 일본 시민들은 적잖은 기대를 안게 되었고, 이 기회에 기세를 몰아 입법 해결을 실현하고자 전국에서 활동하던 시민들이 결집한 것이다. 2010년 2월 일본군 '위안부' 문제 해결을 위해 힘써온 전국의 단체, 개인이 함께 모여 결성한 전국행동은 선거구에 맞춰 구획을 설정하고 각지에서 전개했던 의견서 채택 운동의 정보를 교환하면서 일본군 '위안부' 문제의 입법 해결을 목표로 현지 선출 의원들을 움직이기 위한 운동을 중심으로 활동을 시작했다.

민주당 내에는 '미래를 위해 전후 보상을 생각하는 의원연맹(이하 전후

보상의련'이 구성되어 전후 보상 문제를 하나하나 풀어나갈 것처럼 보였다. 그러나 전후보상의련이 3년 사이 실현한 일이라고는 시베리아 억류자에 대한 특별급부금 지급뿐이었고, 이마저도 '일본 국적을 보유한 자'로 한정된 탓에 조선인(한국인), 대만인은 제외되었다. 그리고 야당 시절에 여러 차례 상정됐던 '전시성적강제피해자문제 해결촉진법안'은 끝내 한 번도 제출되지 않았다. 그 이유에 대해 전후보상의련 소속 민주당의원이 "여당은 실현 가능한 법안밖에 제출할 수 없다"라고 한 것은 놀라움과 허무함을 안긴 발언으로 지금도 선명한 기억으로 남아 있다.

정권 교체 초기에 운동단체들이 품었던 기대감은 잦아들고 다시 출구 없는 막다른 골목에 접어드는 듯했던 2011년 8월 30일 한국의 헌법재판소에서 획기적인 결정이 나왔다. 일본군 '위안부' 피해자의 배상청구권이 한일청구권협정 제2조 1항에 따라 소멸했는지에 대한 한일 양국의 해석상 분쟁을 동 협정 제3조가 정하는 절차에 따라 해결하지 않고 있는 한국 정부의 부작위를 위헌이라 판단하는 내용이었다.

실은 일본군 '위안부' 생존자들이 한국 국내에서 헌법소원을 제기했다는 소식을 일본에서도 접하고 있기는 했지만, 구미 국가들에서 결의안 채택을 실현해나가는 정대협의 눈부신 활동에 시선을 빼앗기고 있던 우리에게 이 승소는 청천벽력이었다. 그도 그럴 것이 김복동 생존자는 이 소식을 듣고 "우리도 이길 때가 다 있구나"라고 말씀하셨다고 한다. 20년의 운동 과정에서 그토록 쓰라린 맛을 보아온 생존자들에게도 '의외의' 승리였다는 얘기다.

어쨌거나 해결을 위해 온갖 수단을 강구해온 생존자들과 정대협의 운동 중 하나가 교착돼 있던 상황에 숨통을 터주었다. 사법부의 결정에 따라 한국 정부가 움직이기 시작한 것이다. 이명박 정권은 일본의 민주당 노다 정권에 대해 2011년 9월과 11월에 두 차례 양국간 협의를 제안했다. 일본 정부는 이에 응하지 않았으나 물밑에서는 여러 움직임이 있었다. 전국행동은 전후보상의련 경로를 통해 정권에 대한 요청 활동을 강화했다.

그러나 보도를 통해 흘러나오는 일본 정부의 '해결 방안'은 여전히 '법적으로는 이미 해결된 것'이니 '인도적' 견지에서 해결을 꾀한다는 기존 틀에 머무른 것뿐이었다.

한일 TF와 제12차 아시아연대회의

가해국이면서 피해자에게 '인도적' 견지에서 뭔가 시혜라도 베풀 듯 말하기를 주저치 않는 일본 정부에 다시 한 번 정부가 해야 할 일이 무엇인지, 어떻게 하면 이 문제를 해결할 수 있는지 구체적으로 알릴 필요가 있었다. 또다시 일본 정부 측 '사정'을 밀어붙이는 식으로 '해결 방안'이 일방적으로 제시된다면 재차 피해자에게 상처 입히고 혼란이 야기될 뿐이다.

전국행동과 정대협은 한일 법률가들과 함께 해결 방안을 논의하고자 한일 TF(테스크포스)를 구성했다. 한일 TF는 2012년 7월부터 2013년 8월까지 양국을 번갈아 오가면서 회의를 거듭했다.

한일 TF의 주제는 법적 책임이란 무엇인가, 법적 책임을 다한다는 것은 어떤 것인가였다. 1995년에 출범한 '여성을 위한 아시아평화국민기금'은 '도의적 책임'을 다하겠다며 국민들의 모금을 자금원으로 한 'TSUGUNAI-KIN[償い金]'을 지급했다. 이에 대해 많은 피해자와 지원 단체로부터 '국가의 책임을 모호하게 만드는 것'이란 비판이 일었다. 그리고 '도의적 책임'이 아닌 '법적 책임'을 다해야 한다고 주장해왔다. 그러나 법적 책임의 구체적인 내용이 제시된 일은 없었다. 입법을 통한 해결은 법률이 제정되어 해결안으로 제시된다는 점에서 법적 해결의 한 형태로 여겨졌으나 입법 해결의 가능성은 거의 사라졌다고 할 만한 상황이었다.

한국 정부가 움직이기 시작해서 생긴 기회를 살려 한일 간 해결을 강구하며 그를 돌파구 삼아 아시아 전체 피해자들에게 사죄와 배상을 실현하는 전체적 해결로 이끌어가야 했다. 그러기 위해서 한일 TF의 논의를 정리해 각국의 피해자와 지원자들에게 제시한 후, 그들의 의견을 반영하여 최종적으로 일본 정부에 대한 '제언'을 발표하는 것이 우리의 생각이었다.

한일 TF에서 논의를 계속하던 2012년 12월 일본에서는 자민당이 다시 정권을 탈환했다. 출범한 아베 정권은 일본군 '위안부' 문제의 해결은커녕 '전쟁할 수 있는 나라 만들기'를 하나하나 추진했다.

이런 상황에서 2014년 5월 31일-6월 3일 제12차 아시아연대회의를 일본에서 개최하게 되었다. 일본군 '위안부' 문제를 해결함으로써 평화국가로 나아가야 할 책임이 일본 정부에 있다는 것을 아시아의 목소리로 일본사회에 알리기 위해서였다.

전국행동이 중심이 되어 제12차 아시아연대회의 실행위원회를 조직하고 실행위 안에 '제언작성팀'을 꾸렸는데, 팀에는 한일 TF에 참여한 법률가(오모리 노리코[大森典子], 가와카미 시로[川上詩朗] 등) 외에 역사가(요시미 요시아키[吉見義明], 하야시 히로후미[林博史])도 참여해 일본 정부에 대한 '제언 안'을 작성했다. 이를 영어, 한국어, 중국어로 번역하여 사전에 각국 대표에게 보내고 검토를 요청했다. 그리고 6월 1일 피해자들도 함께한 자리에서 12시간에 걸친 논의 끝에 합의에 도달한 내용이 '일본 정부에 대한 제언'이었다.

일본 정부에 대한 제언

제언은 전문[前文]에서 "피해자가 원하는 해결에서 중요한 요소가 되는 사죄는 누가 어떻게 가해행위를 했는가를 가해국이 정확하게 인식하여 책임을 인정하고 이를 애매하지 않은 명확한 표현으로 국내에서도 국제적으로도 표명하고 그러한 사죄가 진지한 것이라고 믿을 수 있는 후속 조치가 수반할 때 비로소 진정한 사죄로 피해자들이 받아들일 수 있다"라고 지적하였다.

이것이 제언의 핵심이라 할 수 있다.

일본 정부는 1992년 1월 가토 관방장관이 '사과[OWABI, お詫び]와 반성의 뜻'을 표명한 이래 '사과와 반성의 뜻'이라는 정형화된 문구를 몇 번이고 표명해왔다. 그 때문에 일본에서는 "일본은 여러 차례 사죄[SHAZAI, 謝罪]했다"라는 담론이 일반시민 사이에서도 널리 공유되고 있다. 그러나 피해자들에게 사죄로서 전해지지 않고 피해자가 받아들일 수 없는 '사죄'는 진정한 '사죄'라고는 할 수 없다. 그렇다면 진정한 사죄란 무엇인가. 우리는 각국의 피해자들, 그리고 지원자들에게 물었다. 의외일 정도로 똑같은 답변들이 돌아왔다. 우선 사실을 제대로 인정하기를 바란다고 말이다.

피해자들은 '사과와 반성의 뜻'이라는 정형화된 문구를 듣고 싶은 것이 아니라 가해국인 일본 정부가 사실을 어떻게 인식하고 있는지, 어떻게 가해 사실에 대해 사죄하고 있는지 명확히 밝힐 것을 요구하고 있었다.

이에 제언은 다음과 같은 사실을 인정하도록 요구했다.

①일본 정부 및 일본군이 군 시설로 위안소를 입안·설치하고, 관리·통제했다는 점, ②여성들이 본인의 의사에 반해 '위안부·성노예'가 되었고, 위안소 등에서 강제적인 상황에 놓였었다는 점, ③일본군에게 성폭력을 당한 식민지·점령지·일본 여성들의 피해는 각각 다른 양태이며, 또한 그 피해가 막대했고, 현재도 지속되고 있다는 점, ④일본군 '위안부'제도는 당시의 여러 국내법·국제법에 위반되는 중대한 인권 침해

였다는 점.

이는 어디까지나 골자일 뿐 일본 정부가 여기에 살을 붙여 구체적으로 사실을 인정하여 마음을 담아 말한다면 그것은 반드시 피해자의 가슴에 와닿는 사죄가 될 것이라고 풀이했다. 그리고 이러한 사실들의 근거가 되는 자료 53건도 첨부하였다. 이 53건을 참고로 하면 일본군이 위안소 제도에 '관여'한 게 아니라 '주도'했다는 사실, 그것이 당시 일본 국내법과 국제법에 위반하는 불법행위였다는 사실을 분명히 인정할 수 있다고 설명했다. 아울러 고노 담화(일본 정부의 제2차 자료조사 결과 발표) 이후 연구자와 시민이 발굴해온 자료 500건 이상을 제출했다.[3] 그리고 이들 사실에 대하여 책임을 인정하도록 요구했다.

여기서 '법적 책임'이라 하지 않고 단순히 '책임'을 인정하라고 기술한 것을 들어 '정대협이 법적 책임을 포기했다'라는 잘못된 인식이 일부에 유포되었다. 그러나 이는 완전한 오해이자 왜곡이다. 제언이 일본 정부에 대해 인정하도록 요구한 '사실'이 무엇인지 다시금 살펴봐주기 바란다. 이들은 모두가 위법행위다. 당시에도 이미 일본의 국내법과 국제법 모두를 위반하는 행위였다. 일본 정부가 이러한 위법행위들을 구체적으로 언급한 후에 그러한 행위에 대한 책임을 인정한다면 일본 정부는 불법 행위의 책임을 인정한 것이 된다. 법적 책임을 인정한다는 것은 그런 의미라고 풀어서 말한 것이다. 구체적 알맹이 없는 '법적 책임'이라는 문구보다도 내실 있는 실체적 법적 책임의 인정을 요구한 것이다.

2015년 4월에 전국행동과 '일본의 전쟁책임 자료센터'의 공동 주최로 도쿄 국회의원회관에서 개최한 원내 집회에서도 "법적 책임이란 무

3 정부는 제2차 조사 이후 자료수집을 거의 하지 않았으며 그동안 민간이 발굴한 자료에 대해서도 일체 인정하지 않았다. 우리는 500건이 넘는 이 자료들을 정부가 수집하고 '위안부' 관련 공문서로 인정할 것을 요구했으나 결국 정부는 인정하지 않은 채 1년 후에 이를 반환해왔다.

엇인지, 법적 책임을 다한다는 것은 어떤 것인지를 풀이한 것"이라고 우리는 명확하게 설명했다. 당일 배포한 팸플릿 제목도『법적 책임이란 무엇인가』였다. 그 때문에 '정대협이 법적 책임을 포기했다'라고 지레 믿고 회견에 참석한 일본 기자들에게서 "그러면 정대협은 법적 책임 추궁을 포기하지 않은 거군요"라고 확인하는 질문이 나온 것이다.[4]

다시 제언의 내용으로 돌아가자.

제언은 사실을 먼저 올바르게 인식하여 구체적으로 밝힌 후에 "번복할 수 없는 명확하고 공식적인 방식으로 사죄할 것"을 요구했다. 그리고 그 사죄가 진실이라고 피해자들이 믿을 수 있게 하려면 배상, 진상 규명, 재발 방지 조치와 같은 피해 회복 조치가 수반되어야 한다고 설명했다. 재발 방지 조치로는 의무교육과정 교과서에 기술하는 것을 포함한 학교교육과 사회교육의 실시, 추모사업의 실시, 잘못된 역사인식에 기초한 공인의 발언 금지와 그러한 발언에 대한 명확하고도 공식적인 반박 등을 들었다.

이들 피해 회복 조치 가운데 진상 규명과 재발 방지 조치는 당장 이

---

4 이 집회에는 김복동 할머니, 정대협의 윤미향 대표(당시)와 와다 하루키[和田春樹] 씨도 참석하여 발언했다. 와다 하루키 씨는 이 자리에서 "아시아여성기금이 실패했음"을 인정하고 다시 한 번 제언에 따른 해결을 위해 협조할 의지를 표명하겠다고 해서 자리를 함께하게 되었다. 그런데 그는 제언이 '법적' 책임이라고 표현하지 않은 것을 보고 정대협이 법적 해결을 포기했다고 곡해하고 있었던 것이다. 그래서 미리 일본 기자들에게 본인의 '곡해'를 유포해 놓은 상태였다. 그러나 집회에서 윤미향 대표를 비롯한 우리의 발언과 제언에 관한 설명을 듣고 와다 씨는 차마 그 자리에서는 자신이 '곡해'한 내용을 피력하지 못했다. 그러나 그 후 다시 자신의 '곡해'를 유포했다. 집회에 참석한 기자들은 우리의 설명을 듣고 제언이 어디까지나 법적 책임을 다한다는 것의 구체적 의미와 방법을 말한 것이지 정대협의 원칙에는 아무런 변화가 없음을 이해했다. 그 때문에 다음 날 보도는 작게 다뤄졌다. 변화가 없다고 판단했기 때문이다. 그런데 같은 자리에 있던 와다 씨는 막상 그 자리에서는 자신의 '곡해'에 근거한 발언을 삼가면서도 결코 진심으로 이해하려고는 하지 않았다. 그리고 그 후에도 제언 작성자인 우리의 설명을 무시한 채 본인의 입맛대로 '곡해'한 내용이 제언의 내용인 양 유포하고 있다.

뤄질 수 있는 일이 아니어서 시간을 들여 지속적으로 해나가야 할 과제다. 그 때문에 제언 전문은 "'해결'이란 피해 당사자가 받아들일 수 있는 해결책이 제시되었을 때 비로소 그 첫걸음을 내디딜 수 있다"라고 밝혔다. 피해자들에게 불법행위 사실과 그 책임을 인정하면서 공식 사죄·배상하고, 진상 규명과 재발 방지를 약속하고 미래세대에게 그 약속을 지켜나가는 것이 '해결'이라고 풀이한 것이다. '그 첫걸음을 내디뎌'야 하는 날에 일본 정부는 '최종적·불가역적 해결'을 선언해버렸다.

한일 합의 후의 기억·계승 운동

'최종적·불가역적 해결'을 '선언'한 2015년 한일 합의 발표 이후 전국행동은 그 부당성을 알리는 운동을 전개했다. 지금도 홋카이도, 도쿄, 나고야, 오사카, 히로시마 등지에서 한국의 수요시위와 연대하는 수요행동이 정기적으로 개최되고 있으며 거리에서 사람들에게 직접 말을 건네면서 일본 정부의 부당성을 알리는 운동을 꾸준히 계속하고 있다.

그러나 한일 합의 후 일본사회에서는 일본군 '위안부' 문제는 '끝난 문제'라는 인식이 더욱 퍼졌고, 이를 끝내기 싫어하는 것은 한국 측이요, 정대협/정의연을 비롯한 운동 측이라는 담론이 더욱 확산되고 있다. 심지어 피해자를 지원하며 피해자와 함께하는 운동이 피해자의 마음을 홀대하거나 이용하고 있는 것처럼 말하는 경우조차 드물지 않게 되었다. "정의연에게 위안부 문제는 자신들의 존재 기반이다. 그래서 정의연은 일관해서 위안부 문제 해결을 방해해왔다"[5]라는 식이다.

특히 리버럴파 안에는 자신들은 피해자들의 '구제'를 바라며 한일관

---

5 武藤正敏, 「韓國で元慰安婦が支援団体の不正を告發, 反日の土台崩壊を元駐韓大使が解說」, 2020. 5. 16, DIAMOND ONLINE, https://diamond.jp/articles/-/237413

계 개선을 원하는데 한국의 운동단체들이 '정의를 휘두르며' 완강하게 반대하기 때문에 일본군 '위안부' 문제가 '해결'되지 않아 한일관계 개선을 저해하고 있다는 인식이 늘고 있는 것 같다. 아래 『아사히신문』 사설은 리버럴파들의 인식을 잘 보여주고 있다.

"(한일)합의에 대해서도 단체 측은 '외교적 단합'이라 비판하며 한국 여론을 거부에로 방향지었다. 이 흐름을 받아들이는 형식으로 문재인 대통령은 합의에 기초하여 설치된 피해자들을 위한 재단을 일방적으로 해산했다. 문 씨는 '피해자 중심주의'를 거론하며 당사자의 의향을 존중하겠다고 한다. 그러나 재단 해산 이후 그에 대신하는 구체적인 구제책을 제시하지 못했다. 합의에 따른 지원금을 전 위안부의 70%가 수령했다. 대부분이 고뇌와 갈등 끝에 받아들였다고 한다. 과거의 상처를 조금이라도 덜어주는 것이 피해자 중심적 사고방식이 아닌가. 관계자들의 고령화도 고려한다면 이미 구축된 한일 합의 틀을 살린 구제를 서두르는 것이 타당한 길일 것이다."[6]

그들 '양심파'들에게 일본군 '위안부' 피해자들은 여전히 '구제' 대상이며 도와주고 싶은데 그를 방해하는 것은 한국 정부이며 한국의 운동단체들이다. 결과적으로 그들이 바라는 한일우호관계가 이루어지지 않다는 것이다.

한편 일본 정부는 '한일관계 악화'의 책임이 한국 측에 있으며 '약속을 지키지 않은 한국' 때문에 일본이 피해를 보고 있으니 한국이 해결책을 내야 한다고 요구하는 전도된 '피해의식'을 보이기까지 하고 있다. 이러한 파렴치한 태도를 비판하는 목소리가 언론에 실리기를 기대하는 것은 어려운 상황이다.

일본군 '위안부' 문제의 역사적 사실을 배울 기회를 빼앗겨온 일본의

---

6 朝日新聞 社說, 「慰安婦合意,意義を再評価し前進を」, 2020. 9. 18

청소년들은 이제는 일본군 '위안부' 문제 해결 운동의 역사와 실태에 대해서도 왜곡된 정보만을 접하는 상황이 된 것이다. 그러나 주저앉을 수는 없다. 언론이 전하지 않는다면 우리가 직접 말을 건네야 한다.

2017년 6월에 출범한 '희망씨앗기금'은 정의기억재단(현·정의기억연대)에 마련된 '송신도 희망씨앗기금'과 함께 일본 청소년들과 한국 청소년들의 교류를 도모하고 일본 청소년들에게 일본군 '위안부' 문제의 진실을 알리는 활동을 하고 있다. 피해자와 함께 해온 운동의 실상과 일본군 '위안부' 문제의 역사적 사실을 일본 청소년들에게 전하는 기억·계승 운동이다. 이 활동 안에서 건전한 일본 젊은 세대와의 만남, 청소년들 간의 만남이 시작되어 심화되고 있다. 정의연과 공동 주최하는 '희망씨앗기금 청년 기행'을 통해 한국을 찾아 생존자들을 뵙고 한국의 청년들을 만난 일본 청년들은 일본에 돌아온 후 스스로 젊은 세대들에게 일본군 '위안부' 문제를 알리기 위한 활동을 시작하고 있다. 이러한 활동을 함께 하는 한 대학생이 말한다. "전후 최악의 한일관계라는 말이 자꾸 들려오지만 사실 전후 최악인 것은 일본의 역사인식이 아닌가."

그야말로 희망을 실감할 수 있는 운동으로 조금씩 확산되어 가고 있다. 앞으로도 우리는 기억의 봉쇄, 사실의 말소를 꾀하려 하는 일본 정부에 대해 사실을 지울 수도 없고 기억을 봉쇄할 수도 없다는 것을 국제적인 연대의 힘으로 알려 나가야 한다. 그리고 자신의 삶을 걸고 성폭력 근절과 인권이 지켜지는 평화로운 세계의 실현을 호소한 일본군 '위안부' 피해자들의 투쟁을 기억하고 그 뜻을 계승해나가야 한다. 이를 위한 운동을 일본에서 계속해나갈 것이다.

Commentary

Tani Barlow Professor, Department of History, Rice University

Late fall 1999 I arrived Narita Airport in Tokyo to start a visiting professorship at the Institute of Gender Studies, Ochanomizu Women's University. I met Professor Ruri Ito there and through her Kim Puja, Kim Eunshul and other Korean, politically engaged scholars; Hyunah Yang I met earlier in New York. Spring 1997 Chungmoo Choi and a collective of scholars and translators had published "Comfort Women: Colonialism, War, and Sex," positions: east asia cultures critique, volume 5, number 1 and so in 1999 that was the sum of what I knew. Why I'm not sure, but I want to stress that I witnessed the Women's Tribunal by sheer accident. Politically engaged scholars at IGS(Institute for Gender Studies) said they were attending and they took me with them; and this chance encounter altered the way I grasp war, criminal violence, traumatic survival, internationalism in for social justice movements, crimes against humanity, sexually rooted crime exposed to daylight, ambivalence: in slow motion super-detailed, cloudy recollections of the event itself, but more importantly, as the years wore on, knowing its network and activists, scholars, editors, publishers, friends and friends of friends until today. How many times I revisited IGS and Ewha University I do not recall and would not recount if I did. Some stand out. A livid meeting in Seoul where "modern girl" researchers gathered and Korean and Japanese scholars clashed, again, interrupting all speculation about modernity unless it regarded modern, criminal industrialized sexual slavery: another explosive anger unfurled under the ever-present spectre of Japanese imperialism.

Twenty years ago, we hastened to the auditorium through a hidden basement corridor. I believed, as I walked the darkened hallway, that Right-Wing assassins might emerge out of the loud speaker vans that had cordoned off the building's front entrance and, I, almost resisting to believe at that moment, realized that if they could do it they would hurt us and the elderly women who were scheduled to testify that day. Aware of stakes unfolding in potentially deadly predatory activity outside the Tribunal, I did not foresee that inside public grief and sorrow, vaguely unsettling histrionics, fainting, and shouting that in my memory punctuated the proceeding would make my intellectual and political future more difficult to maneuver. It complicated my thinking. Of course, there are heroes. I extravagantly admired Matsui Yayori, who died in 2004 and I subscribed VAWW-NET posts online year in and year out until it discontinued. In later visits to Tokyo I went to the Women's Active Museum of War and Peace and since then I have used their online presence in my teaching, extending Matsui's legacy whenever possible. Twenty years shot by and some memories are gone but the narrow corridor, the old-fashioned seats in the huge auditorium, the décor and demeanor of the stage and witnesses are still urgent in my memory. And yet. The crimes that brought about a Tribunal seem never to end. In spring 2015, at Central Washington State university, my former student, Professor Chong Eun Ahn, a historian, rapid-fire organized a Teach In to combat Japanese Rightists who had used academic "freedom of speech" to secretly schedule a comfort woman denial event at her university. The mid-summer last year, a visiting professor at Shanghai Teacher's College my colleague Professor Dong Limin said let's go and sit with the comfort women and there under a stand of trees was an empty chair, and one with a bronze young woman sitting. I consider it my good fortune to have witnessed the Tribunal but it condemnations remain unacknowledged, manifest crimes are not resolved, our anger must remain unassuageable.

These presentations commemorate two decades and resurrect memories those of us who attended the Tribunal might have lost otherwise; activist scholars again insist that this Tribunal was just the beginning and that much work remains undone. Writing in English during a Covid epidemic in the United States and my own state, Texas in particular, so severe that we are stunned and drifting unmoored, it helps to catch onto details. Kim Puja's careful reconstruction of the political events of Seoul (June, 1999) to

Shanghai (March, 2000), to Manila (July, 2000) and Taipei Conferences in which DPRK and the ROC scholars and diplomats hammered out the conditions for an inter-Korean Prosecutor Group, should be available to scholars outside the Korean speaking world and I request an English version soon. Na-Young Lee makes a point that is going to help readers when these papers are disseminated in English and that is, do not suppose we are talking about nation or women. Lee asks us please to consider the human political activity; what these tasks look like "from the perspective of the Korean women's movement." The perspective of the Korean women's movement is a political construction in which claims and goals are laid out and their perspective and goals are clarified. This, too, is highly significant to feminists globally.

The careful balance of the Tribunal event, which was international and Asia oriented, and domestic or national legal and social reform gets foregrounded in Chang Rok Kim's itinerary tracing the origins of the political movement from May 18, 1990, when Korean women's social movement groups sent the first official letter to the Japanese government demanding redress and then punishment of offenders through lawsuits and statements in 1993, 1994, 1995 and then the Rome Statement of International Criminal Court which forced an invention to address crimes that exceeded the Rome Statement's statute of limitations to 1998 forward. While, of course, it is not surprising that a Tribunal overseeing crimes committed against primarily Korean prostituted and murdered labor would be initiated in Korean social movement, the central fact is the universal. Throughout these papers and particularly in Kim's contribution the universal law lies at the center of not national but international criminal law. The problem we all struggle over is how a universal law can be argued from a place that had until recently been eccentric to the place where universals are made, Europe. Rome is still a place that issues such universal laws but Chang Rok Kim is clear that the crimes are not national crimes, they are violations of universal human rights. Rape and murder are crimes. Rape in wartime is a crime. Crimes must be prosecuted, proven and punished.

This is the position that Mi-Kang Yang lays out for the collection when she argues for a historical agenda. In this strand of the argument we are shown a process. A tribunal event, any justice accounting or trial, begins by establishing that a crime has been committed. She makes a point of detailing nine Asian countries involved, the one thousand people who were in the audience with me, the sixty-four survivors who testified and so on. It was, she argues, the first inter Asian politically progressive, social justice movement. As keen as she is to insist that proofs have to be established her point is that demonstrating the truth of a crime is not sufficient to the task; punishment is necessary to complete the solution to which international criminal law is the instrument. Accountability happens only after the truth of the crime is established. And importantly, although Yang is embroiled in a national or domestic justice movement for criminal law against rape, she argues that history beacons, that when lawyers steeped in crime and punishment from Yugoslavia and Rwanda solidify around a Tribunal to establish responsibility for the murder of enslaved sexual labor, the result is a universal law.

What I loved the most is Hyunah Yang's full argument regarding sexual crimes and jurisprudence. The core argument rests, as good advocacy does, on logic. Rather than accept the conditions of thinking as they are presented to us, Yang claims for us all that because of material conditions (colonialized), because of something established as "coercive conditions," because the enslaved girls and women were not enemy combatants or even targets in a "just war" (which this was not), they were collateral damages and because international law is silent about rape and war violence against women, therefore this project has the hope and the capacity to transform existing law. This is why jurisprudence is the correct pathway to redress injustice. And she pulls together each of these issues and reverse them: the systematic coercion of women in Taiwan and Korea into violent, industrialized raping system, has been proven and it must be named as a "gender violence under coloniality" and never a special condition of anything. It is what it is; it was a new crime and it must have a name and a system of redress. I particularly celebrate this point "Gender Violence based on Coloniality" ought to be enlisted and theorized ⋯ [to] enrich the wartime sexual violence jurisprudence that accommodates the histories of the postcolonial societies - the larger constituents of the globe. Enlightening the 'blindness' of the international law ⋯ [in order to] contribute universally all over the world. I think this reconsideration of what the Tribunal started two decades ago lies here.

'각축의 장'으로서의 2000년 법정: 언어로 천황을 단죄한 용기와 고통

홍윤신 와세다대학 아시아태평양 연구과 특별센터원

Ⅰ. 들어가며 '개입'

필자는 기억을 다루는 영역, 특히 피해자나 그 피해의 기억들을 공유한 집단의 트라우마를 다루는 영역에서 학문과 운동은 분리될 수 없다고 믿는다. 또 그 안에서 생성되는 '지(知)'라는 것은, 비단 어느 한 국가에 머무는 것이 아니라 끊임없이 연동되어 새로운 연대의 장이 될 수 있다는 것을 '위안부' 연구, 구체적으로는 아시아태평양 전쟁 당시 130군데 이상(2021년 현재 146개소)의 '위안소'가 존재한 오키나와 연구와 운동을 통해 배우는 중이다.[1] 그런 의미에서 오늘 이 토론을 다음과 같은 법정의 전제에서 시작하고 싶다.

---

1 오키나와에는 '위안부' 본인의 증언이 아니라, 오키나와전에서 '위안부'를 본 주민이 자신이 본 '위안소'를 기억하는 방식의 운동이 있다. 대표적인 예로 '아리랑비'와 '女たちへ(평화를 사랑하는 사람들에게)'라는 '위안부'를 위한 비석 건립 운동이 있다. (日韓共同 「日本軍慰安所」宮古島調査団 『戰場の宮古島と「慰安所」-12のことばが刻む「女たち」へ』洪玧伸編, なんよう文庫, 2009年 및 박정애, 『함께 쓰는 역사 일본군 '위안부'』, 동북아역사재단, 2020, 108-113을 참조)

"민중법정에서 '법은 시민사회의 도구(法は市民社會の道具 Law is an instrument of civil society)' 즉 그것이 독립적으로 작용하든 혹은 국가들과 연계되어 작용하든 어느 한 정부에 예속된 전유물이 아니라는 이해를 전제로 한다. 따라서 국가들이 정의를 수호할 임무를 수행하지 않을 시에는 시민사회가 나설(介入, step in) 수 있으며 또한 그래야만 한다."[2]

나서고, 개입하고, step in 하는 것. 정의를 수행하기 위한 '개입'. 민중법정의 이러한 전제에 방점을 두고 필자는 2000년 법정의 판결문에서 의의나 한계를 지적하는 입장을 취하지 않으려 한다. 오히려 법정의 판결문을 옆에 놓고, 1부에서 3부까지 발표자의 발제를 첫째, 1990년대라는 시간 축과 일본의 법정에 선 '증언', 둘째, 천황을 단죄한다는 것과 아시아라는 공간적 의미, 셋째, 단죄의 언어를 획득하는 것과 치유의 프로세스라는 세 가지 관점으로 읽어내려 한다. 성찰적 읽기로 필자 자신이 연구와 함께 운동으로 개입할 수 있는 지점과 물음들을 찾아보려 한다.

II. 1990년대라는 시간 축과 일본의 법정에 선 '증언'

시바 요코가 지적했듯 1970년대부터 일본군 '위안부' 문제에 관심을 가진 일본의 활동가들은 가와다 후미코, 센다 가코, 김일면 등의 '위안부' 관련 르포나 인터뷰 등의 저작으로 '위안부' 문제를 만났다. 그러나

---

2   2000년 일본군 성노예 전범 여성국제법정 판결문, 65항. 괄호는 판결문의 일본어 및 영문 표기. 이하 판결문은 다음의 한국어판 판결문을 인용한다. (한국정신대문제대책협의회, 『일본군 성노예 전여성국제법정 판결문 히로히토 유죄』, 2007)

일본 국내에 존재하던 '위안부' 피해자들의 존재를 일본사회에 각인시키는 운동으로는 전개되지 못했다. 일본사회 안에서 공창제로 인해 사회저변의 여성이 되었다가 '위안부' 피해자가 된 일본인 '위안부' 시로타 시즈코(城田すゞ子)의 존재(1971)[3]도, 최초의 '위안부' 생존자로 알려진 오키나와의 배봉기의 존재(1975)[4]도 여론화되는 일은 일어나지 않았다.

1970년대부터 성매매방지법 문제와 일본인 남성의 기생관광 반대 운동에 참여한 매매춘문제 대처모임 등 일본 내 운동가들이 '위안부' 문제를 일본 내에 본격적으로 전하기 시작한 것은 1990년대에 윤정옥과 만나면서부터였다. 김학순의 증언 후 피해자들의 고소 고발이 이어지게 된 이후 일본의 '위안부' 운동은 자연스럽게 기꺼이 한국의 피해자들의 법적 배상 지원 운동이 된다.

공창제 시행의 경험으로 여성을 사고파는 것에 대한 면죄부를 체화한 일본 문화는 일본인 '위안부' 여성을 비가시화했다. 동아시아 냉전 아래서 전후에도 경제적 빈곤을 동시에 껴안은 구 식민지 및 점령지의 여성을 사기 위해 관광을 떠나는 일본 남성들의 무지는, 1990년대 이후 생존자의 '증언'을 부정하기 위한 수단으로 '위안부 = 공창' 언설을 동원하는 것으로 그대로 재현됐고, 일본인 '위안부' 피해자들이 오히려 침묵하게 하는 연쇄고리로 작용했다. 이 점이 박정애가 국제사회에 대한 일본의 위상을 생각하며 보호되어야 할 국민과 그렇지 않은 여성 사이의 분단을 내포하는 발상이 공창제라 지적하고, 이 기만적인 제도가 일본인뿐만 아니라 제국 일본의 법역(法域) 안에 있던 식민지 여성들에 대한 가해 책임을 부정하는 효과적인 '입막음'으로 활용되고 있다고 지적하는 까닭이다.

---

3 城田すゞ子, 『マリヤの賛歌』, 日本基督教団出版局, 1971年.
4 「30年ぶり『自由』を手に, 戦時中, 沖縄に連行の韓国女性 … 不幸な過去を考慮 法務省 特別在留を許可」, 『高知新聞』(1975. 10. 22).

김창록의 분석은 1990년 6월 사회당 모토오카 쇼지(本岡昭次) 참의원의 예산위원회 질의 응답 내용, 즉 일본 정부가 국가책임을 전면 부정하는 시발점에서 시작한다. 김창록이 분석한 것처럼 책임자 처벌이라는 요구사항이 등장하게 되는 문맥은 한국정신대문제대책협의회(이하 '정대협', 1990년 11월 발족)이후다. 일본 정부 차원의 첫 부정 역시 업자 책임과 여성차별이 내포된 것을 알 수 있으며, 사회적인 어려움 속에서 국가책임을 고안하는 초기 정대협의 어려움과 노력을 다시 한 번 되돌아보게한다. 1994년 2월 7일 강덕경 등 피해자 27명이 도쿄지방검찰청에 고소했으나 좌절로 끝났다.

　　이러한 고소 고발을 도운 재판 지원 운동을 양징자는 '일본 내 위안부 운동의 제1의 물결'이라 칭한다. 이 첫 번째 물결은 90년대 한국, 중국, 네덜란드, 필리핀, 대만의 피해자들이 지속적으로 제기한 총10건의 소송이 모두 패소로 확정되는 과정이기도 했다. 양징자는 이중 8건에서 피해 사실이 인정되었고, PTSD 등 전후 지속된 피해가 인정된 사례가 있다는 점을 언급하며, 이러한 재판과 활동가들과의 인간적 교류 등이 피해자들에게는 '치유의 과정'이기도 했다고 말한다. 양징자의 표현에 따르면, 2000년 법정을 지원하는 것이 제2의 물결이고, 의결서 채택 운동이 현재 일본 내 '위안부' 운동의 제3의 물결로, 90년대 부터 '법'을 중심으로 한 법적 해결과 공식 사죄에 집중된 운동이 일본 내에서 전개된 '위안부' 운동이라 할 수 있다. 양징자가 지원활동가의 한 명으로 활동한 송신도 재판의 경우 피해자 송신도의 트라우마를 치유해나가는 과정이 일본 내 재판 지원 운동 안에서 형성되었음은 익히 알려진 사실이기도 하다. 그렇다면 2000년 법정이 담보해낸 성과와 운동과정이 피해자들에게 어떠한 '치유의 과정'으로 작용되었는지 어떻게 논의되어왔는가? 이부분은 2000년 법정이 점령지와 식민지의 '위안부' 피해자뿐만 아니라 일본인 '위안부'의 피해를 가시화했음에도 불구하고, 법정

이후 왜 일본인 '위안부' 문제는 일본사회에서 회자되지 못했으며 일본 내부에서 발신하는 운동으로 계승되지 못했는가라는 물음과도 맞닿아 있다.

한편, 형사소추가 불가능한 상황에서의 범죄자 처벌이 불가능하다는 점과 일본 정부의 반복적인 가해책임 부정은, 한국의 정대협과 피해자들이 국제사회의 지지를 호소하는 원동력이 되었다. 2000년 이후 나비기금이나 세계분쟁지역 여성과의 연대, 기억 계승 차원의 운동들로 이어지고 있다. 이는 이나영이 말한 바처럼 '위안부' 운동이 단계적 발전이라기보다는 국내외의 어려움을 극복하기 위한, 현실적인 벽들과 공격에 대응하는 과정이기도 했다는 점을 다시 한 번 상기하게 한다.

정대협의 전대표였던 정진성과 신혜수는 1990년대부터 유엔의 인권기구와 국제NGO 운동에 참석해왔던 경험을 바탕으로 그동안 어떻게 '위안부' 문제를 통해 젠더정의를 유엔 국제기구들에 요청해왔는지, 또 국제사회가 일본 정부에 문제 해결을 위한 노력을 권고하게 되기까지 정대협의 활동이 어떻게 기여해왔는지 일련의 과정을 체계적으로 소개해 국제사회에서는 '위안부' 문제가 제기된 90년대 초의 이해를 도왔다.

본격적으로 '위안부' 문제가 국제사회에 제기된 90년대 초 구 유고슬라비아(1992-1994)와 르완다(1994) 등 분쟁지역에서 심각한 여성인권 침해가 발생해 젠더정의의 필요성에 관한 경각심이 고조되었다. 이는 '체계적 강간'이라는 문제의식을 법의 논리로 해석하려는 노력으로 이어졌다. 양현아는 바로 이 시기가 유엔 인권 관련 특별보고관 라디카 쿠마라스와미의 '전시 군대 성노예제 문제에 관한 조선민주주의공화국, 대한민국 및 일본 방문 보고서'(1996), 유엔 인권기구 인권소위원회 '전시 조직적 강간, 성노예제 및 그와 유사한 관행' 최종보고관 게이 맥두걸의 최종보고서(1998) 등 '위안소'를 강간수용소(Rape Camp)로, 여성들이 군대에 의해 강제 동원되어 강간, 강제매춘, 성폭력을 당한 성노예 상태

(sexual slavery)에 놓였다는 것을 호명하고 공고히 한 시기와 맞물려 일어났다는 점을 상기한다. 양현아는 법정이 판결을 내릴 시기에 역사상 최초로 강간을 인도에 반하는 범죄로 명시적으로 규정한 쿠니락(Kunirac) 판결, 성폭력을 집단살해(Genocide)로 처벌한 아카예수(Akayesu) 판결 등 기존의 승전국 중심의 국제형사법정이 아닌, 국제인도법의 적용에 의한 상설법정인 국제형사재판소 설립으로 이어지는 법리가 형성되었음을 논하며, '전시 성폭력 법리'의 젠더 의식의 고양이 '위안부' 여성의 존엄성을 회복하기 위해 제안된 2000년 법정의 중요한 축이었다는 점을 입체적으로 보여주었다.

일본과 한국의 증언자와 활동가는 한일 양국만이 아니라 국제적인 네트워크와 NGO 활동에서도 공명했다. 한일의 활동가들은 국제사회에서의 확산과는 대조적으로 피해자들이 일본의 법정에서 제기해온 '법적 해결'과 '진상 규명'운동이 좌절되는 어려움을 연대의 힘으로 극복하고자 했다. 이러한 연대 속에서 마쓰이 야요리는 1994년 패소로 끝난 '위안부' 재판의 원고 강덕경이 그린 '책임자를 처벌하라'라는 그림을 본 것이 2000년 법정을 생각한 원점이라 밝힌 바 있다. 윤정옥도 '세상이 말하는 법정과는 한 차원 높은 차원의 법정을 꿈꿨다'라면서 2000년 법정에 품은 희망을 회상해왔지만, 그 과정은 녹록지 않았다.

험난했던 준비 과정은 아시아 활동가들과 연대해온 양미강의 발표를 통해 상세히 읽을 수 있었다. 양미강은 1990년 정대협 창립 초기부터 2000년 법정이 성사되기까지의 과정에서 보이는 논점들을 '아시아연대회의'를 반추하며 드러냈다. 한국은 1993년 아시아연대회의에서 한국, 북한, 인도네시아, 중국, 대만, 필리핀, 일본 등 7개국이 모인 자리에서 책임자 처벌 문제를 제기했다. 1993년은 남측 여성들이 북을 방문해 '아시아의 평화와 여성의 역할 토론회'를 계승해 여성 중심의 통일운동이 이루어진 해이기도 했다.

그러나 책임자 처벌 문제 포함한 한일 간의 연대는 1997년 바우넷 재팬이 창립되면서 비로소 탄력을 받는다. 실제로 바우넷 재팬의 공동 대표 마쓰이 야요리가 책임자 처벌을 전면에 내세운 2000년 법정을 제안했다. 양미강의 발표에서 소개된 제5차 아시아연대회의 세부사항은 많은 시사점을 준다. 양미강에 의하면 마쓰이 야요리가 '천황이 책임자 라는 점을 분명히 밝혀야 한다'며 2000년 법정의 구상을 제안한 것은 1998년 4월에 서울에서 열린 제5차 아시아 연대회의에서였다. 그러나 당시 일본 내 운동은 소극적이기만 했다. 전후 일본의 사회운동의 한계 '그 중심에는 전후 일본의 천황제가 있다'라는 스즈키 유코(鈴木裕子)의 지적이 양미강의 발표를 통해 상기됐다. 책임자 처벌 문제에 반드시 대면하게 되는 것, 천황의 전쟁책임론을 부각하는 것은 전후 일본의 역사 인식 자체에 메스를 드는 일이기도 했다. 그 때문에 일본의 대부분의 운동단체는 '운동의 고립'을 염려해 2000년 법정에 소극적이라는 것이다. 천황제를 중심에 두고 일본의 전후를 비판적으로 사고하는 스즈키 유코의 지적은 2000년 법정 이후 일본의 '위안부' 운동이 당면한 현실적 어려움들을 생각해볼 때 여전히 시사하는 바가 크다.

이러한 어려움들을 극복하고 도전한 2000년 법정에서 특히 주목할 것은 '남북 코리아 공동 기소장'이다. 냉전 붕괴 후에도 남북 분단이라는 내부의 냉전을 그대로 짊어져온 피해자들의 고통은 2000년 법정에서는 남북 코리아 공동 기소장의 형태로 분단의 벽을 넘었다. 특히 2000년 법정의 개별 기소장을 준비하는 과정에서 그간 '만삭의 위안부' 사진으로 널리 알려져온 사진 속 인물이 북한에 거주하는 박영심이라는 사실이 발굴되기도 했다. 김부자가 말한 대로 '박영심의 기적'이었다. 이는 한국과 일본의 연구자와 운동가의 연대뿐만이 아니라 재일 동포의 가교 역할이 하나가 되어 진행된 2000년 법정 프로세스 안에서 비로소 가시화된 기적이기도 했다. 남북 코리아 공동 기소장도 박영심의 기적도 재일동포 여성들이 자료 발굴 및 인터뷰에 적극적으로 나섰고 남북을 하나로 이어주는 '인간 띠'가 되었다.

이렇게 20세기를 마감하고 새로운 천 년을 여는 시점에서 여성들은 정의 실현의 중심을 책임자 처벌에 두었다. 이는 전시 성폭력의 불처벌 문제를 위안부 가해를 단죄함으로 극복해야 한다는 문제의식이 고양된 1990년대라는 시간 축에서, 국제사회의 공감을 이끌어가는 과정이기도 했지만 한편으로는 여전히 소극적인 일본사회의 한계 속에서 진행된 것이었다.

1부에서 3부의 발표자들은 일본의 실정법으로는 정의 수호 의무를 수행할 여지가 보이지 않는 가운데, 인도적 범죄로서 천황에게 유죄판결을 내리는 새로운 '개입'의 지점을 모색한 법정의 맥락들을 되짚고, 2000년 법정의 한계점도 지적하였다. 동시에 2000년 법정 이후의 당면한 문제들도 90년대라는 시간 축에서 당면했던 과제들을 해결하려는 모색의 과정에서 준비되어갔으며, 그러한 과정은 피해자를 중심으로 이 문제를 해결하기 위한 운동의 끊임없는 성찰의 결과였음도 알 수 있었다. 그럼으로 필자는 법정 이후의 과제들을 이 법정의 가장 핵심이라고 볼 수 있는 '천황 유죄'라는 판결 등의 판결문에 대한 가치 판단이 아니라, 판결에 이르는 과정에서 보이는 물음들에서 찾아보고자 한다. 2000년 법정을 결과물이 아니라 현실과 운동 사이에 존재하는 '각축의 장'으로서 접근할 때 법정의 의의나 과제도 더 선명히 보인다고 생각하기 때문이다.

III. '천황'을 단죄한다는 것, 공간적 의미로서의 아시아성

2000년 12월8일부터 12일까지 가해국 일본에서 열린 2000년 법정에는 대한민국, 조선민주주의인민공화국, 일본, 중국, 대만, 필리핀, 인도네시아, 동티모르, 네덜란드의 총 9개국에서 피해 증언 및 증거를 바탕으로 한 기소장이 제시되었다. 그 중심에 각지에서 법정에 참가한 피해 여성 64명의 '증언'이 있다. 35명의 피해생존자들은 직접 '증언대'에 섰고, 건강이 허락되지 않은 피해 여성들은 영상 증언 및 기소장을 통해 자신의 고통을 말했다. 일본군 성노예 제도의 체계적이고 조직적인 강간의 형태가 점점이 한 사람 한 사람의 여성들의 증언으로 이어져, 아시아라는 공간의 기억으로 '면의 기억'으로 가시화된 순간이었다.

그러나 2000년 법정의 의미를 법정의 판결 자체가 아니라, 정의를 향한 프로세스 자체에 두고, '각축의 장'으로 접근할 때, 국가별 기소장에 수렴된 증언들이 다양한 상황에서 각각의 여성들이 제기한 고통을 표현할 수 있었는가? 하는 물음은 여전히 유효하다.

프로세스 안에 전혀 불가능하게 보였던 성과의 하나가, 김부자가 말한 '박영심의 기적'이라 할 수 있을 것이다. 그러나 동시에 하상숙을 기억해야 한다.

> "일본군에게 '위안부'로 끌려온 마을 우한에 지금도 살고 있는 하상숙(河尙淑) 씨는 '위안소'에서 기미코(君子)로 불렸기 때문에, 중국에서의 민적명이 하군자로 되어 있었다. 그러나 직접 만나 확인해보니 본명인 상숙으로 불리길 바랐다."5

---

5 宋連玉, 「植民地支配の犯罪性と女性國際戰犯法廷」, 『裁かれた戰時性暴力 「日本軍性奴隸制度を裁く女性戰犯法廷」とは何であったか』VAWW-NETジャパン, 白澤社, 2001년, 110. 상숙의 한자는 床淑으로 알려졌으나 이는 피해자가 한자를 익히지 못했기 때문에 생긴 오해로, 이후 송연옥의 추가조사로 尙淑이 본명임이 밝혀졌다. 본문에서는 추가조사의 결과를 반영해 하상숙의 한자 표기를 본명으로 기록해둔다.

하상숙은 2000년 법정을 준비하려고 찾아온 송연옥 등 재일동포 연구자들을 만나면서 비로소 자신의 이름을 찾았다. 하상숙은 전후에도 조국으로 돌아오지 못한 채 중국에 남았으나, 언젠가는 고향 충청도로 돌아갈 수 있다는 희망으로 중국 국적을 취득하지 않았다. 한국과 중국의 국교가 없는 상황에서 자연스럽게 북한 국적을 의미하는 조선적이 된다. 2000년 법정 준비 단계에서 하상숙은 북한 국적을 이유로 공동 기소장의 개별 사례에서 취소되었다가, 재일동포와 일본 조사단의 제안으로 다시 추가됐다. 남북 코리아 증거번호 KR12하상숙은 북한 증인으로 기록되었다.

한편, 일본 측 검사단에게 공창제를 포함한 일본인 '위안부'를 기소장에 포함시킨 과정은 의미 깊었다. 해남도의 사례와 함께 오키나와의 '위안소'가 증거자료로 제출된다. 특히 오키나와에 생존했던 배봉기의 사망을 계기로 '위안소맵'을 만든 다카자토 스즈요 등의 오키나와 여성운동가의 노력으로 완성된 자료는 결정적인 자료가 된다. 이 자료들은 오키나와전을 기억하기 위해 수렴된 오키나와 주민들의 증언자료와 일본군의 진중일지를 바탕으로 작성됐다.[6] 오키나와의 츠지 유곽 여성들이 존재했다는 것이 확실시되는 아하차(安波茶) 마을의 미하라시정(見晴亭) 및 군인회관(軍人會館), 교우츠카(経塚) 마을의 간게츠정(觀月亭)이 증거번호 186으로 법정에 제출되었다.[7] 이들 여성 또한 일본군 '위안부' 제도의 희생자라는 전문가 의견으로 후지메 유키의 의견서가 중요한 역할을 했다. 그러나 법정 기록에서 오키나와라는 공간이 가지는 역사적 문맥이나 특성은 그 어디에서도 찾을 수 없다.

---

6   홍윤신, "오키나와 전장의 여성의 삶과 강간공포 '위안부'를 본 사람들", 『일본군 '위안부' 문제와 과제III 관점과 실태』, 동북아역사재단, 2020, 128-129.
7   2000년 일본군 성노예 전범 여성국제법정 판결문, 248항. (한국어판 판결문의 오키나와 지명 표기의 오기를 정정하여 인용함).

370 |토론문| 제4부 법정의 메시지 심화와 확산

필자는 '대부분이 공창 전력을 가진 많은 일본인 '위안부'의 존재를 가시화하는 것은 이것을 불가시화한 성·민족·계급의 억압 구조를 씻어낼 수 있는 일이기도 하다'라는 후지메 유키의 견해에 전적으로 동의한다.[8] 그러나 아시아태평양전쟁 당시 오키나와에 130군데(2021현재 146개소) 이상 개설된 '위안소' 대부분이 조선인 '위안부'였다는 사실, 소수이긴 하지만 '타이완삐'로 불린 식민지 대만 여성들의 존재가 비가시화된 과정은, 법정 이후에도 성찰해야 할 문제는 아니었을까? 식민통치 자체가 천황제를 정점으로 식민을 차별적으로 처우하는 제도화였고, 공창제 역시 그 연장선에 있기 때문이다. 무엇보다 중요한 것은 오키나와가 일본국으로, 오키나와의 츠지 유곽 여성들이 일본인으로 표기될 때, 천황제 유지의 마지막 방파제로 오키나와전을 경험해야 했던 내부식민지로서의 오키나와의 역사성과 함께 제국 일본이 자행한 국가 안의 타자들에게 행한 폭력성 역시 비가시화됐다는 점이다.

비록 '법정'이라는 형식 안에서 국가 표기가 불가피했다 할지라도, 일본인 '위안부'의 가시화가, 조선인 '위안부'의 비가시화 및 단지 살아남기 위해 일본군에게 협력해야 했던 오키나와의 지역사를 덮고 있다는 사실이, 2000년 법정 이후에도 일본의 운동 내부에서 논의 되지 않았다는 사실은 중요하다. 오키나와가 일본으로 표기된 것이, 식민지주의에 관한 비가시화를 전제로 성립됐다는 점은 적어도 '법정'이라는 심판대 앞에서 '천황'을 위해 '버려진 돌(捨て石)'이 된 오키나와전의 기억의 거세와 함께 상기되어야 할 것이다.

이는 비단 오키나와에 국한되지 않는다. 2000년 법정에서는 일본의 '위안부'의 존재를 가시화하기 위해, 해남도의 사례도 언급되었다. 대만

---

8   藤目ゆき, 「日本人『慰安婦』を不可視にするもの」 『裁かれた戰時性暴力「日本軍性奴隷制度を裁く女性戰犯法廷』とは何であったか』, 앞의 책, 104.

의 검사단이 제출한 루만메이(盧滿妹)의 증언(증거번호 139)은 해남도의 위안소에 몇몇 일본인 '위안부'와 함께 약 30명의 대만인 위안부들이 존재했음을 증언하고 있다.[9] 그러나 일본인 '위안부'와 함께 해남도라는 공간에서의 식민지 대만 여성들이 경험한 상황과 공포는 교차되지 않는다.

이 점에서 양현아가 제기한 식민성(Coloniality) 견지의 문제제기는 중요하다. 양현아는 '위안부' 피해자들이 겪은 범죄의 핵심을 '성노예제도'라 명명하면서도, 법정이 아시아와 조선의 당시 역사적 상황과 이후의 외교적·법적 전개 과정의 역사성이 충분히 수용되었는가라 묻는다. 특히 '식민지적 법의 지배' 안에서 조선인 여성에게 자행된 전시 성폭력에서 일본군과 조선인 여성들이 어떠한 '관계성'을 가지는가라는 양현아의 물음은, 2000년 법정 이후를 운동과 연계하며 연구하고자 할 때 중요한 과제가 될 것이다. 또한 양현아가 제기한 '식민성에 기반하는 젠더 관계'의 탐구가, 성노예제도가 점점의 피해 여성들에게 강제한 '강압적 상황'을 보다 선명하게 그려낼 수 있도록 한다는 것은 의심의 여지가 없다. 그러나 식민성 견지의 문제제기 역시 피해자의 증언을 중심으로 하는 비교분석적 방법론은 여전히 다양한 토론이 필요할 것으로 보인다. 학문과 운동의 관계성이라는 부분을 생각할 때 일본인 '위안부' 존재의 가시화가 의도하지 않았음에도 내부/외부 식민지주의에 대한 비가시화를 전제로 성립되었다는 점에 주의하며 식민성 견지의 접근법을 고찰해볼 필요가 있을 것이다.

다양한 형태로 이루어진 성노예제도의 폭력성은, 그 지역에서 자행된 일본군의 군율이 지역적 특이성을 지니면서도 어떻게 체계적 폭력

---

9   2000년 일본군 성노예 전범 여성국제법정 판결문, 184항. [이하 : 판결문은 다음의 한국어판 판결문 번역을 인용함. 일본군 성노예 전범 여성국제법정 판결문 히로히토 유죄, 한국정신대문제대책협의회, 2007]

으로 기능하였는가의 연구를 통해 더욱 선명한 대항언어를 발견해갈 수 있을 것이다. '조선인이기 때문에' 이동한 각각의 점령지, 식민지 안의 여성들의 경험은 '조선인 여성' 한 사람 한 사람이 위치한 장소로 보는 것에서, 그 곳에 교차하는 다양한 피해 여성들의 상황과 함께 결합되어야 하지 않을까. 장소성으로 다가가면 다양한 지역의 여성들의 경험과 자연스럽게 만나게 되지 않을까 조심스럽게 고민해본다. '위안소' 맵을 조선인이 존재했던 자리로 보는 것에서 나아가, '위안소'를 아시아 각국에 퍼져 있는 조선인 여성들의 '식민지성'을 보여주는 장소이면서 동시에 각 지역 여성들이 경험하는 고통을 '말하게 하는' 아시아성으로 바라볼 수 있는 인식론은 없을까. '위안소' 맵은 조선인이 있었기 때문에 가능한 점이기도 하지만, '위안소'가 설치된 지역의 여성들을 공포로 몰아넣는 '관계성'을 지닌다는 점에서 아시아태평양전쟁의 고통을 상기시킨 장소이자 아시아성을 지니는 것이기 때문이다.

이는 일찍이 양현아가 일본군 '위안부' 문제를 통해 아시아를 새롭게 바라보는 방법론으로서 제기한 '아시아성'과 맥을 같이하는 것이기도 하다. 양현아는 '고통의 연대로서의 아시아' 아래로 부터의 연대가 가능한 아시아'라는 "복합적인 시공간으로서의 아시아"를 제기할 수 있는 중요한 사건으로 일본군 위안부 문제를 접근하여, 인식론적 확장을 꽤한 바 있다.[10] 오늘 양현아가 새롭게 제기한 '식민지성'을 지니는 조선인 여성들의 체험이란, 그가 이미 제기한 '아시아성'과 함께 공간적인 맥락과의 접점을 찾아낼 때 각각의 여성들의 고통을 함께 교차시킬 수 있는 '아시아성'으로 한단계 나아갈 수 있지는 않을까. 양현아의 발표는 역사연구를 바탕으로한 지역연구자인 필자에게도 다양한 각도로 2000년

---

10 양현아 "일본군 '위안부' 문제의 아시아성", 『동아시아 역사 분쟁-갈등의 현장을 찾아 화해의 길을 묻다』, 안청시, 최종호 편, 서울대출판문화원, 2016, 57-70.

법정 이후의 일본군 '위안부' 문제연구의 비전과 운동에 관해 고민해 보게 하는 계기가 되었다.

끝으로 2000년 법정은 '도쿄 재판소(IMTEF)에서 심리되지 않은 일본군의 지역주민 여성에 대한 수많은 집단 강간사건의 일례로서'[11] 필리핀의 마파니크에 관한 사실 인정을 획득했다. 2000년 법정에서 전후 최초로 1944년 11월 23일 마파니크를 공격한 일본군이 총체적인 마을 파괴의 일환으로 100여 명으로 추정되는 여성들을 조직적으로 강간하였으며, 또한 이 기간에 마을을 폭격하고 집들을 약탈하고 불살랐으며, 남자들을 공개적으로 고문 학살하였음이 증거에 의해 밝혀졌다.[12] 2000년 법정에서는 마파니크에서 자행된 강간이 인도에 반하는 죄를 구성한다고 판결했다.[13] 법정 20주년 심포지엄에서 마파니크 집단 강간 사건에 관한 판결을 논하는 발제가 없는 것이 아쉽다. 향후 필리핀 마파니크 대량 강간 사건, 소수민족 및 원주민에 대한 강간 피해 사실을 '위안부' 문제와 함께 다룬 부분 등 2000년 법정이 내포한 다양한 젠더 정의의 시도들이 논의되고 확장되길 기대해본다.

개인적으로는 2000년 판결에서 마파니크는 1)구 유고 국제형사재판소 등의 일보 진전된 국제법적 판결들도 다양하게 반영해 전시 강간이 인도에 반하는 죄를 구성한다고 판결했다는 점, 2)그럼에도 불구하고 2000년 법정의 죄형법정주의에 입각해 천황 히로히토의 책임 자체는 그가 마파니크의 공격 계획을 알고 있었는지의 인지와 관여가 입증되지 않았기 때문에 기각되었다는 점,[13] 3) 끝으로 '위안부' 제도의 안

---

11 2000년 일본군 성노예 전범 여성국제법정 판결문, 24항.
12 2000년 일본군 성노예 전범 여성국제법정 판결문, 668항. 한국어 판결문에는 12월 23일로 표기되어 있으나, 영문판과 일어판 판결문과 비교한 후 바로잡아 인용한다.
13 2000년 일본군 성노예 전범 여성국제법정 판결문, 679항.

밖에서 행해진 범죄에서 왜 피해자 들의 증언이 신빙성 있게 받아들여야 하는가의 구체적 증거로써 마파니크 강간 사건이 언급되고 있다는 점이 의미가 있다고 생각한다.[15]

다시 말해 마파니크는 전시 강간까지 2000년 법정의 판결 범위를 확장하면서도 헌장에 따라 죄형법정주의에 의거해 해당판결자체는 기각됨으로써, 천황 유죄 판결의 프로세스의 신빙성을 높혔다. '성노예제'에 대한 천황 유죄판결의 신빙성은 이 프로세스 안에서 더욱더 공고해졌다. 또한 당시 필리핀에 일본군 '위안소'가 존재함에도 '위안소' 제도 밖 마파니크 지역에서 집단적이고 체계적인 강간이 이루어졌다는 것은 일본군의 침략과 동시에 성노예 시설이 사실상 모든 지역에 존재했고, 강간이 자주 발생했던 것은 이를 일본군이 인지하고 있었기 때문이었다는 점을 분명히 했다. 2000년 법정은 마파니크 사건의 예를 통해 위와 같은 인식을 법의 언어로 명문화해 인도에 반하는 죄로서 천황에게 유죄판결을 내린 것이다. 즉, 마파니크는 '성노예제도'와 '전시 강간'의 접점을 법의 언어로 제시하고 보편적 젠더정의로 제기하는 데 중요한 역할을 한 사례로 읽힌다. 나아가 도쿄 재판에서 기소조차 되지 않았던 성노예제 및 전시 강간에 대한 침묵을, 일본뿐만 아니라 도쿄 재판에 관여한 판사단의 책임으로까지 확대한 사례이기도 하다. 2000년 법정의 한계를 '마파니크는 언급했으나 식민지 조선은 언급하지 않았다'라는 아쉬움으로 토로하는 언설이 있다. 그러나 이는 다른 방식의 표현과 고찰이 필요할 것이다.

14 2000년 일본군 성노예 전범 여성국제법정 판결문, 875항.
15 2000년 일본군 성노예 전범 여성국제법정 판결문, 777항.

Ⅳ. 단죄의 언어를 획득하는 것과 치유의 프로세스

"50년이 걸렸습니다. 우리에게는 말하는 것이 불가능했습니다. 그리고 나서 남한 '위안부' 여성이 최초로 목소리를 내었고, 그것을 나는 텔레비전으로 보았습니다. 또한 보스니아에서 다시 여성들이 강간당했습니다. 나는 이것은 50년 전에 일어났던 것만이 아니라고 생각했습니다. 그것은 전쟁 중에 또 일어납니다."[16]

전후 유일하게 1948년 일본군 성노예 관련 범죄를 기소하고 관련자를 처벌한 바타비아(현재의 자카르타) 재판이 있었음에도, 얀 러프-오헨 (Jan Ruff O'Herne)은 김학순 증언 이전 자신의 피해를 설명할 언어를 가지지 못했다. 2000년 법정에서 얀 러프-오헨은 90년도라는 시간 축에서, 김학순의 용기 있는 고발과 보스니아의 내전에서 일어난 강간의 참상이 자신에게 증언을 결심하게 했노라 증언했다.

왜 각각 다른 역사적 배경과, 인종, 제국의 질서, 처우가 달랐음에도 불구하고 김학순이 '증언'이 있기까지 이 여성들이 침묵해야 했는가. 무엇이 그녀들을 법적 구속력이 없는 민중 법정에 모이게 했는가. 2000년 법정의 판결에는 살아 있는 '위안부'뿐만 아니라 망자가 된 '위안부' 증언자들에 관한 문제의식이 곳곳에 녹아 있다. 생자와 망자의 정의를 향한 개입은 단수일 수 없다. 2000년 법정은 아시아 각국 여성들이 한자리에 모여, 고통받은 몸과 언어의 힘으로, '인도에 반하는 죄'라는 언어를 획득하고, 최고책임자 천황을 향해 유죄판결을 내린 여성법정이었다.

이와 같은 프로세스들은 양현아가 말한 대로 '가보지 않은 길'이었으며, '전대미문'의 사건으로 단 한 번도 심판받지 못한 불처벌의 역사

16 일본군 성노예 전범 여성국제법정 판결문 히로히토 유죄, 앞의 책, 213.

에 도전한 새로운 형태의 민중법정으로 수렴된 것이었다. 이는 정진성의 '2000년 법정이 90년대의 운동의 발전과 다른 한편에서는 해결의 좌절이라는 모순 속에서 이루어 진 것이다'라는 표현과도 맞닿아 있다. 이 과정은 이나영의 표현대로 '평범하고 모순투성이'인 나약한 인간이, '정의 그 자체가' 아닐지언정 급진성과 실천을 두려워하지 않으며 더 나아가 더 나약한 인간의 손을 맞잡으려 한, 더 나은 미래를 위한 선택, 즉 프로세스였음이 강조되어야 할 것이다. 그 선택 안에서 채 교차되지 못한 복수의 위안부들의 고통은 20주년을 반추하는 오늘의 이 자리처럼 또 다른 방식의 성찰로, 새로운 운동과 지(知)로, 한걸음 더 나아갈 것을 믿는다.

| 참고문헌 |

박정애, 『함께 쓰는 역사 일본군 '위안부'』, 동북아역사재단, 2020.

한국정신대문제대책협의회, 『일본군 성노예 전여성국제법정 판결문 히로히토 유
　　　죄』, 2007.

양현아, "일본군 '위안부' 문제의 아시아성", 『동아시아 역사 분쟁-갈등의 현장을
　　　찾아 화해의 길을 묻다』, 안청시, 최종호 편, 서울대출판문화원, 2016.

홍윤신, "오키나와 전장의 여성의 삶과 강간공포 '위안부'를 본 사람들", 『일본군
　　　'위안부' 문제와 과제 Ⅲ 관점과 실태』, 2020.

日韓共同, 「日本軍慰安所」宮古島調査団, 『戰場の宮古島と「慰安所」-12の
　　　ことばが刻む「女たち」へ』, 洪玧伸編, なんよう文庫, 2009年.

『裁かれた戰時性暴力, 「日本軍性奴隷制度を裁く女性戰犯法廷」とは何であっ
　　　たか』, VAWW-NET Japan(バウネット・ジャーパン), 白澤社, 2001年.

城田すず子, 『マリヤの賛歌』, 日本基督教団出版局, 1971年.

『日本軍性奴隷制を裁くー2000年女性國際戰犯法廷の記録第6卷　女性國際戰
　　　犯法廷の全記録Ⅱ』, VAWW-NET Japan(バウネット・ジャーパン), 綠
　　　風出版, 2002年.

宋連玉, 「植民地支配の犯罪性と女性國際戰犯法廷」, 『裁かれた戰時性暴力
　　　「日本軍性奴隷制度を裁く女性戰犯法廷」とは何であったか』, VAWW-
　　　NETジャーパン, 白澤社, 2001年.

藤目ゆき, 「日本人『慰安婦』を不可視にするもの」, 『裁かれた戰時性暴力「日本
　　　軍性奴隷制度を裁く女性戰犯法廷」とは何であったか』, 앞의 책.

2000년 법정이 기록한 것, 이룩한 것, 남긴 것

남기정 서울대학교 일본연구소

   이 토론은 2020년에 2000년을 기억하는 일, 기록과 함께 기억하고, 재현하고, 재창조하는 일의 의미를 짚은 양미강의 발제, 2000년 법정에 이르는 움직임/운동을 1970년부터 다루고 있는 시바 요코의 발제, 그리고 2000년 법정 결성 배경과 논의구조의 국제적 측면을 조명하고, 2000년 법정의 초국적성이 지니는 함정을 지적하는 정진성의 발제에 대해 이루어지는 것이다.

I. 다섯 가지 주제어

   세 사람은 2000년 법정의 의의가 가해자 문제를 전면에서 제기했다는 점에 의의를 발견하면서도, 다음과 같은 점에서 문제와 한계를 지적하고 있다. 각각 주제어는 '아시아', '남북 공동대응', '민간법정', '해결주체', '운동'이다.

첫째, '아시아' 연대의 의의와 한계, 그리고 현재적 함의의 문제다.

양미강이 지적하듯, 2000년 법정은 5차에 걸친 아시아연대회의의 성과다. 일본의 직접적 침략과 식민화의 경험을 공유하는 '아시아' 지역의 '민중(여성)' 연대에서 출발했다는 점에서, 히로히토 '천황'을 비롯한 책임자 처벌의 요구가 전면화되고 공유되었으며, 일본 측도 이를 수용할 수밖에 없었을 것으로 생각된다. 정진성의 지적처럼 "문제의 최고 책임자인 일왕을 피해가는 것은 법정의 의미를 심각하게 축소시킨다고 하는 한국 측의 강한 주장이 결국 국제적인 동의를 얻어냈다"(정진성, 105). 이 목표는 실현되어 역사상 처음으로 히로히토가 범죄자로 지목되었으며, 이는 최대의 성과로 기록된다.

그러나 이는 결과적으로는 정작 일본사회에서 이 문제가 광범위하게 공유되기 어려운 환경을 만들었다. 문제 해결을 위해 무엇보다도 일본 민중 측의 전폭적인 지원(시바)이 필요했음에도, 아직은 이를 확인하지 못하고 있는 것이 현실이다. 전후 일본의 평화주의를 수용하고 수호하려는 사람들을 '일본 민중'이라고 표현했다면 이들은 '천황'의 '성단'에 의한 종전의 신화를 어느 정도 수용하고 있는 사람들이다. 이러한 신화는 연합국에 의한 일본 점령 시기, 미국과 일본의 지배자들의 담합을 배경으로 만들어진 것으로 일본의 점령 관리에서 배제된 아시아의 문제가 여기에 나타나고 있다고 할 수 있다.

이후 냉전 상황에서 아시아는 점령당국인 미국과 일본이 공동으로 관리할 지역이 되었다. 천황에 의한 평화라는 신화를 혁파하는 것은 거의 혁명이나 다름없는데, 이를 2000년 법정의 성과의 결과, '아시아여성연대'가 짊어지게 된 것이다. 그 결과, 다소 극언을 하자면 '천황' 타도를 명확한 목표로 하는 일본의 '전위'들과 연대하여, 일본에 혁명을 일으키지 않는 이상, 2000년 법정의 이상은 실현되기 어려운 구조가 되었다. 이점이 '아시아'가 지니는 가능성이면서 동시에 '아시아'가 지니는 한계라고 생각된다. 여기에서 하나의 의문이 생긴다. '아시아'는 위안부 문제의 보편적 환기를 위해서 극복해야 할 대상인가, 아니면 거꾸로 온전히 수용해야 할 대상인가?

한편, 시바는 이 문제의 기원에 '매매춘 문제에 대처하는 모임'이 있었음을 짚고 있다. 시바는 1970년대 일본 남성의 성매수 관광에 대한 대만의 문제제기, 성매수 관광의 행선지가 1972년 중일 국교정상화 이후 한국으로 이동했다는 사실, 이에 대한 일본 측의 문제제기와 한국 측의 호응이 있었다는 사실 등을 지적했다. 이어 1988년 올림픽을 계기로 성매수 관광이 더욱 기승을 부릴 것을 예상하고 이에 제동을 거는 운동이 전개되는 과정에서 운동의 중심인 다카하시 기쿠와 윤정옥의 만남이 복선으로 깔려 있었다는 사실을 확인해주고 있다(본문 시바 요코 논문, 48-51).

이는 매우 중요한 사실을 시사하고 있다. 대만과 한국의 여성, 그리고 일본 남성의 문제는 식민지의 문제, 여성/남성의 문제, 개발독재의 문제, 자본과 함께 이동하는 남성의 문제를 제기하기 때문이다. 70년대 반독재민주화운동과 개발독재 하의 여성 문제가 80년대 반미자주화운동과 기지촌 여성 문제와 만나서, 식민지 문제의 불철저한 처리와 그 재생산 속에서 억압당하는 여성의 상징으로서 위안부 문제가 제기되었다고 이해할 수 있기 때문이다. 위안부 문제에 대한 관심의 고조에 1992년 10월 동두천 기지촌에서 발생한 '윤금이 사건'이 미친 영향도 크다고 생각된다. 여기에서도 이 구조가 보인다.

여기에서 식민지 문제로서 '위안부' 문제가 드리운 아시아적 범위가 드러난다. 즉, '위안부' 문제의 아시아성을 확인할 수 있다. 그것은 또한 지구적 냉전체제를 배경으로 재생산되는 문제로서 전쟁의 문제이기도 하다. 제2차 세계대전 이후 전쟁은 아시아에 집중되었다. 그것은 대부분 '식민지' 문제에 기원을 두고 있었다. '아시아의 여성'과 '아시아의 전쟁'이라는 키워드가 여기에서 발견된다.

한편, 1970년에서 1990년까지는 이른바 민중과 민중연대의 시대였다. '개인'과 '국가'를 매개하는 '민중'에 대해 다시 고민해볼 문제라 생각된다. 이와 관련하여 한 가지 간단한 질문이 있다. 이 시기 '개인'과 '국가'의 문제에 대해 깊이 고민했던 운동이 베트남 반전 시민운동인 '베헤렌' 운동이다. '베헤렌'은 아시아 민중과의 연대에 대해서도 성찰을 시도하고 있었다. '대처하는 모임'은 '베헤렌'의 흐름과 연관성이 있는가. 또 대처하는 모임은 2018년에 해산했다(시바 요코, 51)고 하는데, 그 이유는 무엇인지 궁금하다.

둘째, '한국과 조선'의 통일운동으로서 2000년 법정의 의의와 문제점이다.
'남북 공동의 대응' 노력은 운동의 목표가 가해자 처벌과 진상 규명인가 배/보상 실현인가의 문제, 또 그 핵심이 식민지 경험인가 전시하 여성 성폭력 문제인가라는 점을 제기한다. 그것은 또한 보편과 특수의 문제이기도 하다.

먼저 남과 북의 의견차에서 오는 문제다. 북은 북일수교를 앞두고 있는 상황에서 일본의 국가적 책임을 강조한 반면, 한국은 피해자 증거에 근거한 기소 형식을 강조했다. 당시 북은 북일수교 교섭 재개 움직임이 있던 상황이었다. 남북공동검사단은 1993년 남측의 여성들이 북을 방문한 '아시아의 평화와 여성의 역할 토론회'를 계승한 것으로, 여성 중심의 통일운동이 이루어진 셈이었다(본문 양미강 논문, 40). 그러나 여기에서도 통일의 실현은 균열의 확인기도 했다. 나아가 이를 어떻게 극복할 것인가의 문제를 제기한다. 한편, 1993년은 아직 1988년에 개시된 한반도 화해 협력의 기운이 남아 있던 상황이며, 남북공동선언으로 그 결실이 맺어진 2000년은 1998년의 한일공동선언에서 2002년의 북일공동선언에 이르는 한반도-일본의 화해 프로세스의 한가운데였다. 그런 의미에서 남북 당사자 간의 화해 협력도 위안부 문제의 진전과 후퇴에 변수가 되고 있었음을 알 수 있다. 이와 관련해서는 '국제실행위원회'가 상하이와 타이베이를 거쳤다고 하는데, 당시 이 문제를 둘러싼 양안관계도 참고사항으로 궁금하다.

또 재일교포 문제도 여기에서 간과할 수 없다. 양미강은 일본 캠페인이 재일교포 단체를 중심으로 이루어졌다고 지적했다(양미강, 38). 남북공동검사단의 활동과 연계된 재일교포 단체 가운데 민단과 총련의 협력관계는 이루어졌는지 궁금하다.

한편, 한국과 북한이 공동전선을 구축하는 과정에서 '1965년 체제'의 문제는 조심스럽게 회피된 것 같다. 일본의 문제를 지적하는 데 1965년 체제의 한계는 무엇보다도 중요한 문제다. 그러나 일본과 북한이 미수교 상태라는 점, 또한 북한이 1965년 체제를 인정하고 있지 않다는 점이 미묘하게 영향을 미친 것 같다. 세 사람은 발제에서 1965년 체제의 존재에 대해 중심 쟁점으로 다루고 있지는 않다. 더불어 샌프란시스코 평화조약에 대한 언급이 적다는 사실도 문제로 생각된다. 이는 남북한 공동 대응이라는 점에 원인이 있다고 보는데, 향후 남북 공동의 대응을 모색하는 과정에서 논의가 필요한 주제라 생각된다.

그 대신, '남북의 공동 대응'이 한반도의 특수 상황을 너무 두드러지게 할 우려가 고려된 듯하다. 그것이 다양한 아시아의 목소리를 수용하려는 노력으로 나타났다. 여기에서 정진성이 지적하는 '식민성'의 희석의 문제가 발원되는 것으로 생각된다. 이는 향후 아시아 속에서 남북의 화해 협력을 추진할 때 참조사항이 될 수 있다.

셋째, '민간'법정이 지니는 의의와 그것이 남긴 문제다.

2000년 법정은 민간법정(민중법정)이라는 큰 틀이, 한국위원회 법률위원회 간사로 있던 조시현이 제시한 러셀 법정을 참고 사례로 만들어졌다. 이에 대해 양미강은 민간법정이 실제 법정의 효과를 내려면 세 가지

요건이 필요했다고 해서 1) 증거를 통한 사실 규명, 2) 형사재판의 형식, 3) 국제적 권위를 인정받는 국제법 학자와 연구자들로 구성되는 판사단 등을 고려했다고 정리했다(양미강. 29). 여기에서 문제가 되었던 것은 내용과 형식의 균형이다.

2000년 법정의 기본적인 문제는 어느 정도의 형식성을 갖출 것인가의 문제였다(본문 정진성 논문. 104). 정진성이 지적한 바와 같이 엄격한 형식성은 권위를 부여하지만 현재 국제법의 한계 안에서 수습될 수밖에 없으며, 양심의 메시지를 전달하는 열린 법정은 국제법의 새로운 방향을 제시할 수 있으나 권위가 폄하되는 문제가 있었다. 정진성은 형식성과 개방성을 동시에 살린다는 엉거주춤한 자세로 출발했던 것이 차츰 형식성 쪽으로 기울어진 원인이 되었다고 평가했다. 그것이 이후 전개에 영향을 미쳤을 수 있다.

러셀 법정은 종료 후에도 러셀법정계속위원회가 파리에 국제정보센터를 설치하고 활동을 지속한 결과, 1968년 파리에서 베트남에 대한 잔학행위규탄집회 등을 개최했다. 1970년 3월에는 베트남에 관한 스톡홀름회의에서 '국제전쟁범죄조사위원회'가 설치되었고, '신국제법정'으로 활동을 계속했다. 그 활동에 영향을 받아서 세계 각국에서 법률가 회의가 조직되어 광범위한 반전운동에 연계되었다. 일본에서도 1967년 8월 도쿄 법정이 개최되기도 했다. 법정에서는 2차에 걸쳐 현지조사·보고, 주일 미군기지 실태조사 등을 실시하여 미국 정부의 범죄가 인정되고, 일본 정부를 공범으로 하여 유죄판결을 내리는 성과를 올리기도 했다.[1] 일본에서 운동이 고양되었던 것은 베트남전쟁 종식에 어느 정도 기여한 것으로 평가된다. 이와 관련해서, 예컨대 아시아연대회의는

1 　前田朗, 「國際法を市民の手に」, MDS 홈페이지, http://www.mdsweb.jp/doc/839/0839_06m.html

2000년 법정 이후 구체적 문제 해결을 위해 어떤 활동을 지속했는지 궁금하며, 후속 기구를 설치하기 위한 노력이 있었는지 궁금하다.

한편, 러셀 법정 시기, 일본에는 베헤렌 활동으로 반전운동의 폭이 확대되던 시기이기도 했다. 이러한 운동이 2000년 시점에 어떤 상황이었는지 평가가 필요한 것 같다.

넷째, '문제 해결'의 주체로서, '개인'·'민중'·'국가'의 문제다.

이 문제는 주로 시바의 발제에서 제기되는 문제다. 이는 또한 1995년 무라야마 내각에서 실시된 아시아평화여성기금의 문제이기도 하다. 시바는 '쓰구나이킨'(위로금), '오와비'(사과) 등의 표현을 구사하며, '정부 책임의 회피'라는 문제를 드러내려 한다(시바 요코, 70). '쓰구나이킨'은 단지 명칭의 문제가 아니라, 정부로서의 책임을 면하려는 꼼수라는 비판에 대해 동의한다. 문제는 아시아평화여성기금으로 인한 일본 운동 측에 균열이 생겼다는 지적이다. 여기에서 국가의 책임을 묻기 위한 '국가'주의의 문제가 등장한다. 민중·개인·국민으로서의 책임의 문제다. 시바는 기금의 추진자들이 열심인 나머지 사리에 안 맞는 방향으로 나가버렸다고 비판하고, 절실한 피해자들의 목소리가 전달되지 않는 문제가 발생했다고 지적했다(시바 요코, 76). 일본의 'PEOPLE'이 국민으로서의 책임을 회피하고 이를 민중적, 개인적 책임으로 돌렸다는 비판이다. 이에 대해서도 동의한다.

그럼에도 아시아평화여성기금을 적대시하고 이를 운동의 정통에서 배제한 것에 대해서는 의문을 가진다. 기금의 추진자들이 주장하는 단계론과 접합할 수 있는 부분은 없었는지 아쉽다. 토론자가 이해하기로는 기금의 추진자들은 '국가책임'의 흔적을 남겨두려고 했던 것으로 이해한다. 그 방법으로 개인이 국가를 뛰어넘는 '베헤렌'의 정신이 동원되었던 것으로 이해되기도 했다. 이는 일본 '시민운동'의 특징이기도 하다.

일본의 개인들이 국가의 책임을 전적으로 수용하는 국민이 되어야 이 문제가 해결되는 것인지도 의문이다. 어떻게 보면 일본에서 위안부 문제에서 가장 전위적인 활동가들은 국가에 적대적이다. 반면, 기금의 추진자들이 오히려 '국민'적이다. 역사를 마주하는 개인의 책임, 민중의 책임, 국가의 책임은 여전히 이 문제를 해결하는 데 큰 쟁점이 되고 있다.

더불어, 기금 반대론자들은 운동의 역량과 단계를 고려한 기금 추진자들을 꼭 적대시했어야 하는가, 기금 추진자들은 위안부 운동에서 교정 또는 배제의 대상이어야 하는가 의문이다. 현단계 수준의 해결을 이후 운동의 출발점으로 삼을 수는 없었을까 생각해 본다. 지금이라도 추진론자와 반대론자가 화해할 가능성은 있는가?

2015년 합의 이후에도 한국의 운동에 연대하는 일본의 운동에 대해서는 무한의 경의를 보낸다. 그럼에도 전폭적인 신뢰를 보내기에는 어려움이 있다. 그 '실력'이 의심되기 때문이다. 현실에 균열을 일으키는 '실력'에 의문을 품기 때문이다.

기금을 거부한 위안부와 수령한 위안부의 문제와 관련해서도, 베헤렌 운동을 상기해본다. 인트래피드의 4인과 이후의 탈영병들의 차이의 문제다. 즉, 목적의식적 반전 탈영병과 몰정치적 일반 탈영병의 구분의 문제다. 이는 건전한 의식과 건강한 욕망을 구분하는 문제이기도 하다. 요코스카에 정박한 미 항모 인트래피드에서 네 명의 반전 병사가 탈영한 이후, 베헤렌이 주로 마주한 실물로서의 탈영병들은 삶에 대한 욕망덩어리의 존재들이었다. 베헤렌 활동가들은 처음에 이러한 현실에 당혹해 했지만, 삶에 대한 욕망이야말로 탈영의 이유이며, 탈영이야말로 국가를 해체하는 길이라 생각하며, 그들을 수용하고 도왔다. 이 관계를 여기에 적용시키는 것은 잘못된 것인가?

또한 이와 관련하여, 대만에서는 '기금'을 수령한 사람과 그렇지 않은 사람 사이에 균열이 일지는 않았다고 한다(시바 요코, 73). 수령한 사람이 대만 선주민족이었기 때문에 그랬다고 분석하여 이에 납득한다면, 이는 선주민족과 지배민족/국민/내셔널리즘의 문제를 날카롭게 제기하고 있는 내용이라 생각된다. 민족문제, 식민주의의 논의가 선주민족을 배제하고 있는 것은 아닌지 돌아볼 필요가 있다. 한국과 대만의 비교가 필요한 주제다.

다섯째, '운동'과 현실의 간극, '운동'과 정치의 긴장관계가 남긴 문제다.

세 발제자의 2000년 법정의 평가는 거의 '운동'으로서의 성과를 논하고 있다. 운동으로는 눈부신 '성과'임에 틀림없다. 그러나 그것이 현실을 얼마나 바꾸어놓았는가를 성찰하면, 겸손해질 필요가 있다. 이를 정진성은 운동의 발전과 해결의 좌절이라는 모순으로 표현하였다(정진성, 93). 애초에 현실 변혁에 목표가 없었다고 한다면, 그래도 성공이라고 할 수 있을 것이다. 운동은 결과가 없어도 운동 그 자체의 지속성이 성과라고 할 수 있다. 그러나 운동의 궁극적 목표가 현실의 변혁에 있다면, 평가의 기준은 달라져야 할 것이다. 운동은 의도를 따지지만, 정치는 결과를 따진다. 운동과 정치는 긴장관계에 있어야 하는데, 이 관계를 끊는 순간 운동은 교조주의로, 정치는 형식주의로 전락하게 된다. '좋다'는 사실만으로 '옳다'고 믿는 태도(홉하우스, E. H. 카의 20년의 위기에서 재인용)도, '있다'는 사실만으로 '옳다'고 믿는 태도도 이상이 현실로 내려오는 사다리에는 장애물이다.

이상을 실현하여 변혁을 이루기 위해 정치공학에 관심을 갖는 '민중적 현실주의'[2] (좌익 현실주의)가 필요하다. 이에 무관심할 때, 정치공학은 현상을 유지하여 변혁을 거부하는 '반동적 현실주의'(우익 현실주의)의 전유물이 된다. 그리하여 "현재 일본에서는 '위안부' 문제에 대한 열기는

---

2 리영희 서거 10주년 기념 심포지엄(2020. 11. 6)의 토론에서 이태호가 제기한 개념.

사라지고 역사수정주의자의 목소리가 상당히 커졌다(시바 요코, 86)." 순수한 희생만으로 변혁은 완성되지 않는다는 것, 아니 변혁의 입구를 열기조차 어렵다는 것을 고민해야 할 시점이다.

이와 관련하여, 문제 해결이 "여전히 우리의 과제"라는 시바의 마지막 문장은 비장하기만 하다(시바 요코, 87). 이 말을 이끌어가는 문맥으로 보아, 생존자의 목소리를 전해나가는 것이 위안부 문제의 해결이기에 이는 여전히 우리의 과제로 남는 것이고, 그 의미에서 달라질 건 없다는 말로도 들린다. 양미강은 지금이 "온전히 피해생존자들을 위한 시간과 운동이 필요한 시점."이라며, "너무 조급하게 운동적 논리를 내세우기보다 머리를 맞대고 전후좌우 공감대를 형성하면서 할 일을 고민해야 할 시간"이라고 하여, 운동적 논리에서 잠시 벗어나볼 것을 결론에서 주장하고 있다(양미강, 46). 한편, 정진성은 아시아의 여성인권과 평화에 대한 기여가 2000년 법정이 남긴 '탈식민'의 과제를 극복하는 길이라고 하여, 이를 위해 "정부와 시민사회의 지혜가 모여야 한다"고 맺고 있다(정진성, 113). 정치와 운동의 긴장관계를 회복하자는 결론으로 들린다.

II. 2000년 법정의 운동의 성과를 마무리하기 위하여

2000년 법정 운동은 이후 2011년 8월, 위안부 문제 해결에 정부의 부작위가 위헌이라는 헌법재판소의 판단을 끌어냈고, 그것이 도화선이 되어 정부의 대일 협상이 시작되었다. 그 결과가 2015년 합의였다는 점에서 운동은 그 한계를 지적하고 극복하는 방향으로 새로운 운동을 전개하기 시작했다. 2015년 합의 이후 운동이 더 커진 측면은 있지만, 시간의 흐름은 운동 측보다는 반동 측에 유리한 구도가 전개되고 있다. 그 파기나 재협상도 오히려 반동에게 기회를 줄 수 있으며, 그 이후의 운동에 확실한 전망도 서 있지 않는다는 점을 '정직하게' 수용할 필요가 있다.

그렇다면 2015년 합의를 전유(appropriation)하는 것이 선택지의 하나로 존재할 수 있다. 이는 2015년 합의를 공학적으로 해부해서 활용하는 데서 출발할 수 있다. 2015년 합의에는 운동의 성과도 일부 포함되어 있기에, 박근혜 정부와 아베 정부에 빼앗긴 운동의 성과를 되찾아 올 필요가 있다. 상대방의 무게를 이용해서 역습하는 격투기의 원리와 같다.

이를 위해 2015년 합의를 공학적으로 분해하고, 그 내용과 구조를 다시 이해해 보고자 한다.[3] 먼저 2015년 합의의 이행에서 한국의 이행은 일본의 이행이 전제조건이라는 점을 확인할 수 있다. 내각총리대신의 사죄와 반성 표명은 일본군 관여 사실을 인정한 위에 일본 정부의 책임을 통감한 데 따른 것이며, 일본 정부의 금전적 조치는 이를 확인하는 행동이다. 그럼에도 합의 직후, 이를 부인하는 일본 정부의 행동이 합의 정신에 위배하는 것이다. 이것이 현재 '2015년 합의'가 '사문화'되고 있는 일차적 원인이다.

합의의 일본 발표 내용 가운데 중심은, 한국이 재단을 설립하고 일본이 10억 엔을 거출하며, 일본과 한국 양국이 협력하여 피해자 명예와 존엄 회복, 상처 치유의 사업을 행하기로 한 것이다. 즉, 10억 엔 거출과 전달 만으로는 일본의 책임 이행이 완료되지 않는다. 이를 고려하면 2015년 합의는 프로세스에 대한 합의로, 문제 해결을 위한 로드맵을 공유하고 함께 노력하자는 것이 그 내용이다. 합의 내용에 입각해 일본 정부의 성실한 협조가 필요한 것이 '사문화'된 합의의 '소생'을 위한 필요조건이다. 즉, 일본 정부의 이행 의무가 10억 엔을 거출하는 것이 아니라, 피해자 명예와 존엄 회복, 상처 치유 사업의 실시에 있다는 점이 합

3 　이하, 지난 11월 14일, 정대협 30주년 기념 심포지엄에서 발표한 내용을 편집한 것임.

의 당사자인 한국과 일본 정부 사이에서 분명히 공유되어야 한다.

　우리 정부가 10억 엔을 정부예산으로 충당하고 그 사용을 위해 일본과 협의하겠다는 것은 재협상을 하겠다는 것이 아니라, 10억 엔의 의미를 확인하겠다는 것이다. 일본 정부의 예산 조치가 일본 정부의 가해 사실 및 책임 인정, 공식 사과와 함께 이루어지는 것일 때, 피해자들은 이를 수용 가능하기 때문이다. 합의 직후 일본 정부는 이 금전적 조치가 '배상이 아니라' 못 박고, 피해자들에게 사죄 편지를 보낼 생각이 '털끝만큼도 없다'고 하여, 위의 방식을 일본 스스로 부인한 바 있다. 따라서 2015년 합의 사문화의 책임은 일본에 귀착된다. 일본의 성의 있는 자발적 조치가 있다면, 46억 원 집행분을 추인하고, 일본과 협력하여 61억 원을 재원으로 하는 새로운 사업을 시작할 수 있을 것이다. 이에는 피해자 중심 접근의 원칙에 입각하여 피해자의 명예와 존엄의 회복, 상처 치유를 위한 제반 사업이 포함될 수 있다.

　한국 정부가 일본 정부에 요청하는 '행동'은 '진실 인정, 진심을 다한 사죄, 재발 방지 노력'이다. 그런데 이는 '추가조치'가 아니라 '필요조치'로서, 합의의 외부에서 추가적으로 요청하는 것이 아니라, 합의를 이행하는 과정에서 필요한 조치다.

　'최종적 불가역적 해결'과 관련해서는 해당 문장의 시제에 주목할 필요가 있다. 1965년 협정이 해결된 것이 된다는 것을 확인한다[解決されたこととなることを確認する]고 되어 있는 것과 대비해, 2015 합의는 해결될 것임을 확인한다[解決されることを確認する]고 되어 있다. 이는 2015 합의가 프로세스에 대한 합의였음을 의미한다. 그런 의미에서 2015 합의는 로드맵의 의미를 지닌다. 즉, 일본 정부가 '앞서 표명한 조치를 착실히 실시한다는 것을 전제로' 언젠가 해결될 것임을 확인한 것이다.

　일본 정부가 실시할 조치란, '모든 전(前) 위안부들의 마음의 상처를 치유하는 조치'이며, 구체적으로는 '모든 전 위안부들의 명예와 존엄의

회복 및 마음의 상처 치유를 위한 사업을 행하기로 한' 것이다. 다시 강조하지만 10억 엔의 전달 만으로 일본이 약속을 이행했다고 할 수 없다. 또한 '해결될'의 주어가 '이 문제'라는 점을 확인할 필요가 있다. '이 문제'는 기시다 외상이 밝힌 제1항에서 언급한 '위안부 문제'이며, 이는 '당시 군의 관여 하에 다수의 여성의 명예와 존엄에 깊은 상처를 입힌 문제'다. 따라서 '이 문제'에는 소녀상의 문제와 국제사회에서의 비난 비판 자제의 문제가 포함되지 않으며, 이 두 문제는 2015 합의에서 해결되어야 할 '이 문제'의 외부에 존재하고 있다.

그런 의미에서 일본이 '1밀리미터도 옮길 수 없다'는 것은 합의에 대한 몰이해(또는 자의적 해석)에 더해 한국 정부의 입장에 대한 몰이해가 확인되는 말이며, 이것이 만일 일본이 취해야 할 '필요조치'에 대한 거부라고 한다면, 이것이 오히려 합의 위반이다. 반면, 한국 정부에 대해서만 합의 실시를 요구하는 것 또한 합의에 대한 자의적 해석(또는 과잉해석)에서 나오는 행동이다. 2018년 1월 9일, 고노 외상은 한국 정부에 '합의 이행'을 촉구하고, '추가 조치' 수용 거부 입장을 확인하면서도, "일본의 합의 이행은 다 한 것으로 생각하느냐"는 질문에 대해 "우리도 이행할 것이며, 한국 측에게도 이행을 요구하겠다"라고 대답한 바 있다. '추가 조치'가 아닌 '필요 조치'는 진행 중이며, 앞으로도 일본 정부가 할 일이 남아 있다는 점을 인정한 발언이라고 할 수 있다. 결국 일본이 '필요조치'를 취하지 않을 경우 합의는 최종적으로 사문화될 것이며, 그 책임은 일본에 있다.

III. 2015년 합의를 되찾아오기 위하여

무엇보다도, 합의에서 확인된 일본의 가해 사실 인정과 진정어린 사과, 그리고 법적 책임의 완수 만이 사문화된 합의를 소생시킬 수 있는 유일한 길이다. 따라서 '공은 일본에 있다'.

일본의 책임 있는 사람(스가 총리, 또는 아이보시 대사)이 위안부 기림비를 방문하여, 고노 담화에서 확인한 바의 가해 사실을 인정하고 2015년 합의에 입각해 일본 총리대신의 사과를 확인할 필요가 있다. 아베 내각에 이어, 2015년 합의를 일본 정부의 입장에서 계승한다는 입장 발표가 필요하다. 즉, 내각총리대신으로서 사과한다는 문구를 스가 총리의 육성으로 확인해야 한다. 2015년 합의는 아베 내각총리대신이 주어로 되어 있어, 개인의 입장 표명에 불과하다. "아베 내각총리대신은, 일본국 내각총리대신으로서 다시 한 번 위안부로서 많은 고통을 겪고 심신에 걸쳐 치유하기 어려운 상처를 입은 모든 분들에 대해 마음으로부터 사죄와 반성의 마음을 표명함"이라는 부분이다.

나아가 2015년 합의에서 확인한 10억 엔은, 고노 담화에서 일본 정부가 인정한 대로 일본군에 의한 전시 여성인권 침해 사실을 인정하고, 이에 일본 정부가 책임을 지고 사과하는 마음의 징표로서 일본의 예산 조치로 거출하여 전달하는 '사죄금'이라는 사실을 확인할 필요가 있다. 그럼으로써 10억 엔이 합의에서 확인한 대로 피해자의 명예 회복과 상처치유를 위해 사용된다는 사실이 확인된다. 여기에서 피해/생존자 없는 시대를 대비한 피해자 중심 접근의 원칙이 구현되어야 한다. 10억 엔의 잔여금과 성평등기금으로 '여성인권평화재단(가칭)' 설립 요구를 반영하여, '진상 규명과 연구 교육, 기억 계승'을 위한 시설을 라키비움의 형태로 설립하여, 국제사회와 미래로 열린 해결의 거점을 마련하는 것이다.

이상의 일본 측 노력을 전제로, 2015년 합의의 결함이 보완되어 그 한계가 극복되었음이 확인될 때, '평화의 소녀상'은 위에 언급한 라키비움 형태의 시설/기구로 이전할 수 있다. 그럼으로써 '평화의 소녀상'은 일본의 진정어린 사죄와 법적 책임을 요구하는 수요집회의 상징이었다는 점이 계승된다. 이후 수요집회는 위의 시설/기구에서 평화의 소녀상을 둘러싼 수요행사(이용수 학교, 세미나, 간담회, 증언 낭독회 등)로 전환되어 실시될 수 있다.

이 시설/기구는 일본의 연구자, 활동가를 포함해서 국제적인 네트워크 속에서 운영될 필요가 있다. 재단을 국제사회에 '전시 성폭력'의 '기억 계승'과 '재발 방지를 위한 교육'의 장으로 제공하여, 전시 성폭력과 관련한 아시아의 여성 관련 국제 레짐을 주도하는 기구로 발전시킨다.

상하이에서의 남북 공동조사단의 공동 기소를 위한 회의에서 윤정옥 정대협 공동대표는 다음과 같이 발언했다. "일본의 국가와 히로히토를 위시해서 개인들을 기소하는 이 재판을 통해서 사회 공익을 다시 회복하는 것을 꿈꾸고 그렇게 함으로써 우리나라의 가장 큰 피해자라고 생각되는 우리 할머니들의 인권 회복을 하게 되는 이 기회를 참 고맙게 생각해요. 이 기회를 통해서 특히 우리가 남북이 정식으로 통일을 해서 기소장 하나를 낼 수 있다는 게 얼마나 역사에 남을 감사한 일인지 모른다고 생각합니다."

민중적 현실주의에 입각해서 '당연히 있어야 할 것(당위)'을 '실제로 존재하는 것(현실)'으로 만드는 일은 아직 미완이다. 2000년대 법정을 이끌어 가해자들에 대한 기소장을 역사에 남긴 세대가 그 정신을 계승해서 마무리해야 할 일이다.

2000년 법정의 의의와
남겨진 과제

김선화 서울중앙지방법원 판사

1. 들어가며

국제형사법적 관점에서 일본군 '위안부' 범죄의 법적 구성을 어떻게 해야 할 것인가의 문제는 2000년 일본군 성노예 전범 여성국제법정(이하 '2000년 법정'이라 한다)에서부터 모색되어 왔다. 2000년 법정의 남북 공동기소단은 일본천왕과 조선군사령관을 비롯한 7명의 개인과 일본 정부를 피고로 하여 전쟁범죄와 인도에 반하는 범죄에 대한 개인 형사책임과 국가책임을 물었으나, 판사단은 일본의 조선 지배의 법적 성격이나 위안부 범죄가 전쟁범죄인지에 대한 판단은 유보하고, 이를 인도에 반하는 죄로 처벌할 수 있다고 판시하면서 "인도에 반하는 죄는 위법행위의 상대방이 자국민인가 식민지인인가를 불문하고 모든 사람에 대하여 적용되고, 이러한 원칙은 교전국이 자국민에 대하여 행한 인도에 반하는 죄에도 적용되므로 일본은 국제 위법행위가 식민지인과 자국민 중 어느 쪽에 행하여졌는가에 상관없이 그 책임을 면할 수 없다"라고 하였다.[1] 이를 통해 일본군 '위안부' 범죄를 '인도에 반하는 죄'라는 국제형사법 체계의 틀에서 조명할 수 있다는 점이 명확해지기는 하였으나, 동시에 일본군 '위안부' 문제의 핵심을 구성하는 일본의 조선에 대한 지배 및 식민지 여성에 대한 성노예 범죄의 법적 성격을 어떻게 구성할 수 있을 것인지는 여전히 공백으로 남게 되었다. 일본군의 조선인 위안부에 대한 집단적 강간이 적국에 속하는 구성원에 대한 강간이 아닌, 식민지라는 특수한 형태로 일본 내부로 편입된 조선, 즉 같은 집단에 소속된 여성들에 대한 공격이었다는 것은 위안부 범죄의 법적 성격을 한층 더 복잡하게 만드는 지점이다. 이는 특히 일본군 '위안부' 범죄를 전쟁범죄로 볼 수 있는가와 관련해서 문제된다. 무력충돌의 존재를 근거로 한 적과 나의 구별이 전쟁범죄의 기본적인 전제이기 때문에 군인이 자신과 같은 집단에 속한 다른 구성원에 대하여 범한 범죄는 전쟁범죄를 구성하지 않는다는 것이 종래의 통설이었다. 그러나 최근에는 무력충돌 상황에서 여성, 소년 등 특히 취약한 집단에 대해서는 피해자의 소속이나 피해자와 가해자의 관계에 대하여 제한을 두지 말아야 한다는 견해가 제기되고 있다. ICC의 은타간다(Ntaganda) 사건에서는 피고인을 같은 집단에 소속된 소년병들에 대한 강간과 성노예화의 전쟁범죄로 처벌할 수 있는지 여부가 직접적인 쟁점이 되었고, ICC는 로마규정 제8조 전반의 체계에 따른 해석과 제네바협약 및 국제인도법상의 판결례 등을 상세하게 검토하여 같은 집단에 속한 가해자로부터 성적 폭력을 당한 피해자들을 법의 보호에서 배제할 수 없고 이러한 경우에도 전쟁범죄의 구성요건이 충족될 수 있다고 판시하였다. 이러한 은타간다 사건의 판시는 가해자와 피해자가 형식적으로는 같은 집단에 소속되어 있었던 위안부 범죄의 법적 성격을 어떻게 규정해야 할 것인지와 관련

1　The Women's International War Crimes Tribunal for the Trial of Japan's Military Sexual Slavery, Case No. PT-2000-1-T, The Prosecutors and the Peoples of the Asia-Pacific Region v. Hirohito et al., Judgement, 4 Dec. 2001(이하 '2000년 법정 판결문'이라 한다), para 912.

해서도 많은 시사점을 남긴다.

2. 일본군 '위안부' 범죄의 법적 성격과 식민성

일본군의 조선인 '위안부' 동원은 전례가 없는 민간인의 광범위하고 조직적인 동원으로서 위안소는 일본군의 조직체계 및 군사작전과 필수불가결하게 결부되어 전쟁 수행방안의 하나로 정책적으로 이용되었다. '위안부'들의 동원이 유괴나 납치 등 가시적이고 물리적인 협의의 강제력뿐만 아니라 사회 전체적으로 체계화된 법과 제도적 시스템에 의하여 광범위하고 집단적으로 이루어질 수 있었던 핵심적인 요인은 다름 아닌 조선이 일본의 식민지라는 사실에서 기인한다. 조선과 일본의 식민지 관계는 조선인 위안부들의 피해와 상흔을 더욱 심각하게 만들었지만, 역설적으로 위안부 범죄를 국제형사법적 틀에서 어떻게 구성해야 할 것인지에 관한 난점을 야기하였다.

2000년 법정에서 남한과 북한이 공동으로 작성한 공소장은 일본군 '위안부'에 대한 범죄를 시기별로 고찰하여 그 구체적 행위의 유형별로 다시 전쟁범죄와 인도에 반하는 죄의 세부유형으로 나누어 기소한 반면, 국제검사단은 이를 인도에 반하는 죄로만 기소하였고,[2] 판사단 역시 전쟁범죄 성립 여부에 관한 판단은 생략한 채 이를 인도에 반하는 죄로 구성하였다. 이에 따라 2000년 법정은 일본의 행위가 성노예와 강간의 죄로서 여성에 대한 폭력이었음을 부각시키는 데 성공하였으나, 일본군 점령지역에서의 전시 성폭력 문제와는 달리 한국의 경우 전쟁범죄의 법리로 풀지 않고 인도에 반하는 죄로 바라본 것은 식민지

2　장완익, "2000년 일본군성노예전범 여성국제법정에서 남북공동 기소장이 갖는 의의", 『일본군'위안부'문제에 대한 법적 해결의 전망』, 한국정신대문제대책협의회 2000년 일본군성노예전범 여성국제법정 한국위원회 법률위원회, 2001, 330-331.

배와 식민지 범죄에 대하여 침묵했던 당시 국제법의 현실을 반영한 것으로 '차선의 법적용'이었다고 평가되기도 한다.[3] 전통적인 국제형사법의 틀에서 일본군 '위안부' 범죄를 전쟁범죄로 구성하는 데 가장 큰 법리적 장애는 피해자의 적국성이 인정되는지 여부이다. 전쟁범죄는 나와 적의 구별을 근거로 적국에 속한 구성원들에 대한 폭력 및 비인도적 행위를 규율하는 상호주의적 전제를 기초로 관념되고 있었고, 그러한 관점에서 일본의 식민지였던 조선 여성들에 대한 일본군의 강간행위가 적국에 속하는 여성들에 대한 강간인지에 대한 의문이 있기 때문이다. 이 문제를 규명하려면 필연적으로 일본의 조선 지배의 법적 성격, 즉 식민지배의 문제에 직면할 수밖에 없다. 일본군 '위안부' 문제가 대두되기 전 한국 사학계의 지배적인 견해는 1910년 일본의 한국 병합이 병합조약에 의해 정당화될 수 없는 불법이고, 을사늑약을 비롯한 이후의 한일 조약들이 모두 강박에 의해 체결되어 무효라는 것이었다.[4] 그러나 일본의 식민지 지배의 법적 성격에 대한 견해가 모두 이와 같이 일치하는 것은 아니다. 일본의 다수 의견은 일본의 합법적인 식민지 지배를 인정하고 있고, 스위스 제네바의 국제법률가위원회(International Commission of Justice, 이하 'ICJ'라 한다)가 임명한 연구자들은 1994년에 작성한 보고서 '끝나지 않은 시련'(an unfinished ordeal)에서 이에 대하여, 한국이 당시 일본의 식민지(colony)였기 때문에 점령지 혹은 적국에 적용되는 1907년 헤이그 육전의 법규 및 관례에 관한 협약은 일본과 조선인의 관계에 적용되지 않는다고 하였다. 왜냐하면 위 협약은 일본의 점령지나 일본 내 조

---

3 조시현, "일본군 '위안부' 문제에 있어서 역사와 법적 책임", 『민주법학』 제45, 2011, 99-100.

4 이태진, "일본의 대한제국 국권 침탈과 조약 강제-한국병합 불성립을 논함", 동북아의 평화를 위한 바른역사정립기획단, 『한일역사관련 국제법논문선집』, 2006, 3면; 백충현, "일본의 한국병합에 대한 국제법적 고찰", 이태진 외 5인, 『한국병합의 불법성 연구』, 서울대학교 출판부, 2004, 207 등.

선인들과 같은 교전국 내의 거주자들에 대한 보호를 규율하지 않고(they do not regulate the protection of the belligerents' own inhabitants, as in the case of the Koreans), 당시의 국제공법은 정부가 자국에 소속된 시민들을 어떻게 다루어야 할지에 관한 아무런 규율을 포함하지 않았기에 이는 국내 문제로서 전적으로 일본 국내법에 맡겨졌다고 하고 있다(public international law in the humanitarian filed in those days did not contain any rule stating how governments had to deal with their own citizens. This issue was completely left to domestic law).[5] 그러나 동시에 위 보고서는 일본이 위안부 여성들을 유괴하고 강간한 행위와 관련하여, 필리핀인 위안부와 조선인 위안부 모두에 대하여 전쟁범죄와 인도에 반하는 죄가 성립한다고 하고 있는데,[6] 식민지 관계에 있던 조선인 위안부에 대해서도 전쟁범죄가 성립할 수 있는 이론적 근거에 대해서는 명확히 밝히고 있지 않다.

유엔에서 일본군 '위안부' 문제를 다룬 특별보고관들도 한국이 일본의 식민지였다는 역사적 사실이 위안부 범죄 성립에 어떤 영향을 미치는지에 관하여 고민하였다. 쿠마라스와미 특별보고관은 보고서에서 위안부 범죄에 대한 북한과 남한, 일본의 입장을 차례로 정리한 다음 일본의 입장을 반박하고 있다. 특히 북한은 일본의 한반도 합병은 합법적 수단에 의해 이루어진 것이 아니고, 한반도에 일본이 주둔한 것은 군사적인 점령상태에 해당하기 때문에 일본이 조선 여성들을 위안부로 강압적으로 동원한 것은 점령지에서 민간인에 대하여 자행한 범죄로서 국제인도법을 위반한 범죄라고 하였고, 위안부에 대한 성노예화 행위는 특정한 국가의 민족적, 인종적, 종교적 집단을 파괴하기 위한 의도로 이루어진 것으로서 집단적 삶의 조건에 위해를 가하여 당해 집단을 물리

---

5 Ustinia Dolgopol and Snehal Paranjape, Comfort Women: an Unfinished Ordeal, International Commissions of Jurists, Geneva(1994), 161.

6 Ustinia Dolgopol and Snehal Paranjape, 앞의 글, 170.

적으로 파괴하고 집단 내에서 출산 방지, 즉 강제적 불임을 의도하는 조치들을 부과한 것인데 이는 곧 인종말살 협약에 따른 인종말살 범죄의 구성요건에 해당한다는 견해를 피력하였다.[7] 반면 남한 정부의 입장은 일본군의 조선 점령 문제로부터 파생된 요구사항들이 두 정부 간의 외교관계를 '정상화하는' 1965년의 한일청구권협정에 의하여 해결되었다는 것인데, 이에 대하여 쿠마라스와미 특별보고관은 보고서에서 위 협정이 위안부 피해자를 위한 배상까지도 포괄하는 것인지에 대하여 의문을 제기하면서 협정 체결 당시에는 일본군 성노예에 관한 문제는 전혀 언급되지 않았고 협정은 단지 재산적 청구권에 대한 것만을 규정하였을 뿐 개인적인 손해에 대한 배상을 규정한 바 없다는 점을 지적하고 있다.[8] 쿠마라스와미 특별보고관은 국제인도법 및 전쟁법은 국제관습법의 일부로서 설사 일본이 2차 세계대전 당시 개별협약의 당사국이 아니었다고 하더라도 일본군 '위안부' 문제에 대하여 국제인도법(전쟁법)이 적용되며, 이는 죄형법정주의 위반이 아니라고 하였다.[9] 이처럼 쿠마라스와미 특별보고관의 보고서는 2차 세계대전 기간 중 일본이 자행한 일본군 '위안부' 범죄가 국제인도법과 전쟁법상 가벌성이 있는 행위이고 그에 대한 일본의 법적 책임이 소멸하지 않았음을 강조하면서도 일본의 한국 지배의 법적 성격 내지 일본 지배의 불법성 문제를 정면으로 언급하지는 않고 있다.

---

7 Report of the Special Rapporteur on violence against Women, its causes and consequences, Ms. Radhika Coomaraswamy, submitted in accordance with commission resolution 1994/45: Report on the mission to the Democratic People's Republic of Korea, the Republic of Korea and Japan on the issue of military sexual slavery in wartime, UN Doc. E/CN.4/1996/53/Add.1(4 January 1996, 이하 '쿠마라스와미 보고서'라 한다) paras 69~70.
8 쿠마라스와미 보고서, paras 77~79.
9 쿠마라스와미 보고서 paras 97~101.

반면, 그로부터 2년 후에 유엔 특별보고관의 업무를 수행한 맥두걸의 보고서에는 한국의 영토적 지위와 관련한 언급이 한층 더 명시적으로 현출되었다. 맥두걸 특별보고관의 보고서에서는 노예화와 강간을 금지하는 국제관습법 규범은 점령지의 민간인을 보호하는 전쟁법규에 기초하는 것이기 때문에 자국 내의 민간인에게는 적용되지 않고, 문제가 된 시기에 한반도는 일본에 병합되어 있었기 때문에 한반도의 여성은 그 규범에 의해 보호되지 않는다는 일본 측 주장에 대한 판단이 언급되어 있다. 이는 결국 전쟁범죄의 상호주의 요건에 따라 국제법적으로는 일본 내의 자국민으로 평가되는 조선인 '위안부'에 대하여 국제관습법이 적용될 수 있느냐의 문제이다. 맥두걸 특별보고관은 이에 대하여, 노예제의 금지는 전쟁범죄에만 기초하는 것은 아니고 가해행위가 자행된 당시의 한반도의 영토적 지위에 관계없이 이들 행위는 전시와 평화시에 모두 적용될 수 있는 인도에 반하는 죄이자 국제관습법에 대한 중대한 위반으로서 명백하게 금지되어 있었기 때문에 결과적으로 이 규범들은 조선 여성들이 점령지의 민간인이었는지를 묻지 않고 조선 여성들에게도 똑같이 적용된다고 하였다.[10] 맥두걸 보고서는 비록 식민지라는 영토적 지위가 전쟁범죄와 국제관습법 위반범죄의 성립에 어떤 영향을 미치는지에 관한 이론적 논의를 펼치지는 않았지만, 최소한 조선인 위안부와 일본군이 형식적으로는 모두 일본이라는 같은 국적을 가지는 것으로 간주된다고 하더라도 전쟁범죄가 아닌 인도에 반하는 죄는 가해자와 피해자의 소속을 불문하고 적용될 수 있기 때문에 일본군 '위안부' 피해자들은 국제법에 따른 보호를 향유할 수 있다는 것을 선언한 것으로서, 자국민에 대한 범죄행위는 국내 문제로서 일본 국내법에 맡겨져 있다고 본 국제법률가위원회의 의견보다는 한층 더 전

10　맥두걸 보고서 부록(appendix), paras 29~30.

향적인 것이었다. 일본군 '위안부' 범죄를 전쟁범죄가 아닌 인도에 반하는 죄로 구성하여 국제인도법 위반에 따른 가벌성을 도출하는 위와 같은 맥두걸 보고서의 논리는 이후 2000년 법정의 판결문에도 그대로 반영되기에 이른다. 앞서 살펴본 바와 같이 2000년 법정의 남북 공동기소단은 위안부 범죄를 전쟁범죄와 인도에 반하는 범죄 모두로 구성하였으나, 이와 달리 국제검사단은 인도에 반하는 범죄로만 법적 구성을 하여 기소하였고 1905년 이래 조선에 대한 일본의 지배 사실은 언급하였지만, 그 불법성 여부에 대한 법적 판단은 하지 않았다.[11] 국제검사단은 일본 정부와 히로히토 천황 등을 조선을 포함한 아태지역에서의 위안소 범죄로 기소하였으나 피해자의 국적을 구별하여 기소하지는 않았다. 2000년 법정의 판결문에서는 "1904년부터 1905년까지 진행된 러일전쟁의 결과 일본은 조선을 1905년에 비공식적으로, 1910년에는 한일합방조약에 의해 공식적으로 합병하였다"[12]라고 하면서도 그 합병의 법적 성격이나 효과에 대한 언급은 회피하였다. 판결문에서는 1998년의 맥두걸 보고서를 직접 인용하면서 국제범죄로서의 노예제는 전쟁범죄의 법리에만 기초한 것이 아니고, 전쟁 여부를 불구하고 국제위법행위에 해당하는 것이므로 피해 민간인의 국적을 불문하고 적용된다고 보았고,[13] 1907년 헤이그협약이 표면적인 문언상으로는 일본과 그에 속하는 영토인 조선, 대만에 적용되지 않지만 그 의무들은 관습법의 일부이자 인도에 반하는 죄의 개념 속에 담겨 있기 때문에 결론적으로 1907년 헤이그협약을 위안부 범죄에도 적용할 수 있다고 판단하였다.[14]

이와 같이 일본군 '위안부' 범죄를 국제법적으로 어떻게 구성할 것

---

11   2000년 법정 공동 기소장 paras 4~6; 19~38.
12   2000년 법정 판결문, para 123.
13   2000년 법정 판결문, paras 911~913.
14   2000년 법정 판결문 paras 920~921.

인지에 관한 국제법률가위원회의 의견, 유엔 특별보고관들의 보고서, 2000년 법정의 기소장 및 판결문의 내용을 일별하여 보면, 공통적으로 위안부 범죄가 국제법적으로 처벌되어야 하는 반인도적 범죄라는 결론 자체에 대해서는 그 뜻을 같이하고 있으나 일본의 식민지배가 그러한 범죄의 법적 구성에 어떠한 영향을 미치는지에 대한 이론적 검토는 이루어진 바 없다고 할 수 있다. 아마도 이는 식민지배가 19세기에 만연했던 현상이었고, 식민지배의 합법성이라는 복잡한 법적 문제를 검토하지 않아도 이미 위안부 범죄를 인도에 반하는 죄로서 유죄로 판결할 수 있기 때문에 굳이 판결의 이유가 되지 않는 방론(obiter)을 펼칠 필요가 없다는 고려에서 기인한 것으로 보인다.[15] 그러한 이유에서, 국제법적 관점에서 일본군 '위안부' 범죄의 법적 성격을 다루는 기존의 시도들은 당시 일본이 조선인 위안부들에게 행한 각종 반인도적 행위가 자국민, 즉 같은 집단의 구성원에게 행한 범죄로서 국제법상 전쟁범죄의 규율대상이 아니라고 보거나, 혹은 조선의 영토적 지위를 불문하고 인도에 반하는 죄가 성립한다는 두 가지 결론으로 귀결되고 있을 뿐, 과연 조선이 일본의 식민지였다는 역사적 사실이 그러한 국제법적 이론 구성에 어떠한 영향을 미치는지에 대한 이론적 천착은 부재한다고 볼 수 있다.

3. 결론

일본군 '위안부' 문제를 국제범죄의 체계 속에서 조망하려는 여러 선례들이 있었으나 그 피해의 핵심적 성격을 구성하는, 식민지배 상황에서 자행된 반인권적 행위에 의한 피해를 어떻게 호명해야 할 것인지는

---

15 조시현(2008), 앞의 논문, 77.

오래된 난제이다. 일본군 '위안부' 문제에 대한 역사적인 연구가 상당한 성과를 내면서 축적되어온 것에 비해, 그 법적 근거에 대한 연구는 상대적으로 활성화되지 못한 것도 이러한 점에 기인할 것이라고 본다. 위안부 피해의 성격을 정확하게 규명하고 이를 호명할 수 있게 되는 것은 단순히 사변적인 작업에 그치는 것이 아니라 실질적인 피해 회복의 시발점이 될 것이라고 생각한다. 가해자인 일본군과 피해자인 조선인 위안부가 같은 집단에 소속되어 있기 때문에 일본군에 의한 체계적 강간 행위는 일본 국내법으로 해결해야 할 문제에 불과하고 전쟁범죄가 성립할 수 없다는 형식적 해석론에 더하여, 2차 세계대전 전후로 국제법질서의 형성을 주도한 국가들이 공유하고 있던 식민주의적 세계관의 존재로 인해 위안부 범죄는 전후 청산의 대상으로 진지하게 고려되지 못한 채 지속적인 불처벌 상태로 남아 있었다. ICC의 은타간다 사건의 판시 내용은 위안부 문제의 법적 구성에도 상당한 시사점을 준다. 이에 따라 향후에는 ICC의 은타간다 사건에서의 판시 내용을 위안부 범죄의 법적 구성에도 반영하여, 그 법적 성격을 전쟁범죄로 관념하는 것이 충분히 가능할 것으로 전망된다. 그러나 일본군 '위안부' 범죄의 궁극적인 청산을 위해서는 여기서 더 나아가 위안부 피해의 핵심을 구성하는 식민성에 대한 법적, 사회학적 의미에서의 깊은 천착이 필요하다. 식민지배의 법적 성격과 가벌성에 대한 논의는 식민지배에 대한 의도적인 불처벌과 책임 불추급의 역사 속에서 사장되어 왔으나, 물리적인 강제력을 넘어선 법과 제도로서의 사회시스템으로서 한 국가가 다른 국가를 노예화하여 체계적으로 착취하고, 그 영향이 세대를 넘어 지속된다는 특징을 가지는 식민지 책임의 법적 성격을 좀 더 적극적이고 구체적으로 규명할 필요가 있다. 또한 식민지 책임의 여러 가지 고유한 속성들을 고려하면, 이를 인도에 반하는 죄나 전쟁범죄와는 다른, 독자적인 법적 책임으로 구성하는 것이 타당할 것이다.

| 참고문헌 |

국내문헌

○ 단행본

장완익, "2000년 일본군성노예전범 여성국제법정에서 남북공동 기소장이 갖는
　　의의", 『일본군 '위안부'문제에 대한 법적 해결의 전망』, 한국정신대문제
　　대책협의회 2000년 일본군성노예전범 여성국제법정 한국위원회 법률위
　　원회, 2001.

○ 논문

이태진, "일본의 대한제국 국권 침탈과 조약 강제-한국병합 불성립을 논함", 동북
　　아의 평화를 위한 바른역사정립기획단, 『한일역사관련 국제법논문선집』,
　　2006.

조시현, "일본군 '위안부' 문제에 있어서 역사와 법적 책임", 『민주법학』 제45호, 2011,
　　99-100.

외국문헌

Report of the Special Rapporteur on violence against Women, its causes
　　and consequences, Ms. Radhika Coomaraswamy, submitted in
　　accordance with commission resolution 1994/45: Report on
　　the mission to the Democratic People's Republic of Korea, the
　　Republic of Korea and Japan on the issue of military sexual slavery
　　in wartime, UN Doc. E/CN.4/1996/53/Add.1, 4 January 1996.

The Women's International War Crimes Tribunal for the Trial of Japan's
　　Military Sexual Slavery, Case No. PT-2000-1-T, The Prosecutors
　　and the Peoples of the Asia-Pacific Region v. Hirohito et al.,
　　Judgement, 4 Dec. 2001.

Ustinia Dolgopol and Snehal Paranjape, Comfort Women: an Unfinished Ordeal, International Commissions of Jurists, Geneva, 1994.

Judgment on the appeal of Mr Ntaganda against the "Second decision on the Defence's challenge to the jurisdiction of the Court in respect of Counts 6 and 9" ICC-01/04-02/06-1962, 15 June 2017.

The Prosecutor v. Bosco Ntaganda, ICC-01/04-02/06-2359, Judgment, 8 July 2019.

'2000년 법정'으로 가능했던 '2018년 시민평화법정'

임재성 2018년 베트남전 민간인학살 진상 규명을 위한 시민평화법정 집행위원장, 변호사

I. 토론문 개요

토론자는 베트남전쟁 시기 한국군에 의한 민간인학살(이하 '베트남전 민간인학살'이라고 함) 진상 규명 운동에 참여하고 있으며, 2018년 4월 18일부터 20일까지 서울에서 열렸던 '베트남전 민간인학살 진상 규명을 위한 시민평화법정'(이하 '2018년 시민평화법정'이라고 함)의 집행위원장으로 실무를 총괄하였다. 2018년 시민평화법정은 그 준비단계에서 2000년 일본군 성노예 전범 여성국제법정(이하 '2000년 법정'이라고 함)을 롤모델로 참조하였다. 2018년 시민평화법정은 2000년 법정 20주년 기념 행사 국제학술대회 3부 제목인 '2000년 법정의 영향과 미래'라는 문구 그대로, 2000년 법정이라는 '사건'에 영향을 받아 만들어질 수 있었으며, 법이라는 도구(수단)를 권력자가 아닌 시민의 이름으로 재구성하여 전쟁과 폭력을 멈추기 위한 2000년 법정의 문제의식을 현재화하는 운동이었다.

이하에서는 1) 3부의 신혜수, 이나영, 양징자의 발제문에 대한 토론자의 질문을 정리하고, 2) 2018년 시민평화법정의 개요와 문제의식을 공유함으로써 2000년 법정의 성과와 지향이 또 다른 인민법정(People's

Tribunal)으로 현재화되었던 사례를 나누고자 한다.

II. 3부 발제문에 대한 질문

1. 신혜수 발제문에 대한 질문

신혜수는 2000년 법정이 성공적으로 진행된 원인을 1) 한국과 일본을 비롯한 시민사회의 헌신적인 노력, 2) "운동의 역사상 가장 많이 70명에 가까운 일본군 성노예 생존자가 증언하고 피해의 산 증인으로 법정에 참여하고 자리를 같이 했다는 점", 3) 2000년 법정의 판사단, 법률고문단, 국제검사단 역할을 한 국제인권전문가 중 과반이 일본군 성노예 문제에 관여했거나 유엔의 특별형사재판소에서 전시 성폭력을 다룬 경력이 있었다는 점을 뽑고 있다. 또한 "기존의 인권보호체계를 이용할 수 없을 때, 또는 그 체계를 이용해도 권리가 보장 되지 않을 때, 민간에서 취할 수 있는 가장 강력한 방법이 진실을 말하는 증언회, 또는 증언집의 출판"이라며 2000년 법정이 이후 여성에 대한 전쟁범죄 피해자들의 증언을 촉발하는 계기가 되었다고 평가하고 있다.

2000년 법정에서 증언한 필리핀의 토마사 살리노그는 "지금까지 정의를 요구해온 10년간의 어려운 싸움 끝에 열리게 된 '2000년 법정'은 줄곧 바랐던 정의를 내게 보여주었다. 우리에게 귀 기울이고 우리의 존엄을 회복시켜준 재판은 이것이 처음이었다"[1]라고 평가했다. 문헌으로 확인되는 2000년 법정에 참여했던 피해자 대부분의 평가도 위 토마

---

1   일본의 전쟁 책임 자료센터 엮음, 강혜정 옮김, 『일본의 군'위안부'연구』, 동북아역사재단, 2011, 568.

사와 유사하다.(비록 발제자의 발표주제는 "국제법정들과 유엔 활동"이라는, 실증적인 사례들과 국제사회의 파급효과에 관한 것이지만) 발제자에게 2000년 법정에서 피해자의 위치에 대해 조금 미시적인 질문은 드리고자 한다. 질문은 2000년 법정에서 피해자들은 범죄를 증언하는 역할로 한정되었는지, 아니면 기소 내용이나 법정절차에 의견을 개진할 수 있는 참여의 절차(권한)를 향유하였는지에 대한 것이다.

발제자는 2000년 법정을 평가하며 유례없이 많은 피해자의 증언을 꼽았지만, 이는 인민법정만의 고유한 특징이라고 보기 어렵다. 역으로 5일이라는 한정된 기간에 70여 명에 가까운 피해자가 한 번에 모여 그중 일부가 증언하는 방식은 과연 피해자 개개인들에게 충분한 법정 참여 기회가 주어졌는지에 대한 우려도 갖게 한다. 또한 '인민'법정이라면 제도권 사법 절차처럼 피해자를 증언의 대상으로 국한시키지 않고, 법정이라는 절차 속에서 충분한 참여와 소통이 보장되어야 했을 것이다. 그러나 인민 '법정'이라는 형식, 즉 법과 제도의 논리와 절차를 모사하는 바로 그 이유로 인해 또다시 전문가들이 운동과 절차를 지배하고 피해자들은 수동적인 지위에 놓이는 경우도 빈번하다.

이에 2000년 법정은 그 지점에서 충분히 피해자들과의 소통과 참여 보장 속에서 만들어졌는지에 대해 질문 드린다. 만약 수많은 시민사회단체들 협업과 짧은 법정 기간 동안 증언에 나선 피해자 숫자가 많았기에 충분한 절차적 참여가 이루어질 수 없었다면, 법정 기간에 각국의 피해자들 사이에서 어떠한 연대가 가능했는지 묻고 싶다.

2. 이나영 발제문에 대한 질문

이나영이 2000년 법정을 평가함에 있어서 가장 두드러진 부분은 '처벌'의 문제다. 2000년 법정이 1990년대 일본 법정에서 이루어졌던 국가배상소송의 패소 판례를 극복하기 위한 사후적 '조치'였다면 민사법정으로 설계하였어도 충분하였을 것이다. 그러나 2000년 법정은 1990년대 이루어진 현실 법정의 패소 판결과 대결하는 것을 넘어서 1946~48년 극동국제군사재판(동경전범재판)의 의도적 불처벌 문제와 매우 적극적으로 대면하였다. 그 결과 특정 국가의 법정은 물론 별도로 설치되는 국제재판소에서도 불가능한 죽은 자에 대한 처벌, 즉 일왕 히로히토에 대한 유죄판결이 가능하였다. 토론자는 2000년 법정에서 일왕에 대한 유죄판결 부분이, 법을 수단으로 사용하면서도 법의 한계에 갇히지 않는 인민법정의 가능성이 최대한으로 발현되었던 모습이라고 평가한다.

발제자에게 드리는 질문은, 사회운동적 측면에서 2000년 법정이 형식적인 법의 한계를 뛰어넘으면서 동시에 가장 원칙적인 최고 책임자에 대한 기소가 가능했던 이유를 어떻게 분석하지에 대한 것이다. 발제자는 계보학적으로 1993년 제2차 아시아연대회의 결의문, 1998년 제5차 아시아연대회의에서의 윤정옥의 개회사, 지은희 및 마쓰이 야요리의 발표문 등에서 '처벌'의 문제가 지속적으로 논의되었음을 지적하여 2000년 법정이 형사재판의 형태를 갖게 된 것의 연원을 확인하고 있다. 그러나 포괄적인 국가책임을 묻는 것과, 구체적인 가해자 개인을 특정한 형사책임을 묻는 것의 형식과 수준을 현저히 다를 수밖에 없고, 특히 일본에서 열리는 법정에서 일왕 히로히토를 기소하는 것의 문제는 더욱 그러하다. 원칙과 현실 사이에서의 갈등도 존재하였을 것이라고 본다.[2]

---

2 심아정의 다음과 같은 분석은 더욱 2000년 법정에서 '처벌', 그것도 일왕에 대한 처벌이 전면에 등장할 수 있었던 배경에 대한 분석을 요구한다. "1994년, 27명의 위안부 피해자들이 가해자들에 대해 서면 고발을 했지만, 도쿄 검찰국에 의해 거부당했을 뿐 아니라, 활동가들 간의 분열과 불신을 두려워한 나머지 운동권 주류에서도 환

부연하면, 2000년 법정이 형사법정으로, 그것도 일왕을 기소하는 법정이 되었던 것에는 어떤 주체의 주장, 어떤 맥락과 배경이 존재하였는지에 대한 것이다.

3. 양징자 발제문에 대한 질문

양징자는 2007년 이후 일본 내 운동의 변화와 과제에 대해 다루고 있다. 특히 2011년 한국 헌법재판소 부작위위헌 결정 이후 이루어진 한국과 일본 정부 사이의 교섭에 대응하여 제12차 아시아연대회의 2014년 발표한 '일본 정부에 대한 제언'이 담고 있는 '법적 책임'의 의미를 간명하게 보여주고 있다. 정리하면 '책임'이라는 단어 앞에 어떤 수식이 붙는지가 쟁점은 아니다, 구체적인 불법행위 사실을 인정하고 이에 대해 사죄하는 것이 핵심이며, 이것이 진정한 법적 책임을 인정하고 이행하는 시작이라는 것이다. 이는 일본군 '위안부' 문제를 넘어 보편적인 책임과 사죄의 방식이라 할 것이다. 즉, 사죄나 책임은 본질은 수사로서 수준을 나눌 수 없고, 구체적 사실을 인정하는 것이 진지한 시작일 수밖에 없다.

발제자는 2015년 한일 일본군 '위안부' 합의(이하 '2015년 합의'라고 함) 이후, 일본사회 내부에서 일본군 '위안부'문제가 '끝난 문제'라는 인식이

영 받지 못했다고 한다. 1995년부터 '종군위안부 문제에 관한 제언' 등을 발표하면서 일본 정부에 대해 위안부 문제의 법적 책임을 인정하고 위안부 피해자에 대해 입법조치로 사죄하고 보상할 것을 요구해왔던 일본변호사협회(이하 '일변련') 또한 2000년 당시에는 '전범', '처벌'이나 그에 대한 기소라는 생각 자체에는 반대하고 있었다. 대부분의 나라의 변호사협회가 강하게 국제전범법정의 설치를 주장해온 것과는 대조적으로, '일변련'은 '처벌'에 대한 지지에는 소극적이었다"(심아정, "'권력 없는 정의'를 실현하는 장소로서의 '인민법정': 2000년 여성국제전범법정의 사례를 중심으로", 『일본연구』 제30호, 2020, 40).

광범위하게 퍼졌으며, 일본 리버럴 안에서도 오해와 왜곡으로 발생하고 있다고 진단하고 있다. 역사적인 2000년 법정 20주년을 기념하는 행사지만, 결국 2015년 합의가 만들어낸 현재의 환경을 대면해야 한다고 본다. 이에 토론자는 발제자에게 1) 2015년 합의를 파기하는 한국 정부의 절차와 메시지는 적절하였는지, 2) 만약 적절하지 않았다면 2020년 지금 한국 정부는 무엇을 해야 하는지에 관해 질문 드린다.

이와 같은 질문의 맥락은 2018년 강제동원 대법원 판결 이후 일본사회 내부에서 한국이 '약속을 지키지 않는 나라'라는 왜곡된 담론에 여론의 절대 다수가 찬동하고 있고, 그 근저에는 2015년 합의에 대한 일본사회의 인식이 존재하고 있기 때문이다. 그런데 한국 정부는 2018년 강제동원 대법원 판결-2019년 일본의 수출 규제 문제에만 초점을 두고 있고 2015년 합의에 대해서는 전혀 추가적인 조치나 대응 계획이 없는 것으로 보이는 상황이다.

III. 2018년 베트남전 민간인학살 시민평화법정 문제의식

1. 2018년 시민평화법정 개요

2018년 4월 20일부터 22일까지 서울 마포 문화비축기지에서 '베트남전쟁 시기 한국군에 의한 민간인학살 진상 규명을 위한 시민평화법정'이 열렸다. 2018년 시민평화법정을 준비하는 단위였던 '시민평화법정 준비위원회'에는 한국의 53개 시민사회단체, 995명의 시민이 준비위원으로서 함께하였다. 무엇보다 베트남전 민간인학살 피해자 2명이 직접 2018년 시민평화법정의 원고석에 앉으려고 한국에 왔다. 베트남

전 민간인학살 피해자가 한국에 와서 공개적인 증언을 한 것은 2015년 최초 방문 이후 두 번째 일이었다. 이하에서 2018년 시민평화법정의 개요를 1) 시민평화법정 제안 배경, 2) 법정 구조(민사소송), 3) 재판부 구성, 4) 법정에서 다룬 2개의 학살 사건과 피해자들의 증언, 5) 판결주문의 순서로 개요를 정리하겠다.

시민평화법정은 '민주사회를 위한 변호사 모임'(이하 '민변'이라고 함) 산하 '베트남전 민간인학살 진상 규명 TF'(이하 '민변 TF'라고 함) 소속 변호사들이 2017년경 이 운동에 오랜 시간 참여해온 주체들에게 제안하면서 구체적 논의가 시작되었다. 한국사회에선 2000년을 전후로 베트남전 민간인학살 관련 공론화가 시작되었지만 소송 등 제도적 수단을 통한 진상 규명이나 책임 추궁 시도는 없었다. 민변 TF는 일본군 '위안부' 피해자들이 1990년대 일본에서 그랬던 것처럼, 또한 2000년대 이후 한국의 많은 과거사 사건들 사례처럼, 베트남전 민간인학살 피해자들의 '소송'을 고민하였다. 다만, 광범위한 베트남전 민간인학살 피해자들의 문제가 일부 피해자들의 소송으로 해결될 수 없으며, 2000년대 이후 한국 과거사 사건들 중 상당수가 법원을 통해 '해결'되면서 야기된 '과도한 사법화'의 부작용을 공유하고 있었기에 실제 소송을 제기하기 전 대중적인 운동이 필요하다는 문제의식을 가지고 있었다. 또한 시민법정을 준비하면서 확보한 증거(진술)들을 이후 실제 소송의 증거로 제출할 수 있기에 시민법정이 1회적 이벤트로 끝나지 않을 수 있다는 점도 고려사항 중 하나였다.

민변 TF와 베트남전 민간인학살 문제를 한국사회에 최초로 알리고 피해자들과의 연대를 이끌어온 구수정 박사가 상임이사로 있는 '한베평화재단', 10여 년이 넘도록 학살 지역에서 의료봉사를 진행하고 있는 '베트남평화의료연대' 3개 단체의 명의로 2017년 8월경 한국 시민사회 단체들에게 '시민평화법정 준비위원회'를 제안하였고, 2017년 9월 22

일 20여개 시민사회단체를 대상으로 한 공개설명회가 진행되었다. 이후 시민평화법정 준비위원회는 2017년 11월 21일 출범 기자회견을 하고 2018년 4월까지 법정을 준비하였다.

2018년 시민평화법정은 민간인학살에 대한 한국 정부의 책임을 묻는 민사소송(국가배상소송)의 형태를 취하였다. '처벌의 법정이 아닌 연대의 법정으로'라는 내부적인 슬로건을 가지고, 베트남전 민간인학살이라는 국가범죄 문제를 병사 개인의 문제로 국한하지 않겠다는 취지였다. 그러나 현실적으로 한국사회 내 여론, 참전군인의 강력한 반대운동 가능성 등을 고려하였던 것도 사실이었다. 또한 법리적 측면에서도 학살 지시 등 지휘부의 구체적 책임을 물을 수 있는 증거가 확보되지 않은 상황에서 특정인을 기소하는 방식을 취하기에는 무리가 있었다. 따라서 성명불상 한국 군인들의 민간인학살이라는 불법행위(국제인도법 위반행위) 책임을 한국 정부에게 묻는 국가배상소송 형태를 구상한 것이다.

2018년 시민평화법정의 재판부는 김영란 전 대법관, 이석태 변호사(현 헌법재판관), 양현아 서울대 법학전문대학원 교수(2000년 법정 남북한공동기소단 검사) 3인으로 구성되었다. 2018년 시민평화법정 준비위원회 내부에서, 재판부 구성에 대한 입장 차이가 존재하였다. 법률가 그룹은 '시민' 법정인만큼 굳이 법률가들로 재판부가 '독점'될 필요가 없으며, 국가폭력의 피해자나 신망 있는 운동가들도 참여할 수 있다는 입장이었다. 반면, 연구자와 활동가 그룹은 시민 '법정'이기에 법정으로서의 '권위'를 가질 필요가 있는 입장이었고, 법률가를 중심으로 재판부를 구성하는 것이 필요하다는 입장이었다. 논의 끝에 후자의 입장으로 가되, 일정한 확장을 하는 선택을 하였다. 이러한 확장의 고민 속에서 재판부로 모신 분이 오랜 시간 국가폭력 피해자들의 진술을 듣고 기록하는 작업을 하여온 사회학자 양현아 교수이다. 2018년 시민평화법정은 원고들 진술 절차에 있어서 신빙성 검증이라는 이름으로 이루어지는 2차 가해를 예방하고자 재판부 중 1인이 원고들에게 질문할 수 있도록 하였다. 이 역할을 양현아 교수가 해주었다.

베트남전쟁에서 한국군은 80여 개 마을에서 9,000여 명의 민간인을 학살한 것으로 추정된다. 2018년 시민평화법정은 그중 1968년 2월경 발생한 베트남 중부 꽝남성에 위치한 퐁니·퐁넛 마을 학살사건과 하미 마을 학살사건을 심리하였다. 사건별로 1명의 피해자, 총 2명이 피해자가 원고로서 한국에 왔고, 최선을 다해 50년 전 사건과 그 후의 고통을 증언했다. 증언을 마치면서 원고들은 "지금까지 제가 드린 모든 말씀은 진실입니다"라는 말을 덧붙였다. 가장 고통받았던 이들이 당대의 역사에서 배제되어 왔다. 그들은 오랜 시간이 지나고 나서야 자신의 이야기를 조심스레 꺼내놓을 기회를 얻지만, 그 순간에도 의심의 눈초리와 마주할 수밖에 없다. 하지만 시민평화법정은 원고의 증언이 끝날 때마다 긴 시간 박수소리로 가득 찼다.

2018년 시민평화법정 판결 주문은 아래와 같다. 시민평화법정 준비위원회는 특히 판결주문 3번(소장 청구취지 3번)을 구성함에 있어서 많은 고민을 하였다. 가해자 공동체의 '기억 의무'를 어떻게 판결의 형식으로 최대한 구체화시킬 수 있을지에 대한 것이었다. 그 결과 이미 존재하는 기념(기억)시설에 최소한의 '병기'의무를 주문(청구취지)로 고안할 수 있었다.

1. 피고 대한민국은 원고들에게
   가. 국가배상법 제3조에서 정한 배상 기준에 따른 배상금을 각 지급하고,
   나. 법적 책임 인정 및 원고들의 존엄, 명예 및 권리를 회복시키는 조치를 포함하는 공식 선언을 하라.
2. 피고 대한민국에게 1964년부터 1973년까지 사이에 베트남 지역에서 피고 대한민국 군대에 의해 베트남 민간인에 대한 살인, 상해, 폭행, 성폭력 등 일

체의 불법행위가 일어났는지 여부에 관한 진상조사를 실시할 것을 권고
한다.

3. 피고 대한민국은 서울 용산구 이태원로 29(용산동 1가 8번지) 소재 전쟁기념
관을 포함한 대한민국 군대의 베트남 전쟁 참전을 홍보하고 있는 모든 공공
시설과 공공구역에 대한민국 군대가 원고들에게 불법행위를 하였다는 사실
및 제2항에 따른 진상조사 결과를 함께 전시하고, 향후 대한민국 군대의 베
트남전쟁 참전을 홍보하는 공공시설과 공공구역을 설치할 경우에도 같은 조
치를 취하라.

2018년 시민평화법정 마지막 날, 판결 낭독 이후 가장 기뻐하였던
것은 원고들이었다. 2018년 시민평화법정의 공식언어는 한국어였다.
한국도, 법정이라는 공간과 절차도, 자신들의 앞에 앉은 수백 명의 한국
인들도, 한국어도 낯설고 불편할 수밖에 없었던 원고들이었지만, 다행
히 '나의 법정'이라고 생각하였고, 최선을 다해 집중하였으며, 무엇보다
당당했다. "우리가 이겼어요!" 시민평화법정 원고 석에 앉아있던 두 명
의 응우옌티탄(원고들, 동명이인)은 판결문 낭독이 끝난 후 두 손을 번쩍 들
었다. 1968년 2월 12일 74명의 주민들이 한국군에 의해 학살된 베트남
중부 퐁니 마을에서 온 응우옌티탄의 '승소 소감'은 이랬다. "몸이 떨릴
만큼 좋습니다. 진실을 말하러 왔고, 최선을 다해 말했습니다. 그리고
우리가 이겼다는 판결까지 받았습니다. 마을에 돌아가 제가 보고 들을
것을 전하겠습니다."

2. 2000년 법정을 현재화하기 위해 노력한
2018년 시민평화법정

2018년 시민평화법정은 2017년 8월 3개 단체가 한국 시민사회단체

에게 제안한 문서에서부터 아래와 같이 2000년 법정을 언급하면서, 가해국의 수도에서 가해국의 책임을 물었던 2000년 법정의 정신을 이어가는 운동이라는 점을 표명하였다.

> "시민평화법정은 2000년 일본 도쿄에서 열렸던 '여성국제전범법정'을 하나의 롤모델로 합니다. 2000년 법정은 가해국의 수도에서 일본군 '위안부'라는 전쟁범죄 책임을 묻는 시민법정이었고, 일본군 '위안부' 문제의 국제적 연대와 공론화에 큰 기여를 하였습니다. 그 과정에서 일본 시민사회의 노력은 지대했습니다. 일본의 양심적 시민사회가 18년 전에 했던 일을, 우리는 이제야 시작하는 것입니다."
>
> - 2017. 7. 베트남전쟁 시기 한국군에 의한 민간인학살 진상 규명을 위한
> '시민평화법정 준비위원회'를 제안서 중

2018년 시민평화법정은 2018년 4월 21일 법정 첫날 재판관 이석태 변호사가 아래와 같은 '여는 말'을 낭독하였는데, 이는 실무적 준비를 담당하는 '준비위원회' 내부 차원이 아니라 2018년 시민평화법정이 대외적으로 두 가지 역사적 민간법정(소위 1960년대 후반 '러셀 법정', 그리고 2000년 법정)의 정신과 성과를 잇는 법정이라는 점을 분명히 한 것이다.

> 이 법정은 멀게는 1960년대 후반 철학자 버트런드 러셀이 설립한 민간법정인 '베트남 전범재판소'에서부터, 가깝게는 2000년 일본 도쿄에서 열렸던 일본군 위안부 관련 국제여성전범법정에 이르기까지 여러 선구적인 민간법정의 예들을 모범으로 하고 있습니다. 이 사례들에서 시민사회는 유엔 인권선언이나 인권 규약 등 국제 사회의 확립된 규범과 국내법의 기본권 관련 기준에 따라 전쟁 또는 국가 간의 크고 작은 물리적 충돌에서 발생하는 다양한 인권 문제들을 깊이 있게 논의해 왔습니다. 이들 시민법정에서 피해자인 시민들은 자신들이

입은 중대한 인권 침해에 대하여 사실 그대로 자유롭게 진술할 권리를 향유할 수 있었고, 시민들이 임명한 재판부는 시민이라는 점에서 자신들과 다름없는 이들의 목소리에 신중하게 귀 기울였습니다. 그렇게 해서 재판부는 이들 발언 등과 법정에 현출된 여러 증거자료들을 종합하여 합리적인 결론을 이끌어낼 수 있었고, 그로부터 시민들이 입은 피해에 대하여 국가와 사회가 반드시 응하지 않으면 안 될 최선의 이성적인 책임의 내용과 범위를 제시해 왔던 것입니다.

오늘 이 자리는 이와 같이 과거의 모범적인 사례들에서 되풀이 확인된 재판의 올바른 원칙과 기준을 따른다는 점에서 그 정신을 같이 하고 있습니다. 구체적으로 이 법정에서는 그간 한국 사회에서 20년 가까이 공론화되어왔던 베트남전 민간인학살 문제에 대한 재판이 진행될 것입니다. 그동안 한국사회에 많은 피해자들의 요구와 호소가 전해졌지만, 책임 있는 문제 해결로 나아가지 못하였습니다. 오늘 이 자리에서 재판부는 시민평화법정 헌장이 정하는 바에 따라 원고들의 진술을 청취하고, 객관적 증거 자료들에 의한 사실 확인과 더불어 필요한 국내외 규범의 적절한 적용, 해석 및 논리적 추론을 통해 과연 베트남전 민간인학살이 존재하였는지, 만약 존재하였다면 그에 대한 책임은 무엇이어야 하는지 심리할 것입니다.

2018년 시민평화법정이 2000년 법정과 비교하였을 때, 확연하게 확인되는 한계점은 베트남 시민사회 참여의 부재였다. 2000년 법정의 핵심은 가해 공동체 시민사회와 피해 공동체 시민사회 및 피해 당사자들의 연대였다. 이러한 연대가 존재하였기에 60명이 넘는 고령의 피해자들이 일본 도쿄에 세워진 법정에 직접 참여할 수 있었고, 법정 공식 언어가 가해자 측은 물론 피해자 측의 언어가 아닌 영어가 되는 '수고로움'이 감당될 수 있었을 것이다. 그러나 2018년 시민평화법정은 베트남 측의 연대나 조력 없이 온전히 한국 시민사회 노력과 베트남 피해자들의 용기로서 진행되었다. 2018년 시민평화법정에는 베트남전 민간인 학살 피해자 2인 이외에도, 하민홍 호치민시 인문사회과학대학교 역사학과 교수와 후인응옥번 전 호치민시 전쟁증적박물관장이 함께 한국에 방문하였지만, 이는 베트남 시민사회와의 연대라기보다는 한베평화재단 상임이사 구수정 박사의 개인적 인연을 통해 이루어진 방문이라고 평가하는 것이 타당하다.

물론 역사적인 인민법정 사례를 볼 때, 가해 공동체와의 강한 연대를 통해 인민법정이 설립되는 경우는 예외적인 경우에 속한다. 또한 2018년 시민평화법정에 있어서 베트남 시민사회의 연대가 부재하였던 이유는 시민평화법정 자체의 한계라기보다는 현재 베트남의 정치사회적 여건이 국제연대가 가능한 시민사회가 충분히 발현되지 못하였고, 베트남 사회 내부에서도 베트남전 민간인학살 문제가 충분히 공론화되거나 조직화되지 못한 한계에서 기인한다고도 할 수 있다. 그럼에도 2000년 법정과 비교할 때 베트남 시민사회와의 연대가 부재한 상황에서 이루어진 2018년 시민평화법정의 한계점은 분명했다고 할 것이다.

한계점이라고 볼 순 없지만, 분명한 차이점은 2018년 시민평화법정에는 2000년 법정의 핵심적 가치인 '여성에 대한 범죄'를 단죄하는 '여성의 목소리'가 전면에 부각되지는 못하였다는 점이다. 이는 일차적으로 베트남전쟁 시기 발생한 성폭력 범죄에 대한 실증적 조사의 부재에서 기인한다.[3] 그러나 조사의 부재는 문제의식의 부재에서 비롯된 것이 아닌지 의심해보아야 할 것이다.

---

3 정대협은 2015년 나비기금 사업의 일환으로 베트남전 당시 빈딘성의 안년시(옛 안년현)와 뚜이프 억현, 푸깟현 일대에서 한국군에 의해 성폭력 피해를 입었다는 할머니들을 만나 증언을 청취하였고, 이 내용 중 일부가 '할머니의 어떤 기억'이라는 2015년 4월 26일자 한겨레신문 특집기사로 실렸다. 그러나 이와 같은 증언 청취 사업은 지속해서 이루어지지 못하였고, 증언을 바탕으로 한 구체적 활동 역시 이루어지지 못하였다.

2018년 시민평화법정의 원고였던 두 명의 응우옌티탄은 이후 베트남전 민간인학살의 진상 규명을 요구하는 활동에서 핵심적 역할을 수행하고 있다. 2018년 시민평화법정 1년 뒤인 2019년 4월 제주4·3평화상 특별상을 수상하였고, 베트남전 민간인학살 피해자 103명이 한국 청와대에서 진상 규명과 명예 회복 조치를 요구하는 청원서를 직접 접수하였다. 2020년 4월 퐁니 마을 학살 피해자 응우옌티탄은 시민평화법정에 참여한 변호사들을 대리인으로 하여 실제 국가배상소송을 서울중앙지방법원에 접수하였다(서울중앙지방법원 2020가단5110659). 그해 10월, 두 응우옌티탄은 한국 내의 제도적 해결 시도를 넘어서 유엔특별절차 (진실, 정의, 배상과 재발방지에 관한 특별보고관 등)에 민간인학살 피해를 호소하며 국제사회 속에서 공론화를 시작하였다.

2000년 법정이 준비되고 실행된 역사적 맥락은 1990년대 이어진 일본군 '위안부' 피해자들의 증언과 전시 성폭력 문제에 대한 국제법적 논의의 진전, 그리고 일본 내 소송 운동의 한 시기를 정리하는 성격의 것이었다. 또한 2000년 법정은 일본군 위안부 문제를 넘어 전쟁 책임, 국가폭력의 책임을 묻는 민간법정으로서 전형을 남겼다. 2010년 과테말라 여성인민법정을 비롯하여 여러 여성인권 쟁점을 다루는 인민법정은 2000년 법정을 전범으로 삼았다.[4] 베트남전 민간인학살 문제의 가해국인 대한민국 수도 서울에서 열린 2018년 시민평화법정 역시 가해자로서의 책임과 실천이 부족한 한국사회의 부끄러운 현실을 성찰하며, 2000년 법정의 역사와 문제의식을 이어가겠다고 자임한 운동이었다.

---

4 2010년 과테말라 여성인민법정의 '명예판사' 중 한 명은 2000년 법정의 참가자였던 아라카와 시호코였다. 2010년 과테말라 여성인민법정에 관하여는 심아정, 앞의 논문, 51면 이하 참조.

| 참고문헌 |

일본의 전쟁 책임 자료센터 엮음, 강혜정 옮김, 『일본의 군'위안부'연구』, 동북아
　　역사재단, 2011.

심아정, "'권력 없는 정의'를 실현하는 장소로서의 '인민법정': 2000년 여성국제
　　전범법정의 사례를 중심으로", 『일본연구』 제30호, 2020.

부록1 _ 2000년 일본군 성노예 전범 여성국제법정 헌장

(2000년 7월 31일 마닐라회의에서 채택,
2000년 10월 26일-27일 헤이그 회의에서 수정)

전문(前文)

제2차 세계대전 이전과 대전 중에 일본군이 식민지로 지배하고 군사적으로 점령했던 아시아 각국에서 일본군이 행한 성노예제는 20세기 전시 성폭력의 가장 끔찍한 형태 중에 하나로서, 그 피해 여성들의 정의가 회복되지 못한 채 20세기가 지나가고 있는 것을 목격하고,

또한 여성에 대한 폭력, 특히 무력분쟁시의 폭력이 오늘날 세계 각지에서 줄지 않고 계속되는 것을 목격하고,

여성에 대한 폭력은 1993년 세계인권회의(The World Conference on Human Rights)가 채택한 비엔나선언(The Vienna Declaration)과 1995년 제4차 세계여성회의(The Fourth World Conference on Women)가 채택한 베이징행동강령(The Beijing Platform of Action)에 의해 한층 더 국제적인 관심대상이 되었는데, 그 내용 중에 성노예제와 강간을 포함한 무력분쟁시의 여성에

---

* 본 부록의 '2000년 여성국제법정의 헌장'과 '판결' 및 '권고'는 아래 책에 수록된 번역본을 그대로 실을 것임: 한국정신대문제대책협의회(이하 정대협), 『일본군 성노예 전범 여성국제법정 판결문: 히로히토 유죄』, 정대협, 2007.

대한 폭력이 전쟁범죄이며 그 진상을 규명하고 피해자에 대한 배상과 가해자 처벌이 이루어져야 함을 분명히 밝히고 있음에 주목하고,

1990년대 초에 UN이 세운 구유고 및 르완다국제저범재판소(International War Crimes Tribunals for the former Yugoslavia and Rwanda)에서 여성에 대한 폭력에 책임 있는 자를 기소했고, 또한 국제형사재판소(The International Criminal Court)가 그 설치규정이 발효한 후부터 전시 및 무력분쟁시의 여성에 대한 폭력에 대한 재판을 관할하게 되었음에 유의하고,

일본군 성노예제가 여성에 대한 폭력 중에서도 특히 심하고 지독한 형태였으며, 당시의 국제법 원칙을 위반했을 뿐 아니라 인도주의적 양심에 커다란 충격을 준 일이었음에도,

제2차 세계대전 종결 후에 아시아 전역에서 연합국이 개정한 군사재판소는 일본군 성노예제나 그 외 여성에 대한 성폭력을 전쟁범죄로 기소한 일이 거의 없고, 그 후 수십 년이 지나는 동안에도 현행 국내 및 국제 사법제도에 의해 가해자가 재판받지 않았던 것에 주목하고,

일본군 성노예제의 피해여성들이 이러한 침해행위 때문에 그리고 개인에 대한 금전배상과 그 외의 손해배상, 가해자의 기소 같은 정의가 행해지지 않기 때문에 지금도 신체적, 정신적으로 계속 고통 받고 있음을 인식하고,

이 노예제의 생존자들이 길고 고통스러운 침묵 후에 1990년대에 이르러, 정의가 실현되고 오랫동안 빼앗겼던 기본 인권이 회복되도록 요구한 일을 인지하고,

범죄가 일어난 지 반세기가 지났는데도 생존자들은 가해자로부터 죄를 인정하는 말을 듣지 못했고 범죄의 책임자들은 진실한 사죄를 하지도 배상을 제공하지도 않았는데, 피해여성들은 어떠한 구제조치도 받지 못한 채 차례로 사망하고 있음을 우려하고,

성노예제를 포함한 전시 성폭력의 피해여성과 생존자를 위한 정의를 회복하는 일은 세계 시민사회를 구성하는 한 사람 한 사람의 도의적 책임이고 국제 여성운동에 있어 공통의 과제임을 유념하고,

모든 피해 여성의 정의 인권, 존엄을 회복하고, 전시 및 무력분쟁시의 여성에 대한 폭력이 면책되는 악순환을 종식시키는 데 기여하고, 그럼으로써 이러한 범죄의 재발 방지를 결의하고,

전체 문서를 20세기 역사의 지울 수 없는 기록으로 세계에 공표함으로써 우리의 노력이 여성에 대한 폭력과 전쟁이 없는 21세기, 새로운 천년을 창조하는데 공헌할 것임을 확신하고,

2000년 일본군 성노예 전범 여성국제법정을 여는 일과 그 주요 과제로 식민지배와 침략전쟁의 일환으로서 아시아 태평양 전역에 걸쳐 일본 제국군이 범한 성폭력, 특히 '위안소'와 '위안부'들을 성노예로 삼았던 사실에 대해 진실을 밝히고 이에 관여한 제 국가들과 개인의 법적 책임을 명확히 하는 일을 요망하고,

여성에 대한 범죄의 책임에 관해, 범행 당시의 국제법의 한 부분이어서 도쿄재판소가 적용했어야 마땅했음에도 적용하지 않았던 법의 원칙과 인간의 양심, 인도주의, 성적 정의를 이 법정이 이제는 이에 비추어

판결을 내릴 능력이 있다고 확신하며, 또한 국제법 특히 여성 생존자 자신을 포함한 많은 사람들의 용기 있는 투쟁의 결과로 국제 사회가 중요한 문제로 인식하게 된 여성의 인권에 관한 국제법의 계속된 발전을 참작하고, 이러한 발전을 여성에 대한 범죄에 국제법을 적절하게 적용하는 것으로, 그리고 과거 위반행위에 대한 국가책임 원칙의 진전을 구현하는 것으로 이해될 것을 확신하고,

민중과 여성들의 제창으로 열린 이 법정에 판결의 실행을 강제할 실제의 권한은 없지만, 그럼에도 불구하고 국제사회와 각국 정부에게 판결을 널리 수용하고 실시할 것을 요구하는 도의적 권위를 법정이 가지고 있음을 유념하고,

제 국가와 정부 간 조직이 범죄의 책임자들을 재판하고 또한 사죄, 금전 배상, 명예회복을 포함한 손해배상을 하기 위한 필요한 조치를 취할 것을 재차 요구하면서,

가해국(일본)기관과 피해 지역(남북코리아, 중국, 대만, 필리핀, 인도네시아, 말레이시아 등)의 기관들 및 국제자문위원회(저명한 학자와 인권운동가로 구성된)로 이루어진 국제실행위원회(The International Organizing Committee)는

이로써 2000년 일본군 성노예 전범 여성국제법정의 헌장을 채택한다.

제1조 여성국제법정재판소의 설립
이제 여성국제법정재판소(이하 〈법정〉)이 설립된다. 〈법정〉은 이 헌장의 규정에 따라 개인과 국가를 재판하는 권한을 가진다. 〈법정〉은 국제 실행위원회가 결정한 일시와 장소에서 공개 심리를 진행해야 한다.

제2조 〈법정〉의 관할권

〈법정〉은 전쟁범죄, 인도에 반하는 죄, 그 외 국제법이 정한 범죄로서 여성을 상대로 행해진 범죄에 대해 관할권을 가진다. 〈법정〉의 관할권은 제2차 세계대전 이전과 대전 중에 일본에 의해 식민지가 되거나 지배를 받거나 혹은 군사점령을 당했던 모든 나라와 지역, 또한 비슷한 피해를 당한 다른 모든 나라에 해당한다. 〈법정〉이 재판하는 범위는 다음을 포함하나 그에 한정되는 것은 아니다. 성노예제, 강간과 여타 행태의 성폭력, 노예화, 고문, 강제이주, 박해, 살인, 대량학살.

〈법정〉은 또한 위에 기술한 범죄에 관한 국제법을 위반한 국가의 직위 또는 부작위에 대한 관할권을 가진다.

〈법정〉은 또한 제4조에 정한 국제법에 기반하여 국가책임에 속한 청구에 대해서도 관할권을 가진다.

〈법정〉의 관할권은 현재에까지 연장된다.

제3조 개인의 형사책임

이 헌장의 제2조에 정한 범죄의 계획, 준비 혹은 실행에 있어 그것을 계획하거나, 선동하거나, 명령하거나, 조력하거나 혹은 교사한 자는 그 범죄에 대해 개인으로서의 책임을 진다. 제2조에 규정한 범죄의 증거를 감춘 자들도 개인으로서의 책임을 진다.

이 헌장 제2조가 정한 범죄를 부하가 저질렀을 경우에 그 상관이나 지휘관이, 부하가 그러한 행위를 하려고 한 것 혹은 이미 한 것을 알았거나 알 수 있는 정황이었는데도 그것을 방지하거나 억제하기 위한 적절한 수단을 강구하지 않았거나 혹은 조사와 기소를 할 수 있는 당국에 사건을 보고하지 않았다면, 그 상관이나 지휘관은 형사책임을 면할 수 없다.

제4조 국가책임
국가책임은 다음의 경우에 발생한다.
(a) 제2조에 규정한 범죄행위가 그 국가의 군대, 정부의 관리 및 공적 자격으로 행동하는 자에 의해 행해진 경우

(b) 다음과 같은 국가의 작위나 부작위
　(ⅰ) 제2조에 규정한 범죄에 관해, 사실을 은폐하거나 부정하거나 왜곡한 경우, 혹은 그 진실을 찾고 공표하는 책임을 등한히 하거나 하지 못한 경우
　(ⅱ) 이러한 범죄에 책임이 있는 자들을 기소하고 처벌하지 못한 경우
　(ⅲ) 피해자들에게 배상하지 못한 경우
　(ⅳ) 인간의 고결함, 복리, 그리고 존엄을 지키기 위한 조치를 하지 못한 경우
　(ⅴ) 성별, 나이, 인종, 피부색, 국가, 민족 혹은 사회적 출신, 신앙, 건강상태, 성적 취향, 정치적 의견을 비롯한 여타의 의견, 빈부, 출생, 그 외 모든 신분을 근거로 차별을 행한 경우
　(ⅵ) 재발 방지를 위해 필요한 조치를 취하지 못한 경우

제5조 공적 자격과 상관의 명령
피고인의 공적 지위가 일왕, 국가원수, 행정수반, 군대의 사령관, 중책의 정부 관리라 하더라도 공적 직무였다는 이유로 형사책임을 면할 수 없으며 또한 처벌도 경감되지 않는다.

범죄가 상관이나 정부의 명령에 따라 행해졌다 하더라도 그 사실만으로는 피고인의 형사책임을 면할 수 없다.

제6조 공소시효의 부적용
〈법정〉이 재판하는 범죄는 공소시효가 적용되지 않는다.

제7조 〈법정〉의 구성
〈법정〉은 다음과 같이 구성된다.
(a) 재판관
(b) 검찰관
(c) 사무국

제8조 재판관과 검찰관의 자격과 선임
재판관과 검찰관은 국제실행위원회가 인권 분야에서 국제적으로 널리 알려진 인물 중 다음을 고려하여 임명해야 한다.
(a) 성(性)적 균형
(b) 지역 균형
(c) 여성 인권의 제창, 옹호, 추진에 대한 공헌도

제9조 심리 절차와 증거에 관한 규칙
〈법정〉의 재판관은 심리 절차와 증거에 대한 규칙, 피해자와 증인의 보호에 관한 규칙 그리고 그 외 재판관이 재판에 필요하다고 생각하는 사항을 결정해야 한다. 다음의 종류를 증거로 인정한다.
　(a) 증거서류: 공문서, 선서 진술서/조서, 서명이 있는 진술서, 일기,
　　　편지/노트기록 등의 문서자료, 전문가 감정서, 사진과 여타 시각
　　　자료로 구성된 증거들

(b) 인적 증거: 생존자나 증인의 기록 혹은 구두 증언, 전문가에 의한 증언

(c) 물적 증거: 그 외 연관이 있는 물증

제10조 서기국

국제실행위원회는 〈법정〉에 서기국을 설치한다. 서기국은 〈법정〉의 사무와 운영의 책임을 진다.

제11조 검찰관: 수사와 기소장

1. 검찰관은 성 문제와 문화적 문제들 그리고 피해자들이 대면하고 있는 상흔을 배려하면서, 이 헌장의 제2조에 정한 범죄의 수사와 기소에 책임을 진다.

2. 검찰관은 개인, 생존자, 비정부기구(NGO), 그 외 다른 정보원으로부터 얻은 정보를 바탕으로 수사에 착수하고, 진실을 세우기 위해 용의자, 피해자, 증인을 심문할 권한, 증거를 수집할 권한, 현지수사를 수행할 권한을 가진다.

3. 검찰관은 수사의 결과로써 기소에 합당한 근거가 있을 경우, 〈법정〉에 기소장을 제출한다.

제12조 심리 절차

1. 〈법정〉은 심리의 시작으로 검찰관이 제출한 기소장을 낭독해야 한다. 〈법정〉은 공정하고 신속한 심리를 보장한다.

2. 심문은 공개적으로 행한다.

제13조 피해자와 증인의 참여와 보호

〈법정〉은 다루는 범죄의 본질을 고려하고 상흔을 참작하여, 증언 때

문에 위험에 노출될 수 있는 성폭력의 피해자와 증인 또는 그 외 여타 사람들의 안전과 신체적 심리적 복리, 존엄, 그리고 사생활을 보호하기 위한 적절한 조치를 취한다. 이 보호조치는, 필요할 경우에 어디든 적용되는 시청각 기재에 의한 절차나 그 외 피해자의 신원을 보호하는 안전조치를 포함하고 있으나 그에 한정된 것은 아니다.

제14조 판결

1. 판결은 공개적으로 인도되어야 하며, 〈법정〉 재판관 다수의 판결로 인도해야 한다. 재판관은 판결에 동의하거나 혹은 반대하는 별도의 의견을 제출할 수 있다.

2. 판결은 피고인이 그 범죄에 대하여 유죄인지 무죄인지 아니면 재판관의 대다수가 그러한 판단을 하기위해 근거로 삼을만한 검사가 제출한 근거가 불충분한 것인지 명확히 진술한다. 〈법정〉은 각 판결에 대한 이유를 말해야 한다.

3. 판결은 책임이 있는 개인이나 국가에게, 사죄, 원상회복, 금전배상, 명예회복을 포함한 희생자들에 대한 구제조치를 권고할 수 있다.

4. 판결문을 생존자, 피고인과 그 대리인, 일본정부, 관계된 각국 정부 그리고 UN인권고등판무관을 포함한 국제기구에 보내고, 역사 기록물로서 전 세계에 널리 배포해야 한다.

제15조 협력

1. 〈법정〉은 각 개인, 비정부기구, 정부, 정부 간 기구, UN 기구와 그 외 국제단체에게 이 헌장의 제1조가 정한 행위에 책임이 있는 개인과 국가의 수사와 기소에 대한 전면적인 협력을 요청할 수 있다.

2. 〈법정〉은 각 개인, 비정부기구, 정부, 정부 간 기구, UN 기구와 그 외 국제단체에게 〈법정〉이 공표한 판결이나 협력요구를 존중해 줄

것을 요청할 수 있다. 요청사항은 다음을 포함하나 이에 한정된 것은 아니다.

(a) 사람의 신원과 소재지 확인 혹은 사건의 장소 확인

(b) 증언의 확보와 증거의 제출

(c) 피해자, 증인, 전문가의 〈법정〉 임의 출석

(d) 장소나 현장의 검증

(e) 관련 정보와 기록 그리고 공식, 비공식 문서의 제공과 전시 문서 보관소의 완전 공개

(f) 피해자와 증인의 보호 그리고 증거의 보존

(g) 각자의 국제적 의무에 따라 범죄에 책임이 있는 자들의 수사와 기소에 대한 협력과 실행

(h) 각자의 국제적 의무에 따라 사죄, 금전배상, 명예회복을 포함한 손해배상의 규정 마련

(i) 〈법정〉의 목적 달성을 촉진하는 방향의 여타 협력

874. 결론적으로 9명의 피고인을 인도에 반하는 죄로서의 강간과 성노예제의 죄로 기소한 공동기소장의 소인 1과 2에 관해 판사단은 전원일치로, 일왕 히로히토, 안도 리키치, 하타 슌로쿠, 이타가키 세이지로, 코바야시 세이조, 마츠이 이와네, 테라우치 히사이치, 토조 히데키, 우메즈 요시지로를 헌장 제3조 2항 및 제3조 1항에 따라 '위안부'에 대해 자행된 범죄에 대해 상관으로서의 책임 및 개인으로서의 책임에서 유죄로 결정한다.

875. 일왕 히로히토와 야마시타 토모유키를 인도에 반하는 죄로서의 강간죄로 기소하고 있는 공동기소장의 소인 3에 관하여, 판사단은 전원일치로 마파니크의 여성과 소녀에 대해 행해진 범죄들에 대해, 일왕 히로히토와 야마시타 토모유키 쌍방을 헌장 제3조 2항에 근거한 상관으러서의 책임을 물어 유죄로 판단한다. 판사단은 전원일치로 일왕 히로히토가 1944년 11월 23일 마파니크 공격계획을 알고 있었는지 혹은 관여했는지에 대한 증거는 불충분하다고 판단하고 따라서 헌장 제3조 1항을 근거로 그에 대한 기소를 기각한다. 마지막으로 판사단은 전원일치로 야마시타 토모유키는 마파니크의 공격에 대해 알고 있었고 또한 관여했다고 판단하고 그 결과 그를 헌장 제3조 1항에 근거해 개인으로서의 책임을 물어 "유죄"로 판단한다.

876. 다음으로 본 법정은 진술한 판단과 본 법정에 제기되어 수리된 원상회복 및 배상을 요구하는 청구와 관련해서 일본국의 책임을 검토한다.

부록3 _ 2000년 일본군 성노예 전범 여성국제법정 권고
(Recommendations)

1086. 본법정은 그의 책임을 이행하기 위하여 일본정부는 다음의 각각의 구제조치를 제공해야 한다고 결정한다.

1. '위안부 제도'의 설립에 대한 책임과 책무가 있다는 것, 그리고 이 제도가 국제법을 위반하였다는 것에 대한 완전한 인정
2. 법적 책임을 지고, 반복하지 않음을 보장하면서, 완전하고 솔직한 사죄를 하는 것
3. 희생자, 생존자, 그리고 법정에서 판결된 위반의 결과로서 회복될 자격 있는 사람들에게 정부를 통해서, 그리고 피해를 구제하고 장래의 재발을 방지하기 위해 충분한 금액의 배상을 하는 것
4. 군 성노예제에 대한 철저한 조사를 하기 위한 기구를 설립하고, 자료들에 대한 일반인의 접근과 역사적 보존을 가능하게 하는 것
5. 생존자들과 협의를 하여 전쟁, 과도기, 점령기, 및 식민지 기간에 범해진 성에 기초한 범죄에 대해 역사적 기록을 작성하기 위한 "진실화해위원회"의 설립을 검토하는 것
6. 희생자들을 기념과 "다시는 안 된다"고 약속하기 위한 기념관, 박물관, 그리고 도서관을 설립하여 희생자와 생존자들을 인정하고 기리는 것
7. 모든 학년의 교과서에 중요한 내용을 기술하는 것을 포함한 공식 및 비공식 교육시책을 후원하는 것, 그리고 학자와 작가에 대해 지원하는 것. 침해행위와 고통 받은 피해에 관해서 국민, 특히 젊은이와 장래 세대를 교육하려는 노력이 있어야 한다. 그러한 범죄의 원인, 그러한 범죄를 무시하는 사회, 그리고 재발방지를 위한 수단 등

을 검토하기 위한 연구가 행해져야 한다.

8. 군대와 성 불평등의 관계, 그리고 성적 평등과 모든 지역사람들의 평등에 대한 존중을 실현하기 위한 필요조건에 대하여 교육을 지원하는 것

9. 송환을 희망하는 생존자를 송환시키는 것

10. '위안소'에 관한 정부 소유의 모든 문서와 기타 자료를 공개하는 것

11. '위안소'의 설치와 그로 인한 징집에 관여한 주범을 확인하여 처벌하는 것

12. 가족이나 친척이 요구할 경우 사망자의 유골을 찾아서 반환하는 것

1087. 본 법정은 과거 연합국에 대하여 다음과 같이 권고한다.

1. '위안부 제도'의 설립과 운영, 그리고 도쿄재판소에서 이것이 소추되지 않았던 이유에 관한 모든 군대 및 정부 기록을 즉시 기밀해제할 것

2. 도쿄재판에서 일왕 히로히토를 소추하지 않았던 것에 관한 모든 군대 및 정부 기록을 즉시 기밀 해제할 것

3. 최초의 전후 재판에서 그리고 그 후 56년간에 걸쳐 과거 '위안부'들에게 자행된 범죄를 조사하고 소추하지 않은 것을 인정하고, 생존한 범죄자를 조사하고 공개하고 적절한 경우 처벌하기 위한 조치를 취할 것

1088. 본 법정은 UN과 모든 회원국들에게 다음과 같이 권고한다.

1. 생존자와 기타 희생자 및 그들에게 자행된 침해로 인한 피해의 회복을 받을 자격이 있는 사람들에 대해서 일본정부가 완전한 배상

을 제공하는 것을 확보하기 위하여 필요한 모든 조치를 취할 것
2. '위안부'에 관한 일본정부의 위법성과 지속되는 책임에 대해 국제
  사법재판소의 권고적 의견을 요청할 것

일본군 '위안부' 연구회 총서 03

2000년 여성국제법정
전쟁의 아시아를 여성과 식민주의의 시각에서 불러내다

초판 1쇄 인쇄 2021년 8월 7일
초판 1쇄 발행 2021년 8월 14일

편   저   양현아 · 김수아
기   획   일본군 '위안부' 연구회
발 행 인   한정희
발 행 처   경인문화사
편 집 부   김지선 · 유지혜 · 박지현 · 한주연 · 이다빈
마 케 팅   전병관 · 하재일 · 유인순
출판번호   406-1973-000003호
주   소   경기도 파주시 회동길 445-1 경인빌딩 B동 4층
전   화   031-955-9300   팩 스 031-955-9310
홈페이지   www.kyunginp.co.kr
이 메 일   kyungin@kyunginp.co.kr

ISBN 978-89-499-4977-2 93360
값 29,000원